《华中学术》第 45 辑编委会

国家“双一流”建设学科“华中师范大学中国语言文学”资助项目
中文社会科学引文索引（CSSCI）来源集刊
华中师范大学文学院　主办

華中學術

Central China Humanities

第45辑

主编　汤江浩

2024/1
VOL.16 NO.1

華中師範大學出版社

新出图证(鄂)字 10 号

图书在版编目(CIP)数据

华中学术.第 45 辑/汤江浩主编.—武汉:华中师范大学出版社,2024.3
ISBN 978-7-5769-0521-2

Ⅰ.①华…　Ⅱ.①汤…　Ⅲ.①社会科学—文集　Ⅳ.①C53

中国国家版本馆 CIP 数据核字(2024)第 066349 号

华中学术(第 45 辑)

©汤江浩　主编

责任编辑:王中宝　**责任校对**:骆　宏　**封面设计**:罗明波
编 辑 室:学术出版中心　**电话**:027-67867792
出版发行:华中师范大学出版社
社址:湖北省武汉市洪山区珞喻路 152 号　**邮编**:430079
电话:027-67863426(发行部)
传真:027-67863291
网址:http://press.ccnu.edu.cn　**电子邮箱**:press@mail.ccnu.edu.cn
印刷:湖北新华印务有限公司　**督印**:刘　敏
字数:388 千字
开本:787mm×1092mm　1/16　**印张**:17.25
版次:2024 年 3 月第 1 版　**印次**:2024 年 3 月第 1 次印刷
定价:69.00 元

欢迎上网查询、购书

目　录

【学缘漫忆】

裸学与乐学

——与王齐洲先生的师生缘

李晓华

（淮阴师范学院文学院，江苏淮安，223300）

王齐洲先生常言：“人与人之间是有缘分的。能成为师生、成为同学、成为同事都是一种缘分。”的确，我与王老师能成为师生是一种缘分。

我出生于湖北武汉郊区的一个偏远村庄。村子不大，重男轻女思想十分严重，刚解决温饱的农家愿倾全力托举男孩读书，争取改变命运，女孩基本没有这种机会，大多过着边带弟妹边打猪草边上学的童年生活，小学毕业或还没毕业就被终止学业做家务或打工赚钱贴补家用，之后早早嫁人，没谁将女孩读书当回事。在这种环境中，小学学业对我没有任何压力，我反而养成了喜欢读书的习惯。语文老师常把我的作文当作范文评讲，让我深受鼓舞，于是我逃避做家务，顶着被责骂，利用一切可利用的时间和机会读书。那时读书没有目的，也不需要考虑升学，有什么书就读什么，如果有机会挑到感兴趣的书便欢呼雀跃。接触书籍的欢喜和沉浸书中世界的情感体验，打开了我这个乡村女孩向往外面世界的大门，开始拥有对美好未来的憧憬。我自然不会满足于小学毕业就终止学业，于是以绝食相抗争，终于让家人勉强同意我到镇上最好的初中上学。

异常难得的学习机会，加上住校有更多时间读书，我无比珍惜，心无旁骛。班主任对我印象极好，一直在班上明里暗里褒扬。语文老师不仅将我的作文当范文评讲，还推荐参加县里作文竞赛并获奖，这使我对读书尤其是读文学书籍兴趣更浓，动力更足。毕业时，考虑到上初中已属极致，不敢奢望其他，家里还有两个弟弟上学，公费且毕业包工作分配的中专成为当时最好也是最终的选择。这样，十六岁的我来到武汉，就读于现在的武汉大学医学职业技术学院(当时是中专院校)。专业学习于我并不费力，学业之余，我将所有时间都用来读书和写作，学校图书馆是我去得最多的地方，寒暑假也尽量争取留校读书，不需要考虑升学，也不必考证书、找工作，全凭兴趣爱好和情感需要，这样畅游书海的日子快乐而充实，精神得到极大的滋养。这种生活一直延续到毕业后分配到湖北鄂州市中医院上班的十多年时光里。中医院的工作很清闲，待遇也不错，市图书馆我去得最勤，社科借阅室的工作人员成为我的朋友，完全不限制我借阅图书的数量和时间，有一年除夕夜值班还给我送来厚厚一摞书。非常感恩生活给了我这种幸运，没有谋生需求，没有外在压力，有丰富的阅读资源，又有任意选择的自由，让我长期享受阅读带给我的舒展而自由的精神世界，享受先贤时哲带给我思想上的震动和灵魂上的洗涤。

人生本可以这样继续。也许内心深处一直没有停止对校园书香的渴望与追逐，结婚生子后多年，我在三十二岁已通过自修获得专科和本科学历后决定考研，选定中国古代文学专业。经过两年备考，我成功上岸，放弃稳定的工作，再进校园，重新踏上求学之路。就像当年在校园求学一样，读硕三年，我沉浸书海，勤奋自律，顺利获得硕士学位。毕业那年，我决定考博。因为有志于研究中国古代小说，经过筛选，结合上一年招生简章，我决定报考华中师范大学，选定从事中国古代小说研究的王老师作为博士生导师。我给老师写了封邮件，表达了这个愿望。很快老师就回了邮件，说由于年龄的缘故不再招收博士生，让我关注其他学校的老师。接到邮件后我很沮丧，但也只得放弃。正式报考前，由于之前读过老师已出版的小说研究专著，非常向往跟着老师读博，心有不甘的我打开华中师范大学当年的招生简章，居然意外惊喜地发现老师还在当年的招生简章导师名单里，于是我又给老师写了封邮件表达愿望，当天老师就回了邮件表示欢迎报考。得到首肯后，我专心备考，经过初试和复试终于走到了桂子山，进入了华师校园，如愿成为老师的学生。老师已到退休年龄，由于我是老师指导的最后一个博士研究生，故有幸成为老师的“关门弟子”。

古人云，学贵得师。如果说之前的读书学习还只是出于个人兴趣爱好的指引，并不知学术为何物，那么，在得遇老师后，我完成了从学术门外汉到踏入学术之门并掌握学术理念和方法的蜕变。桂子山求学三年，老师悉心指导，不仅引领我走上学术道路，而且对我之后的职业生涯产生了潜移默化的深远影响。

刚入校时，老师每周都会召集我们几个博士生上课，对我们进行基本训练。关于读书方法，老师强调要广涉猎，多积累，泛读与精读结合。专业基础书和学术经典是需要精读的，但不是所有书都要精读，有些书可通过序言和目录等大致了解该书内容，等到要用时再去仔细阅读。这就像女同志逛商场一样，不一定什么东西都买，但会到处看看，了解情况，等真正需要时知道去哪里买。关于学术态度，老师强调一定要尊重前人的研究成果，不要“炒现饭”，更不要将他人成果贴上自己的标签。无论你从哪里贩来旧货，总有见过这种旧货的人，在“信息爆炸”的当下，“瞒天过海”是不可能的。不要迷信和盲从权威，受主客观条件的限制，即便权威也会出错，博士生就要敢于创新，博士学位论文一定是创新成果，不然就配不上“博士”这顶帽子。关于论文写作，老师强调写论文不要先有观点再去找材料来证明，而应该在阅读中发现问题，在切实充分的证据基础上提炼出论点，选题要具体，视野要开阔，论证要深入，结论要平实。这就像在湖里采莲藕，凭经验积累可以判断哪里有莲藕，一脚下去确实能踩到莲藕，但就这样直接拿起是得不到整条莲藕的，只有先把莲藕周围的场地打开，才能拿到一条完整的莲藕。最初授课，老师就这样用贴近生活的实例和明白易晓的语言，让我们明白最基本的治学理念和学术方法，毕业多年我仍记忆犹新，如今在指导自己的学生时也常随口道来。

接下来的授课，老师也没采用高头讲章和单方面讲解的传统模式，而是另辟蹊径，先让我们就某一问题去翻书籍，找资料，自己收集、整理、总结之后再上课；课上我们先讲，老师总结和延展，要我们下去反思，还有哪些问题和想法；下次课上将这些问题和想法提出，老师进行针对性的解答。印象深刻的是老师用这种学生主动思考和师生频繁互动的授课模式让我们讨论关于《水浒传》和《三国志演义》成书时间的问题，理解材料与观点的关系。老师先让我们去阅读有关论文和论文涉及的相关材料，这些论文就作者、版本和内证问题展开了争论，有许多不同意见和观点，且对材料的取舍、辨析、理解各有不同。老师通过分析讲解具体实例，反复提醒我们，要全面充分收集材料，细致准确辨析材料，尊重事实证据，凭材料说话，材料才是研究的基础；不可隐瞒对自己不利的材料，否则这些材料就成为别人反驳你的证据；对于证据要做到穷尽式的发掘，使自己的研究结论建立在最直接最充分的证据基础上；有多少材料和证据就说多少话，不能以想象或推理代替证据，不要过度阐释或强制阐释。有同学在课堂互动和讨论中提出，也许《水浒传》成书于元末明初，只是我们没看到原始版本和相关记载。老师解答，研究可以假设，但假设是需要事实来论证的，科学研究就是求证。我们可以"大胆地假设"，但必须"小心地求证"，如果不能用事实来证明这一假设，这一假设就不能成立。把未经论证的假设作为前提并在此基础上开展讨论，这样的研究是不科学的。因为假设本身就有两种可能，假设者并不能排除根本就没有这种版本和记载的可能。而根据事实得出结论，即使错误也是科学的，因为它是被证实的，也是可被证伪的，如果谁发现了新的事实，谁就可用此事实来推翻原有的结论，从而推动这一认识的发展。这是我们所要提倡的科学的研究方法和正确的研究态度。老师通过这种授课方式，训练我们收集、整理、辨析、运用文献资料的能力，让我们掌握科学研究的正确理念与方法。

艰苦的求学经历、已近不惑之龄的博士生兼家庭主妇，这样的身份，会吓退许多导师，老师却能不弃，招至门下，悉心指导，这种人生机遇于我实属三生有幸。这使得我心常惶恐，唯恐辜负期望，不敢懈怠。在掌握基本学术理念和研究方法后，我便与老师商讨博士论文研究方向。老师考虑到我喜欢《红楼梦》又有医学知识储备，便建议以《红楼梦》疾病叙事为选题，针对目前学界对《红楼梦》作者、成书和后四十回等问题一直存有争议的现状，通过考察小说中的医学风习、方剂药物、医者活动和人物疾病等，探讨《红楼梦》作者生活经历、写作与家世背景、医学修为和《红楼梦》成书年代、后四十回等问题，从疾病与医药这一新的视角推进《红楼梦》相关问题研究。有了博士论文的选题和大致框架思路之后，老师又指导我进一步完善，并建议将考虑成熟的部分内容形成单篇论文，博士论文中的《〈红楼梦〉中宫廷锭子药赏赐之俗考》《从山羊血黎洞丸看〈红楼梦〉成书时间》等节便在早期相继成文。老师又逐字逐句地对这些论文进行润色修改，并叮嘱我用心揣摩。每次看到老师细心批改到连标点符号都不放过的文章后，我都汗流浃背，对学术研究的严谨和敬畏之心油然而生。在撰写博士论文的过程中，每每陷入困境之时，得益于老师之前对我们的学术训练，很快调整思路，展开分析论证。有时遇见疑惑不解的问题，求教于老师，老师的解答也总是及时、具体而周全。这一切，使得我的博士学位论文以出乎自己和他人意料之外地从容，从而顺利完成，并在送审时获得一致好评。同行专家对于论文的选题和创新性给予了充分肯定："本文从疾病叙事的角度对《红楼梦》进行研究，研究角度与切入点比较新颖，有助于增进我们对于这部史诗性巨著的了解，论文的选题具有较强的学术价值。""论文具有较强的创新性。具体表现在以下方面：其一，论文的研究角度比较可取，研究比较深入。其二，论文将文献考证、挖掘与叙事研究结合起来，有助于对小说更加深入地研究。其三，论文根据与疾病叙事相关的材料，对《红楼梦》的一些问题进行论断，有助于对《红楼梦》的相关研究的推进。如从山羊血黎洞丸和锭子药推断《红楼梦》的成书年代等。其四，论文在《红楼梦》疾病叙事方面进行了较深入的研究，提出了自己的看法。论文的数据比较可靠，资料比较扎实。"

在悉心指导我完成博士论文之后，老师见我勤奋，学有余力，便让我参与编纂其主持的国家社科基金重点项目《二十五史艺文志著录小说资料辑录》，以期在资料辑录过程中提高发现问题和解决问题的能力。当我果然有所发现时，老师又及时鼓励我进一步思考和挖掘材料，在翔实可靠的文献基础上撰文表达自己的观点。原本不太自信的我，每当资料收集小有收获或阅读文献、撰写论文方面有所进步时，老师总是由衷而笑，适时鼓励："你的理解不错，有悟性。""我常对你师母说，我这个关门弟子不错。"这样的鼓励不仅使得我逐渐找回自信，更不敢因博士论文早已完成而稍有松懈。得知我每天用在学习上的时间超过八小时，老师又常提醒我注意身体："不放弃，不拼命。"我知道这是老师送给学生的六字箴言，期望我们在坚持理想和兼顾身体之间找到一种平衡，以便进行高效率的学习。在生活中遇到困难时，老师以师者兼长者的睿智和乐观引导我，使我适时调整心态，不断提升自己；当听我说在阅读中找到了快乐，从先贤时哲那里获取了精神力量时，老师露出欣慰的笑容并邀请我去家中交流。于是在2016年下半年，我这个幸运的关门弟子几乎每周都有机会去老师家里聆听教诲，有时候太晚，还会被留在家里吃饭。老师总是以循循善诱的方式将相关的文史、文献知识、治学方法还有为师之道等无私地传授于我。我常感叹自己何其幸运，得遇老师！师母也如一位慈爱的母亲，经常在人事、家事上帮助和关心我，使我在昏懵之时心智得以开启。我素来路盲，发生不可思议的迷路乃家常便饭，从武昌光谷广场到老师紫崧枫林上城的家有几站远的路，我常常是走着来去的，却从未迷过路。哪怕是在严寒的冬日，哪怕每次都带着疑惑匆匆奔着老师家而去，但从老师家出来后，走在这条路上之时常常因老师和师母在学习、生活上的及时指引而心中充满了温暖、感动、信心和力量，现在想来，也许正是这些使得自己居然没有迷过路吧。我想以后的人生之路也是如此，即使面临迷茫与黑暗，有了铭记于心的温暖与光明，不敢也不会轻易迷失方向。"师者，传道、授业、解惑也。"老师对于师者三职的完美诠释也常让我暗自发愿，以后进入高校，也要像老师一样从事教师这份传道授业和启人心智的工作。

就这样，三年时光一晃而过，带着依依不舍和收获满满的感动之情，怀着美好而坚定的愿望，我入职高校成为一名教师，走向人生的另一段旅程。刚入高校，遇到种种困难，面对诸多压力，也常常困惑、焦虑，幸运的是老师的"学之门"和"家之门"永远向我们敞开[1]，老师的指点和关爱从未因毕业而终止。老师一直关心我的身心健康，频繁来信，每次来信都用“不放弃，不拼命”六字箴言叮嘱我注意身体；有机会回武汉看望老师和师母时，老师和师母就像看到假期归来的孩子一样笑脸相迎，暖语相慰。老师指导和鼓励我在学术之路上茁壮成长，得知我在《西游记文化辑刊》担任编辑，便放下手头的事，给我们刚刚创立的刊物赐稿，支持我的工作；鼓励我参加研究领域相关学术年会并请朋友关照提携；不厌其烦地给我修改文章，反复强调“好文章是改出来的”。为了修改我的一篇论文《中国古代小说书目提要编撰中存在的问题》，老师曾频繁来信，前前后后来往邮件有近十封，毫无保留，悉心指点，意见具体而周全，一如当年在校时。

晓华好！

文章看过，感觉达不到要求，主要问题是：

一、将《总目》问题分为四类过于简略，且不清晰。例如，第一类“史传未载”和“事迹未详”，其实应该分为两类。而“事迹未详”又有“正史有传”（如卢僎）、“正史有载”（如李恕）和“其他文献有载”（如王睿）等几小类。而这几类中又有前人已经揭示和前人尚未揭示两种。你的分类太粗糙，条理不清，给人杂乱之感。

二、文章应该采用先说问题类型，再举例子的写法，例子写进文章连贯的表述中。不是立一大类，然后列出例子1、2、3……又不呼应你谈的问题。这是你以前文章的思路和写法，不是目前这种论文的写法。

三、此类文章使用文献材料要十分严谨，但你对材料的掌握和运用尚有距离。如卢僎的文献使用和表述便有不少问题（我做了修改、提示，主要是帮你认识问题，其他条目也有类似问题），需要更加细致和准确。

四、此文可以吸收前人研究成果，你注意到了，这很好。在谈《总目》问题时，也可把“吸收已有研究成果不完全”和“没有吸收相应研究成果”作为类型。因此，《总目》问题类型应该不是四类，八类十类是有的。当然具体归纳多少类，要根据你的研究来决定。

五、有些价值不大的材料（如《卢氏杂说》）可以不用，不必要把你发现问题的所有条目都写进文章中，只需将有说服力的写进去就行。当然，例子多一些总比少一些要好。这些例子你最好在确定类型后合理分配。

六、摘要应该将你总结的《总目》中各类问题全部列出。当然，语言要精练，不能拉杂，要让人看了摘要就知道你文章的基本内容。你现在的摘要没有做到这一点。

啰啰嗦嗦这么多，是希望你更快进步，你毕竟是我的关门弟子呀！

炎热尚未过去，望多保重：不放弃，不拼命！

这是其中一封邮件。每当收到这样浸透着老师无微不至的关爱和殷切期望的邮件时，我总是感动不已，庆幸不已，同时深受鼓舞，积极调整，力求不断进步。正是老师一如既往的指点、鼓励和关爱让我坚持初衷，不敢懈怠，入职两年后顺利晋升为副教授，在热爱的岗位上教书育人，全心投入，接力传薪，发光发热；在学术道路上努力成长，坚定前行。

记得刚入华师有一次师门聚餐集会，当时气氛轻松欢快，我对老师说了句直观感受的话："总觉得我与您有些精神相通之处。"说完后，却并未深入思考这种精神相通之处是什么。时至今日，当我读到这段老师所写关于"裸学"与乐学的文字："书籍给了我童年和少年许多欢乐，我的读书生涯也就这样开始。我不知道读书有何用，只知学习有快乐。不是为了考试读书，不是为了赚钱学习，读书学习只是一种兴趣爱好，只是自己精神和情感的需要……我一个人徜徉在高高的书架中间，找到一本书，然后选一个安静的地方坐下来阅读。看一本喜欢的书，就像交一个新朋友，与朋友谈心，没人打扰，全身心地投入，与功利无关，与外面吵吵嚷嚷的世界无涉，这里只有思想的碰撞，智慧的激荡，心灵的沟通，情感的交流，感觉特别惬意，实在是高级精神享受。"[2] 回想起自己快乐学习和阅读的人生经历和感受，何其相似！原来我走在老师曾走过的路上，感受着老师曾经的感受！此时，我后知后觉，悟到自己当年所说的精神相通之处，就是我与老师都有过这种"裸学"与乐学的人生经历和感受，这大概就是人们常说的缘分吧。细想，从渴望上学的乡村女孩到坚持阅读的文学爱好者，再到教书育人，接力传薪的高校教师；从当初凭兴趣爱好畅游书海，到踏入学术门径，再到学术道路上努力成长，坚定前行，在求学路上一直有一种吸引力——"裸学"与乐学的吸引力，指引我不改初衷，不断前行，最终与华师，与老师，与我热爱的事业结缘。

回首往事，心生感慨，人生处处是缘，求学亦如此。童年时接触书籍的欢喜和沉浸书中世界的丰富情感体验开启了我的读书生涯，让我没有像村里女孩们一样接受家庭和命运的安排，早早终止学业；长期畅游书海，享受阅读带给我的舒展而自由的精神世界，使我没有像大多数结婚生子、随波逐流的女性一样安于清闲工作，同时忍受无益的纷争和消耗；对校园书香的渴望与追逐，跟着老师读博的向往之情，让我没有选择放弃……人到中年，我感恩求学问道过程中遇到的种种机缘和生活中遇见的各位师长、朋友，我庆幸"裸学"与乐学指引我坚持初衷，一路向前，走到桂子山与老师结下师生缘分。我也将一如既往地追逐阅读带给我的舒展而自由的精神世界，一如既往地享受先贤时哲带给我思想上的震动和灵魂上的洗涤，一如既往地铭记并感恩师长、朋友们的关爱、鼓励和帮助，努力地、坚定地走在教书育人的道路上。

* 本文系江苏省社会科学基金项目"《红楼梦》中的疾病与医药问题研究"【21ZWB006】的阶段性成果。

注释：

[1] 王丽娟：《一扇永远敞开的门——记恩师王齐洲先生》，《裸学与乐学——王齐洲教授从教五十年纪念文集》，武汉：湖北人民出版社，2015 年，第 318～322 页。

[2] 王齐洲：《〈裸学存稿——王齐洲自选集〉自序》，《裸学与乐学——王齐洲教授从教五十年纪念文集》，武汉：湖北人民出版社，2015 年，第 210 页。

国家社科基金重大招标项目

【马克思主义文学批评经典重铸与当代拓展研究】

马克思主义文论教材建设和课程教学的守正与创新

——北京大学董学文教授访谈

万娜(以下简称"万")：董老师您好！我们很荣幸能就"中国高校马列文论课程开设和建设情况"这一主题对您做访谈，感谢您接受全国马列文艺论著研究会的邀约。

董学文(以下简称"董")：谢谢你们组织这个系列访谈活动。

万：董老师，您能回忆一下本校最初开设马克思主义文论课程的时间和缘起吗?

董：北京大学中文系在"文革"前没有专门开设"马克思主义文论"课，但是曾有个别教师给学生开过此方面的专题讲座。譬如，1965 年我在大二的时候，就到大四的课上，听过文艺理论教研室张钟老师给学生搞"马列文论"的讲座。我记得那次张钟老师主要讲马克思、恩格斯的现实主义理论，讲马恩给拉萨尔的信，讲恩格斯给玛·哈克奈斯的信及中篇小说《城市姑娘》等。这类讲座很少，它既不是选修课，也不是系列讲座，只是偶尔给学生搞的学术讲座，目的是扩大学生理论知识面。当然，这种讲座内容对学生来说还是挺新鲜的。

北京大学正式开设马克思主义文艺理论课，根据我和张少康老师的回忆，大约是 1973 年下半年。当时仍处于"文革"时期，但工农兵学员已经入学一段时间，工军宣队和系里教学组研究如何开文学理论课，考虑原有一些文学理论教材，例如蔡仪主编的《文学概论》、以群主编的《文学基本原理》等，已经遭到"批判"，不让用了，古代文论和西方文论也不让上了，但文艺理论这门课还得有啊，还是需要的呀。于是，经讨论决定，那就采取讲授马克思、恩格斯、列宁、斯大林文艺论著的方法，来替代以前的"文学概论"或"文学原理"基础课的教学。这样，"马克思主义文艺论著"课(简称"马列文论"课)就依据形势和环境的需要出现了。应该说，马克思主义文论课的出现，既是具体时代条件和文化语境的产物，也有现实的文艺理论讲授和学习需要的因素。

万：那北大文艺学马克思主义文论课程最初的师资情况是怎样的呢?

董：北大文艺学教研室以前从学术方向上讲，一个是古代批评史，也就是古代文论；一个是文学概论，也就是基本理论；还有一个是西方文论。大概主要就是这三个方向，马克思主义文论是后来增加开设的。由于马克思主义文论是一门先前没有的新课，所以，任课老师多是从原来从事文学基本理论、中国古代文论或外国文学教学领域转过来的。譬如，我们教研室的张少康老师，他原来就是从事中国古代文学批评史教学和研究的，上世纪70年代初，工农兵学员来了，系里工军宣队和系领导就让他来负责搞马列文论的教学和研究了。再如，当时北京大学文艺理论教研室主任、老教师吕德申先生，本来主要是教授文学基本理论的——蔡仪的《文学概论》教材他是主要编写者之一——当时也把教学和研究的主要精力转到了“马列文论”方向上来。李光中老师原是北大俄语系的教员，50年代初，曾担任过在北大讲学的苏联文论专家毕达柯夫的翻译，后来调到北大中文系，也从事马克思主义文论教学和研究。李思孝老师原来在南开大学，后调入北大中文系，也是从事马克思主义文论的教学和研究。由于当时“马列文论”课几乎是文学专业唯一的一门文学理论基础课(那时文学概论课、古代文论课、西方文论课等都不上)，所以教研室的不少师资力量，不论是年长的还是年轻的，都投入到马列文论的教学和研究当中来了。我本人1964年入学中文系，1969年毕业后留校任教，很快也加入“马列文论”的教学和研究的队伍中来。当然，在上讲台之前，须得在校办工厂劳动一年，在江西鲤鱼洲和北京大兴农场劳动一年，这之后才走上教学岗位，领导上分配我从事“马列文论”的教学和研究。上面这些情况说明，马克思主义文艺理论课最初的师资力量还是相对比较充足的，人员梯队也是比较完整的。

万：那这些原本不是专门从事马列文论科研和教学的老师，他们转过来之后，上课也好，编写教材也好，还有讲课风格方面，会带着自己原来学科的特点吗？

董：多少会带一点。比如你要是原来搞文学概论的，可能就比较习惯于把马克思主义文论导入文学概论的思维框架。北大的古代文论研究传统历史悠久，我的导师、我们系主任杨晦先生，他的本行是搞中国古代文艺思想史研究的。我们教研室主任、我的副导师吕德申先生，除从事文学基本理论研究外，也搞中国古代文论研究，《钟嵘诗品校释》就是他的代表著作之一。

万：我们很想了解一下，北大开设马克思主义文论课程用过哪些教材，使用这些教材的主要原因是什么，教材是否有过变化？在教学过程中使用教材的主要思路和原则是什么？

董：北京大学中文系开设马克思主义文论课，一开始是没有固定教材的，主要是备课老师根据自己的教案和讲稿进行讲授，同时，指定学生阅读某某篇马克思、恩格斯、列宁、斯大林的文论原著。这种情况，跟这门课刚开始讲授，教师编写固定教材的思路还不成熟有关。同时也跟当时工农兵学员经常要到工厂、农村“开门办学”，教师要到工厂、农村“开门办学”点上去讲授这门课，所以来不及编写固定教材有关。不过，教师们很快意识到这个缺欠。为了方便学生的学习和使用，也为了相对统一教学的内容和范围，于是编写马列文论课教材的任务就提上了日程。我们是1976至1977年教材进行实际的编写，到1978年9月北大学校的印刷厂就给印出来了，作为“校内使用”，小32开本，一套三本，分两部分，其讲解部分的那一本叫《学习马克思恩格斯列宁斯大林文艺论著》，共有十四篇，分别阐释讲解了马恩列斯文艺论著中的相关篇章、书信和重要问题；其文献资料部分有两册，分上、下两本，叫《学习马克思恩格斯列宁斯大林文艺论著参考资料》(上)(下)。

我注意到，《学习马克思恩格斯列宁斯大林文艺论著》的署名是“本书编写组”，同时落款是“北京大学中文系文艺理论教研室”。而《学习马克思恩格斯列宁斯大林文艺论著参考资料》(上)(下)，署名就是“北京大学中文系文艺理论教研室”。那么，这前者为什么要署“本书编写组”呢？这是因为参加本教材编写工作的，除北大中文系文艺理论教研室的同志外，还有中央音乐学院的张前、何乾三、潘必新、周宗汉；中央美术学院的孙美兰；中央戏剧学院的仇学渊；宁夏大学中文系的蔡秀华；四川大学中文系的陆文碧等同志，也就是说，这是一个以北大为主、多院校教师共同完成的成果，所以写上“本书编写组”，那就把北大以外的同志也包括进去了。这个细节说明，当时参加马列文论教材编写工作的院校和教师，是不少的。

我觉得北大编的《学习马克思恩格斯列宁斯大林文艺论著参考资料》(上)(下)有自己的特点。其一，它对应《学习马克思恩格斯列宁斯大林文艺论著》教材，也是分十四个部分；其二，这个“参考资料”，不只是刊载马列文艺论著的原文，而重点是收录与此论著相关的其他一些重要的文献资料。譬如，“关于恩格斯致玛·哈克奈斯、给斐·拉萨尔的信”这部分，就收入了马克思《评“普鲁士人”的“普鲁士国王和社会改革”一文》、恩格斯《英国工人阶级状况》(摘录)、马克思《资本论》(摘录)、恩格斯《致劳拉·拉法格》的信、玛·哈克奈斯《致弗·恩格斯》(1888 年 12 月 13 日)、巴尔扎克的《〈人间戏剧〉前言》、巴尔扎克《关于工人》(摘录)、巴尔扎克《社会解答》(摘录)、玛·哈克奈斯的中篇小说《城市姑娘》等。这样，不仅明显扩大了知识面，而且也有利于学生加深对马列文论原著的理解。其他十三个部分，也都是这种编辑模式，使得这上、下两本的《参考资料》很有理论和学术价值。

这套教材，基本反映了当时我们在教学过程中编写和使用教材的主要思路和原则，那就是要重点学习马列文艺论著的原文，为了理解和学习好原文，就要充分地了解当时的时代环境、历史背景和理论状况，不能望文生义，不能搞教条主义，也不能用一般的文学概论知识去生搬硬套，一定要把握马克思主义经典作家关于文艺论述的专有命题和理论特点。这样，才能真正达到学懂弄通马克思主义文艺理论的目的。

这里还需补充一点，那就是上世纪 70 年代中后期，根据理论和教学的需要，人民文学出版社责成我系张少康老师负责编选一部《马克思恩格斯列宁斯大林论文艺》的选本，“作为高校文科教材”。其间，张少康老师还请北大西语系、俄语系的朱光潜、孙凤城、李明滨等教授帮助翻译、修订马列经典文论的译文。到了 1978 年，教学秩序开始逐步恢复，组织上便决定让张少康老师回归“中国古代文论”(亦称“中国文学批评史”)教学组，这样，编选《马克思恩格斯列宁斯大林论文艺》的工作就改由吕德申老师负责了。吕先生在张少康原有编辑的基础上，又斟酌了篇目，并每篇增添许多翔实准确的注释，署名“北京大学中文系文艺理论教研室编”，于 1980 年 7 月由人民文学出版社正式出版。该选本作为教材，很受学生、读者和文艺工作者的欢迎，到 1986

年就印刷了 5 次，印数已达 257000 册（1986 年以后的数字，我没有统计，估计更多了）。这说明学界和社会上对马克思主义文艺论著的需求量是很大的。

随着认识的深入和教学经验的积累，我们感到以“篇章讲解”为模式的教材和讲课方法应该改变了，以“文学概论”为构架思路的所谓马列文论“十几论”格局也应该打破了。北京大学马克思主义文艺理论教学和教材的编写，一直追求着这个目标，而且在实际中也是努力这么做的，认为这样才会反映出马列文论完整的面貌，才能真正体现出马克思主义文艺理论的体系性和科学性。于是，接下来就有了由我主编、广西师范大学出版社 2002 年出版的《马克思主义文论教程》和《马克思主义文论选导读与注释》。参加这套教材编写和编选的是在读的博士生金永兵、马建辉和王彦霞。

为了满足教学需要，北京大学“博雅大学堂”又于 2015 年由北京大学出版社出版了董学文著《马克思主义文论教程》。这个教材是在 2002 年广西师范大学出版社出版的《马克思主义文论教程》的基础上修改、加工、提高而写成的。

万：我注意到北大文艺学教研室尤其是您对马克思主义文论教材在做持续不断地编写和改进，为什么会如此重视这项工作呢？

董：在我看来，马克思主义文论提出的问题，与西方以往的文论是不一样的，它有自己的世界观，有自己的方法论，有自己特殊的时代语境和命题。所以，我们北大编的教材基本上就是按照这个思路在持续地推进。

万：马克思主义文论教程的编写方式在不同阶段上有变化，在较早阶段篇章讲解式的比较多，后来逐渐出现成体系性的编写方式，比如也有概论式的编写方式，从您的角度来看，这些编写方式各自的特点是什么呢？

董：马克思主义文艺理论作为一个学科，或者作为一个比较独立的理论分支，应该对它的体系的整体面貌有一个开掘和把握，要从文本出发，要从大量的文献出发来概括出它的一个体系面貌。篇章讲解侧重于从“点”发散开去做教材编写设计，“概论化”的研究将马克思主义文论还原到了文学基本问题的逻辑当中。马克思主义文学理论应该原汁原味地把自己的理论体系开掘出来，展示出来，应该有自己独特的问题域和方法论。

万：所以您是认为马克思主义文论体系其实是有自己的重点和特色的，它自身的话语体系不应用普通文学概论或者文学基本理论的思路去解释？

董：是的。这么说吧，文学基本理论式的马克思主义文论教程是一种编写方式，但它不是马克思主义文论原生态的样子。其实，我们上世纪 50—60 年代的文学理论教材和课程，从某种意义上说，多是用马克思主义来处理文学原理问题的，也就是说是努力以马克思主义来指导文学理论研究的。但是，现在既然称为“马列文论”或“马克思主义文艺理论”课程，那么它就应该更准确、更清晰地呈现马克思主义经典作家对文学艺术是怎么看的，是怎么想的，是怎么说的，是怎么批评的。这是马列文论课和一般文学理论课之间的差异。所以，我们想还是应当尽量地保持、尽量地希望能够在教材中反映和恢复马克思主义经典作家他们本身的那种学术体系和话语体系的形态。

万：想请教您，北大的马克思主义文论课程对于中文专业的学生而言，是必修课还是选修课？您认为学生们的参与积极性高吗？

董：在相当长的一段时间，马克思主义文论课在北大中文系是必修课，而且是唯一的文艺理论方面的必修课。1978 年以后，恢复了“文学概论”的教学，“文学概论”变成必修课，“马列文论”是限制性选修课，即“限选课”。后来，由于形势的变化，加之师资力量的变动，北大本科生的“马列文论”课就停止了。

在我的印象中，学生对马克思主义文艺理论课还是欢迎的，学生学习的积极性也是比较高的。只要紧扣文本，注意还原特定的历史语境和问题域，把马列文艺论著讲成是一种特有的艺术世界观和唯物辩证的文艺方法论，那么，学生是有接受的兴趣和热情的。

万：那北大的马列文论课程除了面向本科生教学以外，在硕士、博士层面还有设置相关课程吗？

董：北京大学的“马列文论”课，当时主要是面向本科生的。到了研究生阶段，主要是开设“马克思主义文艺理论发展史”课程。这种安排，从上世纪 70 年代末就开始了，到 80 年代、90 年代一直延续着。我记得，80 年代末上研究生的时候，吕德申老师就给我们讲授从马克思、恩格斯开始，经梅林、拉法格、普列汉诺夫、蔡特金、卢森堡、李卜克内西，一直到列宁、斯大林、卢那察尔斯基、高尔基，再接着讲瞿秋白、鲁迅、毛泽东等人文艺思想的内容。其实，这就是准马克思主义文艺理论发展史。为了把这门课系统化，上世纪 80 年代后期，在吕德申老师带领下，教研室组织力量开始编写《马克思主义文艺理论发展史》教材，吕德申任主编，参加编写的有闵开德、李光中、李思孝、黄书雄、董学文，高等教育出版社 1990 年 10 月正式出版。为了与这部教材配套，吕德申带领这个团队又主编了分上、下两册的《马克思主义文论选》。这一“史”一“选”，可以说是马克思主义文艺理论研究和教学的一个重大进展，它开启了我国马克思主义文艺理论发展史研究的新阶段。

在博士生培养方面，北大的马克思主义文艺理论课程主要由面转向点，主要找一些重点的理论问题和重点的理论人物进行研究。譬如说，我就根据马克思主义基本原理，给博士生讲授“文艺理论学”即所谓“文学理论的理论”课程。这门课后来出版的教材叫《文学理论学导论》。这门课主要是提升学生的马克思主义文艺理论的高度和水平，帮助学生进一步认识和把握文学理论的本质及其发展规律。

万：所以，《文学理论学导论》是站在方法论的角度上面的，是重新去看待文学理论该怎么去研究，怎么去发展，它的变化有何规律。所以，其实这本教材的编写跟您的马克思主义文论的研究思路还是一脉相承的，因为您本来就是想从马克思主义的角度给文学理论研究、给整个文学研究提供一个新的方法的。

董：马克思主义文艺理论不是教条，它也是一种方法，一种供你研究问题的出发点和进行研究的方法。其实，我一直想把文学理论，包括马克思主义文论，讲成一种让学生如何看待研究对象、看待各种文艺复杂现象和问题的方法，而不只是一种文学知识。

万：不是一个现成的东西，而是一种能力、一种方法、一种看待问题的角度。

董：文艺理论实际上就是一个思想工具，一种认知方法。你要是掌握了这个方法以后，你就会对文学艺术有一个马克思主义的认识能力和认识方法，有一个马克思主义的思考和分析逻辑。

万：我现在明白了为什么您在学生的博士阶段开设"文学理论学导论"这门课。其实，跟前面说的"马列文论"和"文学原理"或者"文学概论"，以及中间的纵向的一个马克思主义文艺理论发展史，它就是在不同的层面或者说不同的角度，共同从方法论的意义上完成的对文学研究的一个思考、一个界定、一个探讨。对吧？

董：可以这样说。

万：我还想请教一下您关于马列文论课程的教学设计。您在马克思主义文论课程的教学过程中，是分专题讲的，还是按历史脉络讲的？据您的教学经验来看，怎样的教学组织形式对学生的学习效果比较有帮助？

董：我个人在马克思主义文论课程的教学中，比较习惯于讲经典作家本人提出的一个个独特的理论问题，讲一个个带有马克思主义文论和美学性质的、带有其体系的构成因素的一些专题，并想尽量地区别和摆脱"文学概论"式的模式，突出阐释马克思主义文艺理论经典作家独有的立场、观点和方法。至于按历史脉络，我主要是在讲授"马克思主义文艺理论发展史"的过程中完成的，因为它的时间跨度比较大。而这其中，我一直强调要特别注意体现出理论的历史逻辑和学理逻辑的统一。从教学组织形式来看，我这里想强调三点：一是要给学生充分的时间精读、细读、反复读马列文艺论述的原著，争取让他们"读懂""吃透"原文，这是最根本的；二是讲授时要尽可能地"理论"联系当时的"实际"，尽量扩大相关的信息量，避免枯燥、教条；三是要让学生接触和阅读马列文艺论著涉及的作家和作品，结合论著原文，采取课堂讨论的方式，调动学生思考和探讨的积极性。这样不像"文学概论"式的宣讲，其效果是好的、明显的，对学生的帮助和启发也是比较大的。

万：那您能不能给我们谈一谈令您印象比较深刻的与学生之间的互动情形是怎样的呢？

董：在我印象中，讲课过程中，跟学生之间的互动是常有的。与学生互动比较多的地方，主要是他们总想问老师："马克思主义文艺理论最本质的东西是什么？"他们特别关心这个问题。我给他们的回答，可能简陋了一点，或者说是粗糙了一点。因为我知道，这个问题的回答是不能太简单化的。当时我就说，根据我多年的学习、研究和讲授的体会，我觉得马克思主义文艺理论最本质的或者说最突出的特质，是它独具的学术立场、理论立场或者说美学立场。这是一个"管总"的东西，"观点"和"方法"都是由此而产生的。这个回答很简单，概括得也不全面，但这是我的切身体会。

万：那在您看来，本校开设马克思主义文论课程的主要经验或者说主要特色是什么呢？

董：难说是经验，只是感受吧。我认为，北大中文系在开设马克思主义文艺理论课程方面，大家有两点共同的体会：一是开马克思主义文艺理论课的教员，本身对马克思主义文艺理论要有真学、真懂、真信、真用的精神，这样才能把课讲好，才能感染和影响学生。例如，杨晦先生、吕德申先生，他们本身就是学养深厚的马克思主义文艺理论家，对马克思主义文艺学说有造诣、有感情，因之，他们才能把教材编好，才能深刻直接地影响学生，才能带动整个教研室的同志一块在马克思主义文艺理论研究上发力、用功。这个感受是比较出来的，也是很强烈的。二是教员要把马克思主义文艺理论当作一门科学来对待，也就是说，要认真研究它，要把它同唯物史观、唯物辩证法很好地结合起来，使之真正具有马克思主义学说的味道。这样，“马克思的整个世界观不是教义，而是方法”的精神才能落到实处。

万：那您认为从中国语言文学学科发展的高度来看，“马克思主义文论”这门课程从内容到形式上在新时代该怎样设计？尤其在文学理论课程似乎更为普及的情况下，我们该如何认识和处理马克思主义文论课程与文学理论课程的关系？

董：从中国语言文学学科发展的高度来看，在新时代，马克思主义文艺理论课程应该加强，而不应削弱；应该普及化，而不应边缘化。而且，从形式和内容上，要把马克思主义文艺理论的“内核”突出出来，把“中国化时代化马克思主义文艺理论”的成果突出出来。这是历史的要求，也是文化发展从要求。目前，已经出版的“马工程”教材、高等教育出版社 2021 年版《马克思主义文艺理论》，应该说从内容和形式上对这两个方面都有所加强。尤其是今年即将出版的《马克思主义文艺理论》(第二版)，根据党的二十大精神，将习近平新时代中国特色社会主义文艺思想更充分、更全面地补充进去，并且放在马克思主义文艺理论的结构体系当中，充分地体现了马克思主义文艺理论的不断发展和与时俱进。据我所知，目前许多高校——当然不是全部——仍在沿袭前些年的旧课程编制，还没有开设“马克思主义文艺理论”这门课程，同时，相关的马克思主义文艺理论课的任课教员也比较缺乏。我们“马克思主义文艺理论”课题组，已经向教育部反映并呼吁高校文学、语言、艺术类学科、院校一定要开设这门课程。据说，教育部教材局也下发了相关课程设置的通知。但由于种种原因，下面应者寥寥，动静不大。这种局面，是到了尽快改变的时候了！

在我看来，马克思主义文艺理论是学好任何一种文艺理论课的指南和灵魂。它比一般文艺理论课要重要得多，也有用得多。一般的文学理论课，更多的是知识、常识和普泛的观念，而马克思主义文艺理论则是对待文学问题、艺术问题、文艺现象和文艺观念最正确和最科学的立场、观点与方法。实践证明，只有马克思主义文艺理论才能统辖和驾驭中国传统文艺理论和西方文艺理论的学习与研究，才能分辨其他文艺理论的优长与对错。它对文艺创作和文艺批评的指导作用，是其他文艺理论所无可比拟的。因此，我们建议，大学本科低年级要开“文学理论”课，高年级阶段可考虑开“马克思主义文艺理论”课。这对学生文艺观和审美观的培养，都是非常有好处的。

万：您刚刚也提到了“马工程”《马克思主义文艺理论》教材，您对这本教材在具体教学中如何使用有什么建议吗？

董：我从教材编写者的角度，提四点建议，供参考。其一，是讲授者(教师)最好要多读马列经典著作的原著，要有初步的马克思主义文艺理论发展史的知识准备，这样才能把《马克思主义文艺理论》教材涉及的问题讲深、讲透、讲活。其二，是一定要注意讲出马克思主义文艺论著的原汁原味、“精气神”，一定要注意马克思主义文艺论述的特殊语境和理论问题域，一定要注意同一般的“文学理论”或“文学概论”教学区别开来，让学生真能感受到在诸多文学理论的比较中，还是“马克思主义文艺理论行”。其三，是一定要以引导学生阅读马克思主义文艺论著原著的文本为主，以阅读各种讲解类的教程文本为辅。在国家教材委员会和“马工程”办的领导下，由谭好哲、胡亚敏等同志编选的《马克思恩格斯列宁关于哲学社会科学及各学科重要论述摘编（文学艺术分论）》已出“送审稿”，不久就将由高等教育出版社出版。这是《马克思主义文艺理论》教材的配套教材。因此，要引导学生把研读“文学艺术分论”摘编放在更为重要的位置。其四，要尽快组织力量，培训一批合格的、能够胜任马克思主义文艺理论教学的任课教师，以缓解当前存在的“有教程，没教师”的严重困境。

万：您提到《马克思主义文艺理论》教材的使用，要讲出马克思主义文艺论著的原汁原味、“精气神”，让学生能够感受到在诸多文学理论的比较中还是马克思主义文艺理论行。这种比较，是在马列文论课程上面展开多种研究方法或者批评方法的一个并列的呈现？还是说以某些案例作为例证，然后让学生在分析一些具体文本的过程当中，让他们去感受到马克思主义文艺理论的那种深度、那种穿透力？

董：很多学校肯定都在开设各种文论课程，也肯定有各种各样的文论讲座。当然，肯定也有学校开设马克思主义文论课程和讲座。我们要让学生感受到“马克思主义文艺理论行”，即感到还是马克思主义文艺理论能解决繁难的文艺问题，除了要在课程教学内部观念上下功夫，还需要在多种文论课程的宏观视野中开展比较。比较是防止受骗和提高认识的好法子。有时，让学生用不同的文艺理论去分析、评论一部作品，到底谁更具有“看家的本领”，问题就清楚了。

万：谢谢您接受本次访谈。

董：谢谢你们对马克思主义文论教材建设和课程教学的关心。

采访人员：华中师范大学文学院 万娜
中国艺术研究院 崔柯
采访时间：2023年9月20日

马克思主义文论教学与研究的互动

——南京大学汪正龙教授访谈

南京大学文艺学学科自上世纪50年代末开设马克思主义文论课程，改革开放后这门课程走上了正轨，至今已经有60多年的历史。文艺学学科几代学人主持编写了多部讲义、教材与教学参考书，并且与各自的马克思主义文论研究形成了互动，形成了自己的特色与传统。今天我们邀请到汪正龙教授，请他谈谈南京大学文艺学学科团队以及他本人从事马克思主义文论课程教学与研究的一些情况。

姜雪(以下简称"姜")：汪老师，您好！几年前我还是南京大学硕士研究生时就听过您的"马列文论"课，了解到您在南京大学从事马克思主义文论教学与研究工作已经有二十多年了。您能不能为我们谈一谈南京大学马克思主义文论教学与研究的历史与现状？

汪正龙(以下简称"汪")：南京大学文艺学学科马克思主义文论教学与研究有比较悠久的历史，中间经历了几代人的努力。如果要追溯起来，南京大学中文系马列文论课的开设始于50年代中后期。这在全国高校中也是比较早的。当时江苏省委宣传部部长俞铭璜兼任南京大学中文系系主任。俞铭璜是一位30年代入党的老革命，也是著名的文艺理论家。他在苏中根据地就编选出版过《毛泽东选集》，被称为"苏中才子"。他以毛泽东《在延安文艺座谈会上的讲话》为基础，加上马克思、恩格斯、列宁、斯大林关于文艺问题的论述，编写了马克思主义文艺理论课程的讲义，为中文系的学生开设了"马克思主义文艺理论"的课程。俞铭璜对马克思主义有自己的理解心得，口才又很好，上课受到学生的欢迎。但是时间比较短，大概只持续了三年，1959年他调到上海任华东局宣传部副部长，不久就病逝了。到了"文革"后期的1974年，包忠文老师联合江苏师院(现苏州大学)等省内五院校，编选了《马克思恩格斯列宁斯大林文艺论著选读》的讲义，选了24篇经典作家的文章与著作片段，给中文系工农兵学员讲授马克思主义文论。现在看来，限于当时的历史条件，这部内部发行的教材还有不少"左"的印记，但也算有了一个良好的开端。改革开放后，这门通常被简称为"马列文论"的课程教学走上了正轨。包忠文老师又先后三次组织人马对这部教材进行修订，江西人民出版社1981年出版时篇目增加到36篇，1983年再版时篇目增加到52篇，如增加了马克思的《评普鲁士最近的书报检查令》以及《1844年经济学哲学手稿》中关于异化劳动的片段等，有注释也有讲解。这算是改革开放后国内出现的比较早的马列文论课的教材，曾经被几十所高校采用。80年代初包老师还受全国马列文艺论著研究会委托，组织南京大学、厦门大学、扬州师院(现扬州大学)、杭州大学、南京师院(现南京师范大学)、江苏师院、徐州师院(现江苏师范大学)编写《马列文论教学手册》，又邀请全国多所院校、科研院所马克思主义文论方面的专家编写了马列文论课的辅助类读物《马列文论百题》(陕西人民出版社1982年版)。该书把马列文论的基本问题归纳为100个，如“人也按照美的规律来造形”“掌握世界的方式”“莎士比亚化”“席勒式”等。这部书在当时影响也是很大的，被不少中文系师生用作马列文论课的教学参考书。在包忠文老师那里，马克思主义文论的教学和研究是相辅相成的。教学之外，包老师参加了新时期以来关于马克思主义文论一些重要问题的讨论和论争，其中一个是围绕马克思在《〈政治经济学批判〉导言》中提出的艺术生产和物质生产的不平衡关系问题。南开大学的张怀瑾先生认为物质生产与艺术生产的不平衡关系是艺术发展的客观规律，是马克思主义文艺理论的基本原理。包忠文老师不同意张先生的观点。他发表《艺术生产与物质生产发展的不平衡是文艺发展的客观规律吗——与张怀瑾同志讨论》(《外国文学研究》1979年第1期)一文与张怀瑾讨论。文章考察了马克思的行文背景，认为不平衡观点的提出与德国当时经济学界流行的自然唯物主义的实证思维方式有关。这种经济学及其自然唯物主义主张“生产一般”，割裂普遍与特殊的关系，把物质生产与精神生产之间的联系建立在庸俗进化论的基础上，而马克思是从历史的角度考察物质生产，从一定的生产方式和所有制形式来考察物质生产与艺术生产之间的平衡与不平衡的。还有恩格斯1890年9月《致约·布洛赫》的信中提出的历史发展的合力论，认为历史的运动包含了各种因素作用的总的合力。改革开放之初对恩格斯所说的合力论有不同的解释。包老师认为合力论的思想给我们提供了理解马克思主义关于经济基础与上层建筑关系的基本思路，阐明了人在创造历史中的主体地位，也凸显了政治、经济、文化诸因素对历史活动的意义与作用。对此他不仅撰文加以论证，还在自己的教学活动中一再加以运用，以至于有一段时间包老师被学生在背后善意戏称为“包合力”。如果说俞铭璜先生是先驱，那么包忠文老师可以说是南京大学文艺学学科马列文论课程教学与马克思主义文论研究真正意义上的开创者、奠基人。

赵宪章老师70年代后期大学毕业的时候，就是作为文艺理论教研室从事马克思主义文论教学与研究的教师留校的。他在80年代初又读了文艺学专业的硕士研究生，其间教过多年马列文论课。赵老师后来以研究形式美学、文学图像论知名，但他早年不仅参加过《马克思恩格斯列宁斯大林文艺论著选读》《马列文论百题》的编写，也写过一系列马克思主义文论方面的文章，如《浅谈普列汉诺夫的文艺社会学理论》(《社会学研究》1986年第3期)、《马克思主义文艺学的产生及其历史型态》(《镇江师专学报》1991年第6期)、《马克思主义文艺美学中国化问题臆说》(《南京大学学报》1998年第5期)等等。赵老师90年代初还主持出版了《马克思主义文艺美学基础》(南京大学出版社1992年版)这样的专题研究类马列文论课教材。该教材把马克思主义文论定位为文艺美学，分马克思主义文艺美学的产生及其历史型态、马克思主义文艺美学的现代发展、马克思主义文艺美学的基本问题、“西方马克思主义”文艺美学批判四个部分。这部教材有几个特点：一是把马克思主义文论的基本问题归结为六个：文艺与反映论、文艺与人性、文艺的生产与消费、文艺的审美形态、文艺的民族性与世界性、社会主义文艺事业的建设，二是把第二国际理论家梅林、拉法格、普列汉诺夫的理论纳入马克思主义文论发展史的谱系，三是把西方马克思主义文论也纳入教材编写当中。

这在当时的马列文论教材中从体例架构到论题设计都是比较新的。

90 年代之后，南京大学马列文论课程设置出现一个很大的变化。有学生反映马列文论课不仅与中文系主干课文学概论课内容重叠度高，且与公共课中的马克思主义哲学课思维方式、内容安排也有重叠。中文系对此进行了课程改革，把本科生的马列文论课程停掉了，马列文论被调整为中文系全体硕士研究生的公共必修课，部分替代马克思主义哲学课的功能，希望通过对马克思主义文论进行专题讲解，达到理论思维提升与学术研究方法论训练的目的。由于包忠文老师 90 年代初任南大图书馆馆长，并于 1997 年年底退休，赵宪章老师又担任中文系的主要领导，这门课有一段时间由包老师从事西方马克思主义文论研究的弟子王雄老师上。王雄老师后来到新成立的新闻传播学院工作了，从 2001 年开始由我接手上研究生的马列文论课，一直到如今，整整 23 个年头过去了。在这个过程中我围绕马列文论课程教学进行马克思主义文论研究，发表了 30 多篇相关文章，出版了两本著作：一本是《马克思与 20 世纪美学问题》(高等教育出版社 2014 年版)，还有一本是论文集《马克思美学的当代阐释》(中国文联出版社 2018 年版)。《马克思与 20 世纪美学问题》是我 2009 年主持的教育部人文社会科学后期资助项目的最终成果，实际上是以我十多年马列文论教学的讲稿为基础，对其进行专题化的提炼，又经过了五年的加工修改才正式出版的。所以虽然说《马克思与 20 世纪美学问题》是专著，但是明显带有教材的印记。这本书分为上下两编。上编为马克思对 20 世纪美学的影响，讨论马克思异化-物化观与批判理论的兴起、马克思的感性论与 20 世纪美学的感性解放、马克思与当代意识形态批判、马克思恩格斯与现实主义问题、马克思艺术生产理论的多重内涵及遇到的挑战六个问题。这是着眼于历史演变的纵的方面的研究；下编为马克思与 20 世纪美学的关联，讨论马克思与弗洛伊德比较与结合中的美学问题、马克思主义与现代主义、马克思主义与形式主义的对话、马克思主义与结构主义、马克思主义与艺术社会学研究、马克思主义与语言学及符号学六个问题。这是着眼于马克思主义与当代其他思潮的对话、碰撞的横向方面的研究，马克思与中国当代美学建构。《马克思美学的当代阐释》分马克思美学的重释与重估、马克思与 20 世纪美学的对话、中国当代马克思主义美学建构三个专辑，每个专辑收录 6 篇论文，加上代前言共 19 篇文章。涉及的上述这些领域也是我所理解的马克思主义文论当代化、中国化所要解决的问题。我在这里还要补充交代两个情况：凌继尧教授、王杰教授是公认的研究东欧马克思主义美学与英国马克思主义美学的知名学者，他们都曾经在我们这里工作过，都开设过与马列文论相关的课程，为南京大学文艺学学科马克思主义文论教学与研究做出了重要贡献。凌继尧老师在这里为研究生开设了“苏联当代美学”课程，出版了多部关于苏联马克思主义美学的著作与译著，1994 年调往东南大学艺术学院工作。王杰教授 2004 年从广西师范大学调至南京大学文艺学学科，工作至 2009 年调离。他指导的文艺学硕士生博士生大多以马克思主义文论与美学为研究方向。这期间除了继续编辑出版《马克思主义美学研究》集刊，王杰老师还专门为博士生开设“马克思主义美学研究”课程。他在这里培养的博士生多已成为所在高校、研究机构从事马克思主义文论与美学研究的骨干。

从马列文论课程开设和马列文论教材编写的历程来看，我们从自编讲义到内部发行的讲义，出版资料选编讲解类的教材和教学参考书，再到专题研究型的教材，授课对象也由50年代末、70—80年代的本科生到90年代以来的硕士研究生，再到新世纪那几年的博士研究生，见证了我们文艺学学科对马列文论这门课程的发展和相关教材编写的推进。就教学团队来说，虽然人员因为退休或调离时常有流动性，但是名家辈出，有一个时段经典马克思主义、苏联东欧马克思主义、西方马克思主义各个方向人马齐全，马克思主义文论与美学研究更是成果丰硕。总之，60多年来好几代学人薪火相传，像接力赛一样一棒接过一棒，最近这一棒传到了我手里。但我不是专门做马克思主义文论研究的，我同时还做文学基础理论与西方语言形式文论。比起前辈们，我从事马列文论课程教学的时间的确比较长，算是坚守住了这一阵地，但我具体研究马克思主义文论与美学的成果却不算太多，所以也不能夸大我的作用。我的体会是，在这个传承过程中，马列文论课程教学与马克思主义文论研究相互支持，相互促进，形成了我们的一个特色与传统。三年前我们选留了一位年轻教师李国成。他的博士论文选题就是马克思主义文论方向，做的是阿多诺和卢卡奇的艺术真理观的比较研究，将来马列文论这门课按理应该会交到他的手里。他也是我们文艺学科马克思主义文论教学与研究的后备队伍。

姜：感谢汪老师给我们介绍了南京大学马克思主义文论教学和研究的历史。您刚才说南京大学马列文论课的教学与马克思主义文论研究相互促进是一个特色与传统。从您本人的教学和研究来说，您的马列文论课程教学和您的马克思主义文论研究是什么关系？因为您说过我国先前的马列文论教学与研究是一种文艺美学的框架，也取得了很大的成就。但在我们的印象中，无论马列文论课程教学还是学术研究，您都是运用一种跨学科的视野，突破了文艺美学的框架，能不能谈一下您这样做的理由？

汪：我从事马克思主义文艺理论的教学与研究，当时面对内外两重背景。就内部来说，不仅有对包忠文老师、赵宪章老师等前辈的学术传承，南京大学还有一个整体的马克思主义研究氛围，就是张异宾教授主持的南京大学马克思主义社会理论研究中心所做的马克思主义研究。这个中心有全国最大也最好的一支马克思主义研究团队。我和这个团队中的不少人是同学、朋友。既然是社会理论研究中心，他们这个团队的马克思主义研究便打通了哲学、政治经济学、社会文化、美学、文艺批评等多个领域，还创办了集刊《社会批判理论纪事》。我本人90年代后期在南京大学读博士期间，张异宾教授也给我们博士生上了一门公共必修课"马克思主义与当代思潮"。这是一个对我来说相对有利的传统与氛围。

而从外部情况来看就不太妙。马克思主义文艺理论在新中国成立以来历经几代学人的发展与推进，成果丰硕，但是也陷入了某种教学与研究瓶颈。早期的马克思主义文论研究受到苏联模式很大的影响。1933年里夫希茨编选的《马克思恩格斯论艺术》是最早的马克思恩格斯谈论文艺的言论摘编，中文版最初是60年代曹葆华编译出版的（当时书名《马克思恩格斯论文学与艺术》，人民文学出版社1960年版，后又有由程代熙编译增订的中国社会科学出版社1982年版），新时期又出现了杨炳编选的《马克思恩格斯论文艺和美学》（文化艺术出版社1982年版）等同类著作。在早期，无论是苏联的学者还是70年代末至90年代初的中国学者，一般是按照哲学反映论思维方式下文艺美学的框架编写马列文论教材，研究马克思主义文论，把马克思、恩格斯、列宁、斯大林等人关于文学艺术的论述纳入这个框架当中。这种框架实际上是流行的苏式文艺理论教科书及其体现的文学观念对马克思主义文艺思想的理解与解释的一个翻版，比如说文艺反映论、现实主义、艺术与社会主义、艺术的鉴赏与批评等。当时中国的马克思主义论的研究，包括专著，常常也是在这个框架里展开的。我之所以说它是一个文艺美学框架，是因为它不是按照马克思、恩格斯自身提出和思考文学艺术问题的问题域来展开的，而是按照苏联或者中国当时的文艺理论、文学观念来剪裁材料、提出问题、进行研究的。这样做虽然也取得了一些成就，例如里夫希茨和程代熙等人都对马克思主义文论研究做出了贡献，后面一些学者按照这个框架也取得了不小的成就。但是这样做的局限是，它已经离马克思提出问题和解决问题的方式比较远了，不仅对马克思、恩格斯文艺思想本身的理解单一化、狭隘化，更与当下文学艺术发展的实际产生了脱节。学生感觉马列文论教学缺乏时代感，思维、框架、论题老化，过于推崇文学史上古老的传统、古典的艺术，应对不了当下的文艺现象和文艺问题。

当我 21 世纪初接手马列文论课的时候，这个问题已经变得很突出了。一些高校的同行反映马列文论这门课上不下去了，不仅面向本科生上不下去了，硕士生也同样如此。我也有同感。不少高校停开了马列文论课，有的高校虽然在开设，但为了争取听众，实际上变成了对同学们更有吸引力的西方马克思主义文论专题讲授。接下来应该怎么办呢？我试图从两方面入手解决这个问题，一是考察马克思当年谈论文学艺术问题时的原初语境是什么，它的展开方式是怎样的；二是思考在 20 世纪语言学转向、社会文化转向和美学、艺术的边界都拓宽、变化了的情况下，我们再来看马克思恩格斯关于文学艺术的论述，它的潜在能量是什么，具有怎样的生长前景与可能性，又有什么局限？因此我的马列文论教学一方面要回归文本，回归它的原初语境；另一方面是要应对当下，落实到具体的现实问题。在这样一个指导思想下，我其实把马列文论课转化为经典马克思主义文论在其演变中与当代思潮、当代文化的对话。这些对话既产生了一些效应，即马克思、恩格斯关于文学艺术的思考与谈论如何被后人延伸、拓展了，成为当代某些文学理论、美学论题的源泉或基因，当然也暴露出了一些不足。

当我这样做的时候，我自然地就走向了跨学科。这个跨学科有三层意思。首先，马克思谈论文艺现象、分析文艺问题时就是跨学科的。马克思不是在文艺美学框架里，而常常是在政治经济学著作、哲学著作与政论里谈文艺问题。我们还原马克思提出问题、讨论问题的原初语境，自然就回到马克思那里，就是跨学科的视野。这是第一重跨学科。其次，我们还可以对马克思关于文学艺术的论题本身进行跨学科的理解，我在《中国人民大学学报》2018 年第 2 期发表的《马克思论悲剧与喜剧——历史哲学、戏剧学与美学的三重透视》就是这样一种尝试。马克思主要是在政治经济学框架和历史哲学框架里面谈的悲剧喜剧问题，但是我们也可以从戏剧学和美学的角度进行透视，这就是跨学科。此外，我们还可以从一个学科脉络自身演进的角度进行分析，这样做也可以说是跨学科，比如说马克思原本在政治经济学框架里谈到了资本主义发展对生态环境的破坏，分析了资本主义掠夺自然的制度性特征，资本主义导致的生态危机，提出了他对未来社会主义社会中人与自然新型关系的展望。马克思的思考启迪了后来的生态批评，成为生态批评的思想来源之一。我们现在从生态批评的角度，再来反观马克思的自然观和生态思想，已经超出了马克思原初提出问题时的语境了，实际上运用了一种后视的眼光，即从当下生态批评的眼光来反观马克思自然观的前瞻性和生长性，当然还有它的局限性——没有摆脱人类中心主义、对人与自然关系的改善抱有乐观的预期等。这其实也运用了跨学科的视野。因此我认为从上述这几个角度来看，无论是对马克思主义文论研究的拓展，还是对先前里夫希茨模式下的文艺美学框架及其背后的文学观念的反拨，马克思主义文论的跨学科研究势在必行，所以我的马列文论教学和研究都是在一个跨学科的视野下进行的。

姜： 您刚才说研究马克思主义文论要回到马克思，我想接着向您提一个关于马克思主义研究方法论的问题。您经常倡导研究马克思主义文论，要把经典马克思主义、第二国际马克思主义、苏联东欧马克思主义、中国马克思主义、西方马克思主义、后马克思主义甚至马克思学等打通，在一个完整的脉络中思考马克思主义及其文论。为什么要这样做以及这样做有什么益处？

汪： 这不仅是马克思主义文论研究的问题，在我看来也是一个马列文论课程教学的问题。实事求是地说，早期的马列文论课程教学包括教材编写侧重经典原著讲解，关注的其实是一个一个点。既然叫选读、选讲，免不了只见树木不见森林；到了中期的专题研究才有了线，但仍然没有形成面，缺少一种宏观的整体的观照。这是由于特定时代的局限——基础文献不足、经典马克思主义“正统论”的研究立场作祟等等原因造成的。现在时代发展了，条件也具备了，我们完全可以走向大的综合与透视。我们讲的回到马克思首先是回到马克思的全体，回到马克思的言说语境。但马克思并不等于马克思主义，马列文论也不等于马克思的文论或马克思加恩格斯加列宁的文论，所以我们回到马克思一个人还不够，还要回到马克思主义的全体。应该说，马克思主义本身既是一种学术思潮，也是一种社会运动。如果我们把它当成是一个大的学术思潮和社会运动来看，它自身已经经历了一种历史的演进，因此我们做马克思主义文论，为什么要打通经典马克思主义、第二国际马克思主义、苏东与中国马克思主义、西方马克思主义、后马克思主义甚至马克思学，我想不是为什么我们理论上要这么做？而是事实上如果我们不这么做，很多问题就不好解释，也解决不了。我可以举几个例子来说明。比如空间问题，马克思、恩格斯在《共产党宣言》中说资本主义的发展打破了民族的与地域的限制，形成了一种世界文学。马克思在《1857—1858 年经济学手稿》中又提出，资本流通按其本性来说力求超越一切空间的界限，用时间去消灭空间。这里面的时间是由资本关系掌控的时间，而被时间消灭的空间指的是前资本主义各自独立的、地域性的自然空间。资本主义社会关系造成了一个同质性的社会空间。在此，马克思对资本主义的批判运用了空间的视角，但是他还没有进行自觉的理论总结与架构。我们再从历史演变来看，到西方马克思主义学者列斐伏尔《空间的生产》中的空间三维辩证法——空间实践、空间表象与表征性空间那里，他提出了一种与社会生产联系在一起的空间生产理论，为马克思主义资本主义社会批判理论增添了空间维度。再比如市民社会，原本指经济上逐渐占据主导地位的新兴市民阶层，与经济关系、财产关系有关。马克思在《德意志意识形态》等著作中也是在经济基础的意义上来看市民社会的。到了葛兰西《狱中札记》讨论这个问题的时候，他把市民社会与国家相并列，已经逾出经济范畴，具有伦理文化和意识形态功能，实际上具有了上层建筑的含义。我们还可以举虚拟资本这个例子。虚拟资本是马克思在《资本论》第三卷里面研究股份制作为一种信用制度时提到的，第二国际理论家希法亨在《金融资本》里专门探讨了虚拟资本问题。他在对股票、证券和交易所的研究中指出财产的价值由收益的价值决定，信用扩大了资本的潜力，股票成为特殊的商品。这在某种程度上预示了鲍德里亚对于虚拟经济、虚拟资本的思考，虚拟资本可以脱离实体经济进行市场干预。这三个例子说明，我们只有在经典马克思主义和后来社会变化所产生的新的理论形态的关联当中，再来看马克思、恩格斯当初提出的理论或命题的有效性，对经典马克思主义的潜能才会看得更清楚。如果我们在这个大的历史链条上来看，经典马克思主义、第二国际马克思主义、苏东及中国马克思主义、西方马克思主义以及后马克思主义等构成一个完整的脉络，很多问题可能是从马克思那里潜藏、萌发，到第二国际马克思主义、苏东马克思主义、中国马克思主义、西方马克思主义那里发展、延伸，到后马克思主义的时候变形或变异，如此等等。这就是何以我们要在这样一个整体的思想文化潮流、社会运动当中来思考、研究马克思主义及其文论的缘由。

姜：感谢老师对马克思主义这一学术思潮的梳理。您还提醒我们注意马克思主义与 20 世纪其他思潮的对话，认为其中蕴含了新的学术增长点，能不能谈一下您的看法？

汪：这个问题要从历史与现实两个方面来谈。首先，马克思主义本身不是从真空中生长出来的，人们通常讲到德国古典哲学、英国的政治经济学和法国的空想社会主义，这是从马克思主义产生的历史渊源的角度来看的。而从具体的理论生成来说，马克思主义的成长得益于和当时流行的各种各样的思潮的碰撞，在对话和论争的过程当中走向壮大，比如青年黑格尔派、蒲鲁东主义、布朗基主义、拉萨尔主义等等。这说明马克思主义自诞生之后就是在与当时各种思潮的对话当中，取得了看待问题的一些视角，形成了自己的基本问题与研究方法。从这一层意思上来说，马克思主义本身就不是一个孤立的潮流与运动，而是和西方各种思想传统、社会文化甚至政治经济现实进行交流和互动的产物。其次，20 世纪除了马克思主义这样一个学术思潮之外，还流行其他各种各样的社会思潮和文化形态，它们仍然还要继续发生碰撞和对话，当然也有冲突和斗争。我们也可以说 20 世纪以来的马克思主义已经是和其他思潮对话的结果，比如说有列宁主义的马克思主义，也有黑格尔主义的马克思主义、精神分析的马克思主义、结构主义的马克思主义、存在主义的马克思主义等等。这说明至少从西方马克思主义来说，它本身就是和西方流行的各种文化思潮对话的一个产物。我之所以认为必须要重视马克思主义与其他思潮的对话，是因为马克思主义是一个开放的体系。它之所以不停滞不前，能够成为源头活水，常读常新，也说明它包含了与各种思潮对话进而丰富与发展自身的潜质，不然就对不了话了。

同时从这些对话的成果中，我们也可以找到一些克服、打破先前马克思主义及其文论研究中既有的那些故步自封的、僵化陈腐的思路、命题及论述的契机。我可以举一个例子，比如交互主体性问题，人们通常认为是胡塞尔晚期提出的，由舍勒、萨特、许茨、列维纳斯等人发展，好像只是一个现象学的问题。但是马克思在他的一系列论著当中也多处谈到交往，如社会交往、语言交往、文化交往等，证明马克思的理论中也包含着一种对人与人的关系、自我与他者的关系的思考。在20世纪马克思主义的发展当中，这个问题虽然不是核心问题，却也有所关注与推进，比如说在西方马克思主义当中，哈贝马斯的交往行为理论提出交往共同体的思想。这里既有现象学影响的因素，也有对马克思本人思想的当代转化。我们可以再提一下日本马克思主义学者广松涉，他在《存在与意义》中谈到了主我与客我。这个思想最早是舍勒提出来的，他用的术语是他者的我。后来许茨在《社会实在问题》里提出了主我与客我，认为我生活于我们之中，我通过分享我们形成自我并认识他人。舍勒和许茨是把胡塞尔的交互主体性理论推向社会学研究领域的代表人物。后来广松涉则以身体能知的二重性对主我与客我理论加以发展。这说明20世纪的西方马克思主义和东方马克思主义受到了现象学的影响，对现象学的一些理论问题有重要的推进，同时也借助现象学发展了马克思主义自身。我在这里只是举这么一个例子，说明通过20世纪其他思潮和马克思主义相嫁接的方式，不仅可以发掘马克思主义研究新的生长点，而且可以看到经典马克思主义包含了一些可以成为现代思想源泉的原生的力量。这对我们思考如何让马克思主义可持续发展，或者探索马克思主义当代化与中国化的路径，会提供有益的借鉴与启示。

姜：还有最后一个问题。在您指导研究生的时候，马克思主义文论也是一个重要的研究方向。而当下的研究生普遍有一个感觉：做毕业论文，发表学术论文，无论是经典马克思主义文论，还是东西方马克思主义文论，都不太容易选题，已经不太好做了。您怎么看这个问题？能否介绍一下这方面的情况？

汪：当年研究生管理部门让导师在招生目录中列举研究方向的时候，我标注的是文学基础理论、西方文论和马克思主义文论，在这三个方向进行招生。后来管理部门调整目录时简化为两个研究方向，马克思主义文论被整合到西方文论里面去了。不过这样也没关系。在我20多年指导研究生的生涯中，我印象中硕士、博士中差不多有四分之一的同学研究方向是马克思主义文论，包括马克思主义文论的基本问题和马克思主义文论的专人研究，也有某一派别的专题研究。我赞同你的观点，经典马克思主义文论以及西方马克思主义文论的国别研究不太好做了。就经典马克思主义文论而言，一方面，前辈几代学人付出了他们的努力，累积的成果已经比较多，可供挖掘的资源和问题越来越少；另一方面，年青一代学人对马克思主义经典作家作品的阅读可能又不太充分，很难形成新的视野，进行深入研究。就西方马克思主义文论研究来说，原先英国、德国比较薄弱，但最近十几年也追上来了，成果渐渐地比较多了。国内对英文世界的马克思主义文论研究已经有大量的成果，如英国伯明翰学派和澳大利亚的文化研究已经有专门的研究，包括美国的詹姆逊、大卫·哈维也研究得比较多。德国马克思主义文论最近更成了热门，无论是法兰克福学派，还是后面的第二代、第三代都有研究。但是这不等于说马克思主义文论就做不下去了，没有问题可做了，而是需要我们在前人研究的基础上在更大的范围内用更大的视野来做，那样的话马克思主义文论与美学研究还是大有可为的，不愁选不到题目。当然我们的研究生同学也要量力而行，或许可以从大处着眼，小处入手。首先，从纵向的历史发展来看，当我们把经典马克思主义、第二国际马克思主义、苏东与中国马克思主义、西方马克思主义、后马克思主义相贯通的时候，就会发现一些问题在不同的时段、不同的思想家那里会有不同的生长、发展、延伸或变形，比如资本问题，从马克思的资本论，到第二国际卢森堡的资本积累论、希法亨的金融资本研究，再到法兰克福学派消费社会分析中蕴含的有关资本的思想，再其后布尔迪厄的文化资本观，到新世纪 2013 年皮凯蒂《21 世纪资本论》中对资本的讨论，到近年来杜乔蒂《文学与资本》对文学与资本关系的研究，这里面就有不少可以深入探讨的问题；其次，从横向的马克思主义跨国别、跨文化生长与流变来看，也有很多值得探讨的地方，比如说大众文化的问题，为什么在法兰克福学派和英国文化研究那里会形成精英主义和平民主义两种不同的研究路径？类似这样一种横向的问题流变很值得我们重视。如就东方马克思主义来说，我们常常笼统地将俄苏、中国、南亚、日本等地的马克思主义都称之为东方马克思主义，其实这里面可能不完全是一回事，也有许多在传播过程中由于不同的生长环境、问题发生变形、变异的情况，还有不少问题是没有解决的。我可以举两个例子，蔡仪先生 40 年代提出的美在客观说比苏联美学界“自然派”的德米特里耶娃等人为代表的认为美在客观的说法要早，似乎是由中国学者提出的原创性的美学理论，但我们总是隐约感觉有那么一些似曾相识。这是为什么？蔡仪是不是把苏联式马克思主义唯物主义哲学认识论推衍到美学研究上去了？近年来首都师范大学李圣传老师发现了若干新材料，证明蔡仪早年留日期间受到日本马克思主义的影响，而日本马克思主义又受到苏联马克思主义的影响，这才部分解开了这个谜团，但是这个问题仍然有继续探讨的空间。再比如上世纪 20—30 年代苏联以弗里契、彼列维尔泽夫等人为代表的庸俗社会学批评影响很大。他们用阶级斗争解释文学现象，用经济基础解释文学演变，后来受到了批判。但是他们对中国当代马克思主义文论和极左文艺思潮有没有影响？我们现在经常说姚文元写的文艺批评是庸俗社会学，两者看起来好像有那么一些相似，但姚文元的文艺批评跟苏联 20—30 年代的庸俗社会学批评到底是什么关系？它究竟是中国本土产生的一种东西，还是俄苏对马克思主义的庸俗化在中国产生的变种？我们并没有很好地研究清楚，于是很容易满足于人云亦云。所以我们需要仔细地来思考和探讨马克思主义问题横向位移或当代转化过程中发生了什么？这样看来，无论是纵向的历史演变，还是横向的理论旅行，都有许多问题没有解决，有待于我们进一步研究。这也说明我们研究马克思主义文论，不仅仅是总结优秀的遗产和经验，也要反思其中的失误和教训，以便后来者在此基础上加以借鉴和推进。

采访人员：南京大学文艺学博士 姜雪
采访日期：2023 年 11 月 7 日

逻辑与时代的结合

——复旦大学张宝贵教授访谈

问：请您回忆一下本校最初开设马克思主义文论课程的时间、缘起和师资情况。

张宝贵（以下简称“张”）：印象里蒋孔阳先生说过，上世纪50年代开始，复旦大学中文系就开设了马列文论性质的课程，后因国家形势的变化，高校工作陷入停顿，课自然停了下来。70年代末恢复正常教学秩序后，这门课也得以重新开设。这里面或许有学校的要求，但更主要或内在的原因，是马克思主义文艺美学思想一直是教研室老师们学术研究的方向或基础知识储备的缘故。最初上这门课的应该是叶门寿先生。先生是从党政岗位转到文艺理论教研室的，对这门课下了很多心力，抓课程，抓教材，都很热心，全国马列文艺论著研究会首次会议，就是叶先生代表复旦大学出席的。但是他的身体不大好，患了肌无力的病症，上这门课的时间并不长。在他之后，应必诚和蒋国忠两位先生曾长时间负责这门课的教学工作。80年代的时候，这门课还是必修课，前来上课的学生很多，态度也很认真，有个别年轻老师甚至也会前来听课。后来情况有了些变化。据一些老先生回忆，有一段时间，课程改成了选修课，选课的人数也少了，马列方面的文章也发不出去。全国马列文艺论著研究会因经费短缺，学术活动也不景气。吴介民先生担任会长期间，曾四处奔波，为学会活动联系承办单位，为学会的建立、存在和发展，做出过重大贡献，功不可没。在他的主持下还曾以学会名义致书教育部，建议恢复马列文论课为必修课。记得90年代末我接手这门课的时候，状况改变也不大，课虽在，却有几年未开，据说是因为选课的学生人数未达到规定要求。这恐怕与远离经济、时尚有关，很难招引学生们的目光，门前冷落也是可以想见的结果。当然教材、教法等也应该有影响，马克思主义文论不随时而动，难免会造成课程的滞涩。

问：本校开设马克思主义文论课程用过哪些教材，这些年是否有变化？

张：据我所知，马克思主义文论课最初用的名称是“马恩列斯文艺论著选读”，却没有教材，第一本教材是上世纪70年代末教研室集体编写的，与课程名称相同，分上、下两册，主要摘选的是马克思、恩格斯、列宁的文艺论述，斯大林的很少。教材我没有找到，据说内容含量大，注释详尽，阐发客观，在当时颇受欢迎。这本自选教材编写时，教研室很多老师都发动起来，其中叶门寿先生用力甚勤，是实际的负责人，应必诚、蒋国忠等先生也是这本教材的主要编写者。由于大家热情很高，尽管内容比较多，但教材很快就出来了，并用在了教学中。

80年代中期以后，随改革开放的深入，创作和评论的繁荣，西方马克思主义文论的大量绍介，原来教材选面窄、视点旧的问题就突出出来，所以在当时蒋孔阳先生的倡议下，教研室全体老师从马列文论发展史的基本观点和框架出发，来编写新教材。新教材大致遵循了两条原则：一是开源，主要考虑对马克思主义文论有重要贡献的思想家、理论家、作家，增加了布哈林、沃罗夫斯基、托洛茨基、陈独秀、瞿秋白、冯雪峰、胡风等的文论思想；二是分流，将马克思主义旗帜鲜明、批判异化且有重大影响的一些西方马克思主义理论家也收入进来，比如法兰克福学派、葛兰西、马舍雷、戈德曼、杰姆逊、伊格尔顿等，经过几年努力，最后形成了《马克思主义文艺理论发展史》这本教材，并于1995年出版。当时参编的主要包括不同时期讲授过本门课程的老师，比如应必诚、蒋国忠、朱立元、王振复、张德兴等先生，也有当时在读的几位研究生，比如刘红兵、南志刚、王锡荣、唐云、张岩冰等。教材出来后，本科生教学只是参照其中部分的新内容，教材主要是供研究生教学使用，90年代中后期起到了应有的作用，在教学方面给学生提供了更为宽广的视野，更让人们注意到了马克思主义文艺理论也有一个发展的过程，离不开时代与社会的发展。另一方面，也触动马克思主义文艺思想的研究，比如应必诚、朱立元、张德兴、陆扬、王才勇、张岩冰等先生在经典马克思主义文论、法兰克福学派文论、女权主义研究领域的发掘、开拓、深化工作，就是在这两个方向上走下来的，不但在科研方面卓有建树，也反哺了马克思主义文论的教学。

90年代末、新世纪后，中国的经济、文化发展带动了整个生活领域。有人说中国进入了消费时代，虽然不完全准确，却一定程度反映了大众精神与文化诉求新的变化。社会要求理论特别是马克思主义文艺理论更加贴近现实生活的发展，服务于生活的需要。因此，马克思主义文艺理论课程也随之有了新的变化、新的探索。变化和探索首先是内容方面的。过去的教学谈及马列文论，大多从经济基础决定上层建筑，从特殊意识形态形式等为人熟知的套路去讲解，道理听着是没错，事实上也没有问题，但面对五光十色流动不居的现实生活，特别是各个领域层出不穷的审美文化实践，面对学生对理论新的需求，不仅是需要引进、建构新的理论，更重要的是对理论本身需要新的阐释角度，否则就会永远漂浮在天际，逐渐僵化为抽象条框。变化和探索针对的就是这种状况，需要从现实实践出发来重新阐释理论，比如上海疫情严重期间，有人用茄子、辣椒、西红柿等搭建起外滩东方明珠塔、国际会议中心等地标建筑，我就将这张图片拿出来给大家讨论，不少同学真的就联想到了马克思对物质生产的重视，也就是物质生存的首要性，而且找到了《德意志意识形态》中的话来佐证。也有的同学从这个理论出发，来反思当时困厄中人的精神表现，比如一位吉他歌手改了《同桌的你》的歌词，惟妙惟肖演绎出肉体生存对人们精神状态的冲击。我个人觉得，抽象的理论经过如此阐释，就又活了，说明马克思的思想也真的不是抽象的理论，而是有着深邃的历史穿透力。这种内容的新变化自然也要求教材的变革，否则就很难满足教学的需求，所以多年来教研室在实际教学探索中不断探求新的教学内容和方式，同时也在酝酿新教材的编写。

问： 本校的马克思主义文论课程对于中文专业的学生而言，是必修课还是选修课？学生们的参与积极性高吗？有没有令您印象比较深刻的学生或事情？

张： 为了跟随时代与社会的发展，充实新的教学内容，马克思主义文论的名称包括课程性质也有过变化。从名称上看，这门课由最初的“马恩列斯文艺论著选读”，改为“马克思主义文艺理论发展史”，后来又调整为“马列文论与当代文艺思潮”，90年代末我刚上这门课的时候，就是这个名称。到了2017年，和教研室相关老师商议，调整为“马克思主义文论精读”，一直沿用到今天。至于课程性质，除70年代末恢复正常教学的前几年，此后一直是本科生选修课，至少我接手的时候是这样。直到2017年改课名、建团队、调内容之后，系里将这门课定为专业基础课，当然学生选与不选，仍然自由。刚讲过，刚接手之前，这门课停过几年，我开课的第一年了解过情况，心下难免惴惴，实际情形也的确不大景气，只有五位学生选，好在人数勉强达标。当时心里感觉很惊险，上课的时候内心虽然是战战兢兢，对着学生却是满面春风，想办法哄着，生怕中间有学生退课。课停掉固然可惜，面子上想必也很过不去。这样课上课下也了解到一些学生对课程的需求，最主要的一点感触是学生们不喜欢那些大而空的理论，感兴趣的是能帮他们反思现实的理论。这很对，也反映出教材的问题、教法的问题、教师的问题，甚至是研究的问题。故此，以后开这门课的时候，自己有意识地将马克思主义文艺理论和文艺实践、生存现实结合起来看，理论就有了活起来的趋势。马克思说社会存在决定社会意识，此言果真如是。当然另一方面也会千方百计鼓动学生介入进来，让他们的脑袋也随之转动，而不至于乏味。这样，不能说积极性有多高，但学生们大多还是改变了对这门课程的刻板印象，选课的人数倒也不用那么担心了。这里面学生们之间是有信息链的，比如前几年有位历史系的学生问起这门课，想选，又担心课程空乏，就问中文系学过这门课的一位学生，得到回答说不会是你想象的那样，他就选了。听了一学期，和他交流不少，大多是马克思和拿破仑有无关系、异化是否阶段性之类的话题。他失不失望不知道，但全勤上课我就满足了。

问： 本校的马列文论课程除了面向本科生教学以外，在硕士、博士层面还有设置相关课程吗？

张： 本科生的马克思主义文论课有个基础，除了学界一些公认的结论外，有相当一部分内容是教研室老师在相关方面的研究成果。这些成果最初都是以专题的形式体现在给硕士生和博士生开的课程中，比如陆扬教授主持的“文化研究导论”，王才勇教授开的“法兰克福学派美学”等，内容肯定更专门、深入一些，也更有个人研究特点。这些内容与特点是本科生课程的有机储备，根据课程体系的设置和要求，其中有些部分会吸收到本科生的课程中来。

问： 您在马克思主义文论课程的教学过程中，是分专题讲的，还是按历史脉络讲的？据您的教学经验来看，怎样的教学组织形式对学生的学习效果比较有帮助？

张： 现在这门课的教学基本是逻辑和历史的结合。时间这条线索是隐性的，并没刻意强调它，我的考虑是，一些基本的思想理论没有搞清楚，历史是讲不明白的，讲出来也很可能浮于表层。历史的起承转合，涌进分流，归根结底还是要以逻辑为基础。马克思继承了前人的什么思想养分，恩格斯、拉法格、李朴克内西、伯恩斯坦、列宁、托洛茨基、卢卡奇、本雅明、阿多诺等等，他们承继、发展、调整、放弃了马克思的哪些思想，这是历史叙事的主题，都以弄清这些人的思想为前提，要不然也不成其为历史。所以就目前来看，“马克思主义文论精读”课还是以逻辑方面的经典理论，或者说以马克思本人的文艺思想为主，也挑选了一些其他人的，卢卡奇、葛兰西等，但讲到他们的时候，主要考虑的也是同马克思思想的关系，比如葛兰西，他的文化霸权思想是在哪个层面发展了马克思，哪个层面出现游移的嫌疑，这种游移算发展还是断裂，如此等等，历史和逻辑不好分开。

让本科生同学理解马克思主义文论当然不容易，产生理想的教学效果也很难。我的体会是，在教学组织上，不管具体形式如何，一定要让学生参与到教学中来，绝对不能当旁观者、简单的听众。杜威的教育学有个最大的长处，就是让学生在做中学，学生自己一定要动手，这样才会有实际成效。我同意也采用了这种方式，当然不是打开教室大门，放学生到校外自己去做些什么，这是杜威的问题，相对轻视理论，而是不能让他们脑袋闲着，给分配任务，自己找材料、去体验、去发表。前三年疫情比较严重的时候，我让学生们结合生活实际来谈对马克思文艺美学思想的理解，他们就都主动参与进来，在自己的体验中和网上扒出了中外很多文艺审美现象，比如英国居民不能出屋，在阳台上朗诵《罗密欧与朱丽叶》，法国音乐剧演员在中国疫情严重时录制公益歌曲 *Together* 等等，就此在线上讨论物质生产生活和精神生活的复杂关系，肉体伤害与危机与道德和审美的关系等话题，大家讨论得很激烈，也很动情。比如武汉疫情期间，同学们自己从各种渠道注意到了很多审美实践，他们举了一些例子，比如医护人员和病人一起在方舱医院跳舞做操，隔离时病人捧着书看，新疆医疗队出发前跳舞等等，同学们说，这些都是“美的规律”的体现，这些人并不是有意识在创造美，而是在各自的交往、职业和生存行为中自发创造出了美的尺度，是让生活本身发展出美的因子，“非常可爱也很受感动”。这些话题有的是我有意提前设定的，有的是同学们讨论中“岔”出来的，说明他们自己有很强的领悟能力，就看有没有机会参与进来，一旦参与进来，很多在理论本身绕圈子很难搞清楚的问题，通过这种方式，就容易懂了。

问：在您看来，本校开设马克思主义文论课程的主要经验或者说主要特色是什么？

张：90 年代的时候，蒋孔阳先生讲起文艺理论教研室开的这门课，说有两个坚持，一个是坚持开设这门课，一个是坚持从实际出发。我觉得这也算是本校这门课程一以贯之的两个特点。特别是从实际出发，应该是课程的生命线，不了解世界上马克思主义文论的发展态势，不了解中国自己的生活现实，并将这些理解纳入课程中来，这门课讲不好，也坚持不下来。相应的文论研究也同样如此，离开这条生命线，非但做不好马克思主义文论的中国化，也很难为课程提供有机的思想养料。

问：从中国语言文学的学科发展高度来看，这门课程在新时代怎样设计。

张：马克思主义文艺美学思想博大精深，发展空间广袤，在新时代美好生活建设的总体原则下，这门课程有条件也有理由纳入中国语言文学学科的众多专业材料来充实自己，比如审美语言、外国文学、现当代文学、古代文学研究等等，过去和马克思主义文论课的交叉、结合程度并不高，现在完全可以在新时代更为广阔的现实生存平台之上，彼此倚重，形成合力。当然这样说也只是泛泛之论，具体怎样做，并不是具体哪一个学科可以单独完成的工作。

问：您对"马工程"《马克思主义文艺理论》教材在具体教学中的使用有何建议？

张：教学是活的，要随学生的具体情况、时代的发展状况而动，所以教材不应该照本宣科，让实践为理论服务，否则会僵化这门课，也不符合马克思主义理论服务于实践的基本原则。

问：张老师，非常感谢您接受本次访谈，让我们对复旦大学开设和建设马列文论课程的情况有了较为深入的了解，获益颇丰。

张：谢谢你们开展此次访谈，辛苦了。

采访人员：全国马列文艺论著研究会秘书处

采访时间：2023年11月22日

【文艺学研究】

事件·真诚·流变：托多洛夫对话批评的三重维度

何芳敏

（华中师范大学文学院，湖北武汉，430079）

内容摘要：从发生学角度审视，托多洛夫的对话批评可划分为介入对话、建构对话和启示对话等不同阶段。三个阶段前后接续，在批评过程中表现出超越古典主义和浪漫主义二分的复杂性。这在介入阶段显示为自觉于批评对象之选择标准的意识形态，因此表现出选择的事件性；在建构阶段显示为作为组织者角色的批评与平等对话的开放性之间的矛盾，其中错位的真诚保证了话题与观念的双重超越；在启示阶段则显示了流变过程的复杂性，它并非问题之间的简单接续，而是对原有问题的重新问题化。

关键词：托多洛夫；对话批评；事件；真诚；流变

对话批评的提出是托多洛夫研究生涯的转折点，此后他便从结构主义诗学向外扩展到文化人类学，以更广阔的眼光看待当时他所面临的相异性问题。但这一转变并非局限在学科意义上。多斯就从20世纪法国思潮转变的角度指出，他的转变是由政治上的成熟引发的对主体的反思。所以对话批评不是一个普通的转折，而是作为一种思想标记贯穿了他之后的所有研究，使他能拉开与结构主义的距离，又不会陷入解构主义的虚无中。因此不能将他的《批评的批评》视作一种短暂的过渡，从而作为一种既成事实来接受，更恰当的态度是从对话批评的发生过程，考察他如何在对话的不同阶段贯彻其对话主义，在有条理的同时又不陷入决定论。因此，本文将试图回归对话批评理论的原始表述，找出使对话得以成立的各项条件，在体悟和检验的平衡态度中定位其观念立场。

一、介入对话：作为事件的选择

托多洛夫在《批评的批评》中所关注的两个主题和追求的两个目标，是各自相互嵌套的。虽然他因反思自己的意识形态立场而引起了其他问题，但当时对真理和普遍性的质疑，使他对20世纪文学及批评观主题的思考必然会回到意识形态主题。因此，他坚持在文学领域和意识形态领域中兼顾普遍性与特殊性的研究。当他以明确文学及批评观和意识形态立场为目标时，这一目标便必然要在两个领域中都得到验证。所以，托多洛夫最后提出对话批评，便必然不只是一种他认为近乎正确的批评观，也应该是一种更有道理的意识形态立场。于是，审视托多洛夫如何介入其他批评家的批评时，就存在着批评和意识形态两种视角。

托多洛夫将批评视为对话链条中的一环，所以每开启一次对话，实际上都是对他人对话的介入。从批评的角度来看，托多洛夫确实给出了一定的介入标准。但就像他自己说的，这些标准只是对话得以发生的有利条件，而非原因。意识形态视角则可对此进行补充说明。托多洛夫使用的“意识形态”是指“社会成员共有的一种思想、信仰和价值体系，它与意识、科学或真理等并行不悖”[1]。其中，“社会成员共有”能调和各种不同的具体条件，“并行不悖”则使之帮助形成对话。而从接受批评的角度来看，意识形态起作用的关键在于“以某种方式接受它们并归为己有”[2]。因此，那些不同的主客观标准实际是作为倾听者接受异质性的方法而起作用。表面上看，意识形态的自足性必然会拒斥异质性，但托多洛夫将标准视为方法在理论上提供了一条合理的路径。

与他超越结构主义的意图相对，“方法”在伽达默尔的阐释下有着突破自我意识的可能性，即将之视为持续发生的事件，使问题不仅在自身，也在与世界的联系中得到解决。这一阐释基于海德格尔的时间本体论，明确了作为方法的事件在时间流变中的创造性，从而得以突破自足，接受异质。但还需注意的是，意识形态在接受异质性时是不受线性时间局限的，所以齐泽克用时间悖论来形容“事件”，由此补上空间视角，将事件的发生视为“我们借以看待并介入世界的架构的变化”[3]。从这样的事件概念出发，托多洛夫介入批评家对话的关键便是二者间发生了何种新事件。就像齐泽克用时间悖论来形容事件，托多洛夫在研究的一开始便给出了问题的答案。他所追求的文学观及文学批评观，是在不返回古典主义教条的基础上对浪漫主义提出质疑，而意识形态立场则是在坚持无神论的同时反对虚无主义。于是，他接下来的任务便是以新的架构介入过去的批评，也就是重构对这些批评家及其观点的接受。

《批评的批评》是托多罗夫关于“象征”概念危机研究的最后一部分。他的《象征的理论》抓住“象征”概念从古典时期到浪漫时期发生的转变，并一直延伸到浪漫主义危机之后那种超越二分法的复杂性，通过哲学、语言学、诗学等多角度展开研究，试图“揭示被不同传统和术语掩盖的问题的统一性”[4]。之后的《象征与阐释》集中在语言学领域，而《批评的批评》则回归文学领域，继续讲述浪漫主义危机之后的复杂图景。从《批评的批评》选择以俄国形式主义开头来看，他应该是接续了《象征的理论》第十章中，雅各布森在定义文学上显现出的将古典与浪漫的关系复杂化的思想趋势。雅各布森对于诗歌社会功能的关注与俄国形式主义强调文学语言的自在目的性相悖，托多洛夫因此不再关注内容，而是关注形式主义的内在逻辑及历史地位。虽然政治进程打断了形式主义的发展，从而无法明确他们对文学的定义，但托多洛夫的选择实际形成了一个“文学”事件，让相关追问能延续下去。所以，在第二节里，托多洛夫选择了比起真理更关心文学的德布林和布莱希特两位作家。因为他们对“史诗”这一文类的论述，在托多洛夫看来正是对文学本质的探究。由此，也能顺势理解这种对“定义文学”的追求最后落实在批评家—作家上了，因为托多洛夫在这些人的批评中发现了文学的一面。

托多洛夫从形式主义超越二分法的思想趋势出发，形成了一条探究文学定义的路径，最后在批评作家那里找到了二者相通的实例，由此顺势从批评“文学”转向了“文学批评”，形成了“批评”事件。他的第一选择是巴赫金，但比较特别的是这一章没有导入部分。这其实是因为在前两部关于“象征”的论著后，托多洛夫还先写了《米哈伊尔·巴赫金：对话原则》，发现巴赫金对人文科学的统一看法就是应答理解。所以，他没有写导入是因为不是他引导巴赫金，而是巴赫金引导他进入对话批评。不过在专写批评的这本书中，巴赫金到中间部分才出场，则是因为托多洛夫认为“只有我们改变对文学的既成观点的时候才能改变我们对批评的看法”[5]。所以，可以看出他还是按照先“文学”后“批评”的顺序进行论述。

巴赫金从作品内在的多种声音中发现多样性就是人之存在的现实性，这为托多洛夫打开了在统一性中寻找超越性的思路。因此在选择弗莱时，他关注的是“在他的作品与作品之间可能没有矛盾存在，但这却不能使他的每一部作品都摆脱掉一切矛盾”[6]；而选择伊昂·瓦特时，关注的则是他以经验为主的研究“都为了一个惟一的目的：更好地理解我们面前的作品”[7]。前者是理论的统一，在尊重“被描述对象的复杂性”的基础上得到了“开放的一元论”；后者是经验的统一，保留了“那过于‘自足’的批评”，但却是为了能因此更有理有据地提出个人看法。而最后选择贝尼舒，就不局限于单独的理论或经验。在托多洛夫看来，贝尼舒的批评得以成功的秘密，是“给予他的分析以活力的对真理的探求”[8]。这兼具了理论和经验，是一种回到批评态度本身的超越性表现。

从事件的角度来看，托多洛夫是在超越古典与浪漫的二分法这个架构中选择批评家，并在文学是什么和批评是什么的问题下安排论述的顺序。在这两个问题的框架以及超越二分法这个更基础的框架叠加之下，托多洛夫有了明确的介入批评家原有论述的立场和路径，同时也为构建对话打开了空间。

二、构建对话：真诚的双重超越

托多洛夫曾拒绝建立或捍卫一种批评模式，但最后还是提出了“对话批评”。即使他用问号将其悬置起来，却在批评中通篇贯彻对话主义，试图建立并实践一种对话批评。这种带有不确定性的批评实践反映在论述中，会让一些批评者觉得难以对其模糊性做出评价。但聚焦于对话批评的实际建构，还是能看出托多洛夫的观念立场，即他对巴赫金应答理解的深入发展。

首先，托多洛夫在论巴赫金中列出了批评的大致步骤，“收集物质方面的资料，重建历史背景”，“用社会学、心理学，甚至生物学规律进行解释”，最后“立足两者之间，把对作品的阐释当作对话”[9]。其次，他在最后一章的集中论述里继续提炼三个核心观点，即关于真理与价值的看法、关于作家与批评家的关系，以及批评家的伦理责任。

首先，关于真理与价值的看法，托多洛夫追求超越内在论(放弃真理)和教条主义(唯一真理观)，即把真理和普遍价值都放到远景的位置上，从而避开了探索真理和普遍价值的概念论战，或者说，将论战的迫切性转换成了谈论真理和普遍价值的合法性。

其次，关于作家与批评家的关系，他强调二者要面对作品平等对话。但确保平等的重点，不在于强调批评家在批评中充分显示出对话者的声音，因为这不仅是最基本的诚信问题，而且从根本上来说，没有任何绝对的手段可确保别人听到或听不到对话者的声音。真正保证了平等对话的是创造性，因为简单的呼吁和复杂的主体哲学论辩都难以保证平等，对话的创造性则以自身保证了批评家和作家的主体平等。

最后，关于批评家的伦理责任，他认为这是批评家创造性思想的来源。这一观点从批评家的主体地位出发，恢复了元叙事崩溃后再谈伦理的合法性，又从主体的伦理责任出发，确保了批评家的声音不会被作家淹没。

后三点进一步补充了前三个步骤，即不是简单提出有两种声音，而是通过“思想”和“伦理”来确保谈话双方的声音，并通过将真理和普遍价值当作远景，保证双方确实是在同一框架下对谈，而不是各不相关的发散。但他的论证中仍存在着不全面和不细致的部分。他曾坦白：“过去一直以为是中性方法及(我的)纯描述概念的东西现在却成了某种明确的历史选择的结果(这些结果本可以是另外一种样子)，另外这种选择也必然要在‘意识形态’上——对此，我总是没有接受的准备——反映出来。”[10]虽然托多洛夫及其追随者都会为了开放性而强调对话的非预设，但他自己也清楚，看似中性和纯描述的东西其实也是历史的选择，甚至是意识形态的表现。他的批评者为此提出：“除非人们对自己的前进方向有一个明确的认识，否则这样一种理想主义事业似乎只是徒劳。”[11]此外，他还自问：“应该考虑怎样通过别人的言语来了解你自己。但是，可能我只是在谈我自己？”[12]这是论证中不细致的部分，他避开了对真理与普遍价值概念的辨析，从而只能提供一个远景框架，无法明确相遇的具体状况。对此，就有批评认为：“托多洛夫并没有让对话高过认知……因为他的重点更多地放在超越偏见的真理上，而不是放在阐明偏见的对话上。”[13]

这些自我质疑和他人的批评难免让人想问，托多洛夫真的成功实践了对话批评吗？从形式的角度来看，托多洛夫在书中尝试了文本话语、信件沟通和谈话活动三种形式，其中最后一种是以创造一场对话来完成的批评，因而最具典型性。然而细读这一批评实践，会发现里面有多层次的预设，但没有阻碍对话的开放性。从大的方面说，托多洛夫一开始就明确了要在浪漫主义思想中，找到超出其思想框架的部分这一总括性预设。在具体谈话中，他也预设了自己先遵循贝尼舒的准则对其进行评价，再就其回应展开对话。更细致地来说，他甚至在心里预设过对方的一些具体回答，而且还成功了。以上可见，即使有着层层设想，二人的对话还是成功了，并将他们的不同观点诉诸书面。由此，再看托多洛夫关于意识形态的反思可知，与其说是有预设会阻碍对话，不如说是否认自己存在预设才会阻碍对话。明确自己的主题、立场和谈话方向，能帮助双方在对话过程中承认差异和接受分歧，而真正不应预设的部分，是在承认未知的情况下不预设未知。

在谈话中承认未知但不预设未知，可为开放性保留话语空间。但更多的时候，批评还是以文本话语的形式呈现，很容易出现实际上的不对等。例如，《批评的批评》就缺少对解构主义和马克思主义的深入研究，有简化二者的嫌疑。由此，若要就对话的"组织者"角色为真正的平等对话进行辩护，就要在尊重分歧与未知的基础上，进一步明确在有"组织者"的对话中，怎样才能确保有"更多的思想"？在"未知"与"组织"的矛盾关系下，构建对话的困难，其实更深地牵涉到现代思想中相互联系的两种思潮，即"一种对真诚的热切承诺"和"一种对真理本身的普遍猜疑"[14]。以构建对话为目标，我们完全可以设想组织者真诚的态度为分歧和未知预留了空间，但这只是一种难以言明和无法确定的可能性，因而为批评的最后成果遗留了一种普遍的猜疑，使其作为对话的有效性无法在理论层面得到证实。由此再回到托多洛夫，他悬置了对真理概念的辨析，强化了对真诚态度的渴望，但实际上，随着"真理"的削弱，"真诚"也会逐渐陷入不确定中。黑格尔正是以分裂和混乱的自我意识拒绝与外部社会权力同谋，从而反对"诚实的灵魂"。但有趣的是，托多洛夫最初选择做俄国形式主义，正是为了避免当年在保加利亚文学研究中弥漫的官方意识形态的管控，他很早便摸索出了一种在一个败坏公民之真诚的社会中对自己诚实的方法。因此，从他对俄国形式主义的研究经历中，实际能发现一种错位的真诚，而这一策略保障了一种真实的研究。

"真诚"的基本态度，是指公开表示的感情与观点和实际的感情与观点之间的一致性[15]。在《濒危的文学》中可见，托多洛夫当时明面上只有两种选择，做虚假的研究，或接受真实的制裁。但他很聪明的是，当官方意识形态成为衡量一切的标准时，反而能以其为参考，在意识形态研究已成虚假研究的对立面，找到一种真实的研究，即无关意识形态的研究。他真诚地投入到对俄国形式主义的研究中，即使在法国遇冷也没有放弃，甚至一度尝试将其彻底系统化。但也正是由于真诚，他才发现形式主义内部存在着超越自身的苗头，并转为关注其思想的历史内涵，因而最终回归了意识形态研究。这看上去只是一次话题的转变，但实际上已牵涉到观念的转变，所以他才会逃离意识形态研究又返回来。后者已不是一种单纯的回归，而是取消意识形态作为参照从而摆脱意识形态管控，他也因此在一种时空的错位中构建起与自己的真诚对话。

在对话中，真诚是最基本的伦理条件，但在文本形式中难以得到理论保障。不过从真诚在现代社会遭遇的质疑可知，它在理论层面要解决的根本问题，其实是外在社会意识的流变性与内在自我意识的分裂性，这两点使得我们无法保证单纯的内外一致性。因为无论是在弗洛伊德意义上引入无意识造成被动的不一致，还是社会主流意识形态主导下人在反思意义上形成主动的不一致，都使得强调内外一致性的真诚不可能存在。但只要我们还承认/坚持创造性，就还保留着拒绝虚伪的能力。所以，托多洛夫对俄国形式主义的前后态度看似矛盾，但实际上都是他拒绝虚假研究的例证(包括拒绝官方意识形态的内容研究，以及拒绝无法彻底理论化的形式研究)。因此，当我们在无意识的影响下，谈论的可能不是我们真正要谈论的东西；在反思主流意识形态的意义上，不便谈论我们真正要谈论的东西时，对话中话题和观念的双重超越，将在文本的意义上，实现一种错位的真诚。由此，真诚本身便自带具有发展潜能的话语空间，从而确保了留存分歧与未知的可能，而对当下话题和观念的超越也预示了对话批评内在的流变性。

三、启示对话：在流变中重建前提

托多洛夫构建对话批评还有一个重要的目标，即引起别人的思考，所以它还有一个启示对话的面向。这表现为在对话批评中，他最初思考的是有关意识形态的问题，之后又引发了其他问题。不仅如此，在不同章节的观点层面，以及对话主体层面，都表现出了流变性。这样的流变性在保持其研究焦点的同时启发了新对话，突破了目的论的唯心主义局限，表现出对话批评的开放性特征。但以“流变”为隐喻来描述对话批评的开放性，在实际的写作中并不是那么想当然的水到渠成，其内涵尚需进一步厘清。

若要把握托多洛夫对话理论中流变的一面，可以选择从最明显的问题层面入手。从托多洛夫的自述来看，他对问题的思考有一个从意识形态向文学的明显转变。他的回答是，这是因为“在人们惯称现代的时间里，对文学与批评的思考也具有了统治欧洲精神(不只是精神)生活的意识形态运动的性质”[16]。此外还有更切身的原因，即当他发现身处异乡但选择和参照仍是“某种意识形态选择的产物”时，只能重返文学，“因为它涉及到伦理范畴中普遍与相对的对立”[17]。因此这一流变不只是现代文学被视为具有意识形态性，他又刚好熟悉文学，还因为他在保加利亚和法国的双重文化中感受到他异性，继而在美洲征服者留下的笔记中，扩大对不同文化间相异性的思考，才会在全球化的范围里聚焦意识形态的普遍性与相对性。所以流变并非自然而然，在主体经验外，还有其特殊的时空条件，它限制了问题的范围，也为流变提供了动力。然而，向文学的转变并没有直接解决问题，在行文中对普遍与相对的思考又发生了转向。

有关文学与批评的问题自有其逻辑，并非天然就是对意识形态的直接回应。于是，托多洛夫设置了浪漫主义及对它的超越这一研究视角，以此来把握与意识形态相关的部分。以对俄国形式主义的研究为例，托多洛夫通过梳理他们赋予“诗语”的“自在目的性”“陌生化”“自动化”三个观念得出，“正是浪漫主义的前提使形式主义走向反浪漫主义的结论”[18]。因为“陌生化”和“自动化”作为一对相应的概念在文学史中的应用本身就打破了文学语言的自在性一说。也就是说，具有自在目的性的诗语本来是与其他语言体系相对的，但经过观念的梳理后发现二者并不是对立而是互换的关系。这仍然没有解决普遍与相对的问题，因为从运动的角度来看，否定相对性就没有交换的必要，否定普遍性就不能交换。为此，托多洛夫只能在后文中转向真理问题。这一转变看似突兀，但通过托多洛夫对现代阐释观的简要梳理会发现，意识形态之所以成为问题是因为真理受到普遍质疑。托多洛夫在此提及“真理”并不是简单地想回到上一阶段，而是想为重提“真理”寻找合理性。

文学语言与其他语言的互通使托多洛夫得以在语言的层面上重提真理，而论述德布林和布莱希特对史诗的特殊使用，则在内容上进一步扫清障碍。虽然托多洛夫开篇就写到，两位作家的理论并不是为了真理，但二人分别在文学内外引入了他人的声音，使文学内容也突破了自在性。此后，托多洛夫又在论述文学与批评的相似时进一步明确了他对真理的态度。托多洛夫在比较法国批评家—作家和巴赫金的差异时认为，对于前者来说文学与批评因与真理无涉而相似，对于后者来说文学与批评因都在寻找真理而相似。这两种观点看上去相互对立，但在具体论述中可知，前者拒绝的是作为教条的真理和特殊的真理，巴赫金寻找的真理则是作为准则的真理及非现成的最终前景。到此，真理的观念发生了改变。

前面在谈及真理时都是在文学问题基本解决之后附加的，到巴赫金这里则变成了文学问题就是真理问题。其中，托多洛夫最关注的是巴赫金在陀思妥耶夫斯基研究中谈及的作者与人物之间的关系，即通过推翻作者的绝对真理地位，在文本中构建真正的对话。他通过批判性地接受巴赫金指出，陀思妥耶夫斯基不是把自己降低到与人物同等地位，而是表达了多种外在于他的意识，因此在反对作者的超验性后，保留了个人经验之外的超验，拓展了知识的边界，所以他评价巴赫金思想体系中的超越是水平的、单方的和立场的超越。但需进一步解释的是，这样的超越承认了他人的复杂性和作为终极边界的存在，因此反而不是对他人的超越，而是经由他人完成了对自己的超越。在文学中，“我”经由他人超越自我，便在超越唯一真理观的同时保留了探索真理之路。这就是托多洛夫由讨论文学与批评变为讨论真理的逻辑起点，只是这与不同语言间的交换关系一样，还没有突破普遍与相对的问题。于是只能继续探索作为准则的真理具体指什么，它又如何处理普遍与相对的关系？

面对准则的问题，托多洛夫梳理了弗莱的两种批评态度，介入与自由。前者帮助完善社会世界，后者帮助检验自然世界，二者各提供不同的真理准则来指导实践。弗莱的态度虽是二者需共同存在，但托多洛夫认为这种二分太过分明，从而提出用价值来调和神话的真理与科学的真理。价值成为探索真理的新出发点，于是托多洛夫在之后安排了与伊昂·瓦特的通信，因为他认为瓦特的现实主义批评最具创造性的地方就是使文学形式具有了意识形态性，从而恢复了作品有别于所描述对象的自有价值。问题绕了一圈终于回到意识形态上，但问题已转变为对价值的讨论了。瓦特对此的回应是，无须为批评加上其他前缀，其特殊性自有伦理因素，这补充性地印证了在意识形态话语中讨论价值问题已超越了普遍与相对，因此问题已完全转变为对真理与价值的讨论。

最后，以价值为出发点，如何探索真理呢？在托多洛夫看来，这正是保尔·贝尼舒的特点。首先，贝尼舒认为在文学中看到新的价值是人类的一种主要能力。其次，贝尼舒认为发现新价值，并非如托多洛夫所说是一种对作品的补充，因为对批评家来说指出作品缺陷的真正价值在于由此更深入地了解它或论证其独创性。所以他认为，批评家的任务不是要与作品分离，而是让批评与作品在互相调和中前进。这就回到了上文说的将真理当作远景，而作为出发点的价值在贝尼舒看来是无法评价的，因为我们是在价值的问题化中探索真理的。

托多洛夫对话批评的开放性特别明显，行文中涉及的范围很广，因此很容易想到用“流变”来形容。然而，一旦将焦点放在流变如何形成时，会发现它并非如这一修辞所暗示的那样平稳顺畅。从上文来看，问题先从意识形态转换到文学与批评，但这不是简单的转变，而是在文学与批评中看意识形态；接着，问题从文学与批评转换到真理与价值，同样并非简单的转变，而是文学与批评的问题就在于真理与价值。由此，从启示对话的角度来看对话批评中的流变，其开放性正在于对问题的重新问题化，即并非在问题域中解决问题从而转变话题，而是重新建立问题的前提。

从国内的托多洛夫研究来看，他的对话批评没有很受重视，在某种程度上是因为一般的认识将其视为一种过渡性研究。特别是在缺少对解构主义的深入回应下，他在英语世界的一些研究者更愿意将《批评的批评》看作托多洛夫自己的独白。然而从他转向文化人类学可以看出，这并非一种简单的过渡，反而是“过渡”一词在明确分期的意义上有着结构主义的嫌疑，从而忽视了他超越结构主义的努力。因此用发生学的视角来看托多洛夫对话理论的三个关键节点，不拘于现代或后现代思想，而是从介入、构建和启示的过程中提炼对话批评的事件性、错位的真诚以及问题化的流变等思想特质。对话即批评的判断仍是当下重要的批评观念，如何在批评家的“独白”里贯彻对话主义注定是每一次批评实践的任务，因此托多洛夫的对话批评不是批评发展的过渡，而是成熟。

注释：

[1]［法］茨维坦·托多洛夫：《批评的批评——论教育小说》，王东亮、王晨阳译，北京：生活·读书·新知三联书店，2002年，第7页。

[2]［法］茨维坦·托多洛夫：《批评的批评——论教育小说》，王东亮、王晨阳译，北京：生活·读书·新知三联书店，2002年，第182页。

[3]［斯洛文尼亚］斯拉沃热·齐泽克：《事件》，王师译，上海：上海人民出版社，2016年，第13页。

[4] T.Todorov, *Théories du symbole*, Paris: Seuil, 1977, p.6.

[5]［法］茨维坦·托多洛夫：《批评的批评——论教育小说》，王东亮、王晨阳译，北京：生活·读书·新知三联书店，2002年，第188页。

[6]［法］茨维坦·托多洛夫：《批评的批评——论教育小说》，王东亮、王晨阳译，北京：生活·读书·新知三联书店，2002年，第104页。

[7]［法］茨维坦·托多洛夫：《批评的批评——论教育小说》，王东亮、王晨阳译，北京：生活·读

书·新知三联书店，2002年，第125页。

[8][法]茨维坦·托多洛夫：《批评的批评——论教育小说》，王东亮、王晨阳译，北京：生活·读书·新知三联书店，2002年，第143页。

[9][法]茨维坦·托多洛夫：《批评的批评——论教育小说》，王东亮、王晨阳译，北京：生活·读书·新知三联书店，2002年，第101页。

[10][法]茨维坦·托多洛夫：《批评的批评——论教育小说》，王东亮、王晨阳译，北京：生活·读书·新知三联书店，2002年，第182页。

[11] G. Linde, "Towards A 'Dialogic Criticism'", *Journal of Literary Studies*, 6: 4, pp. 357-367.

[12][法]茨维坦·托多洛夫：《批评的批评——论教育小说》，王东亮、王晨阳译，北京：生活·读书·新知三联书店，2002年，第179页。

[13] D.Bialostosky, "Dialogics as An Art of Discourse in Literary Criticism", *Modern Language Association*, Vol. 101, No. 5 (Oct., 1986), pp.788-797.

[14][英]伯纳德·威廉斯：《真理与真诚：谱系论》，徐向东译，上海：上海译文出版社，2013年，第1页.

[15] 这是基于特里林论述的一个扩展，其原话为"真诚(sincerity)主要是指公开表示的感情和实际的感情之间的一致性"，参见[美]莱昂内尔·特里林：《诚与真》，刘佳林译，南京：江苏教育出版社，2006年，第4页。这里用"观点"一词补充理性部分的真诚。

[16][法]茨维坦·托多洛夫：《批评的批评——论教育小说》，王东亮、王晨阳译，北京：生活·读书·新知三联书店，2002年，第9页。

[17][法]茨维坦·托多洛夫：《批评的批评——论教育小说》，王东亮、王晨阳译，北京：生活·读书·新知三联书店，2002年，第184页。

[18][法]茨维坦·托多洛夫：《批评的批评——论教育小说》，王东亮、王晨阳译，北京：生活·读书·新知三联书店，2002年，第22页。

《升庵诗话》文本生成与诗学价值新探

周艳和

（华中师范大学文学院，湖北武汉，430074）

内容摘要： 近人多将《丹铅总录》"诗话类"视为《升庵诗话》的版本之一。从文本生成看，先是《升庵诗话》编选了早出"丹铅"诸录中的论诗条目，方有《丹铅总录》将之收录。二书都被《升庵文集》《升庵外集》所采，造成了《升庵诗话》的重新命名与今人整理困难。追本溯源，明人多以"辨核"为特征将程本《升庵诗话》体认为学术笔记，其原初面向是以正杜、解杜为中心，以博证之学为导向的解蔽诗学。此举针对学风空疏之弊，对于纠正当时诗坛激进偏执的宗唐宗杜思想具有重要意义。

关键词：《升庵诗话》；文本生成；学术笔记；辨核；解蔽

杨慎所撰《升庵诗话》以复古别调及推尊六朝的诗学面目为人知悉。然而，这种今人熟知的观念或与明人有所出入，盖由一部作品的思想价值的判定往往随着时代、读者等因素的变迁而发生改变。此外，文本不断变异，诗话的本来形态受到遮蔽，也为后人理解其诗学思想带来偏差。《升庵诗话》的文本生成复杂性既体现在从专著到总集与丛书著录，再到近人辑录过程中内容增删与整合，也体现在今人整理时的文献选择困难与混乱，其诗学价值亦随之游离变动。对此一问题的揭举不仅是《升庵诗话》的独特意义所在，也是当前诗话研究症结中透射出的一个缩影。

一、《升庵诗话》与《丹铅总录》"诗话类"之关系

杨慎一生著述众多，谪戍云南期间，其友人程启充于嘉靖二十年刊刻《升庵诗话》（后文简称"程本"），弟子梁佐随后整理《丹铅总录》并于嘉靖三十三年（1554）刊行。关于二书之关系，前人已有所涉及，如丁福保《重编升庵诗话弁言》曰："《升庵诗话》，自明以来无善本。有刻入《升庵文集》者，凡八卷；有刻入《升庵外集》者，凡十二卷；有刻入《丹铅总录》者，凡四卷；《函海》又载其十二卷及补遗三卷。"[1]上述胪列版本中，《总录》最早问世，丁氏或出于不确定性将之列在二集之后，《丹铅总录》"诗话类"四卷是否可以看作《升庵诗话》的一个版本值得怀疑。

今人王仲镛先生也认为："梁佐纂《丹铅总录》二十七卷，自卷十八至二十一为'诗话类'，凡四卷，程本《诗话》编为二十、二十一两卷，疑十八、十九两卷即床集、别录之文也。"[2]按其说法，程本四卷被合编为《总录》"诗话类"后两卷，前两卷则被怀疑

是已佚的《升庵诗话》之“续集”“别录”。这一说法只是猜测，仅就编排次序而言，为何将更晚的“续集”“别录”置于早出的程本诗话之前，与常理不符。

欲明晰此，须分别考察《升庵诗话》与《丹铅总录》之撰著过程，详细比勘二书内容，从其榫合处发现结论。先看《升庵诗话》，其序曰：“升庵在滇，手所抄录汉、晋、六朝名史要语千卷，所著有《丹铅余录》《丹铅续录》《韵林原训》《蜀艺文志》《六书索隐》《古音略》《皇明诗抄》《南中稿》诸集。此则挈其准于诗者，曰《诗话》云。”[3]此处交代了程启充编选诗话采录了包括《余录》《续录》在内的各种笔记，其中《余录》于嘉靖九年刊行，今只得《四库全书》本，《续录》于嘉靖十六年问世，有明嘉靖刻本。

比对二书与程本诗话文本内容，《余录》体制混乱，仅作分卷，内容为程氏采录者甚少，经考仅得“丹的”一则[4]。而《续录》自卷八“陈子昂诗”起至卷十二“褥纕”，共计38则[5]，内容、次序与程本诗话卷四基本一致[6]。从中发现，程启充编刻诗话采用二书情况与其序说有所出入，早出的《余录》基本不选，晚出的《续录》则构成其《升庵诗话》卷四的主体。这或因《余录》内容驳杂，无所不包，“准于诗”之内容偏少，且卷次、条目未拟标题，于编者而言不易选录。反观《续录》，不仅条目清晰，各卷亦著题名，后五卷内容涉及论诗，观者一目了然，为程氏选用提供了诸多便利。质言之，在《总录》之前，“丹铅”笔记与程本诗话已有渊源。

稍晚刊刻的《丹铅总录》增加了后世《升庵诗话》文本构成之复杂性。梁佐所撰序文之表述值得注意，其云升庵“暇日著《丹铅余录》《摘录》，流有刻本”，又说“乃尽出《丹铅三录》《四录》《别录》《附录》《闰录》诸稿授之佐”[7]。此处未提及《续录》，梁佐对诸录“删同校异，析之以类”并合编为《丹铅总录》，在体制上沿袭了《续录》《摘录》卷首分类、条目拟题之作法，以卷十八至卷二十一为“诗话类”。

考《总录》“诗话类”四卷之来源，卷十八所载72则诗话从“卵色天”到“李白帖”，计48则编取自《摘录》，卷十九自“乌监角”始30则多见于《余录》[8]。余下少量未知来源的条目，应从升庵所出《三录》《四录》《别录》等文稿中摘出，所占篇幅很小。而如上所论，程本卷四主体选用了《续录》条目，方才在《总录》中被编为“诗话类”卷二十、二十一两卷，其中第二十卷主要据引程本诗话。

也就是说，《总录》“诗话类”四卷内容总体上取自“丹铅”诸录。至于程本四卷被梁佐直接编入《总录》，此一行为的前提是，梁佐认为程本诗话亦采自“丹铅”笔记，为图省事而将之作为现成材料直接利用。由此确定，《丹铅总录》还是应回归其“丹铅”诸录的整理合编本之定位，而非作为《升庵诗话》一个版本而编选。丁、王二说只见其同，以《总录》为《升庵诗话》又一版本，合理之中不无偏颇。

王仲镛云“前两卷或即《续集》《别录》”恐亦与事实不符。前二卷主体内容已确定编自《摘录》《余录》。而从文献流传看，张含《诗话补遗序》云：“又出其绪缀为《诗话》若干卷，有《床集》，有《别录》，有《补遗》，皆诗评也。”用“若干卷”的措辞，模糊的表述显示，张氏或也未见过二书。又据蜀人王嘉宾《诗话补遗序》载“复述缀《诗话》”，而后只说“兹《补遗》三卷”，升庵弟子杨达之《诗话补遗后叙》也说“得师《诗话》先梓以传者”，二氏均未提及《续集》《别录》，或早已失传。综合诸家论述，《续集》《别录》多只闻其名，很少有人见过全书，被梁佐用以编选《总录》的可能性也很小。

概括《升庵诗话》与《丹铅总录》之关系，先是《续录》等笔记文稿成为程启充整理《升庵诗话》的重要材料来源，而后梁佐编选《总录》，又用了取材自“丹铅”诸录的《升庵诗话》。二著一前一后互为资取，由于都对《余录》《续录》等进行了直接编选，具有文献同源性，应视为内容互含的两个并行文本。明确其中关系，有助于廓清前人对《升庵诗话》与《丹铅总录》之间的误解。更重要的是，在此过程中理清了程本诗话的原始文本形态及其文献来源，为我们把握其原初文本性质与诗学旨趣提供了确定性文本。

二、《升庵诗话》的文本改易与整理困难

与一般诗话不同，《升庵诗话》的文本长期处于增删改易的变动状态，表现出独特的文本开放性。继程本诗话后，明万历年间杨有仁辑《太史升庵文集》八十卷，其卷五十四至六十一为“诗类”八卷；又有焦竑刻《升庵外集》一百卷，其卷六十七至七十八为“诗品”十二卷，《升庵诗话》在此二编中皆见采录。而后，清人李调元辑《函海》，取《外集》“诗品”十二卷为主体命名《升庵诗话》。自此，《函海》本取代程本为世人熟知。

杨慎身后，除去已经刊刻的作品外，大量未经整理的文稿成为编缀文集的难题，新发现的论诗文献势必要进行整理编排，而将之与已有诗话合编多有先例。故而，从《文集》“诗类”八卷开始后不断变异的论诗文献，严格意义上不能命名为《升庵诗话》，明人皆遵循了这一原则，但最终仍被李调元打破。

“丹铅”笔记的存在是造成《升庵诗话》文本改易的重要原因。先看《文集》“诗类”八卷，是书选录情况令人颇感意外。程本诗话被删去49条，篇幅更少的《诗话补遗》被删去28条，《丹铅总录》“诗话类”四卷删减最多，计121条，其中十八、十九两卷被大量删减[9]。从其排序与分布看，三书经删改后仍沿用原书顺序，但去其重复，则意味着三书载录诗话凡440条，被删减至268条，过其半数。如此看来，《文集》“诗类”八卷早已不是程本诗话之原貌。

《文集》删汰上述三书之余，尚有228条为他书编选，追溯这些新增条目之出处十分有必要。笔者以为，主要还是来自“丹铅”诸录为代表的杂著笔记。杨慎《丹铅录序》称：“自束发以来，手所抄集，帙成逾百，卷计越千。”这些笔记内容驳杂，涵涉广泛，据王大淳所考：“将现存的《余录》《续录》和《闰录》与之（指《总录》）相较，约有近三分之一的内容未能收入。”[10]诸录对升庵笔记收录之完整度难以断言，其未见者被编入文集也有可能。

核校《文集》“诗类”新增条目对“丹铅”笔记的编选情况发现，“晛日”“黑云”“星桥”“阴火”等25条来自《总录》中非“诗话类”的其他卷次；《四库全书》本《丹铅余录》，由于缺少目录不便比对，检出内容与“诗品类”一致者至少有“金膏水碧”“裋褐”“莺啼修竹”“碑生金”等16条。据此推断，编者在编选“诗类”时采取了较为严格的选录标准，弃置了《升庵诗话》《诗话补遗》及《总录》“诗话类”的近半条目，由于文献丰富，又回到其生平杂著笔记中重新编选，构成了“诗类”八卷新增内容的主要来源。

焦竑所编《升庵外集》将《文集》“诗类”八卷扩充至“诗品”十二卷，内容又新增近一百条，但他沿袭了《升庵文集》删汰《升庵诗话》《诗话补遗》的做法，此前被《文集》汰去

的百余条目仅编回“掘柘诗”“曹孟德乐府”“子山诗用古韵”等14条。其余新增条目中，亦可见“瑟居”“偃曝”“悠字单用”等选自“丹铅”诸录者，不再赘述。

可以看出，杨、焦二人编选升庵诗论分别命名“诗类”“诗品”，个中已暗含其别于《升庵诗话》之意。作为文集之编录进行删汰、求精，“丹铅”笔记及早期诗话文本必然是编选的重心，但选录仍体现着编者特定的原则与标准，不能与《升庵诗话》等而论之。

及至清人李调元辑印《函海》，以《外集》“诗品”十二卷外加《补遗》整合命名为《升庵诗话》，程本诗话自此为之一变。此举对文本原初面目的改窜与误读，不仅没有顾及《文集》《外集》对原始文本的减损，也忽视了其他诗论著作之独特价值。诸如《绝句衍义》等著都被《文集》《外集》以大类含摄，去其原题，已然淹没了原书意旨。李调元为图方便，殊不知新命名的《升庵诗话》已遮蔽诸多作品之原貌，创痏甚多。

林晓光认为，由于文本并非稳定地处在相同环境中，而是被编织进单篇、群组、总集、别集、史书、类书等各种不同的关系网内，文本的形态也因应着文献编撰的体例和功能需求而改变[11]。这也解释了《升庵诗话》文本缘何不断发生改易，《函海》本《升庵诗话》的命名，重新确立了是书文本内容，也奠定了近代以来文本整理的基本形态。丁福保以此为基础重编《升庵诗话》，其增补内容多为此前删汰之条目。意义仅在文献之全，且重编过程中彻底打乱了原有顺序，故而最终之呈现，既非《升庵诗话》之本来面目，也否定了《文集》以来的命名及编选原则，可谓卵覆鸟飞，难称“善本”。

事实上，真正意义上的《升庵诗话》仅为程本四卷，至多可将同时期的《诗话补遗》列入。而《函海》本通常被视为数者之合辑，今人整理大都以此为底本，久之便确立了此编即为《升庵诗话》之合法性。如王仲镛《升庵诗话笺注》及杨文生《杨慎诗话校笺》都以“诗品”十二卷为底本。汇编著作中，吴文治《明诗话全编》收《升庵诗话》所据底本亦是如此。

以上各家皆以《函海》本作为《升庵诗话》整理，都面临着“诗品”十二卷无法涵盖被删去的诗话条目之问题，故不得不另行补录。如王仲镛增加《补遗》一卷，又附录丁福保增补各条；杨文生则增为《续补遗》部分；《明诗话全编》直接不录，显示出对《函海》本的认同。周维德《全明诗话》据丁福保《重编升庵诗话》，后附《诗话补遗》等四种，颇为冗杂。在文献“求全”与“求真”之间，陈广宏、侯荣川主编的《明人诗话要籍汇编》收录嘉靖本《升庵诗话》《诗话补遗》，又去其重，据《外集》“诗品”及《文集》“诗类”编成《升庵诗话辑录》附后，兼顾了文献源流与文本完整。其不足或为以损害“诗品”“诗类”完整性为代价而还原《升庵诗话》《诗话补遗》之面目，但此本仍为当前所见妥善之法。

概言之，《升庵诗话》从程本到《函海》本的文本改易，主要由于杨慎生平著述大量诗论文献散杂于各种笔记文献，在后人汇编文集的过程中不得不收全，并以“诗类”“诗品”形式传刻。李调元将之编入丛书《函海》时反客为主，《升庵诗话》被等同于“诗品”十二卷。作为基础的文本一旦变化，其论诗要旨、意趣、取向等亦随之改变，今人认识的《升庵诗话》诗学思想较之明人势必有所改易，因而不能不回到历史现场考察升庵诗学及明人接受。

三、《升庵诗话》的笔记性质与明人接受

《升庵诗话》的学术笔记来源决定了其与常见的“资闲谈”及理论类诗话皆有不同，其创作上采自作者本人著述，编选又为第二手加工著成，即先有杨慎千卷手抄笔记，次有“丹铅”诸录等初编文稿，进而再摘选其中“准于诗者”著成诗话。“丹铅”诸录与《升庵诗话》同出一源，故可回到杨慎笔记的写作语境中窥探诗话之撰写意图。先看《丹铅续录原序》：

> “信信，信也；疑疑，亦信也。”古之学者，成于善疑；今之学者，尽于不疑。谈经者曰：“吾知有朱而已，朱之类义，可精义也。”言诗者曰：“吾知有杜而已，杜之窳句，亦秀句也。”宁为佞，不肯为忠；宁为僻，不肯为通。

学术笔记为治学而作，升庵力主“善疑”的学风，“疑”需要以坚实的才学为基础，他痛斥的不啻是复古派尺寸杜诗的学诗之道，更抨击跟风者受宋学影响，学问空疏，不辨是非，盲目信从复古，又陷于门户攻讦，容不得一丝异说，此更为“竺癃沉痼”。有鉴于此，升庵意图以真学问“解俗悬而逃疑网”，实者信者，误者疑之，扭转复古学风之沉疴。

杨慎又有《升庵说经》，是书与《升庵诗话》颇类，同样选编自“丹铅”笔记，可为旁参印证。其序曰：“然圣言悠远，义理无穷，或晦于古而始开于今，或误于前而获正于后，或先儒之成说而隐僻未彰，或末学之独见而有道可正，汇之以存疑，不亦可乎？”“丹铅”笔记网罗古今，升庵通过析理、辨疑穷通圣学，以今人之学问正之古人，彰之经理。现实导向便是以“疑疑”精神求学问之真实，摆脱空疏复古之不良影响。以此参之《升庵诗话》，所谓“往代之疑、前哲之误，一朝悉之”，同样是以辨疑行考据、证伪之批评，亦能见出升庵鲜明的学问与知识导向。

《升庵诗话》考辨、疑疑的诗学价值取向在明中叶自成一派。顾起纶在《国雅品》中称：“至我盛明弘、嘉间，又谆谆启迪。如昌谷《谈艺》，足起膏肓；茂秦《诗说》，切于针砭；用修《诗话》，深于辩核；子循《新语》，详析品汇；元美《卮言》，独擅雌黄。五家大备，将何复云？”[12]标举《升庵诗话》为明代具有导源意义的五种诗话著作之一，代表了当时以“辨核”为批评面向的一路，这在当时足称共识，而与近人区隔。如陈文烛所撰《艺圃撷余序》曰：“其后杨用修有《丹铅录》，王元美有《艺苑卮言》，博雅并称，中多诗话。”[13]揭示出“博雅”乃杨慎论诗的又一特征。细究顾、陈二说可知，《升庵诗话》在明代以“该博”行“辨核”之向路标立当世，而非以品评、阐发诗学理论见长。

明代对升庵诗学批评甚严者当为王世贞，《艺苑卮言序》以杨慎、徐昌谷二人并列，谓升庵“搜遗响，钩匿迹，以备览核，如二酉之藏耳”[14]，肯定其辑佚、辨核的成就，但后又评其“详于诗事而不得诗旨”。杨慎窜改或假托古人时常遭人诟病，博学而多著导致的随意、粗疏亦招致非议。《艺苑卮言》批评升庵论诗之失，或论品录不精，或挑错漏误字，或指举事不当，但在总体不高的评价中，“博”“辨”仍不失为升庵论诗的主要品格。

综合明人对升庵诗学的评价，他们或称誉或贬抑的差异表达，为今人客观把握杨

慎以“辨核”为中心的诗学提供了多元话语借鉴。此中之差异并非割裂对立，杨慎谪戍期间无书可据，多凭记忆写作，失于疏漏不足为怪。这不影响明人确证升庵诗学该博、善疑、辨核之主要面向，《升庵诗话》在时人眼中以躬行学问博证之风在明诗话中卓然自立。因此，探讨《升庵诗话》之诗学价值，应以升庵论诗的历史语境为筌蹄，检讨其诗文观念与文本思想，从中得出感悟与启发。

四、杨慎诗文观与《升庵诗话》诗学价值

今人把握《升庵诗话》诗学思想多重心放在考察其理论言说、命题范畴及价值取向等方面：或揭举其跳出唐诗而取法六朝的诗学倾向，或以实学转向、考证诗学、考据诗学等概括《升庵诗话》之意义，也有将之置于明代诗学的整体视野中考察其内涵及影响，对其诗学思想的考察已较为全面[15]。但需要指出，有些研究并未考虑文本生成始末，后出诸本可适用杨慎诗学研究，却不能等同于对《升庵诗话》的价值追认。因此，有必要考察程本诗话的诗学内涵，还原其本初诗学意义。

杨慎对诗话的价值有其独到认识，其云：“文，道也；诗，言也。语录出而文与道判矣，诗话出而诗与言离矣。”[16]升庵对待诗文二体的态度上不似复古派那般激进，他的立论基于诗文之道的沉沦。但批判诗话体制的同时，又写下了大量论诗条目，托人刊行《升庵诗话》。此间观念与实际的矛盾，实乃其有意为之。他对“诗，言也”做了新的诠解：“言之精者为文，文之精者为诗，绝句又诗之精者也。”以“精”为标准阐发言与诗文之关系，针对的是当时诗文创作都存在困扰其发展的不良习气，如果不及早矫治根除，则为害日烈，伤及根本。

先看其论文病，《升庵文集》卷五十二载：“本朝以经学取人，士子自一经之外罕所通贯。”又云：“近时举子之文，冗赘至千有余言者，不根程朱，妄自穿凿。”[17]其所举明人作文之弊可概括为内在之为学空疏，学风浮躁与外在之制文繁冗，义多穿凿。明代推行“经义取士”百余年间，士风卑下，世道沉沦，从学习经文到科场制艺都出现了严重的危机。士子由只通一经陷入“不究本原，徒事末节”的境地，这种思想僵化，篇篇相袭的情形，主要根源即在学风败坏。

复次观杨慎所见诗之弊病，文关乎道，诗系于言，从文体特征看，诗之精要在文之上。何景明关于“诗之不传”曾痛斥“辞意并亡，而斯道废矣”[18]，从复古的立场看，诗乃三代以来便不可缺失之道，但诗难而无益，当时士子多舍弃不学。大复认为正确的态度是取法古人克服为诗之难。与复古派相比，升庵将诗之难具化为学风不正造成的才学空疏，薛蕙《升庵诗序》评曰：“古今言诗者病于诗之难，夫诗之所以难者，才与学之难也。”[19]认为只有才学兼通才能追轧古人，别立新路以修补复古之阙，寻求正确的诗文发展方向。

杨慎这种济世实用的诗文观，基于明代文学发展困境并探寻解决方法，使得《升庵诗话》具有解蔽之价值面向。他在本质上是认同复古的，对“前七子”诗文创作成就高度肯定，说明其诸多努力是在复古体系内部进行解蔽式的纠偏，对李、何以来激进偏执思想的调和。

钱谦益曾概言复古之病为“曰僦，曰剽，曰奴”[20]，三者归之于一，即模拟剽窃

造成的自我学养、人格的缺失。李、何诸子复古诗学的核心取向是宗唐宗杜，《升庵诗话》之解蔽正是基于此点，质言之，其文本以正杜、解杜为中心，以博证之学为导向，从正时人之改杜以原诗之真貌、正古今之注杜以求诗之真义和正唐诗之惟杜以探学诗堂奥三个层面，突破明人对杜诗不辨是非的极端推崇。程启充曾以“博学反约”评价杨慎诗学，甚为准确，“博学”表现为在广泛阅读的基础上进行辨伪、核义等工作，“反约”则要求文献与思辨相结合，心领神会，对诗进行“妙解”之阐发。试将其论诗路数置于文本内容中考察：

第一，正时人之改杜。有明一代刻书之业发达，杜诗文本多有改篡，杨慎择其误处进行核证，并多征引。还杜诗之原貌，目的在于引导士子夯实学养，反对“婴儿学语”，不辨对错。譬如卷一载：“杜诗‘关山同一点’，‘点’字绝妙。”然“今书坊本改‘点’作‘照’，语意索然。且‘关山同一照’，小儿亦能之，何必杜公也!”复如“杜诗用檐字”条评杜诗“步檐倚仗看斗牛”，批评“俗子不知古字，乃改‘檐’为‘蟾’”，斥之为“时俗举子坊牌腐语”。辨核明人篡改之误皆有来源依据，以此批评当时刻诗传抄不加检点与为学不实的不良风气。《升庵诗话》中“石尤风”“秃节”“帆字音”“韦诗误字”“泉明”等则均为纠正时人错改唐人诗句之例。反对空无依傍妄改古人字句，构成杨慎解明代学诗风气之蔽的前置环节，对盲从复古者具有警醒意义。

第二，正古今之注杜。随着杜诗地位的不断抬高，杜诗注本层出不穷，也成为学诗学杜者不可或缺的取资文献。杨慎认为，即便是“千家注杜”亦有未尽未到之处，应据实为准。其办法是考之历代典章名物，以心会神悟求其真解。如卷一“慧远诗”、卷二“波漂菰米”及卷三“白头鸟”三则，均批评《千家注》引注不全的问题。而如卷三“杜诗天棘”批评宋人郑樵解诗无据，卷四“日抱鼋鼍”评旧注之非，可归为前人解杜诗之失。评其他诗人如“王适诗”“劣唐诗”“感遇诗”等则，痛斥当时解诗者“胸中无书”“目中无珠”，通过勾稽疏漏，道出了明人学诗只知依傍附和，又不容有识者訾议之困窘，进一步否定了空言复古、不重学识的做法，以引导基于学问“博证”的学诗路径。

第三，正唐诗之惟杜。此一层面立足于跳出复古派圈笼的宗杜畛域，放眼唐诗乃至整个诗歌史，择其优者师之。升庵力主杜诗也有劣诗，杜诗之外亦有好诗，应兼收并取，为明代诗歌健康发展提供多元取法。首先，对明人的杜诗接受进行正面反拨。如卷三“诗史误人”，余来明认为此则是对李梦阳所建构的杜诗典范性的消解[21]。其次，考察杜诗及唐诗之不足，其论杜诗，如卷一“羊肠熊耳”将杜诗比之六朝庾信、鲍照诗，认为“杜觉偏枯矣”；卷三“竹笋江鱼”言杜诗用“白白”语近俗，“杜不如韦多矣”。可见，诗史上高出杜诗者不在少数，只是复古派尺寸杜诗，目空一切。最后，在辑选佳作、品评好诗中，肯定唐诗不同阶段皆有圈点之作，如“瑟瑟”“金山寺诗”“刘驾诗”诸则。归根结底，明中叶学风与诗风之困窘，促使升庵以“辨”“博”介入正杜、解杜，从中探索摆脱僵化复古思想的解蔽之路。

综合看来，程本作为《升庵诗话》最初文本形态，在后来多次刻录流传中被逐渐淹没，其诗学价值亦为《文集》《外集》《函海》等扩充后的文本所稀释。此编是杨慎本人交付刊刻，较之后来者更具历史真实性，更能直接反映出作者的撰著意图与诗学愿景。杨慎亲历了从李东阳为首的台阁诗学退潮到“前七子”发起的复古诗学占据主流的历史进程，以博通的知识学养与融通的诗学意识较早地反思复古之卑陋，此种影响不容忽视。与《函海》本《升庵诗话》相比，批评焦点的集中有助于聚焦话题并针砭现实。这再次昭示着，前者主体内容虽被收入后者，却不能视为同一文本，也无法取代其所反映出带有时代印记的批评面貌与诗学价值。这一个案背后显现着此一文本生成的独特过程，也能借此管窥当前诗话研究的相关症结。与多数诗话类似，《升庵诗话》也被长期视为固定的成品，多见用于文献征引与佐证。而事实上，诗话具有文献与文本两个层面的意义表达，具有本原价值的文本意义多被遮蔽。为此，应将诗话当作自足性的独立文本，以此为介入，探索不同文本的个体阐释，在个体内涵中联动诗学史的整体研究，从而实现诗话意义的准确把握与价值的更好发挥。

注释：

[1] 丁福保辑：《历代诗话续编》，北京：中华书局，2017 年，第 634 页。

[2]（明）杨慎著，王仲镛笺证：《升庵诗话笺证》，上海：上海古籍出版社，1987 年，前言第 11 页。

[3] 陈广宏、侯荣川编校：《明人诗话要籍汇编》，上海：复旦大学出版社，2017 年，第 389 页。本文所引《升庵诗话》《诗话补遗》正文内容及其序跋均据此版本，无特殊情况不另注。

[4] 此处比勘，《升庵诗话》三、四卷据国家图书馆藏明嘉靖刻本残本；一、二卷参考陈广宏、侯荣川编校《明人诗话要籍汇编》本，是编整理底本为台湾图书馆藏明嘉靖刻本《升庵诗话》，为四卷全本。《丹铅余录》据《四库全书》本。后文使用比勘文献版本情况，为避繁琐均只在首次出注。

[5]（明）杨慎：《丹铅续录》，据国家图书馆藏明嘉靖刻本比勘。

[6] 程本《升庵诗话》卷四载诗话条目计 56 则。

[7]（明）杨慎撰，丰家骅校证：《丹铅总录校证》，北京：中华书局，2019 年，第 3 页。本文引用“丹铅”诸录序跋及原文均据此本，无特殊情况不另注。

[8]（明）杨慎：《丹铅总录》，《丹铅摘录》，均据国家图书馆藏明嘉靖刻本比勘。

[9]（明）杨慎：《太史升庵文集》，据国家图书馆藏明万历十年刻本。《诗话补遗》据明嘉靖刻本。

[10]（明）杨慎撰，王大淳笺证：《丹铅总录笺证》，杭州：浙江古籍出版社，2013 年，前言第 2 页。

[11] 林晓光：《汉魏六朝文学文本的变异形态及类型》，《文学遗产》2023 年第 2 期，第 28 页。

[12] 陈广宏、侯荣川编校：《明人诗话要籍汇编》，上海：复旦大学出版社，2017 年，第 2770 页。

[13] 陈广宏、侯荣川编校：《明人诗话要籍汇编》，上海：复旦大学出版社，2017 年，第 3067 页。

[14] 陈广宏、侯荣川编校：《明人诗话要籍汇编》，上海：复旦大学出版社，2017 年，第 2409 页。

[15] 相关研究可参见高小慧：《杨慎〈升庵诗话〉及其考据诗学》，《郑州大学学报》（哲学社会科学版）2013 年第 4 期；郑利华：《杨慎诗学中的诗史意识与知识观念》，《复旦学报》（社会科学版）2019 年第 3 期；高小慧《杨慎〈升庵诗话〉与明代诗学》，上海：上海古籍出版社，2022 年，等等。

[16]（明）杨慎：《太史升庵文集》卷六十五，蔡汝贤明万历十年刻本。

[17]（明）杨慎：《太史升庵文集》卷五十二“举业之陋”“辞尚简要”，蔡汝贤明万历十年刻本。

[18]（明）何景明：《海叟集序》，《何大复集》卷三十四，《明别集丛刊》第二辑第十七册，合肥：黄山书社，2015 年，第 267 页。

[19]（明）杨慎：《升庵南中集》，王廷明嘉靖十四年刻本。

[20]（清）钱谦益著，钱曾笺注，钱仲联标校，《牧斋初学集》卷三十二，上海：上海古籍出版社，1985 年，第 930 页。

[21] 参见余来明：《明代复古的重声与别调》，北京：中华书局，2020 年，第 192 页。

从绘画色彩看古代中国视觉审美逻辑

赖俊威

（湖北美术学院环境艺术学院，湖北武汉，430205）

内容摘要：绘画色彩在中国视觉审美意义上具有典型的表现力。色彩的视觉形态又是中国绘画风格界定的重要标志，尤其是丹青与水墨之分。这实际反映古代中国视觉在美学层面的一个基本问题："绚"与"素"意识所致的色彩面貌之别，对应两种美的理想——"错彩镂金"与"芙蓉出水"。二者虽各有其视觉审美特征，本质上共同遵循"中和"理念，旨在传达一定和谐之美，彼此呈调和之状。如何理解"绚""素"概念及其与色彩表现的实际关联，即"中和"视觉之美何谓？本文将从中国古代绘画色彩的"绚素"审美维度、"中和"审美原则、"类相"审美方法三个面向予以解答。

关键词：绘画色彩；绚素；视觉；中和；类相

中国古代绘画从整体视觉面貌来讲，主要体现两个画史分期：宋以前的"崇彩"与元以后的"尚墨"。换言之，绘画色调出现"重彩"转"淡采"的结果，其中以"水墨画"诞生为典型。此视觉变化深受"以素为美""重素贵朴"美学思想影响，导致绘画表达掀起"崇墨薄彩"的视觉主张，表现出"素雅淡逸"的艺术追求，与之前"灿烂求备"互为轩轾。这种色调转变现象，在明人董其昌以"工笔设色"与"水墨渲淡"区分中国绘画为"北宗"与"南宗"的做法尤见一斑，色彩成了画体区分的视觉标志。从画史上看，水墨山水可谓以色彩风格展现中国绘画的一种极端形态，徐复观围绕庄子思想对山水画之影响曾言："李思训完成了山水画的形相，但他所用的颜色，不符合于中国山水画得以成立的庄学思想的背景；于是在颜色上以水墨代青绿之变，乃是于不知不觉中，山水画在颜色上向其与自身性格相符的意义重大之变。"[1]那么，山水画有着怎样的审美性格导致水墨替代彩色成为主色调？徐复观认为张彦远语境下"山水之变，始于吴，成于二李"着眼于绘画技巧，但"限制技巧的不在于技巧的本身，而是人对艺术提出要求的'艺术意欲'"[2]，二李的"绘画意欲"可谓"技进乎道而不为富贵所埋没"[3]。按此，青绿之美表现"富贵"性格，非水墨"逸趣"。色彩已然成为体现中国绘画性格的重要视觉象征，甚至能够直观反映中国古人的视觉审美逻辑。

一、绚素之色：视觉审美维度

中国画史上"重彩"与"淡色"的视觉分界，深受"绚""素"概念的影响，分别对应

“错彩镂金”与“芙蓉出水”两种审美意识。“绚”与“素”是中国艺术精神在视觉传达层面的一种审美观念自觉。“绚”至“素”的绘画现象，径直导致彩、墨之分，甚至形成“彩为绚，墨即素”的审美分野。“错彩镂金”朝“芙蓉出水”的观念转折是中国美学思想史上的一次重大变革。宗白华将其视为两种不同的美的理想并贯穿古代中国审美文化进程，同时将魏晋六朝作为两种美之递嬗的关键期：“从这个时候起，中国人的美感走到了一个新的方面，表现出一种新的美的理想。那就是认为‘初发芙蓉’比之于‘错彩镂金’是一种更高的美的境界。”[4]这主要是针对当时文艺创作而言，即“初发芙蓉”更契合时代风尚。这一对概念，始见于早期中国文学作品，钟嵘《诗品》言：“谢诗如芙蓉出水，颜如错彩镂金。”《南史·颜延之传》亦有记述，即鲍照评价谢灵运与颜延之：“谢五言如初发芙蓉，自然可爱；君诗若铺锦列绣，亦雕缋满眼。”从审美批评视角出发，谢灵运的诗相较于颜延之更为时人称道，侧面反映人们不满于目之所及的锦绣雕缋，更强调自然素淡。“素”的视觉表现直观反映质朴生命观，也是古代中国文人的价值观折射。从思想溯源来讲，“素”之尚可追至春秋时期，老子直言：“五色令人目盲；五音令人耳聋；五味令人口爽；驰骋畋猎，令人心发狂。”[5]其反对浮华奢侈、向往素朴宁静之意图明显，但易导致后人误解其否定色彩形式。这实际涉及道家自然观问题，旨在批判“人为”倾向。孔子承周制，希冀将“礼”与“人”并置归于“仁”，虽不倡虚华之美，但关于形式表现，并无摒弃具体的形色文饰，而多是视“素”为“五色”绘事之后的一种终极美形态，《考工记》记载“画缋之事，后素功”可资印证。铺锦列秀之美从未退出历史舞台，从视觉原理来讲，完全离开“绚”的“素”并不存在，这也反映了“素以为绚兮”的客观性。

从形式上看，“错彩镂金”给人雕缋满眼的视觉印象。色彩具有炫目特征，色彩体验离不开人的感官。色彩视觉属性又关联形式表现，如孟子对视觉本质的理解，“目之于色也，有同美焉”[6]，与早前中国以形象美为主要特征的“目之所美”[7]“目观则美”[8]有关。这明确了色彩的视觉美功能，追求绚烂的形式是人的一种视觉本能，继而创造出美的理想形态之一——“错彩镂金”。关于色彩维度的视觉美问题，古代中国画论虽未展开专门的论述，但并不否认色彩是产生美感的重要形式。承认色彩与生俱来的形式属性，对于理解色彩美具有客观规律意义上的启示。苏格拉底曾主张“真正的快感来自所谓美的颜色，美的形式”[9]，这是将人的快感与色彩关联；亚里士多德将色彩联系艺术，认为画家要“用颜色和姿态来制造形象”[10]。可见，视觉形象在表现上离不开物理因素，这与古代中国形象经验思维可谓一致，尤其“错彩镂金”印象与色彩给人的形象快感有着直接的感觉关联。这可围绕中国美学语境下“文质”概念进行剖析。色彩通常被列入“文”的范畴而与“质”并举而论。关于“文”，刘勰《文心雕龙》有此阐释：

> 夫玄黄色杂，方圆体分，日月叠壁，以垂丽天之象；山川焕绮，以铺理地之形：此盖道之文也……傍及万品，动植皆文：龙凤以藻绘呈瑞，虎豹以炳蔚凝姿；云霞雕色，有逾画工之妙；草木贲华，无待锦匠之奇：夫岂外饰？盖自然耳。[11]

这不仅涉及“道之文”，即天文与地文；还涵盖“动植物之文”，将微观的形状、色彩等置于“文”。“文”之色彩，再次确证“错彩镂金”的视觉性。“芙蓉出水”多是被自然脱俗观念规定，如初发荷花一般具有“自然可爱”天然之美，并不像“错彩镂金”那般交错地以花纹或黄金作饰。“芙蓉出水”较之“错彩镂金”，既给人素澹的感性体验，又在理性上对人为装饰动机有意规避，但不容否认，“芙蓉出水”依然有着明显的形迹呈现。

“错彩镂金”不只停留在形式上，“芙蓉出水”也并非否定形式。宗白华将“楚辞、汉赋、六朝骈文、颜延之的诗、明清的瓷器”等视为“错采镂金”的美，“王羲之的书法、顾恺之的画，陶潜的诗、宋代的白瓷”等视为“初发芙蓉”的美[12]。这并非简单从形式与内容上对美作类型区分，更是为了说明人的美感显露一种新的方向，即“素”胜于“绚”，没有取消视觉意义上的“素”“绚”关联。从审美意识来讲，当时倾向社会功能的艺术论强调对“人的价值”之肯定。艺术的价值性早在先秦时期已有萌芽，其中《诗经》《离骚》皆有记载。郭沫若《中国古代社会研究》围绕《诗经》概括出关于“人的存在”意识的七种表现，正是宣扬“人的价值”。中国传统艺术本质不是以工艺态度追求精工细琢，而是更加强调人的精神体验。孔子“绘事后素”对此有着生动阐释。“绘”在早期被定义为“图色”，绘画则被表述为“以彩色挂物象”，北宋丁度《集韵》释“彩，文色也”。鉴于“绘”“色”关系理解，“绘”与“素”正对应“绚”与“素”，《论语・八佾》对此阐述：

> 子夏问曰：“‘巧笑倩兮，美目盼兮，素以为绚兮。’何谓也?”子曰：“绘事后素。”
>
> 曰：“礼后乎?”子曰：“起予者商也！始可与言《诗》已矣。”[13]

以色彩论绚素，旨不在作为设色之工的绘画自身，这就引出一个重要的中国美学问题：后人常将《考工记》所载“画缋之事，后素功”与“绘事后素”相提并论，聚焦“绘”“素”的顺序考究问题，一般概括为两种见解：其一，汉代郑玄认为“绘，画文也。凡绘画先布众色，然后以素分布其间”[14]，“素”成了绘画的一种构成元素，关联“布色”，并后于“绚”之色彩。其二，宋代朱熹指出：“绘事，绘画之事也。后素，后于素也。《考工记》曰：‘绘画之事后素功。’谓先以粉地为质，而后施五采，犹人有美质，然后可加文饰。”[15]“素”被视为“素地”，即白色的画底。全祖望将“素”释为“素地，非素功也，谓有其质而后可文也”[16]，杨伯峻翻译“绘事后素”的画作过程为“先有白色底子，然后画花”[17]。郑玄以“素”喻“礼”，并主张“绚”以“礼”成，即“以成其文，喻美女虽有倩盼美质，亦须礼以成之”[18]，其后何晏、邢昺等基本还是沿此理路。朱熹有意将作为“文饰”理解的色彩与人的“美质”联系，认为孔子以绘画色彩美比喻人的“美质”，虽不是从艺术自觉角度进行分析，但至少肯定了色彩作为媒介的存在。郑、朱二人主要是从伦理范畴看待“绘事后素”，并未详细从观念生发缘由及其内部结构深掘。古代中国绘画色彩如何展现“绚素”的视觉美？这可从“绘”“色”“素”的关系谈起。

《说文解字》释“绘”为“五采绣也”。“绘”“绣”并列，交代二者均为设色之工。“素”即使作为纯一不杂的“素色”，也是一种色彩形态存在。《论语》对绘画几无论述，更遑论绘画色彩，但主张“里仁”并宣扬“合礼”之色，此应是“绘事后素”内涵所在。关键是色彩如何“合礼”？“色以合礼”在过程上是围绕“素”“绚”展开辩证式结构。“绘事后素”之“素”与“素以为绚兮”大意相同，《诗经》所谓“巧笑倩兮，美目盼兮，素以为绚兮”倡导的正是不加藻饰、质朴天然之美。“素”作为天生丽质的自然“素面”之美，有类于北宋邵雍以“太素”作为“色之本”的理解[19]。按此，绘画色彩顺理成章地成了孔子倡“仁”的一种表现形式，“素”也就成为普遍理想的视觉形态。天然之美的“素”与修饰之美的“绚”，共同构成了具有辩证意涵的中国古典美学对偶范畴。“素以为绚兮”巧妙诠释了“绚”“素”的关系，内在反映传统中国“中和”审美原则，在用色上十分强调视觉效果的合宜性。

二、中和之色：视觉审美准则

判断某色彩现象是否为美，离不开人对相应形式的视觉美感，不同时代观念均会对人的色彩感产生影响，色彩审美问题应运而生。“和谐”是古代中国视觉审美的一个根本标准，在思想上可追溯至“中和”理念。《礼记·中庸》指出“中也者，天下之大本”，“中行”被视为待人处世的根本，尤其在融合阴阳五行观念之后，形成了与之相适应的中国美学思想体系构成的基本元素的特色，并被逐渐解释为自然、社会、人事无所不包的完整的体系[20]。色彩在“中和”之下具有鲜明的图式表现，如邹一桂《小山画谱》论“知物”：“物感阴阳之气而生各有所偏……春花多粉色，阳之初也；夏花始有蓝翠，阴之象也。”[21]《尚书》是较早从理论上记录“和”字的古籍：“诗言志，歌永言，声依永，律和声。八音克谐，无相夺伦，神人以和。”[22]“八音克谐”与“神人以和”道出“和乐”的功能，即宣导一种和谐的人神关系。然而，“声一无听，物一无文，味一无果”[23]，仅有单个声调不成音乐，单一颜色亦无文采可言。显然，“和”在微观上注重构成要素之间的和谐，更是强调对立面的统一。古代中国看重万物之间“中和”关系，常以符合一定节奏或韵律的形式呈现。和谐的色彩，包含辩证交错与转化之意，所谓“五色相次交合”，各有其位、各有其序，这亦是古代中国视觉审美的重要原则。布颜图论“墨分六彩”时主张“先后有序，六彩合宜……浓淡失宜，纵能得其彩泽，而不能得其天然之气骨”[24]，足见对绘画用色合宜的强调，不仅通过“造化以彰众目协和气”[25]，甚至还“令观者兴棲止之思而悦心”[26]。中国审美语境下的“中和”准则主要体现三个方面：(一)艺术对象形式的中和；(二)审美主体心态的中和；(三)主体与客体关系的中和。一般来讲，人对“美”的理解难免偏差，但普遍追求适度美，既满足视觉需求，即各种与视觉有关的审美观念(绚丽、典雅、含蓄等)的适宜问题，又以物理颜色的恰切组合协调人的感知觉。

“中和”指导绘画用色有着广泛的历史记载。五代荆浩“笔使巧拙，墨用轻重”“浓墨莫可复用，淡墨必教重提”之论[27]，明确“适度合宜”作为设色的基本要求；宋人李成指出绘画“烘染过度则不接”，且以“云烟取秀，不可太多，多则散漫无神”“朝晴晃明，暮雨阴昏”“远怕阴昏，近防重浊”详细说明[28]，显然，“秀”得太过会导致“云烟”

等物象缺乏神韵，色彩得与光线、朝暮(时间)与远近(空间)等环境条件搭配得宜；清人方薰从“无墨求染”视角指出用笔须“各宜合度”，所谓“皴繁笔宜检静，皴浓笔宜分明，皴简笔宜沉着，皴湿笔宜爽朗，皴燥笔宜润泽”[29]；邹一桂认为花鸟设色宜“深绿浅绿，正反异形。花可复加，叶无重笔……花色重则叶不宜轻，落墨深则着色尚淡”[30]；松年在论画花卉时直指“唐、宋以来，画多勾勒，然后填色。其皴染悉有阴阳，一笔不苟作，一点不轻施”[31]。综上，“中和”作为中国绘画视觉表现的指导原则，十分讲究贴近主体内心的合理、合度、合法，强调“设色多法，各视其宜”[32]，这其实早在姚最评价谢赫作画“丽服靓装，随时变改”已见端倪。关于色彩的“中和”表现在中国画论中不胜枚举，可从本质论、认识论与体验论三个层面加以概括：

彩墨结合的表现——“绘事后素”(《论语》)
色彩的冷暖表现——“炎绯寒碧，暖日凉星”(《山水松石格》)
色彩的浓淡表现——“浓中渲染以淡，非止一端”(《梦幻居画学简明》)
色彩的纯度表现——“点黛施朱，重轻不失”(《续画品录》)
色彩的补色表现——“红绿相对，力相强，如黑白然”(《宣和画谱》)
色彩的明暗表现——“画有明暗，如鸟双翼，不可偏废”(《清晖画跋》)
色彩的色域表现——“用重青绿者，三四分是墨，六七分是色；淡青绿者，六七分墨，二三分是色”(《芥舟学画编》)
色彩的虚实表现——“虚实相生，无画处皆成妙境”(《画筌》)

以上从“冷暖”“浓淡”“纯度”“明暗”“色域”及“虚实”等方面展现了中国古人“中和”视觉审美追求。色彩之美不仅表现为人们对色彩属性的把握，还关乎历史情境下作者的主观意识，综合表现为产生美感的对象不违拗主体的身心诉求，《国语・周语》有如下生动描述：

> 夫乐不过以听耳，而美不过以观目。若听乐而震，观美而炫，患莫甚焉。夫耳目，心之枢机也，故必听和而视正。听和则聪，视正则明。[33]

此为单穆公劝谏周景王放弃铸造大型编钟“无射”的故事，虽是出于为政为民功能之思，但以“听和则聪”“视正则明”之论生动诠释了“中和”意义。“乐”与“美”分别倚仗人的耳目官能。震耳的音乐、过炫的视觉表现，不仅会给人造成生理不适，还会导致内心不安，显然与“中和”背道而驰。

中国古代绘画实践除了将色彩视为“中和”审美表现形式之一，也以“中和”为设色标准，典型如方薰以“活”字阐释绘画用色，“设色妙者无定法，合色妙者无定方，明慧人多能变通之。凡设色须悟得活用”[34]，既指出设色与合色的“无定法”与“无定方”，又强调明慧、变通之心方能合乎“中和”之道，进而结构出“活用”概念。这更为具体地印证了邹一桂提出的“活”“脱”画诀。“活”指“用意用笔用色，一一生动”；“脱”指“活意”，所谓“花如欲语，禽如欲飞”，不离笔墨、绢纸，但又能做到“但见花鸟树石而不见纸绢”之“真脱”[35]。沈宗骞在谈傅色时更有“活色”之论：“活色者，神之得”，认为用色之道在于“外而研习于手法，内而领会于心神”[36]，其以点拂之色为例，表明即使此用色之法未能呈现出一种炫耀之彩，也有情态之流。以上是从视觉实践层面看待绘画色彩“中和”表现。倘言“中”侧重主体意识，“和”则表现为对审美效果的追求，这也是传统中国艺术呈“婉而成章”“含蓄内敛”姿态的一个深层原因。

三、类相之色：视觉审美门径

“随类赋彩”作为中国画“六法”之一，几乎是用色的圭臬之则。从字面而言，这是基于“物类”围绕“物色”进行“赋彩”，表现“类相”用色思维。从材料上看，“类色”或与当时绘画条件有关；从目的来讲，“随类赋彩”以“气韵生动”为宗，不局限于物性，而是注重“气韵”。“类相之色”审美追求即在于此。

关于“类相”思维，潘天寿指出“‘随类傅彩’之类字，非随某一对象之色而傅彩也，但求其类似而已。知乎此，渐进而求配比之法”[37]，此观点在设色层面较符合画史事实，毕竟中国绘画色彩的确存在“求其类似”现象。随类之色并不只是所见的固有色，而是经过加工的类相色。《说文解字》对“类”的解释可作为“随类”在魏晋语境下的基本义：“种类相似，唯犬为甚”，段玉裁注：“说从犬之意也。类本谓犬相似。引申假借为凡相似之称。”[38]犬科动物具显著的种类相似性，故以此展开“类”的形象建构。“类”的本义或是种类相似，后被用以诠释相似类属，并在中国视觉理论中形成普遍“类”意识，进一步结构“以类观物”认知范式，表现为从“形色直观”到“类别概括”。“类相”具有一种把握事物本质的概括性，即对具有关键作用的相似特征者进行归纳演绎，典型如孟子阐释“知类与否”：“指不若人，则知恶之；心不若人，则不知恶，此之谓不知类也。”[39]“知类与否”成为“知善与否”的一种表述，“类”被等同于“善”。史上不乏价值化之“类”的记载：《周易》言“本乎天者亲上，本乎地者亲下，则各从其类”主张万物分别以类相从。《荀子·非相》记载“以类度类”“类不悖，虽久同理”，是一种从时间维度对本质之类的恒定强调，王先谦对此描述：“今之牛马，与古不殊，何至人而独异哉？”[40]《荀子·儒效》提出“知不能类”，指有所不知则不能取比类而通之，《礼记》中“虽先王未之有，可以义起”就是“能类者”的典型例子[41]。此外，“类同相召”[42]“类各自类”[43]等均是类相思维在认识论或本体论上的思想积淀。

中国古代绘画用色深受“类相观物”视觉逻辑影响。“类相”又与“象形”颇有关联，上古便有“观形”“别色”以致“成类”之举。吕凤子通过“形”与“类”拓展至“色”与“类”的描述可资一定参考：“中国画中的形一向是具备自相、类相的现实形的本相……‘应物象形’是应物的常理而象物的兼赅类相自相的本相，那末，‘貌色’也就应该貌物的兼赅类色自色的本色。”[44]这道出“随类赋彩”受“应物象形”影响甚大。

从内容分析，古代中国视觉文化语境下的“类”，既是万物之类属，还包含人的类意识。前者重在体现事物之间的异同，但非简单指代固有形色，毕竟“道”“不可以形求，不可以类取”[45]，“形”与“类”在本质上有所区分。关于“类”作为某种规范的观念，也是古代中国画家将世界付诸视觉的一种理路，反映人们渴望以一种稳定的类结构把握宇宙。墨家在思维逻辑上对“类”作“以类取，以类予”[46]论述，可视为“类”的结构阐释。“以类取”指围绕相似性特征展开认识，表现从个别到一般；“以类予”指基于共同本质认识事物，表现从一般到个别。“白马，马也；乘白马，乘马也；骊马，马也；乘骊马，乘马也”[47]，对此作了形象说明，白马、骊马皆属马类。“类”思维在中国绘画创作中有着生动表现。王微《叙画》记载“宫观舟车，器以类聚”，正是以类相方式对自然进行有选择性的甄别归类。《淮南子·说山训》描述“类取”，“见窾木浮而知为舟，见飞蓬转而知为车，见鸟迹而知著书，以类取之”[48]，可见，舟源于漂浮水面的空木，车出自随风旋转的草团，书法或文字诞生于鸟迹之形，这至少在功能、特征与形态方面诠释了“类”的相似性。

早期中国绘画建构“物—类—色”创作模式，《广雅》中“画，类也”可资印证，类相性艺术形式成为中国视觉艺术的一项重要定义。以“类”图“画”，既未离对万物的描绘，又说明所绘形象不是对现实的简单复刻。绘画设色兼具“自色”与“类色”两种表现形态。“自色”一般指在特定环境下物象关联视觉的现象，表现为光源色、固有色或环境色，所谓“色凭目显，无目即无色也。色为目赏，不为目赏，亦无色也”[49]；“类色”主要是对“自色”的创建，表现出稳定的程式，不似“自色”那般易变，对色彩现象持有相对共性的结构化把握。“自色”与“类色”区分源于“自相”与“类相”之别。董欣宾指出“自相”是“绘画客体性在局部时空中的成立”，“类相”是“表现着绘画客体的无数自相的总和，同时还包含着这种类相形成过程中的主体性因素，包括理性心理”[50]，这表明中国绘画历经一个“自相”至“类相”的过程。钟家骥将“类相”界定为某“类”物象共有的外部特征，并认为其属于知觉范畴的直观分类，迥殊于分类学意义的科学界定，还提出“类相形象”。“类相形象”并非通过模拟写实手段表现某一具体物象的个别特征，而是旨在某类物象的共性特征[51]。“自相”至“类相”的色彩视觉表现在中国画史上有着清晰的痕迹，如郭熙《林泉高致》谈四季水色与天色的变化，“水色：春绿，夏碧，秋青，冬黑；天色：春晃，夏苍，秋淡，冬黯”[52]。中国古代画家眼中对象既不纯然是“自相”，也不只是“类相”，更像是一种“变相”。问题是“变相”设色下的画面形象何以稳定？传统中国审美经验对“物”的恒常追求，遵循基于“常形”的“物成形生”，这是源于“常理”与“变则”的辩证统一。所谓“常理”，指成物之理一般不随环境而变；“变则”，指生形之则要尊重环境影响。简言之，“类”是为古代中国对色相世界的一种视觉化诠释法则。

“类相色”具体有着怎样的审美表现？这关乎“随类赋彩”语境下的色彩选择、运用与表现，其一般遵循两大动机：“应物”与“顺意”，即实现物理和心理的契合。郭若虚曾评价刘梦松作水墨花鸟画“随宜取象，如施众形”[53]，正是“应物顺意”的典型表现。钱锺书以“随类，赋彩是也”[54]作句读标点，颇符合“随类”与“赋彩”辩证合一的过程逻辑：“应物”的物性认识与“顺意”的审美表现关联且统一。“赋彩”侧重色彩表现，“随类”强调色彩选择。对此，宗炳《画山水序》能够给到一定启示，“夫以应目会心为理者。类之成巧，则目亦同应，心亦俱会。应会感神，神超理得”[55]，强调“类”、对象与主体之间的关系，关键在于“类”成“巧”，《说文解字》释“巧”为“技也，从工”，简要说明离不开具体技艺，既源于人的“巧思”，也关乎对象的“巧态”。

中国绘画类相化设色经验，从未脱离物色，在视觉方法上表现为对物象的认知分类与审美选择，由此形成“类相色”，既非单一固有色，亦非随条件变化的环境色，本质上是一种“类之成巧”的观念结构色，这道出了古代中国视觉审美的深层逻辑。

＊本文系湖北省教育厅哲学社会科学研究项目“武汉湖泊文化形象设计与推广研究”【22Q173】的阶段性成果。

注释：

[1] 徐复观:《中国艺术精神》,北京:商务印书馆,2010 年,第 237 页。

[2] 徐复观:《中国艺术精神》,北京:商务印书馆,2010 年,第 236 页。

[3]（宋)内臣奉敕撰:《宣和画谱》,卢辅圣主编:《中国书画全书》第 2 册,上海:上海书画出版社,2009 年,第 361 页。

[4] 宗白华:《美学散步》,北京:人民出版社,1981 年,第 35 页。

[5] 陈鼓应:《老子注译及评介》,北京:中华书局,1984 年,第 104 页。

[6] 杨伯峻:《孟子译注》,北京:中华书局,2016 年,第 289 页。

[7] 吴毓江撰,孙启治点校:《墨子校注》,北京:中华书局,2006 年,第 373 页。

[8] 陈桐生译注:《国语》,北京:中华书局,2013 年,第 603 页。

[9][古希腊]柏拉图:《柏拉图文艺对话集》,朱光潜译,北京:人民文学出版社,2008 年,第 236 页。

[10][古希腊]亚理斯多德:《诗学》,罗念生译,北京:人民文学出版社,2008 年,第 3 页。

[11](南朝·梁)刘勰著,范文澜注:《文心雕龙注》,北京:人民文学出版社,2018 年,第 1 页。

[12] 宗白华:《美学散步》,上海:上海人民出版社,1981 年,第 34～35 页。

[13] 杨伯峻译注:《论语译注》,北京:中华书局,2019 年,第 35 页。

[14](三国)何晏注,(宋)邢昺疏:《论语注疏》,北京:中国致公出版社,2012 年,第 35 页。

[15](宋)朱熹:《四书章句集注》,北京:中华书局,2012 年,第 63 页。

[16](清)全祖望:《全祖望集汇校集注》下,上海:上海古籍出版社,2000 年,第 1941 页。

[17] 杨伯峻译注:《论语译注》,北京:中华书局,2019 年,第 35 页。

[18](三国)何晏注,(宋)邢昺疏:《论语注疏》,北京:中国致公出版社,2012 年,第 35 页。

[19](宋)邵雍:《皇极经世书》,北京:九州出版社,2012 年,第 503 页。

[20] 敏泽:《中国美学思想史》,长沙:湖南教育出版社,2004 年,第 110～111 页。

[21](清)邹一桂:《小山画谱》,黄宾虹、邓实编:《美术丛书》初集第九辑,杭州:浙江人民美术出版社,2013 年,第 67～68 页。

[22](汉)孔安国传,(唐)孔颖达正义:《尚书正义》,上海:上海古籍出版社,2007 年,第 106 页。

[23] 陈桐生译注:《国语》,北京:中华书局,2013 年,第 573 页。

[24](清)布颜图:《画学心法问答》,俞剑华编著:《中国古代画论类编》上,北京:人民美术出版社,1998 年,第 196～200 页。

[25](清)邹一桂:《小山画谱》,卢辅圣主编:《中国书画全书》第 20 册,上海:上海书画出版社,2009 年,第 608 页。

[26](清)布颜图:《画学心法问答》,俞剑华编著:《中国古代画论类编》上,北京:人民美术出版社,1998 年,第 196 页。

[27](五代)荆浩:《画山水赋》,卢辅圣主编:《中国书画全书》第 1 册,上海:上海书画出版社,2009 年,第 8 页。

[28]（宋）李成：《山水诀》，卢辅圣主编：《中国书画全书》第1册，上海：上海书画出版社，2009年，第187页。

[29]（清）方薰：《山静居画论》，黄宾虹、邓实编：《美术丛书》三集第三辑，杭州：浙江人民美术出版社，2013年，第133页。

[30]（清）邹一桂：《小山画谱》卷上，黄宾虹、邓实编：《美术丛书》初集第九辑，杭州：浙江人民美术出版社，2013年，第63～64页。

[31]（清）松年：《颐园论画》，俞剑华编著：《中国古代画论类编》下，北京：人民美术出版社，1998年，第1224页。

[32]（清）汤贻汾：《画筌析览》，俞剑华编著：《中国古代画论类编》下，北京：人民美术出版社，1998年，第835页。

[33] 陈桐生译注：《国语》，北京：中华书局，2013年，第134页。

[34]（清）方薰：《山静居论画山水》，俞剑华编著：《中国古代画论类编》下，北京：人民美术出版社，1998年，第920页。

[35]（清）邹一桂：《小山画谱》卷下，黄宾虹、邓实编：《美术丛书》初集第九辑，杭州：浙江人民美术出版社，2013年，第118页。

[36]（清）沈宗骞：《芥舟学画编》，卢辅圣主编：《中国书画全书》第15册，上海：上海书画出版社，2009年，第145页。

[37] 潘天寿：《潘天寿美术文集》，北京：人民美术出版社，1983年，第26页。

[38]（汉）许慎撰，（清）段玉裁注：《说文解字注》，上海：上海古籍出版社，1988年，第476页。

[39] 杨伯峻译注：《孟子译注》，北京：中华书局，2016年，第296页。

[40]（清）王先谦撰，沈啸寰、王星贤点校：《荀子集解》，北京：中华书局，2013年，第97页。

[41]（清）王先谦撰，沈啸寰、王星贤点校：《荀子集解》，北京：中华书局，2013年，第165～166页。

[42] 许维遹撰，梁运华整理：《吕氏春秋集释》，北京：中华书局，2016年，第486页。

[43] 刘文典撰，冯逸、乔华点校：《淮南鸿烈集解》，北京：中华书局，1989年，第270页。

[44] 吕凤子：《中国画法研究》，上海：上海人民美术出版社，1978年，第23页。

[45]（汉）郑玄注，（唐）孔颖达疏：《礼记正义》，《十三经注疏》整理委员会整理：《十三经注疏》，北京：北京大学出版社，1999年，第439页。

[46] 吴毓江撰，孙启治点校：《墨子校注》，北京：中华书局，2006年，第627页。

[47] 吴毓江撰，孙启治点校：《墨子校注》，北京：中华书局，2006年，第629页。

[48] 刘文典撰，冯逸、乔华点校：《淮南鸿烈集解》，北京：中华书局，1989年，第538页。

[49] 潘天寿：《听天阁画谈随笔》，上海：上海人民美术出版社，1980年，第37页。

[50] 董欣宾，郑奇：《中国绘画对偶范畴论》，天津：天津人民美术出版社，2005年，第131页。

[51] 钟家骥：《"笔墨"问题新视角——析传统笔墨与非传统笔墨》，《文艺研究》2001年第3期，第49页。

[52]（宋）郭熙：《林泉高致》，卢辅圣主编：《中国书画全书》第1册，上海：上海书画出版社，2009年，第501页。

[53]（宋）郭若虚：《图画见闻志》，卢辅圣主编：《中国书画全书》第1册，上海：上海书画出版社，2009年，第484页。

[54] 钱锺书：《管锥编》，北京：中华书局，1979年，第1353页。

[55]（南朝·宋）宗炳：《画山水序》，俞剑华编著：《中国古代画论类编》上，北京：人民美术出版社，1998年，第583页。

【古代文学文献学研究】

楚国政治神话中的华夏文化认同

计 敏

（华中师范大学文学院，湖北武汉，430079）

内容摘要： 蛮荒偏远的自然条件与偏安一隅的政治环境，使楚成王之前的楚国与中原王朝相比，始终处于隐秘的外部世界，同时也造就了楚国独特的神话面貌。这种独特的神话，成为楚国强大的文化内驱力。其中，以先祖神祝融、自然神河伯与物神玉为代表的楚国政治神话，集中反映了楚国对华夏文化的深切认同。正因为如此，楚国政治神话为其政治扩张提供了合理的文化缘由，在其政治崛起过程中发挥了重要的作用。

关键词： 楚国；政治；神话；华夏文化

引言

先秦时期，以河洛流域为中心的中原王朝视四方为蛮荒之地，但源于南地的楚国却凭借实力在先秦诸侯国间赢得了一席之地。楚国从筚路蓝缕到问鼎中原，呈现出一个王权国家政治发展范式。楚国的政治崛起不只因其物质和制度层面的优势，也与楚国文化息息相关。楚国境内多山川风貌，如清华简《楚居》第 1、2 简载早期楚地的騩山、乔山、方山、汌水、盘(泮)等山川。郑杰文指出：“浪漫奇想的山川守文化使其先民们在思考问题时把眼光更多地投向人身之外的自然万物。”[1]丰富的山水资源为楚国的神灵信仰提供了温润的土壤，这也促使楚人更多地关注外在世界。早期楚国一度被排挤于中原政治区域之外，这也迫使楚人不得不向外发展以自救，“政治神话”则应运而生。刘泽华等人认为：“政治神话是运用超自然的非理性思维方式在政治领域制造的神话，其产生源于政治上的秩序化和合法化出现危机。”[2]“政治神话”是时代政治与以神话为代表文化的结果，楚国的政治神话也是楚国文化与楚国政治的历史产物。本文拟探寻神话在楚国政治崛起中所带来的文化影响力，进而审视楚国政治神话与华夏文化之间的关联。

一、灭夔之战及对先祖神祝融的情感攀援

灭夔之战是楚国政治神话的典型事例，是楚成王借助楚人对祝融、鬻熊等先祖神

灵的崇拜与信仰巩固自身政权的一种政治行径。然而，楚先祖神祝融不仅是南方之神，也经常作为五祀之一出现在北方中原文化系统之中，它凝聚了楚人对华夏文化的追忆之思，以及奋发图强的邦国理想。

（一）先祖神崇拜与政权稳固

《左传·僖公二十六年》载“灭夔之战”：“秋，楚人灭夔，以夔子归。”“夔子不祀祝融与鬻熊，楚人让之，对曰：‘我先王熊挚有疾，鬼神弗赦，而自窜于夔。是以失楚，又何祀焉？’秋，楚成得臣、斗宜申帅师灭夔，以夔子归。”[3]《史记·楚世家》亦载楚成王“三十九年，灭夔，夔不祀祝融、鬻熊故也。”裴骃注曰：“夔，楚熊渠之孙，熊挚之后。夔在巫山之阳，秭归乡是也。”[4]《水经注·江水》详载：“宋忠曰：‘归即夔，归乡盖夔乡矣。’古楚之嫡嗣有熊挚者，以废疾不立，而居于夔，为楚附庸。后王命为夔子。”[5]可知，夔乃楚熊挚之后，夔国长期以来一直是楚国的附庸。楚成王因夔不祭祀先祖祝融、鬻熊而兴兵讨伐，这表明楚成王高度重视对先祖神灵的祭祀。林惠祥说：“祖先崇拜是鬼魂崇拜中特别发达的一种，凡人对于子孙的关系都极密切，所以死后其鬼魂还是想在冥冥中视察子孙的行为，或加以保佑，或予以惩罚。……祖先崇拜遂由此而发生。”[6]祖先神崇拜隐含着关乎民族、氏族、家族的传统观念，崇拜者相信先祖神具有降福和佑护子孙后代的神秘力量，所以人们十分重视对于先祖神灵的祭祀，楚成王亦不例外。

楚成王灭夔既是政治事件，也是楚国政治神话的典型代表，这与楚成王的现实行为密不可分。《楚世家》记载了楚成王成为君王的全过程：“庄敖五年，欲杀其弟熊恽，恽奔随，与随袭弑庄敖代立，是为成王。”[7]可知，楚成王登上政治舞台的方式具有弑君篡权的色彩，不符合传统的政治制度。然而纵观楚国历史，这种夺权戏码时有发生，如在楚成王之前，就有楚武王弑兄之子、代立为君的前车之鉴。但值得注意的是，楚成王与楚武王相较，他却有为个人统治不断寻求合法化的思想动机，在这一过程中礼祭先祖神便是其重要的政治武器。一方面，楚成王似乎是国家宗法制度的破坏者；另一方面，楚成王却因夔不礼祭先祖而剿灭之，表现出其维护政治秩序的统治者一面。宋镇豪认为祖先神崇拜是王权政治的重要组成部分：“上古祖先崇拜的祭祀权，实是最高统治者所在族对其他族进行精神羁縻的王权政治核心部分。”[8]反观楚成王灭夔之战，祝融与鬻熊是楚国公认的先祖神，楚成王因夔不祭先祖而发动战争，实际上借助了楚人崇拜先祖神灵的文化心理，维护血缘统治、安抚民众，助其王权合法化的一种政治举措。简言之，楚成王从情感角度出发求助先祖神的政治佑护，本质上是借神灵之名树立了君王之威，以达到构筑、稳固自身政治体系的现实目的，彰显其掌握王权的统治性地位。

（二）楚先祖神祝融的中原文化记忆

相比于鬻熊，先秦神话与文学史料里的祝融形象较为丰富，更是具有南北共神的双重身份。关于楚国先祖神祝融的记载大致可分为两部分。其一，传世典籍与出土文献均表明祝融是南方楚地之神。《左传·昭公十七年》曰：“炎帝氏以火纪，故为火师而火名。”[9]《礼记·月令》与《吕氏春秋·仲夏》也将炎帝与祝融并举：“孟夏之月，盛德在火，其帝炎帝，其神祝融。”[10]二者分别代表南方与夏季。《淮南子·时则训》亦载：“南方之极，自北户孙之外，贯颛顼之国，南至委火炎风之野，赤帝、祝融之所司者万二千里。”[11]《汉书·扬雄传上》“丽钩芒与骖蓐收兮，服玄冥及祝融”引颜师古注：“祝融，南方神。”[12]《山海经·海内经》载祝融谱系：“炎帝之妻，赤水之子听沃，生炎居，炎居生节并，节并生戏器，戏器生祝融。”[13]可知祝融是炎帝的后代。《长沙子弹库楚帛书》乙篇云：“炎帝乃命祝融以四神降，奠三天；冢思敦，奠四亟。曰：非九天则大欰，则毋敢蔑天灵。帝夋乃为日月，(日月)之行。”[14]炎帝命令祝融以四神降于人间，来安定日月星辰，并建立四极，绝通天地。李零认为“帛书所记炎帝、祝融以及下文的共工等人也是反映楚人的传说系统”[15]。可知，在楚人神话中祝融是与炎帝同时代的神灵，且受命于炎帝。

其二，在上古神话中祝融并非一开始就是南方之神，祝融神的历史可上溯至中原神话体系。第一，祝融作为五祀之一，经常出现在北方中原地区的祭祀文化系统之中，如《左传·昭公二十九年》载火神祝融“封为上公，祀为贵神”[16]，《礼记·曲礼下》载天子、诸侯、大夫均祭五祀。第二，祝融出现在黄帝谱系之中。《史记·楚世家》曰：“重黎为帝喾高辛居火正，甚有功，能光融天下，帝喾命曰祝融。共工氏作乱，帝喾使重黎诛之而不尽。帝乃以庚寅日诛重黎，而以其弟吴回为重黎后，复居火正，为祝融。”[17]此处祝融不是特指的某一个神，而是掌管火正的官职名称，重黎和吴回同在帝喾高辛时代前后担任祝融一职。《山海经·海内经》则载黄帝生昌意，昌意生韩流，韩流生颛顼[18]，《大荒西经》又载颛顼生老童，老童生祝融[19]。可知，重黎和吴回是颛顼高阳的后代，其祖均为黄帝。《周礼·大宰》曰“祀五帝”，贾公彦疏曰五帝之一为“中央黄帝含枢纽”[20]。可知，黄帝为上古中央大帝，若按此解，祝融最早可能是北方中原地区的神祇。第三，祝融是后裔芈姓季连一脉在楚地本土化的结果。据考证，“祝融的后裔，经传播繁衍而成为‘祝融八姓’……除芈姓季连后裔徙居南楚外，其余七姓多为北方中原氏族。……这八姓中独楚族长期立国南方”[21]。如新蔡卜筮祭祷简载：“昔我先出自颛顼，宅滋沮、漳，以徒迁处……”(甲三 11、24)“及江、汉、沮、彰，遂至于淮，是日就祷楚先：老童、祝[融]……”(甲三 268)[22]因此，祝融可能原是早期中原地区的神祇，但随着祝融后裔芈姓季连一族向南流转，以及楚地原先民的不断外拓，楚国逐渐构建起自己的先祖谱以及神话系统，使得祝融神楚地本土化。

由上可知，祝融既是南方楚人神灵系统中的先祖之神，又是较北的中央大帝之后，经常出现在中原五祀文化之中，且得到了楚地本土化的发展，可谓是南北共神。上述表明楚人对先祖神的记忆带有北方神灵的影子，故从文化的角度审视，便能理解楚成王因夔不祭祀先祖神祝融而兴兵讨伐之举。这是楚人对先祖神神圣性的维护，是对本邦域神话的认可，更是借祝融寄予了对华夏文化的深切归属之情。

二、“祭不过望”及对自然神河神的信仰融合

楚国境内山水密布，自然神话十分丰富，其中，见诸楚国政治的河神神话在不同程度上为楚人所接受，河伯信仰在楚境内经历了一段抵牾式的发展。一方面，楚国

具有“祭不过望”的传统，楚人似乎并不信仰自然神河伯；另一方面，楚国政治中河神却具有替君王禳病、保佑国家政权稳定的政治功用。之后楚地关于河伯的神话故事也愈加丰富，但始终带有中原河伯神话的影子。

（一）自然神河神与禳病佑护

《左传·哀公六年》载：“初，昭王有疾。卜曰：‘河为祟。’王弗祭。大夫请祭诸郊。王曰：‘三代命祀，祭不越望。江、汉、雎、章，楚之望也。祸福之至，不过是也。不穀虽不德，河非所获罪也。’遂弗祭。”[23]《史记·楚世家》关于该事件的记载更加详细，楚昭王二十七年救陈国，在城父驻军：“十月，昭王病于军中，有赤云如鸟，夹日而蜚。昭王问周太史，太史曰：‘是害于楚王，然可移于将相。’将相闻是言，乃请自以身祷于神。昭王曰：‘将相，孤之股肱也，今移祸，庸去是身乎！’弗听。卜而河为祟，大夫请祷河。昭王曰：‘自吾先王受封，望不过江、汉，而河非所获罪也。’止不许。”服虔集解曰：“谓所受王命，祀其国中山川为望。”张守节正义曰：“江，荆州南大江也，汉江也，二水楚境内也。河，黄河，非楚境内也。”[24]即楚昭王生病，周太史占卜认为是河神作祟，楚大夫请楚昭王祭祷河神。但是在上古话语体系中，河专指黄河，河神确为北方神祇，上述所载表明至春秋楚昭王时，楚人无信奉黄河神的习俗，更多的是祭祀楚境内的江水、汉水之神。值得注意的是，在楚人看来河神也具有替君王禳病的政治功能；同时司马迁对该事件进行详细载述，包括增加占卜者周太史，改“大夫请祭诸郊”为“大夫请祷河”等细节，这也愈加凸显了河神的功用。

然而，《左传·宣公十二年》记载晋、楚邲之战后，楚庄王“祀于河，作先君宫，告成事而还”的历史事件[25]，即楚庄王在黄河岸边祭祀河神，吊祭了阵亡的将士，并修建了先祖神庙，向先君们报告了战争胜利的结果。这说明楚庄王时楚人就有祭祀河神的经验，表明河神具有安抚阵亡将士、护佑国家安稳的政治功用。还有晋楚城濮大战之前，楚令尹子玉梦到河神向其索要琼弁、玉缨，《僖公二十八年》载：“先战，梦河神谓已曰：‘畀余，余赐女孟诸之麋。’弗致也。大心与子西使荣黄谏，弗听。”[26]楚臣大心、子西因此派遣荣黄劝谏子玉祭祀河神，这也再次说明楚成王时期，像大心、子西这样的楚贵族也是相信河神的，他们并不排斥河神信仰，甚至主张祀祷河神。既然如此，为何楚国政治中关于河神信仰会出现矛盾呢？即楚成王时部分楚贵族信仰河神，楚庄王时有“祀于河”的习俗，但稍晚的昭王却言“祭不过望”，为何楚辞《九歌》中会有对河神的祭祷之作呢？

（二）自然神河伯的信仰溯源与接受

曹胜高认为河伯主要是西周以后被作为河神而礼遇的，而《河伯》确是楚人祭黄河之歌，推测其应是夏乐《九歌》或楚庄王祭河之歌的遗留，后经屈原整理收入《楚辞》[27]。又或孙作云认为：“《九歌》的祭祀与写作，就是在蓝田大战之前为了在战争中获得胜利，向神祷告求福而作的祭神歌。因为要到北方作战，所以才特别祭祀黄河水神，希望求得黄河之神的保佑，在战争中获得胜利。”[28]即祭祀河神具有“临时性质”[29]。这也就解释了为何楚地不常祭祀河伯，但《九歌》中却有对河伯信仰的留存。河神禳病、佑护的功能不仅体现在楚国的政治神话语境当中，更植根于中原文化之中，如《左传·文公十二年》载秦晋战前“秦伯以璧祈战于河”[30]；《襄公十八年》载“晋侯伐齐，将济河，献子以朱丝系玉二珏而祷”[31]；《昭公二十四年》载王子朝与周敬王争夺王位时“用成周之宝珪于河”来讨好河神等[32]。当然，楚国政治上的河神信仰受到中原文化的影响，这与战争所带来的政治地缘变化关系密切。

赵炳清总结楚国于春秋时期约灭 49 国，该时期“楚国疆域变化最为剧烈的区域无疑是方城之外的汝颍地区，次之则为淮南地区，而楚国核心区的江汉之间是最为稳定的”[33]。其中，汝颍地区指汝水、颍水区域，可知，楚国疆域于春秋之际便已触及中原腹地。加之战国初期，“楚国具有今河南省南部、安徽省北部、江苏省的淮北中部一带，构成了楚国的北部疆域”[34]。楚国北部疆域已拓展至部分中原区域，以及楚国强盛时囊括的南阳盆地：“大致包括今郧县至襄阳的汉水、其支流唐白河，以及丹水、淅水的中下游流域。”[35]丹水起于古上洛，今为商洛市商州区凤凰山；淅水也发源于陕西商州，亦属古中原地区。因此，楚国境内对河伯神话的接受，甚至楚人的河神信仰，在很大程度上是楚国不断向北扩张的政治结果。正如游国恩所言：“楚境北至于河。故河亦尝所望祀，观于昭王之疾，大夫请祭，可知矣。虽昭王一时弗从，而其俗或已甚盛，故民间亦相与僭祀，而《九歌》遂有《河伯》之篇也。”[36]他如闫德亮言：“楚人本不祭黄河之神，但战国时期中原文化南渐，黄河水神亦为南方所祭。”[37]楚人承认黄河之神，同时又根据自身的地域特色丰富了河伯的神灵形象。正如袁珂所言：“河伯概古黄河水神……知河伯神话之渊源亦已古矣……则在战国之世奉祀河伯之风仍有增未已。至《楚辞·九歌》，乃有《河伯》专章之叙写……则河伯者，固亦浪荡风流之神。”[38]这均强调了楚神话对中原文化的接受。

三、“以玉问神”及对物神玉的心灵依附

楚国政治除了与先祖神祝融、自然神河伯相结合，生发了一系列政治神话之外，也包括与物神玉的连接。如楚昭王通过“以玉问神”来选择继位君王，玉成为楚人与神灵沟通的重要媒介。当然，楚国物神玉文化也更多的是楚人学习中原礼制文明、征服中原的文化成果。

（一）物神玉与政治抉择

《左传·昭公十三年》云：“初，共王无冢适，有宠子五人，无适立焉。乃大有事于群望，而祈曰：‘请神择于五人者，使主社稷。’乃遍以璧见于群望，曰：‘当璧而拜者，神所立也，谁敢违之?’既，乃与巴姬密埋璧于大室之庭，使五人齐，而长入拜。康王跨之，灵王肘加焉，子干、子晳皆远之。平王弱，抱而入，再拜，皆压纽。”[39]这是一段楚王择选国君的记录。楚共王在选择继承人时“望祭群神，请神决之，使主社稷”，这表明楚人在面对君王选择时除了依靠固有的宗法制度，还有赖于神的意志。在问神以及神表达意愿的过程中，玉起着联结神、人，沟通天、地的作用。子干、子晳、康王、灵王、平王面对玉璧作出“跨”“加”“远”“拜”“压”的不同反映。受考者的不同举动则预示着神的意愿，实际上也代表了五人不同的命运。如相较于政治斗争中退却的子干与子晳，康王、灵王及平王在位期间都有不同作为，对楚国发展均有影响。以玉问神是楚君选择继承者的重要方式之一，这也是楚国政治神话的重要内容，展现

了楚人对物神玉的信仰。

物神亦称灵物或咒物，在楚国政治神话中，除了对先祖神祝融、自然神河神的崇拜，亦有关于物神玉的信仰。《说文解字》释“灵”：“巫以玉事神。从玉霝声。灵或从巫。”[40]从“灵”字构造可知，早期人们的神灵信仰与玉相关。《越绝书·外传·记宝剑》载风胡子与楚王对话：“至黄帝之时，以玉为兵，以伐树木为宫室，凿地。夫玉，亦神物也。”[41]这指出玉为神物。叶舒宪谈到神圣玉礼器是天人沟通、神人沟通的符号证明，“玉代表神圣和天意、天命，并由此表示统治权和文明传承的合法性，不是人为设置的，而是有实物证明的”[42]，即玉作为实物，具有证明神人沟通的现实价值，楚昭王以玉问神来选择后继君王，便是利用了玉能通神这一政治功能。先秦时期有关统治者崇玉、佩玉、用玉的传说比比皆是，玉也成为王权、地位和财富的象征。

（二）玉信仰的中原文化传统

当然，楚国关于物神玉的信仰与崇拜并非楚国本土自产的，它也不可避免地受到了中原文化传统的影响。叶舒宪在《玉石神话信仰与华夏精神》中就概述了先秦时期中原地区关于玉石信仰的六个神话，分别是黄帝播种玉荣的神话、尧舜“辑五瑞”“班瑞于群后”的神话、夏启得玉璜而升天的神话、商纣王携美玉自焚的神话、姜太公得玉璜的神话、周穆王访黄帝之宫获得玉枝玉叶的神话。这六个神话主人公从传说中的华夏共祖黄帝，一直贯穿到夏、商、周三代圣王谱系中，突显玉在神人沟通方面的特异功能，尤其姜太公得玉璜、周公以玉礼器与祖先对话沟通，均暗示了玉所携带的神话信息。美玉的确成为神人关系的中介圣物，从唐尧和禹舜时代开始，各代圣王多以玉为天命王权的象征，述说其统治权力的合法性。杨伯达更是在《中国史前玉文化》中总结了“以玉事神”的高级模式，绘制出以玉为中心的神物、神器在神与巫之间的互动关系图，并显示出通过玉向统治者传递了物权、族权、政权、军权等社会各项权力[43]。因而，玉是天人沟通的媒介，这在先秦时期已然成为政治共识。楚共王以玉问神、选择后嗣继君的方式与中原文化传统也并非毫无关联，楚人对于物神玉的信仰与崇拜是否又受到了中原玉石文化传统的影响呢？

探究楚国政治关于物神玉的信仰就不得不谈及楚玉的文化渊源，从地域影响而言，这与楚国的战争扩张亦密不可分。楚先祖熊绎的五世孙熊渠曾在周夷王中原动乱之际，“兴兵伐庸、扬、粤，至于鄂”[44]，此后，楚人占领了鄂中南一大片地区。至楚武王时期，聚草屯粮，清除楚人东进的障碍，即鄂东汉阳诸姬之首的随国（曾国）。其间，楚武王还先后征伐了鄾、邓、郧、绞、罗，灭了权、州、蓼等国。楚武王之子熊赀继续向北扩张，先后伐申、灭息、伐蔡、灭邓，兵戎直至淮河以北。到了春秋中期，楚成王先后向东灭玄、黄、英，向西进入三峡灭夔，甚至北越颍水攻郑、陈、宋等国，还与晋国发生城濮之战。楚庄王时期更是强盛，向西灭庸，后北伐陆浑戎，继而观兵周郊，问鼎中原。《韩非子·有度》曰：“荆庄王并国二十六，开地三千里。”[45]在楚国向外战争的过程中，楚玉文化也由此产生。据考古资料证明，今日楚玉的出土地点并非“集中于楚人的发祥之地鄂西的香溪、沮漳河流域，而是昔非楚境的汉水以北他国疆土之上”[46]。楚玉可能并非本土产物。而且，楚国先后征伐或兼并的各藩属国，都盛产玉石或具有先进的玉器工艺，尤其随、黄两国，湖北、河南交界处的汉水流域更是玉的重要产地，这在考古成果中都得到了证实。如 1978 年前后两次发掘的随州擂鼓墩 1、2 号墓，都出有璧、环、璜、琮、玦、佩等大批玉器[47]。试想这些先进的玉器工艺伴随藩属国的并入传入楚国，致使春秋晚期楚国玉器也得以迅速发展起来。这包括春秋中后期，楚国也侵吞了中原地区诸如南阳、宛城等许多小国，这些都是玉器制作的重要原料产地[48]。这些被征服的北方藩属小国在很大程度上为楚国的玉器生产以及玉神信仰提供了夯实的物质基础，今日考古亦证实，战国时期楚国有和田玉、南阳独山玉和蓝田玉等楚玉材料。

结语

宗教学家斯特伦认为："神话，是关于超自然存在的故事。它以象征的创造力把人的存在秩序化，并成为一个意义的世界。神话，还有一种观念，对于生活于其规范作用中的人们来说，它具有终极的价值。"[49]神话为人们构建了一套现实生活的秩序，使人的生存具有意义，政治神话之目的亦是如此。政治神话是统治者意愿的神话化表现，是时代政治与文化交融的结果；神话为楚国的政治注入神性力量，政治也使神话具有现实价值。先祖神祝融、自然神河神以及物神玉神都是楚国政治神话的具体内容，它们既隶属于楚地的神话系统，也带有北方中原区域神话的属性；并且它们共同表现出对中原华夏文化的认同。

"华夏"称号及华夏认同最早出现于春秋时期，这种华夏意识的出现是因为当时的人们发现了自我，并强烈地感觉到"非我的夷戎蛮狄的存在"。从古典的黄河流域中心论而言，华夏主要集中在北方中原地区，中原以外的区域则统称为边缘族群。王明柯认为"族群边缘环绕中的人群，以'共同的祖源记忆'来凝聚。因此，个人或人群都经常借着改变原有的祖源记忆，来加入、接纳或脱离一个族群"[50]。楚国无疑处于中原王畿之外的族群边缘，而其先祖神祝融、自然神河伯与物神玉神就是所谓共同的祖源记忆。因而，楚国的政治神话也反映了楚国不断突破族群边缘的局限，试图融入华夏文明圈的意愿，深切表达了对华夏文化的认可，以实现"抚有蛮夷，奄征南海，以属诸夏"的政治理想。综上，楚国神话在政治发展过程中提供了强大的文化内动力，为其政治崛起提供了合理的文化缘由，同时也表现出对华夏文化的强烈认同。

注释：

[1] 郑杰文：《上古两大主导文化系统及其思想影响》，《孔子研究》2001 年第 2 期，第 26～34、46 页。

[2]刘泽华、胡学常：《汉赋的政治神话》，《学习与探索》1999 年第 3 期，第 136～143 页。

[3]（晋）杜预集解，（唐）孔颖达等正义：《春秋左传正义》卷十六，（清）阮元校刻《十三经注疏》本，北京：中华书局，2009 年，第 3953～3954 页。

[4]（汉）司马迁：《史记》卷四十，北京：中华书局，1982 年第 2 版，第 1698 页。

[5]（北魏）郦道元：《水经注》卷三十四，北京：商务印书馆，1933 年，第 18 页。

[6] 林惠祥：《文化人类学》，北京：商务印书馆，2005 年，第 245 页。

[7]（汉）司马迁：《史记》卷四十，北京：中华书局，1982 年，第 1696 页。

[8] 宋镇豪：《夏商社会生活史》，北京：中国社会科学出版社，1996 年，第 507 页。

[9]（晋）杜预集解，（唐）孔颖达等正义：《春秋左传正义》卷四十八，（清）阮元校刻《十三经注疏》本，第4523页。

[10]（汉）郑玄注，（唐）孔颖达正义：《礼记正义》卷十六，（清）阮元校刻《十三经注疏》本，北京：中华书局，2009年，第2964页；陈奇猷：《吕氏春秋校释》卷五，上海：学林出版社，1984年，第241页。

[11] 何宁：《淮南子集释》卷五，北京：中华书局，1998年，第433页。

[12]（汉）班固：《汉书》卷八十七，北京：中华书局，1962年，第3539页。

[13]（清）郝懿行：《山海经笺疏》，北京：中华书局，2019年，第392页。

[14] 李零：《长沙子弹库战国楚帛书研究》，北京：中华书局，1985年，第69页。

[15] 李零：《长沙子弹库战国楚帛书研究》，北京：中华书局，1985年，第71页。

[16]（晋）杜预集解，（唐）孔颖达，等正义：《春秋左传正义》卷五十三，（清）阮元校刻：《十三经注疏》本，北京：中华书局，2009年，第4611页。

[17]（汉）司马迁：《史记》卷四十，北京：中华书局，1982年第2版，第1689页。

[18]（清）郝懿行：《山海经笺疏》，北京：中华书局，2019年，第378～379页。

[19]（清）郝懿行：《山海经笺疏》，北京：中华书局，2019年，第350页。

[20]（汉）郑玄注，（唐）贾公彦疏：《周礼注疏》卷二，（清）阮元校刻：《十三经注疏》本，北京：中华书局，2009年，第1398页。

[21] 汤漳平：《楚辞研究中的中原文化与楚文化问题》，《泰山学院学报》2013年第1期，第72～77页。

[22] 贾连敏：《新蔡葛陵楚墓出土竹简释文》，河南省文物考古研究所编著：《新蔡葛陵楚墓》，郑州：大象出版社，2003年，第197、189页。

[23]（晋）杜预集解，（唐）孔颖达，等正义：《春秋左传正义》卷五十八，（清）阮元校刻：《十三经注疏》本，北京：中华书局，2009年，第4695页。

[24]（汉）司马迁：《史记》卷四十，北京：中华书局，1982年第2版，第1717页。

[25]（汉）杜预集解，（唐）孔颖达，等正义：《春秋左传正义》卷二十三，（清）阮元校刻：《十三经注疏》本，北京：中华书局，2009年，第4087页。

[26]（晋）杜预集解，（唐）孔颖达，等正义：《春秋左传正义》卷十六，（清）阮元校刻：《十三经注疏》本，北京：中华书局，2009年，第3963页。

[27] 曹胜高：《〈河伯〉"以女妻河"考》，《古籍整理研究学刊》2010年第2期，第93～98页。

[28] 孙作云：《〈九歌〉非民歌说——〈九歌〉与汉〈郊祀歌〉的比较》，《孙作云文集·〈楚辞〉研究（上）》，开封：河南大学出版社，2003年，第292页。

[29] 代生：《由出土文献谈〈九歌〉中的河伯和少司命》，《海岱学刊》2021年第1期，第120～133页。

[30]（汉）杜预集解，（唐）孔颖达，等正义：《春秋左传正义》卷十九，（清）阮元校刻：《十三经注疏》本，北京：中华书局，2009年，第4020页。

[31]（晋）杜预集解，（唐）孔颖达，等正义：《春秋左传正义》卷三十三，（清）阮元校刻：《十三经注疏》本，北京：中华书局，2009年，第4265页。

[32]（汉）杜预集解，（唐）孔颖达，等正义：《春秋左传正义》卷五十一，（清）阮元校刻：《十三经注疏》本，北京：中华书局，2009年，第4574页。

[33] 赵炳清：《春秋时期楚国的政治统治方式与疆域变化略论》，《河南大学学报》2021年第4期，第83～91页。

[34] 赵炳清：《楚国疆域变迁之研究——以地缘政治为研究视角》，复旦大学博士学位论文，2013年。

[35] 郑威、易德声:《从“楚国之楚”到“三楚之楚”:楚文化地理分区演变研究》,《历史地理学研究》2017 年第 4 期,第 115～120 页。

[36] 游国恩:《论九歌山川之神》,游宝琼编:《游国恩楚辞论著集》卷三,北京:中华书局,2008 年,第 360 页。

[37] 闫德亮:《古代神话与早期民族》,北京:社会科学文献出版社,2018 年,第 367 页。

[38] 袁珂:《山海经校注》,上海:上海古籍出版社,1980 年,第 317 页。

[39] (晋)杜预集解,(唐)孔颖达,等正义:《春秋左传正义》卷四十六,(清)阮元校刻:《十三经注疏》本,北京:中华书局,2009 年,第 4496 页。

[40] (汉)许慎撰,(清)段玉裁注:《说文解字注》卷一,上海:上海古籍出版社,1988 年,第 19 页。

[41] 张仲清校注:《越绝书校注》,北京:国家图书馆出版社,2009 年,第 275 页。

[42] 叶舒宪:《金枝玉叶——比较神话学的中国视角》,上海:复旦大学出版社,2012 年,第 136 页。

[43] 杨伯达:《中国史前玉文化》,杭州:浙江文艺出版社,2014 年,第 64 页。

[44] 舒之梅、程欣人:《楚国大事年表简稿》,《江汉考古》1980 年第 1 期,第 92～96、84 页。

[45] (清)王先慎撰,钟哲点校:《韩非子集解》卷二,北京:中华书局,2003 年,第 31 页。

[46] 曲石:《楚玉研究》,《江汉考古》1990 年第 3 期,第 63～77 页。

[47] 随县擂鼓墩 1 号墓考古发掘队:《湖北随县曾侯乙墓发掘简报》,《文物》1979 年第 7 期,第 1～24＋98～105 页。

[48] 韩静:《楚地玉器综论》,华中师范大学硕士学位论文,2011 年。

[49] [美]斯特伦:《人与神——宗教生活的理解》,金泽、何其敏译,上海:上海人民出版社,1991 年,第 66 页。

[50] 王明珂:《华夏边缘:历史记忆与族群认同》,台北:允晨文化实业股份有限公司,1997 年,第 12 页。

论宋孝武帝与鲍照的文学创作的关系

毛书音

（中国社会科学院大学文学院，北京，102488）

内容摘要： 孝武帝刘骏作为文坛领袖与政治领袖，其文学品味对鲍照的文学创作有直接影响。刘骏对民间清商新声的喜爱，促使鲍照对五言四句的新体诗进行创作；作为文学侍臣，鲍照在担当中书舍人、文学博士之时多有侍宴、奉敕之作，与刘骏也有同题诗作或有直接关联的作品。鲍照相关乐府创作其实具有雅、俗两个维度的追求，各自都有成就；鲍照宫廷创作除了例行的谀辞颂德之外，诗风方面并非全无建设性成就。宋孝武帝的影响对于鲍照奇丽逸荡诗风的形成具有一定的积极意义。鲍照的创作对作为文坛与政治领袖的刘骏虽有依附性，也保留了自身的创作个性。

关键词： 鲍照；刘骏；吴歌西曲

“自宋武爱文，文帝彬雅，秉文之德，孝武多才，英采云构。”[1]“宋代文学之盛，实由上者之提倡。”[2]刘宋文学的兴盛，与君王、宗王对文学的提倡有直接关联。鲍照自解褐后，便周旋于临川王刘义庆、始兴王刘濬、临海王刘子顼三位宗王以及孝武帝刘骏之间，在刘义庆、刘濬府中担任国侍郎等职，而后入职中枢，任国学博士兼中书舍人，至出为秣陵令之前，鲍照一直是以文学侍臣的身份辗转于诸王府与宫廷，其文学创作不可避免受府主和君王影响。沈约《宋书·刘义庆传附鲍照传》载：“上好为文章，自谓物莫能及，照悟其旨，为文多鄙言累句，当时咸谓照才尽，实不然也。”[3]此已指出鲍照有意迎合孝武帝的争胜心态，多作“鄙言累句”而招致士林批评。前贤已指出鲍照诗文创作与幕主之紧密联系：苏瑞隆认为，幕主对流行乐曲的喜爱影响了鲍照绝句、七言诗的创作，宫廷环境为其文学天才提供充分表达空间[4]。宗伟认为刘宋诸王对于吴歌西曲和流行乐舞的喜爱促使鲍照创作吴歌西曲与七言乐府歌辞[5]。孝武帝身为政治与文坛的双重领袖，其影响力远胜身为宗王的临川王义庆与始兴王濬，孝武帝刘骏与鲍照文学创作的互动也值得更深入探讨。

一、宋孝武帝刘骏：文坛与政治的双重领袖

《南史·宋本纪》载：“（世祖）少机颖，神明爽发，读书七行俱下，才藻甚美。”[6]始兴王刘濬于书信称其“洞览坟籍”。钟嵘《诗品》下品认为“孝武诗，雕文织采，过为

精密。为二藩希慕，见称轻巧矣”[7]。颜之推《颜氏家训·文章第九》云：“自昔天子而有才者，唯汉武、魏太祖、文帝、明帝、孝武帝，皆负世议，非懿德之君也。”[8]据《隋书·经籍志》载，孝武帝刘骏集有三十一卷，目录一卷，至唐初仍存二十五卷，与颜延之集相同，卷数最多。对具体篇目，许文雨《诗品讲疏》云：“孝武诗如‘屯烟扰风穴，积水溺云根’‘长杨敷晚素，宿草披初青’，其雕织精密，殊见轻巧。”陈祚明《采菽堂古诗选》评其诗《与庐陵王绍别》“离情黯然”[9]，《拜衡阳王义季墓》“构句坚苍”；王夫之认为《登作乐山》一诗“得之于悲壮，而不疏不野，大有英雄之气”[10]。史料中多有对孝武帝文学才能的强调，其文学创作兼有“轻巧”与“坚苍”两种风格。

据《宋书》《南齐书》《南史》，刘骏被封武陵王后，围绕其身旁的文士便有沈亮、范广渊、王彧、颜竣、张畅、颜师伯、袁粲、沈伯玉、袁觊等人。其践祚后，又有鲍照、汤惠休、刘义恭、谢庄、殷淡、江智渊、刘瑀、何尚之、何偃、苏宝生、陵修之、任昙绪、戴法兴、徐爰、谢超宗、丘灵鞠、檀超、丘巨源、贾渊、韩兰英等一众文士加入其文学集团。刘骏对僧人汤惠休和女性韩兰英二人的称赏可谓不拘一格。孝武帝广聚文士，其文学集团群星熠熠，集团内部又有多元文学风格的碰撞。颜延之“体裁绮密”“喜用古事”，谢庄“尤为繁密”“气候清雅”“良无鄙促”，韩兰英“绮密”，丘灵鞠“祖袭颜延……得士大夫之雅致”：诸人文学创作延续元嘉时期好隶事用典的特征；颜师伯“颇解声乐”，汤惠休“辞采绮艳”“情过其才”，鲍照虽“文辞赡逸，尝为古乐府，文甚遒丽”，其诗亦有“含茂先之靡嫚”和“颇伤清雅之调”之面向：此诸人显示了孝武文学集团对于乐府诗创作的偏好与对板滞明密的元嘉之体的背离。“大明、泰始中，鲍、休美文，殊已动俗”，休、鲍的文学创作是刘宋诗运转关的节点，二人皆为刘骏所赏，可以说，孝武帝在一定程度上推动了时代文风的转变。

此外，鲍照之妹鲍令晖于孝建年间去世，似并未入孝武文学集团。《诗品》下品评其诗：“令晖歌诗，往往崭绝轻巧，拟古尤胜。唯百愿，淫矣。照尝答孝武云：‘臣妹才自亚于左芬，臣才不及太冲尔。’”鲍照之答表明孝武帝对鲍令晖的文学创作亦有关注。王叔岷《钟嵘诗品笺证稿》有案语：“仲伟评《百愿诗》‘淫’，淫乃淫艳之淫。《南齐书·文学传论》评令晖兄明远诗‘雕藻淫艳’。是兄妹同调也。”鲍令晖现存《题书后寄行人》一诗，《乐府诗集》录为《自君之出矣》。刘骏、颜师伯、刘义恭有同题之作，当非巧合。其《古意赠今人》《代沙门妻郭小玉诗二首》等诗多以游子思妇为题材，风格冶艳轻俊，《寄行人》一首更仅有五言四句，体制短小，颇类钟嵘所云“轻巧”。“崭绝”一词最早见于鲍照《登庐山望石门》一诗，鲍照用其形容山势崭崒险峻貌，引申为个人风格当为诗风之峭拔不平。鲍令晖现存之作仅见“轻巧”，而难以窥见其“崭绝”之面向，钟嵘之评表明令晖之作两体并存，与兄鲍照类似。

《建康实录》载：“武帝自永初迄于元嘉，多为经史之学，自大明之代，好作词赋，故置此官，考其清浊。”[11]孝武帝设立清台令以评判词赋创作，实是推行有利于文学发展之制度。此时文学资本作为一种文化表征，其话语权力得到扩大。刘宋一朝皇帝出身低级士族，孝武帝在担任藩王时，曾镇守南豫州、江州、荆州等地，对流行于建康附近和荆、樊、郢、邓的民间俗乐有好感。称帝后，刘骏将民间俗乐引进宫廷。郭茂倩《乐府诗集》云：“（孝）武帝大明中，亦以鞞拂杂舞合之。钟石施于庙庭，朝会用乐，则兼奏之。”[12]王运熙认为，“刘骏的影响尤为巨大……可以推测到《宋书·乐志》中所叙录过的《子夜》《凤将雏》《前溪》《读曲》等吴声，以及原本出自民间的鞞、拂杂舞等同时成为最好的娱乐品”[13]。孝武帝时代，俗乐与前代的清商三调一样，取得正统地位，正是孝武帝作为文学与政治的双重领袖促进了吴歌西曲为代表的民间俗乐的传播与创作。裴子野指出：“宋初迄于元嘉，多为经史，大明之代，实好斯文。高才逸韵，颇谢前哲，波流相尚，滋有笃焉。自是闾阎少年，贵游总角，罔不摈落六艺，吟咏情性。学者以博依为急务，谓章句为专鲁，淫文破典，斐尔为功。”[14]与前两代帝王提倡经史不同，刘骏更重视士人的文学修养，造成“天下悉以文采相尚，莫以专经为业”的局面。

二、刘骏与鲍照对清商新声歌辞的创作

王运熙指出，孝武帝刘骏在通俗歌曲(特别是吴声)的发展中，起到了重要作用。《南齐书·萧惠基传》中有载：“自宋大明以来，声伎所尚，多郑卫淫俗；雅乐之声，鲜有好者。”[15]通过权力运作，孝武帝使淫哇不正的民歌从民间和贵族圈走向宫廷，引导宫廷文学的创作方向。

刘骏有《丁督护歌》五首：

督护北征去，前锋无不平。朱门垂高盖，永世扬功名。(其一)
洛阳数千里，孟津流无极。辛苦戎马间，别易会难得。(其二)
督护北征去，相送落星墟。帆樯如芒柽，督护今何渠。(其三)
督护初征时，侬亦恶闻许。愿作石尤风，四面断行旅。(其四)
闻欢去北征，相送直渎浦。只有泪可出，无复情可吐。(其五)[16]

《宋书·乐志》载：“《督护歌》者，彭城内史徐逵之为鲁轨所杀，宋高祖使府内直督护丁旿收敛殡埋之。逵之妻，高祖长女也。呼旿至阁下，自问殓送之事。每问辄叹息曰：‘丁督护’！其声哀切，后人因其声广其曲焉。”刘骏以其姑父之徐逵之兵败被杀为本事而制《丁都护》。此诗有明显的吴声歌之烙印，“督护北征”等套语在第一、三、四章中反复出现，形成一唱三叹的艺术效果。诗歌书写了因戎马之事造就督护与情人的分别之局面，直接吸取“侬”“欢”“石尤风”等方言，加入“落星墟”“直渎浦”等建康地名，书写相思离别，声调凄婉，有吴地特色。

而鲍照《吴歌三首》则是于诗题中表明诗歌是依吴歌而作：

夏口樊城岸，曹公却月戍。但观流水还，识是侬流下。(其一)
夏口樊城岸，曹公却月楼。观见流水还，识是侬泪流。(其二)
人言荆江狭，荆江定自阔。五两了无闻，风声那得达。(其三)[17]

此诗以连章体，书写商女对往来于夏口和樊城的情人的思恋。其一与其二采用乐府民歌中常用的复沓手法，强化了诗歌的抒情效果。《华山畿》有“相送劳劳渚，长江

不应满，是侬泪成许”，与此诗前两章意境相似，皆是将江水比作情人之泪，形成对立性张力，强调相思之热烈。“侬”则带吴语方言意味。此诗第三章“人言”也是吴歌西曲的惯用语，如“人言孟珠富，信实金满堂”，“人言春复著，我言未渠央”，“人言扬州乐，扬州信自乐”，并巧妙运用“五两”这一楚语和反诘口吻，表现率真的民间趣味。

孝武帝创作的《自君之出矣》体制短小，仅五言四句，被收入《乐府诗集》中杂曲歌辞一类，体制上却类于吴歌。其诗云：“自君之出矣，金翠暗无精。思君如日月，回还昼夜生。”诗题摘自徐幹《室思》第三章。陈祚明认为“以回环言思，殊肖”，此诗有颜师伯、刘义恭同题诗，为文学集团竞藻之作。“自君之出矣”延续了汉魏古诗中游子思妇的主题。鲍照无同题诗歌，但多有写游子思妇之作，如《拟古八首·其七》书写思妇因思念荡子而忽略自身形貌之状：“宿昔改衣带，旦暮异容色。念此忧如何，夜长忧向多。明镜尘匣中，瑞琴生网罗。”同样塑造了两情分离相思之苦的场景，具有伤怨艳冶的风格。

鲍照又有进献给孝武帝刘骏的《中兴歌》十首：

> 千冬迟一春，万夜视朝日。生平值中兴，欢起百忧毕。（其一）
> 中兴太平运，化清四海乐。祥景照玉台，紫烟游凤阁。（其二）
> 碧楼含夜月，紫殿争朝光。彩墀散兰麝，风起自生芳。（其三）
> 白日照前窗，玲珑绮罗中。美人掩轻扇，含思歌春风。（其四）
> 三五容色满，四五妙华歇。已输春日欢，分随秋光没。（其五）
> 北出湖边戏，前还苑中游。飞縠绕长松，驰管逐波流。（其六）
> 九月秋水清，三月春花滋。千金逐良日，皆竞中兴时。（其七）
> 穷泰已有分，寿夭复属天。既见中兴乐，莫持忧自煎。（其八）
> 襄阳是小地，寿阳非帝城。今日中兴乐，遥冶在上京。（其九）
> 梅花一时艳，竹叶千年色。愿君松柏心，采照无穷极。（其十）

《中兴歌》作于元嘉三十年，时武陵王刘骏于新亭即位，并攻入建康，诛杀“二凶”刘劭、刘濬。鲍照功利心强，深谙孝武帝对吴歌的喜爱，以五言四句的组诗进献帝王以谋取仕途。诗歌含诗人渴望被拔擢进入中央朝廷的希冀，而《中兴歌》果然得到孝武帝赏识，鲍照由一介平民被擢升为富庶之地的六品县令。从诗歌文本看，其一将“一春”“朝日”之太平喜庆与此前如“千冬”“万夜”的黑暗政局进行对照。其二写中兴之祥瑞之兆。其三中“墀”是天子权威的象征，“兰麝”是名贵香料，暗指孝武帝盛名远播。其四首句化用《子夜歌四十二首·其四十二》中“朝日照绮钱，光风动纨素”，诗人将自己比作美人；“春风”是吴歌西曲中出现频率颇高的意象，如《子夜四时歌·其十》“春风复多情，吹我罗裳开”和《读曲歌·其一》“春风不知著，好来动罗裙”，此处正以“春风”指君王恩泽。其五于一、二句化用无名氏古诗“三五明月满，四五蟾兔缺”，月属阴，为臣道，暗含被重用的期待，鲍照于刘骏无“藩邸之旧”故而“已输春日欢”；其六写宫中乐舞之盛，又化用《襄阳乐·其五》中“烂漫女萝草，结曲绕长松”。其七写中兴之盛，再次将君王比作太阳。其八中“莫持忧自煎”一句近似口语，与吴歌西曲中常出现的祈使句类似。其九中“襄阳”指作于元嘉二十二年的“襄阳乐”，“寿阳”指作于元嘉二十六年的“寿阳乐”。根据《宋书·乐志》记载，“随王诞在襄阳，造襄阳乐，南平穆王为豫州，造寿阳乐……歌词多淫哇不典正。”诗歌意指地方藩府所制的西曲《襄阳乐》和《寿阳乐》不及京师建康有遥冶之风的乐曲。遥冶，即妖冶。《世说新语·言语第二》曰：“桓玄问羊孚：‘何以共重吴声？’羊曰：‘当以其妖而浮。’”[18]曹道衡认为，《中兴歌》中用帝都压倒藩国的意识与孝武时期重订藩王礼治的做法接近[19]。“乐以治内，礼以治外”是古代治理国家的框架，鲍照深谙孝武帝对吴歌的喜爱，因此在此诗中有意将有浮华妖冶之风的吴歌上升至前朝雅乐的地位。其十则与《子夜歌四时歌·冬歌》中诗句“我心如松柏，君情复何似”颇为相似。“采照无穷极”运用吴歌西曲中常见的谐音双关手法，“采照”巧妙嵌入作者之名，指代鲍照渴望被君王任用的期盼。“采”字的使用，在吴歌西曲的使用中，多为“采莲”“采菱”等，也有“郎见欲采我，我心欲怀莲”“春花映何限，感郎独采我”的“采人”表达。在此，诗人的声音具有明显的江南民间女性特征。其一、其七、其八、其九多处提到“中兴”，“中兴”的反复出现，形成一唱三叹、回环往复的文学效果。组诗通俗易懂，清新流丽。

鲍照又有仿制西曲的《采菱歌》七首：

> 骛舲驰桂浦，息棹偃椒潭。箫弄澄湘北，菱歌清汉南。（其一）
> 弭榜搴蕙荑，停唱纳薰若。含伤拾泉花，萦念采云萼。（其二）
> 暌阔逢暄新，凄怨值妍华。秋心殊不那，春思乱如麻。（其三）
> 要艳双屿里，望美两洲间。袅袅风出浦，沉沉日向山。（其四）
> 烟噎越嶂深，箭迅楚江急。空抱琴心悲，徒望弦开泣。（其五）
> 缄叹凌珠渊，收慨上金堤。春芳行歇落，是人方未齐。（其六）
> 思今怀近忆，望古怀远识。怀古复怀今，长怀无终极。（其七）

模拟西曲的《采菱歌》七首的创作时间尚有争议。曹道衡认为《采菱歌》乃预感刘劭、刘濬之乱而作，作于诗人担任永安令期间[20]，丁福林认为此诗作于鲍照离始兴王濬府后不久，应在元嘉二十八年或之后[21]，陈庆元认为作于客居荆州的大明年间[22]。笔者认为，组诗似有托兴之事，并非对吴歌的单纯模拟，也非献诗，诗歌对现实之事未有直接映射，但侧艳意象和缠绵口吻与鲍照后期创作风格接近，故暂从陈说。钱仲联增补集说校本的《鲍参军集注》有黄节补注：“吴、楚之风俗，当菱熟时。士女子相与采之，故有采菱之歌以相和，为繁华流荡之极。”可知，《采菱曲》本是用来书写男女爱情之曲。谢灵运《道路忆山中诗》有诗句“采菱调易急，江南歌不缓”，行田登海口盘屿山诗亦有“依稀采菱歌，仿佛含嚬容”，说明《采菱歌》的曲调在刘宋时节奏快且声调悲哀。组诗其一用桂浦、椒潭、湘北、汉南等地名有意将读者拉回至楚辞年代。其二自造新词“泉花”，诗人虽有“泉花”，仍渴望“云萼”，颇有魏晋古诗“美人在云端，天路隔无期”的意味。其三则写外物逢春的明媚景象而内心郁闷徒增。其四隐去作者之声，白描一幅秋风袅袅、日照山水的图景。其五暗含《左传·襄公十四年》卫孙文子得罪献公，从近关出之典故。其六写佳时将过，而赴会之人未齐的忧伤，与

《山鬼》中“风飒飒兮木萧萧，思公子兮徒离忧”的意境类似。其七则连用五个“怀”字，让人联想到汉代乐府古辞《江南》，诗人在“怀古”“怀今”之间徘徊，发出了“长怀终无极”的感叹，有强烈的时间意识。诗风缠绵委婉，含蓄婉约。在此，鲍照将传统文人士大夫个人情志的表达融入了民间乐歌的创作，将以俗为风格的民间乐府雅化。

三、鲍照部分侍宴、奉敕诗及其与孝武帝同题之诗

除了乐府诗，鲍照在担当中书舍人、文学博士之时多有侍宴、奉敕之作，与刘骏也有同题或与刘骏诗歌有直接联系的作品。这些作品数量今存较少，如《侍宴覆舟山》：

束发好怡衍，弱冠颇流薄。素想终勿倾，聿来果丘壑。层峰亘天维，旷渚绵地络。逢皋列神苑，遭坛树仙阁。松墱含青晖，荷源煜彤烁。川界泳游鳞，岩庭响鸣鹤。（刘骏《游覆舟山诗》）

息雨清上郊，开云照中县。游轩越丹居，晖烛集凉殿。凌高跻飞楹，追焱起流宴。栖苑含灵群，岩庭藏物变。明辉烁神都，丽气冠华甸。目远幽情周，醴洽深恩遍。（鲍照《侍宴覆舟山二首》其一）

繁霜飞玉闼，爱景丽皇州。清跸戒驰路，羽盖伫宣游。神居既崇盛，崑崄信环周。礼俗陶德声，昌会溢民讴。惭无胜化质，谬从云雨浮。（鲍照《侍宴覆舟山二首》其二）

刘骏诗全篇俳偶，诗歌结构和部分语汇有明显受谢灵运游览诗影响的痕迹。首四句写诗人得偿夙愿得以游赏丘壑，接着从大处写覆舟山重峦叠嶂、绵亘天地之壮景，其后着眼于人工之景，色泽鲜明的“松”“荷”，和游动的“鳞”、鸣叫的“鹤”，共同渲染覆舟山风景之壮美。后四句一实一虚，一静一动，物象排列整饬有序、威严肃穆，颇有元嘉旧体之风。覆舟山是南朝宫门的屏障，也是皇家园林乐游苑之所在，但覆舟山高不过百米，周回不到三里，仅仅是一座小山，不可能存在此诗所云之景。“天维”“地络”“游鳞”皆是皇权的象征，“鹤”是祥瑞与长寿之兆，刘骏此诗有标榜皇权之意。

覆舟山在京都建康近郊，孝武帝曾多次游赏宴饮，刘诗具体所作时间有待考证，鲍诗则作于鲍照担任中书舍人、太学博士的孝建三年。鲍诗两首与刘诗长度接近，刘诗中“川界泳游鳞，岩庭响鸣鹤”与鲍诗中“栖苑含灵群，岩庭藏物变”物象相呼应。二人身份不同，刘骏诗歌彰显皇家权威，鲍诗则以卑微口吻表明自己忝列宴游侍臣之荣幸，也有对帝王功业与德操之赞颂。

此外，鲍照与孝武帝创作有直接联系的还有《喜雨》一诗，题下有“奉敕作”字样。谢庄也有同题诗，为同时奉敕所作。此时鲍照为中书舍人，谢庄为吏部尚书。鲍诗曰：

营社达群阴，屯云掩积阳。河井起龙蒸，日魄敛游光。族云飞泉室，震风沈羽乡。升氛浃地维，倾润泻天潢。平洒周海岳，曲潦溢川庄。惊雷鸣桂渚，回涓

> 流玉堂。珍木抽翠条，炎卉擢朱芳。关市欣九赋，京廪开万箱。无谢尧为君，何用知柏皇？（鲍照《喜雨》）

鲍诗除末句外，全用对仗，详细描绘下雨前云雾聚集、下雨时声势浩大、下雨后一片祥和之景。鲍诗“无谢尧为君，何用知柏皇”二句则极力夸赞孝武帝，此般谀辞足见鲍照作为文学侍臣对于皇帝的依附性。第三、第四句中，“龙蒸”即云蒸，“日魄”即日月，用生字显示出鲍照力求生新的创作倾向。第六至第十二句以赋法极写雨势之滂沱，夸张营造出人间被大雨完全淹没之景。雨后则又是植物抽条擢芳，人民生活富足的另一番景象。鲍诗可与谢庄《喜雨》参看以辨其独特之处。谢诗云：“燕起知风舞，础润识云流。冽泉承夜湛，零雨望晨浮。合颖行盛茂，分穗方盈畴。”谢诗亦全诗对仗，诗歌结构与鲍诗类似，第一、第二句写雨欲来，第三、第四句写雨落之长，第五、第六句写祥瑞之兆。而鲍诗之雨为暴雨，诗中的云、风、雨、水汽、曲潦、惊雷、回涓等每一物象皆富动感，谢诗之雨则润物无声。与鲍诗对照，谢诗没有着力渲染雨势，与前人曹植、谢惠连的同题诗作风格近似，更有雅正之风。

又鲍照有与刘骏同题诗歌《夜听妓》。录于下：

> 寒夜起声管，促席引灵寄。深心属悲弦，远情逐流吹。劳襟凭苦辰，谁谓怀忘易。（刘骏《夜听妓诗》）
>
> 夜来坐几时，银汉倾露落。澄沧入闺景，葳蕤被园藿。丝管感暮情，哀音绕梁作。芳盛不可恒，及岁共为乐。天明坐当散，琴酒驶弦酌。（鲍照《夜听妓二首》其一）
>
> 兰膏消耗夜转多，乱筵杂坐更弦歌。倾情逐节宁不苦，特为盛年惜容华。（鲍照《夜听妓二首》其二）

孝武帝刘骏和鲍照的《夜听妓》是现存此题最早诗作，其后有谢朓、何逊、刘孝绰等人创作同题诗，可见这一题目已成为后世文学集团骋才竞藻的限题篇目。刘诗首二句点明听妓之时、地，后四句写听妓触发的情怀，表达欲以听妓遣怀，内心却更加悲苦的心绪。此诗恐收录不全，但“灵寄”“劳襟”等皆是此前五言诗中不曾出现的新语汇，可见刘骏自制新辞的尝试。

鲍诗其一为五言，其二为七言。相对刘诗，鲍诗有更多细节。其一，“银汉”一句从大处着笔写夜之深，“澄沧”二句从细微之处写夜之寒凉、天与地之寥廓，“丝管”“哀音”则引发了诗人及时行乐的心态；其二则第一、第二句写宴会之盛，这悲苦之调引发诗人对韶华不再的担忧与盛年行衰的慨叹。苏瑞隆指出，像鲍照这样地位不高的文学侍臣，应不敢采用这样非传统的题材反映宫廷生活的奢华。许学夷指出：“明远七言绝句有《夜听妓》一篇，语皆绮艳，而声调全乖，然实其言绝之始也。”[23]王运熙认为，鲍照的《拟行路难》《夜听妓》和汤惠休的《秋思引》是现存七言诗最早隔句用韵者。刘宋时代，七言诗的创作并不多见，而鲍照能够在宫廷写作中使用七言新体当是得到刘骏之默许。

鲍照有与刘骏同题的《秋夜》诗。录于下：

局景薄西隅，升月照东垂。肃肃风盈幕，泫泫露倾枝。侧闻飞壶急，坐见河宿移。睹辰念节变，感物矜乖离。（刘骏《秋夜诗》）

夜久膏既竭，启明旦未央。环情倦始复，空闺起晨装。幸承天光转，曲影入幽堂。徘徊集通隙，宛转烛回梁。帷风自卷舒，帘露视成行。岁役急穷晏，生虑备温凉。丝纨夙染濯，绵绵夜裁张。冬雪旦夕至，公子乏衣裳。华心爱零落，非直惜容光。愿君剪众念，且共覆前觞。（鲍照《秋夜二首》其一）

遁迹避纷喧，货农栖寂寞。荒径驰野鼠，空庭聚山雀。既远人世欢，还赖泉卉乐。折柳樊场圃，负绠汲潭壑。霁旦见云峰，风夜闻海鹤。江介早寒来，白露先秋落。麻垄方结叶，瓜田已扫箨。倾晖忽西下，回景思华幕。攀萝席中轩，临觞不能酌。终古自多恨，幽悲共沦铄。（鲍照《秋夜二首》其二）

孝武之诗仅八句，全篇对仗。前四句写景，后两句写时光飞逝的嗟叹。用“肃肃”“泫泫”等叠词，更显诗歌氛围之凄清。此语当是化用谢灵运“花上露犹泫”与谢惠连“泫泫露盈条”。鲍照之诗分二首。与刘诗相比，鲍诗给出具体情境，篇幅更长。其一加入了行役主题，有一定的情节性。从思妇的角度描写，天未明便起晨装，看到幽堂中的影子，想到征戍之人在寒冬中缺少避寒之衣。其二具体写远离人世的田园之景，“野鼠”“山雀”等物象塑造了阴森的气氛，“麻垄”“瓜田”等物象又有世俗之感。这些物象从未同时出现在此前士族文人笔下。“清晖”以下六句写时令之感。鲍诗已经超越了寻常的时光飞逝的感叹，拥有更广阔的时间意识，即古今同悲。其二结句已由其一的“剪众念”“共覆前觞”的借酒浇愁、及时行乐变为“临觞不能酌”“幽悲共沦铄”的古今凄断。在此，诗歌情感递进一层，诗人的孤独意识已无法消解，古今之人的遗憾都将随时间消失。

余论

刘知几《史通》评鲍照“文宗学府，驰名海内，方之汉代，褒、朔之流”[24]。刘氏既点出鲍照文学成就之高，也指出其文学侍从的身份特征。张溥《汉魏六朝百三家集题辞注》有云：“临川好文，明远自耻燕雀，贡诗言志。文帝惊才，又自贬下就之。相时投主，善周其长，非祢正平杨德祖流也。”[25]文帝为孝武帝之误。“相时投主，善周其长”是作为侍从文人的鲍照交游造请、依附权贵的处世之道。对于其诗歌中的“鄙言累句”，张溥认为，“实无鄙言累句，不知当时何以相加？”许学夷则认为，“明远诗如‘申黜褒女进，班去赵姬升’‘虚容遗剑佩，实貌戢衣巾’‘嫚绵好眉目，闲丽美腰身’‘舟迁庄甚笑，水流孔急叹’‘匹命无单年，偶影有双夕’‘倏忽坐还合，俄思甚兼秋。’皆鄙言累句也。要亦是俳偶雕刻使然，非必皆有意为之也。”鲍照作为文学侍臣，既渴望被重用，又忧谗畏讥，对孝武帝争强好胜、好猜忌的个性有着朝不保夕的忧虑和有志未申的悲慨。单就上文鲍照与刘骏的同题、奉和之作来看，刘骏诗歌篇幅较短，层次分明，多用俳偶，而鲍诗则注重氛围渲染，多用赋法，语多生新，字雕句琢。在这个层面来看，鲍照文学创作中确有“鄙言累句”。

孝武帝对鲍照诗文创作的影响是多元的。孝武帝个人对清商新声的喜好促使鲍照创作了吴歌西曲歌辞。鲍照在创作歌辞时，既有追求肖似民歌的创作，如《吴歌三首》《中兴歌》，也有将民间俗乐雅化的创作，如《采菱歌七首》，而这些民歌的创作体现了鲍照文学创作中对雅与俗不同文学风格的把握，他将以表达儿女情思为主体的吴歌西曲的创作题材扩大，将传统士大夫文学中个人情志的表达纳入了民间俗乐歌辞的写作。元嘉三家中仅有他模拟了数目可观的南朝乐府民歌，直至梁代，南朝乐府民歌的模拟方进入繁盛阶段。在宫廷应制的写作中，受诗歌题材和身份的限制，鲍照会用谀辞竭力颂扬孝武帝的德操、功绩；他好用俳偶、夸张、铺排以及生新之语形成对特定情境的营造，在有的诗作中表现出奇丽逸荡的文风，有的诗歌则会透露出深刻的时序之嗟和孤独意识。这又体现出他穷力追新、驱辞骋才的创作倾向和深刻的生命意识。这些诗歌的创作能在宫廷文学的环境中发生，定是得到了孝武帝刘骏的默许。作为文学侍臣，鲍照的文学创作对作为文坛与政治领袖的孝武帝虽有依附性，但他也在此般境遇中发挥了自己的创作个性。

注释：

[1]（梁）刘勰著，黄叔琳注，李详补注，杨明照校注拾遗：《增订文心雕龙校注》卷九，北京：中华书局，2012年，第538页。

[2] 刘师培：《中国中古文学史讲义》，上海：上海古籍出版社，2000年，第73页。

[3]（梁）沈约：《宋书》卷五十一，北京：中华书局，1974年，第1480页。本文所引《宋书》相关内容，均据此版本，为避繁复，不一一注出。

[4] 苏瑞隆：《鲍照诗文研究》，北京：中华书局，2006年，第246～271页。本文所引《鲍照诗文研究》相关内容，均据此版本，为避繁复，不一一注出。

[5] 宗伟：《刘宋诸王与鲍照诗风形成关系之探讨》，《南京师范大学文学院学报》2020年第3期，第49～56页。

[6]（唐）李延寿：《南史》卷二，北京：中华书局，1975年，第55页。本文所引《南史》相关内容，均据此版本，为避繁复，不一一注出。

[7]（梁）钟嵘著，王叔岷笺证：《钟嵘诗品笺证稿》卷下，北京：中华书局，2007年，第358页。本文所引《钟嵘诗品笺证稿》相关内容，均据此版本，为避繁复，不一一注出。

[8]（北齐）颜之推撰，王利器撰：《颜氏家训集解》卷四，北京：中华书局，1993年，第238页。

[9]（清）陈廷焯评选，李金松点校：《采菽堂古诗选》卷十六，上海：上海古籍出版社，2008年，第493页。本文所引《采菽堂古诗选》相关内容，均据此版本，为避繁复，不一一注出。

[10]（明）王夫之著，杨坚总修订：《古诗评选》卷五，长沙：岳麓书社，2011年，第749页。

[11]（唐）许嵩撰，张忱石点校：《建康实录》卷十三，北京：中华书局，1986年，第484页。

[12]（宋）郭茂倩编：《乐府诗集》卷五十三，北京：中华书局，1979年，第766页。本文所引《乐府诗集》相关内容，均据此版本，为避繁复，不一一注出。

[13] 王运熙：《论吴声与西曲》，《乐府诗述论》，上海：上海古籍出版社，2012年，第406页。本文所引《乐府诗述论》相关内容，均据此版本，为避繁复，不一一注出。

[14]（唐）杜佑撰，王文锦点校：《通典》卷十六，北京：中华书局，1988年，第389页。

[15]（梁）萧子显撰；中华书局编辑部点校：《南齐书》卷四十六，北京：中华书局，1983年，第

811 页。

[16] 逯钦立:《先秦汉魏晋南北朝诗》,北京:中华书局,1983 年,第 1259～1260 页。本文所引《先秦汉魏晋南北朝诗》相关内容,均据此版本,为避繁复,不一一注出。

[17] (南朝宋)鲍照著,钱仲联增补集说校:《鲍参军集注》卷四,上海:上海古籍出版社,1980 年,第 206～207 页。本文所引《鲍参军集注》相关内容,均据此版本,为避繁复,不一一注出。

[18] (南朝宋)刘义庆著,徐震堮校笺:《世说新语》卷上,北京:中华书局,1984 年,第 88 页。

[19] 曹道衡:《鲍照几篇诗文的写作时间》,《中古文学史论文集》,北京:中华书局,1986 年,第 435 页。

[20] 曹道衡:《鲍照〈采菱歌〉试测》,《中古文学史料丛考》,郑州:中州古籍出版社,2018 年,第 289 页。

[21] 丁福林:《鲍照年谱》,上海:上海古籍出版社,2004 年,第 88～89 页。

[22] 陈庆元:《大明泰始诗论》,《文学遗产》2003 年第 1 期,第 11～21 页。

[23] (明)许学夷著,杜维沫校点:《诗源辩体》卷七,北京:人民文学出版社,1987 年,第 118 页。本文所引《诗源辩体》相关内容,均据此版本,为避繁复,不一一注出。

[24] (唐)刘知几著,(清)浦起龙通释,王煦华整理:《史通通释》卷八,上海:上海古籍出版社,2009 年,第 222 页。

[25] (明)张溥著,殷孟伦注:《汉魏六朝百三家集题辞注》,中华书局,2007 年,第 227 页。本文所引《汉魏六朝百三家集题辞注》相关内容,均据此版本,为避繁复,不一一注出。

句法视域下的宋人贬杜论平议

李昊宸

（中山大学中国语言文学系，广东广州，510275）

内容摘要： 杜甫晚年好言句法，宋人每以杜诗为灵媒，构建句法理论，将“老杜句法”发展为宋代诗学关键之一环。然而，在建立杜诗句法典范的同时，部分诗家论者先后提出“香稻啄馀鹦鹉粒”联用工太过，《八哀》《夔府咏怀》等诗郑重烦絮。此类贬杜论重提“简易”“无意为文”之旨，意在追原句法初旨，清洗宋人句法内涵，客观上对江西末流动辄以句法为绳尺之风，起到了必要的反拨、导正作用，体现着“反经典”文学的重要学术价值。

关键词： 杜甫；宋代诗学；句法；贬杜论；夔州诗

宋人论诗好言句法，其句法理论的建构是一个循序渐进、不断丰富的过程。横向层面，宋人论句法始于节奏、用字、音律，增以对仗、句型、作法乃至风格，最后形成多元的理论场域；纵向层面，北宋中后期以来，黄、陈盛倡句法，群贤影从其说，后人规仿其学，句法之说遂为一时风会。特别是江西诸君，每以“句法”“句律”指代前人，褒美同道、后生，更将讨论句法作为诗派内部的公共话语，延伸为当时士人知识身份确认、巩固的一种“语码”。

在宋人所论诸家中，杜诗因其下字妥帖、用语工稳、句式谨严，且距宋时较近而可取法性强，自然为后学津津乐道。通过探索少陵诗艺，宋人句法理论愈趋完密，但也呈现出细碎化、形式化的弊端，特别是南渡以后，江西末流专执句法，时风渐趋雕镂、细碎。部分有识之士借由重审杜甫《秋兴》《八哀》及夔州诸作，病其刻意、繁杂、芜累，遂欲以贬杜言论，稍革时人过誉之言，抑制当时惟句法论诗之风。此类贬杜论虽偶为学者所述，但尚未被置于宋人诗学统绪中予以整体性观照。

基于此，本文拟分章论述宋人对杜甫“香稻啄余鹦鹉粒”一联以及《八哀》《夔府咏怀》等夔州诗作之尊贬，结合贬杜者自身诗学主张与当时诗学风气，合理评估每则贬杜论的得失，进而探究宋人此类贬杜论的诗学意义、现实价值以及对明清后学的影响。

一、句法典范还是用工太过——以“香稻啄余鹦鹉粒”联为中心

与疵议杜诗用俗之论肇自宋初不同[1]，宋人对杜诗句法的非议之声，至北宋中叶

始见端倪，南宋中后期最繁。其中，对《秋兴(其八)》中“香稻啄余鹦鹉粒，碧梧栖老凤凰枝”一联的贬抑之声出现较早。在时人盛崇“香稻”联句式之工、语势之健的背景下，非议之声作为潜流，其提出的旨趣、目的以及后世对该说法的呼应，诚不可为学者所轻忽。本章即主要围绕此二句，并观宋人尊贬之论，层析贬杜之究竟。

(一)强调“天然自在”

“香稻啄余鹦鹉粒，碧梧栖老凤凰枝”一联，因其意象富丽、语势健挺，最得诗家青睐，尤以宋人为发端，而沈括《梦溪笔谈》所论，立说最先，影响最深。沈云：

> 韩退之集中《罗池神碑铭》有“春与猿吟兮秋与鹤飞”，今验石刻，乃“春与猿吟兮秋鹤与飞”。古人多用此格，如《楚辞》：“吉日兮辰良。”又：“蕙肴蒸兮兰藉，奠桂酒兮椒浆。”盖欲相错成文，则语势矫健耳。杜子美诗：“红稻啄余鹦鹉粒，碧梧栖老凤凰枝。”此亦语反而意全。[2]

此论引《楚辞》、韩愈、杜甫三家，突出其“相错成文”的共性特征与“语势矫健”的效果，凸显“红稻”“碧梧”之富丽华美。后来宋、明、清所论，皆以此三诗为案，推导杜诗所本，立此联为“错综句法”，云有“劲健”之势，概不出沈括所述。

然而，针对“香稻”联句法特征，蔡居厚(宽夫)曾提出“用工太过”的异论，堪称此联典范确立过程中的一大异数。作为评议此联较早之论者，蔡氏能于一片尊杜声中，独为质疑、贬抑，尤见卓识，惜其言论湮没已久，特择为一论。蔡云：

> 诗语大忌用工太过，盖炼句胜则意必不足。语工而意不足，则格力必弱，此自然之理也。“红稻啄余鹦鹉粒，碧梧栖老凤凰枝”，可谓精切，而在其集中，本非佳处；不若“暂止飞鸟将数子，频来语燕定新巢”为天然自在。[3]

据蔡宽夫所评，“香稻”联以“精切”称胜，此与沈括、惠洪一脉相承，可谓是对前代诗学观点的继承与延续，然而，在沈、惠眼中足以为后世法的经典案例，却非蔡氏所拈之佳句，足见作者眼中，诗家三昧原不在锤炼之工。此外，文中所举“暂止”联，平直如话，辞气畅顺，与“香稻”气脉纯然有别，故蔡氏谓之“天然自在”，隐然有褒美之意。一贬一褒、两相对比之下，作者明显对自然天成之语更为推崇，故“暂止”联虽不惹前人青眼，却独得此一家俊赏。相反，“香稻”联虽语倒势奇，有沈括推崇在先，惠洪揄扬在后，但在蔡氏看来，仍未能做到“自然意到”，故等而下之，不宜推尊过甚。综上，蔡居厚基于“天然自在”的论诗主张，对“香稻”联展开批评，在黄、陈逐渐提倡句法的诗学环境下，这一推扬自然、反对琢句的言论，显得难能可贵。此后虽久湮于世，然后来论老杜句法之失者，多以自然为突破口，与蔡说实有不谋而合之处。

无独有偶，叶梦得作为蔡居厚好友，虽未对“香稻”联提出批评，但同样也表现出对“天然”的偏爱。首先，叶梦得所倡天然之句，从杜甫处借力颇多。叶氏主张：“诗固忌用巧太过，然缘情体物，自有天然工妙，虽巧而不见刻削之痕。”[4]此与蔡宽夫用意差近。然而，作者并非全然反对“用巧”，而是主张抒情写物出于自然，排斥过度巧饰而不能泯去用力痕迹之作，若杜甫“细雨鱼儿出，微风燕子斜”[《水槛遣心二首(其一)》]，“穿花蛱蝶深深见，点水蜻蜓款款飞”[《曲江二首(其二)》]等语，字字精微，却又浑然自成，全似不曾用力，此即石林所倡者，足见眼光较蔡宽夫更为老辣深辟。其次，除杜甫以外，石林亦尝标举谢灵运“池塘生春草，园柳变鸣禽”(《登池上楼》)、黄庭坚“山围燕坐图画出，水作夜窗风雨来”(《题胡逸老致虚庵》)等，皆气格劲健，不假绳削，写景者能传达情、景猝然相遇之灵息，论理者能字字相对而使人不觉，正是石林所谓诗家妙处。最后，不反对文字功夫、典事手段，但须“出于自然，略不见甚用力处”[5]，灭尽针线痕迹，存留天然面貌，使人自见其拙而忘乎其巧。由此可见，叶梦得视天然浑成为理想境界，人工精巧则是达到此境界的一种途径，谨慎行之，方能臻于浑化，稍有偏疏，则堕入“用巧太过”，较蔡氏而言，可谓更趋辩证。

王水照先生指出，自黄庭坚以诗名世，后学一时趋慕，殆及靖康前后，诗坛已然是江西诗派的天下，然众人墨守“黄”规，却在创作技巧、句法、审美情趣等方面，未能超越前人，反而暴露出诸多问题[6]。逯铭昕序《石林诗话》时提到，这一时期，人们普遍倾心生新奇崛之作，不仅“评诗以奇”，学诗、作诗亦“以奇为尚”，“香稻”联以其奇特劲健，一度被奉为锤炼字句之标准。然蔡居厚、叶梦得迥异时流，不满专趋句法之风的逐渐盛行，故有意强调自然浑成，反对用工太过，实是对当时风气的质疑、导正，具有较强的现实针对性[7]。

（二）反对“语不惊人死不休”

杜甫晚年自道“为人性僻耽佳句，语不惊人死不休”，然蔡宽夫诗话另有一则云：“天下事有意为之，辄不能尽妙。而文章尤然。文章之间，诗尤然。世乃有日锻月炼之说，此所以用功者虽多，而名家者终少也。”[8]夫子所道，虽未直斥杜甫，然以刻意为害，实是对当时奉行杜诗而渐入歧途的规避与反拨。南渡以来，部分论者嗣继蔡氏，反对诗歌有意求工，对杜甫“语不惊人死不休”的主张提出质疑，进而对其夔州佳构的权威地位构成挑战。论者虽未明斥“香稻”联之失，然以此二句之“惊人”，想必难能“独善其身”。是故，考察宋人如何反对杜甫“惊人”，亦可概见“香稻”联在宋代论诗语境中的地位变化。

南宋心学家杨简每借杜诗构筑一己心学理论，其《慈湖遗书》尝首次对“语不惊人死不休”提出批判：

> 孔子谓：“巧言鲜仁”，又谓：“辞达而已矣。”而后世文士之为辞也异哉，琢切雕镂无所不用其巧。曰“语不惊人死不休”；又曰“惟陈言之务去”。夫言惟其当而已矣，谬用其心，陷溺至此，欲其近道，岂不大难。[9]

按杨简上师陆九渊，下启包恢，其学以“心”“意”为核心，主张“毋意”“无念”，强调脱略意象、毋参己意，认为人心本正，皆有无邪之思，苟能顺应心意之自然，直呈心象，则所为所作，多真意真诗，此即古人“思无邪”之旨。反之，若先存他意，则失其本旨，不惟不佳，亦且不真，所谓“起而为意而后昏，不起不昏”[10]。此则对“语不惊人”的批判，乃先追溯孔子“辞达”，自树标尺，明确反对后世文人雕镂至极之“巧言”，认为杜、韩所论，即有意追求言语新异，耽于辞意生新，以语必惊人、力去陈言为能，不免剑走偏锋，殊失近道之本。客观来讲，此说贬抑杜、韩，实未必合于二公之用心，盖以先人言论为己张本耳。

袁燮与杨简同时，旨趣亦近，其论书谈艺，最重“浑然天成，刻画不露”[11]，而达到浑然的途径，一在天籁自鸣，不假雕饰；一在刻画精粹，不露雕饰[12]。二者之中，袁燮对前者更为推重，认为不烦雕琢之浑然胜于人工浑然。在铨衡两种浑然之高下时，袁燮借力陶、杜，通过尊陶贬杜，表达对古人“天籁自鸣”的景慕。其云：

> 古人之作诗，犹天籁之自鸣尔。志之所至，诗亦至焉。直己而发，不知其所以然，又何暇求夫语言之工哉？故圣人断之曰“思无邪”。心无邪思，一言一句，自然精纯。此所以垂百世之典刑也……唐人最工于诗，苦心疲神以索之，句愈新巧，去古愈邈，独杜少陵雄杰宏放，兼有众美，可谓难能矣。然“为人性僻耽佳句，语不惊人死不休”，子美所自道也。诗本言志，而以惊人为能，与古异矣。[13]

袁燮先树“天籁自鸣”为一篇之旨，由“诗者，志之所之”而来，认为古人作诗，但求直发，无暇雕琢，斯为古人胜意所在，故而垂范百世，此与杨简所论“思无邪”旨意相似。以此“无邪”之旨审定唐人，则其所称工妙者，恰恰是劳神觅句、去古弥远者，其中，杜甫虽能尽兼众美，然主张“语不惊人”，胸中未尝无争衡、雕琢之意，与古人流淌胸臆，自然有别。由是，袁氏以古为绳，对杜甫及唐人诗有所讥弹，意在上溯《诗经》，追想“无邪”之志，重建“天籁”之趣，亦是“古为今用”之说。

总的来说，杨、袁所贬，虽未必尽合古人意，但观二公论语，概可推知，在南宋后期理学、心学交互的思潮下，杜甫晚年以惊人为能的主张，受到不小的撼动，则其晚年诗作之代表、在北宋极受尊尚的“香稻”联，此时自然也就成为学者质疑老杜句法的矛盾集中点。

二、不烦绳削还是郑重烦絮——以《八哀》《夔府咏怀》为中心

以上对“香稻”联的贬抑情况，尚集中于一诗一联，然宋人对老杜句法的贬抑，远远不止于此，批评最严苛者，莫过于斥《八哀》《夔府咏怀》冗赘、芜杂、累句，进而对杜甫夔州诗提出“郑重烦絮”之讥评。下文拟概述宋人对《八哀》二诗之贬，推知论者批评杜甫晚年诗背后的诗学蕲向。

（一）不烦绳削的夔州诗

宋人论述句法最早且最全面者，当属黄庭坚，其句法理论，随学养之富、诗力之深，呈现出阶段性的发展特征：早年以效摹杜甫为主，主张严格进行句法训练；渐而波澜老成，汪洋恣肆，变态百出；终以由杜溯陶，强调“不烦绳削而自合”之境、“意在无弦”之旨，超越纯形式层面，而在精神层面观照句法之神理，此即周裕锴所归纳的“稍入绳墨→变化出奇→无意于文”的三段变化论[14]。在由第二阶段上升到第三阶段的过程中，除陶诗外，黄山谷最喜杜甫夔州诗，树之为标尺，论云：

> 熟观杜子美到夔州后古律诗，便得句法简易，而大巧出焉。平淡而山高水深，似欲不可企及。文章成就，更无斧凿痕，乃为佳作耳。[15]
>
> 子美诗妙处乃在无意为文，夫无意而意已至，非广之以《国风》《雅》《颂》，深之以《离骚》《九歌》，安能咀嚼其意味，闯然而入其门耶？[16]

山谷以杜甫夔州诗为案，称其句法简易纯熟，极炼宛如不炼，又发掘其无意为文之表象下，蕴含着深广而足以追媲《诗》《骚》的忧思忠悃。可见，在黄山谷所建构的句法理论封域中，杜甫夔州诗不仅由技入道，泯去斧凿痕迹，更内蕴深广，颇耐涵咏，是形式与内容高度结合的统一体，代表着句法的较高成就，宜举为后世法。也正是因为黄庭坚的极力推崇，杜甫居夔州的一年间所作四百余篇，在杜集中地位擢升，更被视为诗家金针，供时人研习取法，直至宋末文天祥时，仍有"须知诗意在夔州"(《山中呈聂心远诸客》)之说，足见山谷所论，影响深远。

（二）郑重烦絮的《八哀》《夔府咏怀》

然而，杜甫夔州诗数量繁多，并非首首皆能达到大巧不工、无意于文的最高境界。相反地，诗人这一时期颇多排律长篇，语意细碎、重复、冗杂之处，实不在少数，《八哀诗》与《夔府咏怀》即因此而招致一定非议。

《八哀诗》乃少陵为伤悼王思礼、李光弼等八人所作，宋人谓之极有力量，洵为集中上驷。然而，此组诗在当时亦有"累句"之负面评价，声名最著者，莫过于叶梦得《石林诗话》，兹引于此：

> 长篇最难，晋、魏以前，诗无过十韵者。盖常使人以意逆志，初不以序事倾尽为工。至杜甫《述怀》《北征》诸篇，穷极笔力，如太史公纪、传，此固古今绝唱。然《八哀》八篇，本非集中高作，而世多尊称之不敢议，此乃揣骨听声耳，其病盖伤于多也。如《李邕》《苏源明》诗中极多累句，余尝痛刊去，仅各取其半，方为尽善。[17]

石林在勾勒古今长篇发展基础上，以"长篇最难"四字，布下一段文字之关键。魏、晋长篇无过十韵者，是先伏一笔，说明长篇最初作意不在叙事，故无史家铺排陈述之笔力，亦无繁琐细碎之弊，以此反形下文，暗表杜甫长篇既开古人未有之境界，亦不免有古人未见之疵失。行文至此，始称扬杜甫《北征》诸篇史笔之伟力，见此老长篇高处在斯。最后笔锋陡转，言《八哀》伤于细碎，极多累句，列举怀李邕、苏源明二作，欲删削大半，知此老长篇短处亦在斯。此论极尽抑扬之事，将杜诗置于长律发展统绪之中，既洞见其高处，亦剔抉其芜累之弊，后人指摘《八哀》之弊者，往往胎息于此。南宋刘克庄即踵继叶说，认为"石林之评累句之病，为长篇者不可不知"，复举悼郑虔一篇，与《饮中八仙歌》对比，言"多芜辞累句，或为韵所拘，殊欠条畅，不如《饮中八仙》之警策"[18]，与前人所言颇有呼应，共同构成宋人对《八哀》之攻瑕。

明清议《八哀》之繁累者，如王士禛云其“本非集中高作……其中累句，须痛刊之方善”[19]，仇兆鳌解其“苦心力索，未免人胜于天。就诸章而论，前五篇精悍苍古，后三首却繁密不疏，尚须分别而观”[20]，似皆法乳叶、刘二家而来。可以说，宋人树帜《八哀》史笔的同时，也开启以“累句”贬杜之先，致使后人论议《八哀》，不得不直面此组诗在文学史上受到的“累句”之讥。朱东润总结《八哀》命运，认为此组诗叙述人物之主题，此前诚不多见，然句法芜累亦是事实[21]。惟林继中表示，此组诗乃诗人摄取民歌叙事不怕繁复的形式，对叙事诗大胆加以改造，与“三吏”“三别”同一机杼，是有意为杜甫一辩，可备一说[22]。

《秋日夔府咏怀奉寄郑监李宾客一百韵》(以下简称《夔府咏怀》)，乃杜甫集中第一长诗，早年声名不显，繇宋至清，诸家杜集往往不录，宋人不惟对此诗讨论较少，甚至语多贬抑，机锋最峻者，莫过于洪迈“诗至百韵，词意既多，故有失于检点者，此诗‘满座涕潺湲’与‘伏腊涕涟涟’为重意”[23]之评。洪迈此论，为该作奠定了“失于检点”的基调，后来王楙全引洪说，认为容斋执单句而评全诗，不当古人之意，似有回护，然篇末结以“晚辈规仿前作，不可用此为格”[24]，又再次反面确认了此诗之瑕。明代吴农祥谓之“人名太多”“初亦精紧，第结处衰靡”[25]，或即受宋人影响。吴怀东采摭宋、明、清三代讥弹之论，认为全诗杂糅风景描摹、政治关怀、生理艰难、勉励友人等主题、线索不够清晰，且隐含望郑、李施以援手之意，功利目的一定程度上遮蔽了诗歌韵味的传达，斯为此诗屡遭讥评之原因[26]。

三、宋人贬抑杜诗句法的影响

按本文开篇所述，宋人论句法大到一家一代之语言风貌，小到字句筋节、篇章布局之措意安排，理论极为丰富。强调“天然自在”，反对刻意为文，以琐细芜杂为病，本就是宋人句法理论之一节，但由于江西末流片面强调句法的形式意义，反使此精义长期处于被遮蔽状态。故此，贬杜者以杜诗为批评对象，贬其句法疵病，重提黄庭坚句法原旨，更有益于反拨江西末流之积习。

前章尝引黄庭坚论杜诗语，其所倡“简易”之境，虽根植于锤炼文辞，却以“无斧凿痕”为佳，以“无意”为高。由此可见，黄庭坚所强调的字斟句酌之功夫与“无意于文”之境界，是一体之两面，看似矛盾，却又相互依存，即元好问所谓“不离文字”“不在文字”[27]之理。然初学者易偏执于形式，专讲锻炼，纯以句法铨衡诗歌高下，全然忘乎简易纯熟之高境，不仅不能憬悟诗家言外之旨，甚至作茧自缚，不能越度文字之外。而蔡居厚等人所贬，旨在重申学杜之精髓神理，欲后学取法乎上，而不争价一字之奇、一句之精、一联之丽。

更进一步说，黄庭坚视“简易”为理想境界，杜甫夔州诗为其文本范例，二者互为前提，不可拆分。换言之，只有那些简淡而寓大巧的夔州诗，才是杜老晚年精粹，值得后人摹习效仿。然而，江西后学虽奉山谷语，往往只抓住了夔州诗，反而忽视了“句法简易”“无意于文”的境界追求。朱熹云：

人多说杜子美夔州诗好，此不可晓。夔州诗却说得郑重烦絮，不如他中前有一节诗好。鲁直一时固有所见，今人只见鲁直说好，便却说好，如矮人看戏耳。[28]

莫砺锋考释朱熹论诗诸则时，认为朱子批评杜甫夔州诗乃是以《选》诗为参照系，强调规范法度，反对过度的创新，所谓“晚年诗都哑了”“横逆不可当”[29]者，即指向杜诗与《选》诗不合之处。从这一点而言，朱熹诗学识见具有明显的保守性，在某种程度上，确实要稍逊于黄庭坚。然而，杜甫夔州诗并非全然无疵，时人片面承袭黄庭坚之意，不能辨老杜全中之失，此朱熹所谓“矮人看戏”之意，诚有针砭之效[30]。至于蔡居厚、叶梦得、刘克庄等指摘杜诗刻意、芜累之弊，亦是通过具体文本批评，指出夔州诗的全中之失，进而促使后学越度文本之外，回溯黄庭坚本意，以“简易”“无意为文”为理论标尺，重新衡量夔州诗，得其精粹，去其疵瑕。如此，则黄、陈开辟句法之功，当能益发广大，贬杜之诗学意义在是。

据学者所议，“辨句法”为江西论诗之核心，然南渡前后，随着时人视野、眼界愈发浅狭，诗坛生气愈凋，有识之士遂对江西诗风提出批评[31]，本文所举贬杜诸论，即可视为时人对江西诗风的一次有意拨正。根据数则材料的时间顺序，这种补正救弊的意识，在蔡居厚、叶梦得等人所处的北宋后期，也就是江西诗派的形成期，实已存在，只不过被当时尊崇黄、陈之风掩盖，未引起足够重视，直至末流积弊渐深，南宋诸君乃拾前人余绪，进行发挥追述，从而构成对老杜句法前后一贯的系统性批评。因此，欲考察宋人对杜诗句法的批评，不仅要关注各则材料的独立诗学价值，更要联系时代背景，捕捉彼此间的诗学脉络。

江西末流之弊，一在学黄、陈而不学杜，一在学杜而专议细事，不仅远未得杜诗精髓，即于黄、陈高处，亦未寻见。不学杜者，如胡仔、朱熹所云：

近时学诗者，率宗江西，然殊不知江西本亦学少陵者也……今少陵之诗，后生少年不复过目，抑亦失江西之意乎?[32]

作诗先用看李杜，如士人治本经。本既立，次第方可看苏黄以次诸家诗……今人不去讲义理，只去学诗文，已落第二义。况又不去学好底，却只学去做那不好底。作诗不学六朝，又不学李杜，只学那峣崎底。今便学得十分好后，把作甚么用?[33]

据胡仔所述，南宋初年至中兴期间，宗江西者蔚然成风，后生想是痴迷黄、陈太甚，又不明江西先辈渊源所自，竟弃杜甫而不顾，终不能不自囿于窄狭之境，杨万里所云“知有江西者，不知有唐人，或者左唐人以右江西”[34]，可与之对勘。朱熹先置义理于诗歌之上，又在诗歌畛域内，立杜甫为诗家规范，苏、黄反居其次，此或有辨本清源、驳正淆乱之目的。等次既明，朱子直击时人学诗顽疾，谓时人不仅不顾义理，于诗文中，又不学第一等人物，徒有文字功夫，无甚大用，可谓痛陈要害，直截了当。

至于痛惜时人沉溺句法、刻镂文辞，此于前文已有略陈，特增述《庚溪诗话》《珊瑚钩诗话》材料二则，以洞见时人面貌：

山谷之诗，清新奇峭，颇造前人未尝到处，自为一家，此其妙也……然近时学其诗者，或未得其妙处，每有所作，必使声韵拗捩，词语艰涩，曰“江西格”也。[35]

今人爱杜甫诗，一句之内至窃取数字以仿象之，非善学者：学者之要，在乎立格命意用字而已。[36]

陈论学黄，张论学杜，所学对象不一，所暴露时人学诗之弊病却复相似，盖时人偏爱杜、黄，专事语辞、声韵之摹仿，但由于未谙学诗三昧，且学养未足，功力不逮，多呈“拗捩”“艰涩”之面目，专求形似古人，而全忘古人之神理，去少陵、山谷远甚，此或为江西末流最深之弊，后来有宗尚晚唐以反拨江西之弊者，着眼亦在此。

基于上述论析可知，此前蔡居厚、叶梦得所提倡的“天然自在”，并没有遏转南渡后时风之堕，惟后来袁燮、杨简赓续“天然自在”之意，刘克庄重提“累句”之疵，追踪先辈只言片语，重审杜诗典范意义，从而导正南宋诗坛学杜摹黄而不得其法之境况。更重要的是，各家于众声喧哗中，踵继前人学杜真意，进而独得杜甫之神理，更复启迪后生，使其不为日趋狂热化的尊杜浪潮所淹没，贬杜之现实意义在是。

此外，明清贬杜论者，对宋代指摘老杜句法一说，多有延续[37]，如许学夷举“先帝侍女八千人，公孙剑器初第一”“或从十五北防河，便至四十西营田”等，谓之累句[38]；杨慎认为杜甫虽号大家，然“拘乎对偶，汩于典故”，拘则失体，汩则乏情[39]；王世贞谓杜甫七言排律气力易尽，有意敷演，则“调高则难续而伤篇，调卑则易冗而伤句”[40]……此数家虽未征引宋人旧说，然批评杜诗有累句、拘于对仗、排律句冗，与宋人贬语显然一脉相承。洎清以后，王夫之批评少陵排律“使才使气，大损神理”[41]；施补华主张“小巧是诗人所戒”，以“仰蜂黏落絮，行蚁上枯梨”“红入桃花嫩，青归柳叶新”等为不当学[42]；一代诗坛盟主王渔洋，更直接指出《饮中八仙歌》无首无尾、《玉华宫》后段散漫[43]……以上诸说，多论杜甫某诗某句之空枵、细碎，与宋人以“累句”论夔州诗，可谓殊途同归。

正如仇兆鳌所云，明人贬杜时有严苛之论，殊不得诗家妙理，故谓之“少陵蟊贼”[44]。此风至清代虽稍有缓和，然俗儒拘泥旧说，专事字断句，摘殊乏慧眼，此当为学者所识。但客观来说，这其中仍不乏一二真知灼见，裨补老杜碱砆之憾，从而使得后学对杜诗篇目的认识愈发完备、辩证，促进杜诗学发展愈趋精细。以是观之，宋人贬斥老杜句法，于后世杜诗学进益，诚有功焉。

余论

吴承学先生指出，在中国文学传统中，“经典”与“反经典”是一对共生现象，二者经纬交错，源远流长，共同构建起后人对经典的深刻认识。在长期文学史演变中，《离骚》、陶潜、杜甫等绝对经典，都曾先后受到反经典潮流的冲击。可见，真正屹立不倒的文学经典，往往是经过反经典的淬炼，乃能历久弥新，至今鲜活。所谓“反经典”的“反”，并非极端意义的反动、颠覆，而是对经典的一种更新、重塑，将传统的“正—反”二元对立关系发展为“正—反—合”的超越性过程，使得经典与反经典由对立最终走向合题[45]。

在尊主贬辅的宋代杜诗论域中，大量贬杜论实不以推翻杜诗权威为目的，相反，其贬抑的最终效果，往往是通过规范、重审杜诗，走向更高层次的尊杜，而在宋人贬杜论中，贬抑句法之言最为集中，诗学趣尚相对显豁，与尊杜论及当时诗学环境之呼应，亦较为紧密，且同题诸论之间，前后传承意识较强，故宜受后人重视，当为治杜学者“审问之，慎思之，明辨之”。

注释：

[1] 许总:《杜诗学发微》,南京:南京出版社,1989 年,第 31 页。

[2] (宋)沈括:《梦溪笔谈》卷十四,北京:中华书局,2015 年,第 141 页。

[3] (宋)蔡居厚:《蔡宽夫诗话》,《苕溪渔隐丛话前集》卷十三,北京:人民文学出版社,1962 年,第 85 页。

[4] (宋)叶梦得:《石林诗话校注》卷下,北京:人民文学出版社,2011 年,第 170 页。

[5] (宋)叶梦得:《石林诗话校注》卷中,北京:人民文学出版社,2011 年,第 104 页。

[6] 王水照:《宋代文学通论》,开封:河南大学出版社,1997 年,第 114～115 页。

[7] (宋)叶梦得:《石林诗话校注》前言,北京:人民文学出版社,2011 年,第 62～68 页。

[8] (宋)蔡居厚:《蔡宽夫诗话》,《苕溪渔隐丛话前集》卷八,北京:人民文学出版社,1962 年,第 50 页。

[9] (宋)杨简:《慈湖先生遗书》卷十五,《杨简全集》第 9 册,杭州:浙江大学出版社,2016 年,第 2191～2192 页。

[10] (宋)杨简:《诗解序》,《杨简全集》第 7 册,杭州:浙江大学出版社,2016 年,第 1845 页。

[11] (宋)袁燮:《跋林郎中巨然画三轴》,《挈斋集》卷八,《丛书集成》初编本第 2028 册,上海:上海商务印书馆,1935 年,第 128 页。

[12] 杨万里:《有契于心:袁燮文艺思想之精神内核》,《温州大学学报》(社会科学版)2014 年第 5 期,第 55～61 页。

[13] (宋)袁燮:《题魏丞相诗》,《挈斋集》卷八,《丛书集成》初编本第 2028 册,上海:上海商务印书馆,1935 年,第 116～117 页。

[14] 周裕锴:《宋代诗学通论》,上海:上海古籍出版社,2019 年,第 179～184 页。

[15] (宋)黄庭坚:《与王观复书》,《黄庭坚全集》正集卷十八,成都:四川大学出版社,2001 年,第 471 页。

[16] (宋)黄庭坚:《大雅堂记》,《黄庭坚全集》正集卷十六,成都:四川大学出版社,2001 年,第 437 页。

[17] (宋)叶梦得:《石林诗话校注》卷上,北京:人民文学出版社,2011 年,第 47 页。

[18] (宋)刘克庄:《后村诗话》,《刘克庄集笺校》卷一八一,北京:中华书局,2011 年,第 6969 页。

[19] (清)王士祯:《带经堂诗话》卷三十,北京:人民文学出版社,1982 年,第 858 页。

[20] (唐)杜甫:《杜诗详注》卷十六,北京:中华书局,2015 年,第 1160～1161 页。

[21] 朱东润:《杜甫的〈八哀诗〉》,《中国文学论集》,北京:中华书局,1983 年,第 216 页。

[22] 林继中:《诗心驱史笔—杜甫〈八哀诗〉讨论》,《首都师范大学学报》(社会科学版)1993 年第 5 期,第 30～36 页。

[23] (宋)洪迈:《容斋续笔》卷十四,上海:上海古籍出版社,1978 年,第 386～387 页。

[24] (宋)王楙:《野客丛书》卷二十八,上海:上海古籍出版社,1991 年,第 405 页。

[25] (清)刘濬:《杜诗集评》卷十三,台北:大通书局,1974 年,第 1071 页。

[26] 吴怀东:《杜甫"第一首长诗"为什么受到轻视——〈秋日夔府咏怀奉寄郑监李宾客一百韵〉探析》,《名作欣赏》2020 年第 4 期,第 111～115 页。

[27] (元)元好问:《陶然集诗序》,《元好问文编年校注》卷六,北京:中华书局,2012 年,第 1150 页。

[28] (宋)黎靖德:《朱子语类》卷一百四十,北京:中华书局,1986 年,第 3326 页。

[29] (宋)黎靖德:《朱子语类》卷一百四十,北京:中华书局,1986 年,第 3326 页。

[30] 莫砺锋:《朱熹文学研究》,《莫砺锋文集》第 1 册,南京:凤凰出版社,2019 年,第 450 页。

[31] 张毅:《宋代文学思想史》,北京:中华书局,2016 年,第 156～157 页。

[32] (宋)胡仔:《苕溪渔隐丛话前集》卷四十九,北京:人民文学出版社,1962 年,第 332 页。

[33] (宋)黎靖德:《朱子语类》卷一百四十,北京:中华书局,1986 年,第 3333～3334 页。

[34] (宋)杨万里:《双桂老人诗集后序》,《杨万里集笺校》卷七十八,北京:中华书局,2007 年,第 3206 页。

[35] (宋)陈岩肖:《庚溪诗话》卷下,《历代诗话续编》,北京:中华书局,1983 年,第 182 页。

[36] (宋)张表臣:《珊瑚钩诗话》卷二,《历代诗话》,北京:中华书局,1981 年,第 464 页。

[37] 蒋寅:《杜甫是伟大诗人吗——历代贬杜论的谱系》,《视角与方法:中国文学史探索》,北京:北京大学出版社,2018 年,第 353～391 页。

[38] (明)许学夷:《诗源辩体》卷十九,北京:人民文学出版社,1987 年,第 213 页。

[39] (明)杨慎:《唐绝增奇序》,《升庵诗话新笺证》附录二,北京:中华书局,2008 年,第 1173 页。

[40] (明)王世贞:《艺苑卮言》卷四,《历代诗话续编》,北京:中华书局,1983 年,第 1009 页。

[41] (明)王夫之:《唐诗评选》卷三,长沙:岳麓书社,2011 年,第 1058 页。

[42] (清)施补华:《岘佣说诗》,杭州:浙江古籍出版社,2018 年,第 570 页。

[43] (清)王士祯:《带经堂诗话》卷三十,北京:人民文学出版社,1982 年,第 856～858 页。

[44] (唐)杜甫:《杜诗详注》凡例,北京:中华书局,2015 年,第 21 页。

[45] 吴承学、沙红兵:《中国古代文学的经典与反经典》,《文史哲》2010 年第 2 期,第 5～16 页。

“明人改本戏文”与南戏文人化路径探赜

李　思

（华中师范大学人工智能教育学部，湖北武汉，430079）

内容摘要：“明人改本戏文”是我国古代戏曲发展史上的重要阶段，虽源出于宋元旧本南戏，但在文辞、声律和体制上都已有很大不同。在文士大夫的参与下，明朝的南戏走向了雅俗对立的二维模式，就雅化的趋向而言，主要表现为文辞的典雅化、形制的规范化，以及主旨的寄寓化，即高度服务于文士大夫的审美趣味和家国需要。南戏之所以逐渐文人化，原因在于其教化功能的传统及地位的提升，使文士大夫们不再耻于留心其间。他们在南戏的加工和改造上投入如此大的精力，一方面是满足于自己“遣兴”和“娱情”的审美旨趣，另一方面是服务于家国的政教传统，可谓一举两得。

关键词：南戏；明人改本戏文；文人化；雅化

一、写作缘起

宋元戏曲进入明代后，经过了一段文人化的过程，这一过程“提高了戏曲的文学品位，使得戏曲与诗文一样，具有了经典性，同时也由于其精致典雅后脱离了舞台，异化为一种案头文学”[1]。从这一角度的研究，学界已经取得了不少的成果，大体可分为以下三类：第一，阐述明代戏曲的文人化特征，以俞为民的《论明代戏曲的文人化特征》和王敏的《传奇戏曲文人化的印迹》为代表，论述戏曲在体制、格律、题材及作家主体意识和著作权意识等方面的文人化特征。第二，以个案为切入点，探讨南戏从民间性到文人化的问题[2]。第三，研究戏曲版刻插图的文人化特征[3]。这些研究基本都立足于各自的角度，探讨戏曲文人化的问题，为我们认知戏曲的文人化特质打下了坚实的基础。

不容忽视的是，在我国戏曲发展史上还有一段非常特殊的阶段，即从明初到嘉隆期间的戏曲作品，一般称之为“明人改本戏文”，它们既不同于宋元南戏，又有别于明清传奇，不能混同视之，它是戏曲走向文人化的重要过渡阶段，如果将其视同为明清传奇，抑或是宋元南戏，都是不严谨的，我们需要关注“明人改本戏文”的独特性。换言之，忽视“明人改本戏文”的独特性，而笼统直言南戏文人化的问题是有失偏颇的。

鉴于此，本文从“明人改本戏文”的独特性入手，以南戏版本演变为线索，从细处着眼，通过具体案例分析，阐述南戏文人化进程中的具体表现，考究南戏文人化的路径及其成因。

二、“明人改本戏文”的概念

“最早南戏艺人在演出时，并没有完整的文字演出本，而只是一个提纲，即如后世民间戏班所用的‘提纲戏’或‘幕表戏’；等到这一剧目在舞台上逐步流传，别的戏班也为了演出，便有了舞台记录本；尔后这一剧目引起了文人学士的兴趣，便加以整理并由书坊刊刻，产生了文学读本”[4]。流传至今的宋元戏文，十之八九都是“经明人重制而供演、窜改而付印”[5]的，旧本原貌已难以得见。这些被明人染指的所谓旧本，“已经浓厚渗透明人的思想意识，反映的已是明代的演剧形态”[6]，与原本宋元戏文差别甚大。不仅如此，明人的这种改本活动从明初一直持续到隆、万年间，前后跨度约200年之久。长时间的参与活动，加之改本剧作的影响，使明人的改本戏文成为中国戏曲发展史上非常重要的一环，也是宋元南戏演变为明清传奇的关键节点。孙崇涛将这一过程命名为“明人改本戏文”，同宋元南戏、元明杂剧、明清传奇一样是“戏曲发展的特定历史段落，也指其间所产生的同类戏曲作品”[7]。

就作品而言，明人改本戏文“可以分两大部类：一是前代戏文旧本改编，二为明人新制之剧”。就明人新制之剧而言，又分为“明人按照当时流行的南剧体制纳以新题材之作”和“重于宋元旧篇题材的新编戏文”两种。“明人改本戏文”的具体数量已无法统计，“当不少于现知的宋元戏文名目；至于存留的作品资料，则数十倍于宋元戏文”[8]。在这数量庞杂的留存资料中，有很多南戏剧本都是反复被改编，以不同面目呈现出来的，其版本的流变体现出明人参与南戏改编的进程。

以南戏《拜月亭》为例，流传至今的全本有7个，车锡伦、徐宏图和俞为民三人都做过统计[9]，其中车锡伦和俞为民统计均为7种，且版本信息一致，徐宏图统计的为明人改本12种。《拜月亭》的选本(包括曲谱在内)有近30种，这些全本与选本共同串起《拜月亭》版本流变的线索。田仲一成将《拜月亭》的版本划分为古本、修改古本、闽本、京本、徽本和弋阳腔本六个系统，就版本流变而言，“明代初期的《拜月亭记》古本风格朴素，但是明代中期出现闽本以后，剧本分歧为两种：一是由文人修改加以简化、合理化、优美化的雅本(京本)，一是由市井戏子修改的宾白繁化、内容通俗化的俗本(徽本、弋阳腔本)”[10]。除了《拜月亭》外，田仲一成还梳理了五大南戏中的另外四本，亦是如此。也就是说，五大南戏经过“文人修改加以简化、合理化、优美化的”的路线是古本—修改古本—闽本—京本。除了《拜月亭》外，其他宋元旧本南戏也多是经历了此类的改编过程。

在元明戏曲活动中，文士大夫的广泛参与，促进了戏曲的繁荣发展，也有效提升了戏曲的文学地位。南戏亦是如此，可以说南戏版本的演变是与文人的改编相伴而生的，其版本的演变既是文人参与的结果，又体现出南戏文人化的具体方式，更直接影响了明清传奇的体制形态。

三、明人改编戏文的方式

早期的宋元南戏因其与生俱来的乡野属性而难入文人的法眼，要想改变这一现状，就必须经过文士的加工和改造，经历一段雅化的过程。具体而言，明人改编南曲戏文的方式主要表现在以下三个方面：

（一）文辞的典雅化

南戏是从民间发展起来的，最初的戏曲作家多为民间艺人或下层文人，曲词俚俗。王骥德《曲律·杂论上》中云："古曲自《琵琶》《香囊》《连环》而外，如《荆钗》《白兔》《破窑》《金印》《跃鲤》《牧羊》《杀狗劝夫》等记，其鄙俚浅近，若出一手。岂其时兵革孔棘，人士流离，皆村儒野老途歌巷咏之作耶？"[11]徐复祚也认为"《荆钗》以情节关目胜，然纯是倭巷俚语，粗鄙之极"[12]。语言俚俗已成为南戏最初形态的重要表征，这与创作者和接受者的文化水平密切相关，文人参与后，文辞的雅化程度逐步提升。

高明改编《琵琶记》后，徐渭赞其"用清丽之词，一洗作者之陋，于是村坊小伎，进与古法部相参，卓乎不可及已"[13]。何良俊也认为："高则诚才藻富丽，如《琵琶记》长空万里，是一篇好赋，岂词曲能尽之？"[14]可见，经过高明改编的《琵琶记》，文辞典雅富丽，备受文人推崇。《拜月亭》在改编过程中，也呈现出文辞雅化的倾向。关于这一点，田仲一成曾分七个方面详细论述之，并认为"京本修改歌词的方针是很明显的，就是简化、合理化、优美化，反映文人爱好风雅的趣味"[15]。现以汲本为底本，试以两例析之：

第19出【念佛子前腔】曲末句，(众)穷酸饿儒，模样须寻俗。

古本和修改古本：正本、沈本、籁本皆作"敢厮侮穷酸饿儒，模样须寻俗"；闽本：凌本、世本皆作"敢厮侮穷酸饿儒，模样须寻俗"；

京本：汲本、暖本、容本皆作"穷酸饿儒"。

第6出【赵皮鞋】第2句(丑)我是个巡警官，日夜差科千万端。

古本和修改古本：蒋本、正本、沈本皆作"日夜差使千万般"。

闽本：世本作"日夜差使千万端"，凌本作"日夜差科千万端"。

京本：汲本、暖本、容本皆作"日夜差科千万端"。

京本系统删去"敢厮侮"，将"日夜差使千万般"改为"日夜差科千万端"，是将古本中的俗语或口头语改为雅语或文言，将文辞雅化无疑是利于文人接受的，但不容忽视的是文辞的典雅也使南戏逐渐脱离舞台，呈现出鲜明的案头化倾向。

（二）体制的规范化

关于南戏的登场形制，钱南扬曾有结论："戏文在正戏之前，先由副末报告戏情概况，不在正戏之内。因为戏文没有出目，不知在宋元时代叫做什么。明人一般称之为'开场'或'家门'……一般用词两阙……第一阙浑写大意，第二阙叙述戏情。也有仅用一阙的，就是直截了当叙说戏情，把浑写大意的一阕省去。"[16]在南戏诞生之初，登场形制并非如此。《永乐大典戏文三种》是今可见最早的南戏作品，其中又以《张协状元》最早。钱先生的结论只适合于《小孙屠》和《错立身》，《张协状元》的登场形制还极不规范，先由末上场念诵【水调歌头】和【满庭芳】两首词，再唱一段诸宫调，然后生上场，踏场歌舞一番，最后才开始正戏。成化年间北京永顺堂刊本《新编刘知远还乡白兔记》和宣德六年抄本《刘希必金钗记》这两个剧本的开场形制依然繁复冗杂。此外，邱濬《五伦全备记》、邵璨《香囊记》、无名氏《金貂记》、李开先《宝剑记》及陆采《明珠记》的开场形制也都还不规范。又“苏复之撰《金印记》，邱濬撰《伍伦全备》，乃至邵璨首作《香囊记》、李开先首作《宝剑记》等，都值得怀疑。这些所谓的‘作者’，他们至多只是这些作品的改编或改订者之一”[17]。可知这些南戏剧作开场形制的不规范大抵是延续遗风所致。明代前期，南戏民间演出的开场形制都还未形成文人剧本里的规范样式，直到万历时期，随着文人化程度的逐步提升，文人创作所追求的形制和格律规范等才逐渐固定下来。

在出目的整饬问题上，南戏大抵也经历了文人化的过程。宋元南戏从不分出，后逐步走向分出，分列出目，出目的字数也从长短不齐向规整转变。成化本《白兔记》不分出，但宣德抄本《刘希必金钗记》已开始分出，但无出目。嘉靖二十七年的巾箱本《琵琶记》和嘉靖年间的李开先《宝剑记》均分出而无出目。1958 年广东揭阳出土的嘉靖本《蔡伯喈》偶见分出(仅有总本“第四出”列出)和出目(仅见生本“官媒请婚”一目)。“可见从南戏到传奇的分出经历了一个逐渐变化的过程，大约在嘉靖年间分出开始形成习惯，而标明出目则还要晚一些。”[18]就《拜月亭》而言，今可见最古的本子当属“锦本”，比较“锦本”和“世本”的出目，发现“锦本”有的有出目，有的无出目，出目字数也不等，如第一、三、五有出无目，出目字数有四字句、五字句、六字句和七字句，如“兄妹逃生”“错认相从”“夫人收瑞莲”“兴福义认世隆”“夫人瑞莲宿古驲”“丞相驲内遇夫人”。到“世本”中，变成了四十三折和规范的四字句折目，“夫人收瑞莲”变成“莲遇夫人”，“兴福义认世隆”变成“兴福释隆”，“夫人瑞莲宿古驲”“丞相驲内遇夫人”变成“驿中相会”，不仅句式齐整了，出目也文雅许多，至“容本”时，雅化和齐整的程度则更高。

除了登场形制和出目外，剧本的长短、科介的使用以及宾白的配合等，也都在文人的参与下，逐渐规范化，呈现出高度文人化的特质。

(三) 主旨的寄寓化

徐朔方曾指出：“南戏或戏文限于世代累积型的民间艺人集体创作，而以明清作家的个人创作为传奇。”[19] 相对于民间艺人而言，“文人学士编撰南戏剧本虽然也不乏为戏班演出而作者，但他们的主要目的不是为了获取经济收益，而是像作诗文一样，出于自娱的需要，一是抒发自己的志趣，所谓的‘诗言志’，一是显耀自己的文学才华”[20]。也就是说，南戏文人化的过程是与文人的特质一脉相承的，他们会有意无意地在剧作中融入自己的思想感情、价值观念以及审美癖好等，既是寄寓深情，又是宣泄愤懑。正如徐翙所言：“今之所谓南者，皆风流自赏者之所为也；今之所谓北者，皆牢骚肮脏、不得于时者之所为也。”[21] 这一点在明人改本戏文中体现得尤为明显。

据徐渭《南词叙录》记载：“永嘉高经历明，避乱四明之栎社，惜伯喈之被谤，乃作《琵琶记》雪之……相传：则诚坐卧一小楼，三年而后成。其足按拍处，板皆为穿。尝夜坐自歌，二烛忽合而为一，交辉久之乃解。好事者以其妙感鬼神，为创瑞光楼旌之。”[22]可见高明在创编《琵琶记》时倾注了不少精力，闭关坐卧小楼之上，三年乃成，连用脚点节拍时踩的楼板都被磨穿了，足见其功夫之深，以至于被人认为其妙感鬼神，使“二烛忽合而为一，交辉久之乃解”，遂“创瑞光楼旌之”。高明费尽心思的创编并非自娱自乐，而是另有寄寓，是书开篇【水调歌头】云：“秋灯明翠幕，夜案览芸编。今来古往，其间故事几多般。少甚佳人才子，也有神仙幽怪，琐碎不堪观。正是：不关风化体，纵好也徒然。论传奇，乐人易，动人难。知音君子，这般另做眼儿看。休论插科打诨，也不寻宫数调，只看子孝与妻贤。骅骝方独步，万马敢争先？”[23]一句“不关风化体，纵好也徒然”，引起了后世关于《琵琶记》“忠”“孝”主旨的论争。

《琵琶记》的故事原型来源于《赵贞女蔡二郎》。此前，《赵贞女蔡二郎》的故事一直在民间广为流传。南宋初年，陆游作《小舟游近村舍舟步归》：“斜阳古柳赵家庄，负鼓盲翁正作场。身后是非谁管得，满村听唱蔡中郎。”[24]足见其流行程度。高明在创编过程中，将原剧背亲杀妻的悲剧结局改成了一夫二妻的大团圆结局，这一改动并不单纯只是为蔡伯喈正名，而是在遵从南戏伦理教化传统的基础上，从文士的角度出发，表达自己新的寄寓。正如“副末开场”所云：“极富极贵牛丞相。施仁施义张广才。有贞有烈赵贞女。全忠全孝蔡伯喈。”牛丞相、张广才、赵贞女和蔡伯喈四人分别从各自身份出发，宣扬了伦理道德规范，以垂范世人。

除了《琵琶记》外，《白兔记》经过明人改动后，情节也发生了很大变化，对刘知远的描写增加了大量神秘色彩，如李太公收留刘知远是因祭赛时看见五爪金龙，把三娘许配给刘知远是因其见“鼻息如雷，蛇穿七窍”，而刘知远最终被迫入赘岳府也是因其有“神龙虎身”，这些细节既是在为刘知远的身份张本，也是为其后面的负心行为埋下伏笔。《荆钗记》和《焚香记》更为直接，把王十朋和王魁描绘成不阿权贵、忠于爱情的至诚君子。《拜月亭》则将蒋世隆高中状元后“误接丝鞭”改为“拒接丝鞭”，以彰显其和王瑞兰的坚贞爱情。正如“明人改本戏文”中的婚变戏系列，负心书生常常被美化成忠孝两全、有情有义的至诚君子，而女主人公多则是逆来顺受、从一而终的贞烈节妇，即便像贫女和郑月娘这样早已与丈夫恩断义绝的女子，最终也依然与丈夫重归于好。表面上看，这样的情节和人物形象并不太合乎逻辑，但就文人的审美旨趣而言，却又贴合得天衣无缝。

四、南戏文人化成因考索

鲁迅先生曾言：“歌，诗，词，曲，我以为原是民间物，文人取为己有，愈作愈难懂，弄得变成僵石，他们就又去取一样，又来慢慢的绞死它。”[25]来自民间的南戏最终也成了文人手下的玩物，逃不出被绞死的噩运，究其根源，主要有三个方面原因：

（一）南戏的教化功能与教化剧的影响

起源于民间的宋元南戏，最初并未受到文人士大夫的青睐。与士大夫的不屑不同，统治者们极力推崇可以利用的南戏作品。如朱元璋看到高明的《琵琶记》后，极为称赏：“五经四书，布帛菽粟也，家家皆有；高明《琵琶记》如山珍海错，富贵家不可无。”[26]不难见出，朱元璋推崇《琵琶记》，正是因为看中了其教化功能。

南戏有宣扬伦理教化的传统，《赵贞女》《王魁》《张协状元》《荆钗记》《宦门子弟错立身》《小孙屠》等宋元民间南戏，都是以家庭伦理为主要关注对象。《荆钗记》第四十八出《团圆》中言："朕闻礼莫大于纲常，实正人伦之本……其妻钱氏，操行端正而志节贞异。母张氏，居孀守共姜之誓，教子效孟母之贤。似此贤妻，似此贤母，诚可嘉尚。义夫之誓，礼宜旌表。"[27]《拜月亭》第二十二出中也有类似表达："男女授受不亲，理也。嫂溺援之以手，权也。权者反经合理之谓。"[28]这种伦理教化的传统深深影响了后世南戏的创作，到《五伦全备记》和《香囊记》时，可谓达到极致。《五伦全备记》副末开场即云："搬演出来，使世上为子的看了便孝，为臣的看了便忠，为弟的看了敬其兄，为兄的看了友其弟，为夫妇的看了相和顺……善者可以感发人之善心，恶者可以惩创人之逸志，劝化世人，使他有则改之，无则加勉。"[29]

与击节称赏相对的是严厉地禁毁，如朱元璋在《御制大明律》中严令："凡乐人搬做杂剧戏文，不许装扮历代帝后王妃、忠臣烈士、先圣先贤神像，违者杖一百；官民之家，容令妆扮者同罪。"此外，朱棣于永乐九年又颁布了一道更为严厉的命令："今后人民倡优装扮杂剧，除依律神仙道扮，义夫节妇，孝子顺孙，劝人为善，及欢乐太平者不禁外，但有亵渎帝王圣贤之词曲、驾头、杂剧，非律所该载者，敢有收藏传诵、印卖，一时拿送法司究治。奉旨：'但这等词曲，出榜后，限他五日，都要干净，将赴官烧毁了，敢有收藏的，全家杀了。'"[30]一面是极力推崇，一面是严厉禁毁，统治者无疑是在为教化剧的推行鸣锣开道，在这种风气的影响下，一些文人学士也视戏曲为宣传教化的最好载体。邱濬和邵璨的以身示范，以及《五伦全备记》和《香囊记》在后世选本中的高频入选，大大改变了文士大夫对南戏的态度。

（二）南戏地位的跃升

起源于民间的南戏，"即村坊小曲而为之，本无宫调，亦罕节奏，徒取其畸农市女顺口可歌而已，谚所谓随心令者"[31]，难登大雅之堂。何良俊即云："祖宗开国，尊崇儒术，士大夫耻留心辞曲。"[32]邱濬作《五伦全备记》时，与其同朝的士大夫王端毅还非议"理学大儒，不宜留心词曲"[33]。不难见出，早期形态的南戏并未受到太多文士大夫的关注。

明人吴讷认为："四六为古文之变，律赋为古赋之变，律诗杂体为古诗之变，词曲为古乐府之变。"[34]臧懋循则认为："所论诗变而词，词变而曲，其源本出于一，而变益下，工益难。"[35]无论是词曲乃古乐府之变，还是诗词曲本出同源，都是力图从根源上来确立词曲的正统地位。据俞为民统计，明代传奇作家 112 人都是文人身份，其中藩王世子 12 人，中进士者 33 人，中举人者 13 人，一般文士 54 人[36]。由此可见，此前士大夫们不太留意的词曲，越来越多地受到关注，且越到后期，文人的层次越高，参与度也越高。

除了改编和创作外，还有一些文士会粉墨登场。《元曲选》中就曾记载关汉卿等登场演戏的场景，其言："而关汉卿辈争挟长技自见，至躬践排场，面敷粉墨，以为我家生活，偶倡优而不辞。"[37]限于文人的社会地位和固有认知的局限，他们不太可能过多地参与到演剧活动中，正所谓"良家子弟所扮杂剧谓之'行家生活'，倡优所扮者，谓之‘戾家把戏’。良人贵其耻，故扮者寡，今少矣，反以倡优扮者谓之‘行家’，失之远也”[38]。良家子弟所扮本是“行家生活”，只因扮者少，反以倡优所扮为“行家”，正说明良人对于演剧的重要性。为此，臧懋循着意区分了“名家”与“行家”，其言：“曲有名家，有行家：名家者，出入乐府，文彩烂然，在淹通闳博之士，皆优为之；行家者，随所妆演，无不摹拟曲尽，宛若身当其处，而几忘其事之乌有。能使人快者掀髯，愤者扼腕，悲者掩泣，羡者色飞，是惟优孟衣冠，然后可与于此。故称曲上乘首曰当行。”[39]不难见出，与“名家”相比，“行家”才是上乘，也就是那些能与表演艺术紧密联系的戏曲作家们，没有一定的舞台经验作为基础，是很难想象的。从某种程度上讲，晚明的汤沈之争，正是传奇高度文人化后导致案头化的结果，因为与舞台演出相比，文人似乎觉得“遣兴”与“娱情”更加重要。

署名的变化，也能说明南戏地位逐步提升了。早期的南戏作者并不重视署名权，多是以“书会才人”的集体形式署名，在诸多南戏剧本中，只有《琵琶记》的作者署名高明，其余均难以考定。宋元南戏在数次删改过程中，著作权几度转移是常有之事，如高明、朱权都曾有意无意被认定为某些作品的作者。嘉隆以后，南戏的文人化程度加深，地位逐渐提升，刊本中开始出现署别号或真名的案例，说明创作者有了较为明确的著作权意识。以汤显祖为例，他非常在意自己的创作，宣称：“余意所至，不妨拗折天下人嗓子!”此句虽是针对沈璟的篡改而发，实则既是在标榜曲意为先，又是在维护自己的版权。此后，祁彪佳《远山堂曲品》中分别著录了原作与改本，相当于承认了两者的版权。不难想见，如果南戏地位不提升，创作者们不至于会重视著作权。

（三）文人娱情的需要

嘉靖之前，文人南戏的主题主要分为三类，即有益风化的教化剧、虚实各半的历史剧及情理和谐的风情剧[40]。如果说推行教化剧是文人在统治者政策引导下被动地接受和宣扬的话，那么历史剧和风情剧则是文人主动地出于娱情的需要。自文人染指南戏后，南戏便走上了一条精致化的道路，不仅文辞典雅、出目整饬，而且情节和人物的设计也因文人的审美取向而发生了较大的变化，已经与旧本宋元南戏渐行渐远。这种精致化还体现在刊本插图、音释、标注、点板和评点上，即为文人的欣赏进行全方位服务。

当然，文人娱情也并非随意选择对象，就娱情对象而言，还必须与文人的身份相匹配，或者说在文人的加工改造下能够反映文人的审美趣味。南戏虽初为小道，但就其本质而言，延续的依然是古代诗歌的传统。换言之，变的是载体，不变的是内核。“文字表达方式本身的演变、诗歌传统的衰退、文人自身境遇的突变等是元代文人投身戏曲创作的客观原因，而这些客观原因造成的文人心态的改变乃是促使文人真正投身戏曲创作的关键所在。”[41]明代文人延续了这一传统，将戏曲的诗性特质进一步放大。郭英德指出，“戏曲的文人化主要表现在重风化、讲规范、尚典雅、逞才情等文人审美趣味”[42]，所以当南戏作为延续诗歌传统的新兴载体进入文人视野时，有效契合了文人的审美旨趣，以至于“名人才子，踵《琵琶》、《拜月》之武，竟以传奇鸣；曲海词山，于今为烈”[43]。而南戏在这种风气的影响下，迅猛发展，最终进入文人传奇的时代。

综上所述，无论是就创作主体而言，还是就文本的审美特性而言，"明人改本戏文"都已和文人息息相关。孟称舜《古今名剧合选序》中云："予此选去取颇严，然以辞足达情者为最，而协律者次之。"[44] 他将"达情"置于"协律"之上，正是基于文人化的选取标准，案头化的属性明显高于场上，而这正是南戏高度文人化后的结果。当然，文士们之所以在南戏改编上投入如此大的精力，究其原因还是基于家国需要，也服务于自己的审美旨趣。对于文士大夫而言，"遣兴"和"娱情"自然是戏曲创作的重要出发点，但同时也包含着他们作为知识分子的责任意识与家国情怀。

＊本文系 2020 年度国家社科基金一般项目"明清戏曲版画插图的形态、功能与审美风尚研究"【20BZW086】和 2023 年度教育部后期资助项目"明代戏曲刊刻研究【23JHQ043】"的阶段性成果。

注释：

[1] 俞为民：《论明代戏曲的文人化特征(上)》，《东南大学学报》，2002 年第 1 期，第 94 页。

[2] 赵明月：《论南戏的民间性与文人化——从〈张协状元〉到〈琵琶记〉》，《嘉兴学院学报》2015 年第 4 期，第 126～130 页。

[3] 张玉勤：《从明刊本〈西厢记〉版刻插图看戏曲的文人化进程》，《学术论坛》2010 年第 9 期，第 95～102 页；魏子怡：《晚明戏曲插图文人化现象研究》，扬州大学 2022 年硕士学位论文。

[4] 俞为民：《南戏文本形态的特征及其演变》，《戏曲艺术》2007 年第 4 期，第 13 页。

[5] 孙崇涛：《明人改本戏文通论》，《文学遗产》1998 年第 5 期，第 65 页。

[6] 徐宏图：《南戏遗存考论》，北京：光明日报出版社，2009 年，第 60 页。

[7] 孙崇涛：《明人改本戏文通论》，《文学遗产》1998 年第 5 期，第 65 页。

[8] 孙崇涛：《明人改本戏文通论》，《文学遗产》1998 年第 5 期，第 65～70 页。

[9] 车锡伦：《南戏〈拜月亭〉的作者和版本》，《内蒙古大学学报》1978 年第 2 期，第 9～16 页；徐宏图：《南戏〈拜月亭〉传承考》，《浙江艺术职业学院学报》2007 年第 1 期，第 1～9 页；俞为民：《南戏〈拜月亭〉作者和版本考略》，《文献》1986 年第 1 期，第 13～28 页。

[10] (日)田仲一成：《古典南戏研究——乡村、宗族、市场之中的剧本变异》，北京：中国社会科学出版社，2012 年，第 200 页。

[11] (明)王骥德：《王骥德曲律》，长沙：湖南人民出版社，1983 年，第 191 页。

[12] (明)徐复祚：《三家村老委谈》，《中国古典戏曲论著集成四》，北京：中国戏剧出版社，1959 年，第 236 页。

[13] (明)徐渭：《南词叙录》，《中国古典戏曲论著集成三》，北京：中国戏剧出版社，1959 年，第 239 页。

[14] (明)何良俊：《四友斋丛说》，北京：中华书局，1959 年版，第 342 页。

[15] (日)田仲一成：《古典南戏研究——乡村、宗族、市场之中的剧本变异》，北京：中国社会科学出版社，2012 年，第 196 页。

[16] 钱南扬：《戏文概论》，上海：上海古籍出版社，1981 年，第 170～171 页。

[17] 孙崇涛：《明人改本戏文通论》，《文学遗产》1998 年第 5 期，第 65～66 页。

[18] 廖奔：《南戏体制变化二例》，《周口师范高等专科学校学报》2001 年第 1 期，第 22～25 页。

[19] 徐朔方：《南戏的艺术特征和它的流行地区》，《南戏论集》，北京：中国戏剧出版社，1988 年，

第21页。

[20] 俞为民:《南戏通论》,杭州:浙江人民出版社,2008年,第141页。

[21] (明)徐翙:《盛明杂剧序一》,蔡毅:《中国古典戏曲序跋汇编》,济南:齐鲁书社,1989年,第460页。

[22] (明)徐渭:《南词叙录》,《中国古典戏曲论著集成三》,北京:中国戏剧出版社,1959年,第239～240页。

[23] (元)高明著,钱南扬校注:《元本琵琶记校注》,上海:上海古籍出版社,1980年,第1页。

[24] (宋)陆游著;钱仲联校注:《陆游全集校注(四)》,杭州:浙江教育出版社,2011年,第327页。

[25] 鲁迅:《鲁迅全集(十)》,北京:人民文学出版社,1956年,第174～175页。

[26] (明)徐渭:《南词叙录》,《中国古典戏曲论著集成三》,北京:中国戏剧出版社,1959年,第240页。

[27] (元)柯丹丘等著;张桂喜校点:《五大南戏》,长沙:岳麓书社,1998年,第123页。

[28] 王季思主编:《中国十大古典喜剧集(上)》重订增注本,济南:齐鲁书社,2018年,第393页。

[29] (明)邱濬:《五伦全备记·副末开场》,《古本戏曲丛刊初集》,北京:国家图书馆出版社,1954年。

[30] (明)顾起元:《客座赘语》,北京:中华书局,1987年,第347～348页。

[31] (明)徐渭:《南词叙录》,《中国古典戏曲论著集成三》,北京:中国戏剧出版社,1959年,第240页。

[32] (明)何良俊:《四友斋丛说》,北京:中华书局,1959年,第337页。

[33] (明)沈德符:《万历野获编》,北京:中华书局,1959年,第641页。

[34] (明)吴讷:《文章辨体·凡例》,北京:人民文学出版社,1998年,第10页。

[35] (明)臧懋循:《元曲选序》,蔡毅:《中国古典戏曲序跋汇编》,济南:齐鲁书社,1989年,第439页。

[36] 俞为民:《论明代戏曲的文人化特征(上)》,《东南大学学报》2002年第1期,第94页。

[37] (明)臧懋循:《元曲选序》,蔡毅:《中国古典戏曲序跋汇编》,济南:齐鲁书社,1989年,第439页。

[38] (明)朱权:《太和正音谱》,《中国古典戏曲论著集成三》,北京:中国戏剧出版社,1959年,第24～25页。

[39] (明)臧懋循:《元曲选序》,蔡毅:《中国古典戏曲序跋汇编》,济南:齐鲁书社,1989年,第439页。

[40] 郭英德:《明清传奇史》,南京:江苏古籍出版社,1999年,第77～110页。

[41] 汪晓云:《中国戏曲的文人"游戏"心态》,《中国戏曲学院学报》2006年第3期,第71页。

[42] 郭英德:《明清文人传奇研究》,北京:北京师范大学出版社,2001年,第5页。

[43] (明)沈宠绥:《度曲须知》,《中国古典戏曲论著集成五》,北京:中国戏剧出版社,1959年,第198页。

[44] (明)孟称舜:《古今名剧合选序》,蔡毅:《中国古典戏曲序跋汇编》,济南:齐鲁书社,1989年,第439页。

魏源游山行踪述考

王济民

（华中师范大学文学院，湖北武汉，430079）

内容摘要： 晚清魏源是重要思想家，也是重要诗人。魏源喜游山，到过很多名山。每到一山，必有诗作。游山诗是其诗歌创作的大部分。魏源自编诗集，按体不编年，于是其游山行踪，不免扑朔迷离。多种魏源年谱，虽然涉及其游山行踪，但都很概略，所述也难言准确。有的研究，值得商榷处不少。学界历来重视魏源游山诗，有很多研究成果。但因为对其行踪不清楚，所以每难得真切深入理解。研究魏源游山行踪，可补年谱之不足，亦可加深对其游山诗的认识。

关键词： 魏源；游山行踪

魏源，字默深。晚清湖南邵阳人。乾隆五十九年生，咸丰七年卒。重要思想家，也是重要诗人。魏源喜游山，到过很多名山。每到一山，必有诗作。游山诗是其诗歌创作的大部分，有《戏自题诗集》说："太白十诗九言月，渊明十诗九言酒，和靖十诗九言梅。我今无一当何有，惟有耽山情最真，一丘一壑不让人。昼时所历梦同趣，贮山胸似贮壶冰。渊明面庐无一咏，太白登华无一吟。永嘉虽遇谢公屐，台荡胜迹皆未寻。昔人所欠将余俟，应笑十诗九山水。"[1]魏源自编诗集，按体不编年，于是其游山行踪，不免扑朔迷离。多种魏源年谱，虽然涉及其游山行踪，但都很概略，所述也难言准确。李瑚《魏源诗文系年》是专门著作，但值得商榷处不少。学界历来重视魏源游山诗，有很多研究成果。但因为对其行踪不清楚，所以每难得真切深入理解。研究魏源游山行踪，可补年谱之不足，亦可加深对他的游山诗的认识。兹按行年述考。

一、少年至嘉庆二十一年

（一）少年初到衡山

嘉庆十三年，戊辰。魏源十五岁，中秀才。第二年，入邵阳县城学宫读书。大约这时他去过衡山。其有《游山吟》云："少年好远游，曾踞祝融之峰最上头。群山滚滚波涛浮，向背宾主无处求，那知造物融结何端由。入山日深峰日变，下下高高呈坎艮，始知脉络支干一生万。从此芒鞋踏九州，到处山水呈真面。"[2]衡山七十二峰，以祝融、紫盖、云密、石廪、天柱五峰为高峻。此为魏源游山之始。

（二）嘉庆十七年登岳麓山

十七年，壬申。魏源十九岁，到长沙参加湖南学政主持的拔贡考选，被录取。其间游岳麓山，有《岳麓介景台夜作》《宿岳麓寺》。二诗皆自注“少作”[3]。

（三）十九年初涉太行

十九年，甲戌。魏源二十一岁。其父邦鲁起复，入都。魏源随行，新化邓显鹤同行。邓显鹤，字湘皋，嘉庆九年举人。魏源《北上杂诗七首同邓湘皋孝廉》云：“何者送我行，终日太行山。宇宙苟无此，岂不旷且闲。我心有太行，嵯峨万古间。”[4]初涉太行。

（四）初在京师，到盘山

到京师，数年间，魏源问学宿儒，结交友人，向往游山。其《游山吟》云：“昔客京师尘海间，百里望山如望仙。”[5]“百里望山”，所望主要是京东盘山。多次游盘山，有《盘山纪游》《盘山》《盘山寄僧》等。其《重游盘山寺》云：“去年听盘泉，泉声尚凄激；今年听盘泉，盘泉更清寂。”[6]

（五）二十一年，初到泰山

二十一年，丙子。冬，魏源离京回湖南。陈沆《送魏默深归湖南》诗云：“出门求师友，入门恋庭闱。古人学如此，君今乃庶几。三年长安住，艰苦厚自持。在纷气不乱，独行貌如疑。甚愧君意厚，缤纷摘吾疵。愿同岁寒节，奈何舍我归?”[7]陈沆，字太初，号秋舫，湖北蕲水人。十九年二人相识于京师，至此三年。魏邦鲁调署江苏嘉定诸翟巡检，魏源先行探望，途中到泰山。其《岱岳吟》云：“丙子之冬登日观，大雪茫茫无所瞰。”[8]二十二年，丁丑，魏源在长沙授徒。二十三年，戊寅，再度北上京师。

二、嘉庆二十四年冬至次年秋

（一）二十四年冬由京师到五台山

嘉庆二十四年，己卯。秋，魏源中顺天乡试副贡生。初冬，尚在京师。陈沆《简学斋手书诗稿》黄之骧记：“己卯十月，与默深同读于京师旅邸灯下。之骧记”。[9]简学斋，陈沆斋名。魏源亦有《跋陈沆简学斋诗》说：“余阅秋舫诗，此其第四次矣……己卯孟冬魏源校毕再识。”[10]黄之骧，号修存，广东高州人。魏源有《月夜访黄修存斋舍》说：“凉天净如水，幽人悄无事。清光照人影，直到禅栖寺。不知霜华深，但见白满地。”[11]时或在己卯深秋孟冬。黄修存准备回广东，陈沆有《送黄修存南归》云：“尊酒不仁，日饯离别。陆君东马(彦若之奉天学使幕)，魏子西辙(默深之山西方伯幕)。浮云上天，奄忽相失。谓君其留，岁寒同恤。奈何告余，旦当南发。”[12]

此处关键在陈沆诗注“默深之山西方伯幕”。魏源《出都前夕与周子坚夜步月下》云：“空明浸清寒，霜月同一气。良宵此良友，宜话讵宜寐。月华浸人影，霜华白人迹。”[13]言准备离京。周子坚，湖南湘潭人。大约是在十月底，魏源出发前往山西。所谓“山西方伯”，一般认为是贺长龄。贺为湖南善化人，二十一年任山西学政，但二十四年九月已去职。应该是魏源不知道，故仍往探访。魏源此行，没有直接到太原，而是由冀西先到五台山。时大雪。魏源有《北岳五台看雪行》，序云："凡山之能出风云奔走万国者为岳，而浑源州与上曲阳之山皆无有焉。古今帝王民庶华夷所景仰朝宗者，北惟五台，与岱华相并。洵乎岳莫斯宜也。予未至浑源而至五台，既震其神秀，又重以先朝巡辂所届，遂慨然岳之，而声以诗。"[14]北岳本指恒山，而魏源推崇五台，认为这才是岳。十二月，贺长龄充文渊阁校理。应该是魏源到达太原，才知贺长龄已离开山西。

（二）二十五年春，出井陉顺太行山南下

二十五年，庚辰。春，魏源由太原东出井陉。其《井陉行寄感》云："青天青如石，上有落落星。何年化为磊磊石，听君一歌井陉行。天险尚可升，地险尚可平。险莫险于行人情。自从重耳斗机阱，至今晋石皆峥嵘。九乌未落来蓬蒙，射羿还弯射日弓。龙蛇起陆杀机伏，青天白日生蒿蓬。人间局促不可以游，不如乘云遨翔九州。"[15]诗中情绪不高。科举不顺利，来山西本不无入幕之想，贺长龄既不在，也就只有一意云游了。关于此次魏源到山西，一般不言具体时间，多认为由井陉入，显然是不对的。魏源出井陉，沿着太行山南下。一路到达河南林县林虑谷、淇县苏门山、修武百家厓和河内盘谷，有《太行诸谷》诗。苏门山有百源，百源即百泉。十九年北上京师到过这里，故有《重游百泉》。从河内盘谷逾羊肠坂九折，至天井关，登太行绝顶，有《登太行绝顶》诗。

（三）接着登嵩山、王屋山、中条山

盘桓太行，魏源花了不少时间。接着往西南，魏源来到嵩山。嵩山有太室、少室二峰。东峰太室，西峰少室。太室有东、南、北溪诸谷，少室有阴谷伊阙。先游谷，有《嵩麓诸谷诗》。由谷而峰，有《太室行》《少室行》《二室行》。游过嵩山，继续向西北进发。先到王屋山。王屋山五峰环峙，北屏天坛为主峰，东西日精月华，而南峰横转为案，中敞城廓，如明堂天府。天坛有分云岭，每出云必东西分布不乱，云有雨不雨之殊，山中人皆能预决之。居山中数日，有《王屋山天坛观云歌》。接着来到中条山。中条山在黄河之东北，五峰环拱，天柱峰居中南面独尊。中有王官谷，双瀑东西自天柱直下，飞洒泉石间，而观泉亭当其合流，清瑟嵯峨，莹神涤虑，乃唐阳城司空图所栖隐。有《中条山王官谷双瀑吟》。

（四）登华山

向西北前进。出潼关，来到华山。华山中断为二，而苍龙一岭联之，岭左右为东西二谷。东谷直抵潼关，而西谷最胜，登华山者皆自此入。魏源由西谷入，有《华山西谷》。由谷而峰，有《华岳吟》上、下。

（五）由重庆回邵阳

登过华山，入子午谷，走栈道，经汉中，到达四川广元。已是秋天。魏源后来说："予尝仲秋之月，经朝天驿至龙门山。"[16]说的就是这次经历。广元县北有朝天岭，岭上有朝天驿，即古筹笔驿。东北有龙门山，又名葱岭山。然后出剑阁，到成都。经嘉陵江，抵达重庆。在这里，见到陶澍。陶为湖南安化人，二十四年闰四月，任川东道兵备，署在重庆。关于这次经历，魏源又说："今两江总督陶尚书澍兵备川东，与(罗)思举同城，一日酒酣，袒身相示。”[17]所说罗思举，四川东乡人，时为重庆镇总兵。

魏源从京师出发，已时近一年。于是出巫峡，有《出峡词》云：“西行入剑门，有石无天地。山川至巴蜀，天地皆壁厉。东行下巫峡，有霆无日月。”[18]由长江经洞庭湖回到邵阳。父邦鲁时在江苏任上，于是奉母东下到父任所。有《江行杂诗八首》自注：“嘉庆庚辰岁，奉母东下所作。”[19]已是冬天。

三、道光元年至十四年

（一）元年再到泰山

道光元年，辛巳。春，从江苏到京师，途中再到泰山。其《岱岳吟上》云：“辛巳之春寻石峪，摹拓摩崖游太促。”[20]秋，赴顺天乡试，抑副榜。回江苏。

（二）二年第三次至泰山

二年，壬午。夏，从江苏赴京师，第三次到泰山。《岱岳吟上》云：“壬午之夏偕游侣，未及峰颠愁酷暑。”[21]秋，赴顺天乡试，中举人。应直隶提督杨芳邀，去古北口。五年，乙酉。入江苏布政使贺长龄幕。六年，丙戌，仍在贺幕。七年，丁亥，贺调任山东布政使。时陶澍为江苏巡抚，魏源入陶澍幕。

（三）八年夏游天目山

八年，戊子。夏，魏源到杭州。魏耆《邵阳魏府君事略》说：“戊子，游浙江杭州。晤钱伊庵居士东甫，从闻释典，求出世之要。潜心禅理，博览经藏。延曦润、慈峰两法师，讲楞严、法华诸大乘毕，回苏州。”[22]魏源有《武林纪游呈钱伊庵居士》诗，注云：“时寓师之宅月余，临行纪此志感。”[23]杭州西有天目山。山有两峰，峰顶各有一池，左右相对，故称天目。临安县西北，名东天目山；与于潜接界，名西天目山。通东天目山者有径山。魏源游天目山，有《西天目》《天目山囊云歌》《自天目至径山寺》。诗中多写僧人山寺，正与其时“潜心禅理”有关。

（四）八年秋第四次游泰山

魏源《岱岳吟上》言其多次登泰山，云：“呜呼岱宗之脉胡来哉，或言辽东渡海来。不然中原莽荡数千里，何以巀起平地雄崔嵬。丙子之冬登日观，大雪茫茫无所瞰。辛巳之春寻石峪，摹拓摩崖游太促。壬午之夏偕游侣，未极峰颠愁酷暑。三度登岳未悉岳真形，搔首岳渎惭山灵。齐鲁阴阳今踏遍，始识禹檩非漫经……”[24]所谓“齐鲁阴阳今踏遍”，是说又游了泰山。这是其第四次游泰山，但未明言时间。九年，己丑，魏源又应会试不第。据其历来应试前每登泰山看，这次登泰山应是在八年秋由江苏赴京师之际。

（五）再到华山

十年，庚寅。十月，张格尔残部复扰喀什、噶尔。清廷令大学士长龄统兵往剿，杨芳参赞军务。魏源与杨芳有旧，请从效力。至甘肃嘉峪关，扰除。随军返回。再游华山。有《华山诗》，云：“金秋严肃气，凛然不可容。”[25]十一年，辛卯，在江苏。十二年，壬辰，再入陶澍幕。

（六）游海州云台山

十四年，甲午。仍在陶幕。初秋，与谢元淮等同游海州云台山。谢元淮，字默卿，湖北松滋人。时谢有《偕曹艮甫比部懋坚、魏默深舍人源、吴清如孝廉嘉淦游云台山》[26]，又有《过屏竹社登青峰金牛绝顶望海》云："贾勇忽先登(默深舍人)，却步屡退让(清如孝廉)，掉臂来于于，共跻青峰上(予与比步缓步同登)。"[27]又有《七月望日，同艮甫、默深、骑马金牛顶，行丛石中，十五里至东垒》[28]。曹楙坚，字艮甫，江苏吴县人。比部，刑部司官。吴嘉淦，字清如，江苏吴县人。魏源有《海州云台山老松歌》。

四、道光二十至二十一年

（一）二十年游天台山、四明山

二十年庚子。鸦片战争爆发。七月，英军攻陷定海。八月，当地农民俘虏英士兵安突德。九月，英军退出定海，安突德被押往宁波清军大营。魏源应友人之邀，来到宁波，亲自讯问英俘。到天台山，有《天台纪游》，诗云："龙涧视石梁，奇正各有取。彼阵堂堂正，此势奇奇怒"，"南云向北驱，北云向南引。蓬蓬勃勃势，整整斜斜影。鳞鳞晶晶形，无一得自逞。涌如海朝宗，翕如军令禀。弥聚势弥厚，岂意涣俄顷。"[29]于战事似有所暗示。又有《天台山杂诗》《天台雨后石梁观瀑歌》《天台赠僧》《云根石》。四明山者，天台之委也，自天台逆上百三十里而起，高与天台埒。自鄞县大雷入者为东四明，自余姚上虞入者为西四明，自奉化雪窦入者为中四明。魏源由雪窦入，有《四明雪窦寺》《中四明山诗》《四明山中峡诗》。返回途中，在杭州见过张文虎。张文虎有《杂诗》，云："问渡西兴旧约悭，千岩万壑梦回环。神飞说剑谈经口，一晌清游述吼山(邵阳魏源自浙东来，盛述犬亭之游。魏君湛深经术，兼善谈兵，有《城守篇》《防苗》诸作。)"[30]张文虎，字啸山，江苏南汇人。

（二）二十年初游黄山，到白岳

后十年，三十年十月，魏源补授高邮州知州。友人陈世镕有《秦淮旅舍喜晤魏默深同年源，旋别去，游黄山归，复枉过，置酒为欢，呼女校书马小聪侑觞，即席奉赠，君时已补高邮州牧，当赴任矣》涉及魏源游黄山事[31]。陈世镕，安徽怀宁人，道光十五年进士。而魏源有《黄山诗》云："峡壁仙掌立，细路纹在掌。久别莲花峰，十年如更长。"所谓"久别莲花峰，十年如更长"[32]，是说十年前已来过黄山。十年前，即道光二十年。这是魏源初游黄山。有《黄山诸谷》《黄山云海诗》《黄山西海门观落日歌》《黄山绝顶题文殊院》。

游黄山后，魏源游白岳。白岳乃在黄山之南，两相对峙。白岳有西岩、东岩。西岩即齐云山。魏源有《白岳东岩》《白岳西岩》。后者结句云："苍然黟山云，来偃天南陲。去去勿回首，恐化虹霓飞。"[33]

（三）二十一年到普陀山

二十一年，辛丑。一月，裕谦任钦差大臣，办理浙江防务。魏源延至幕府，到定海。游普陀山，有《普陀观潮行》。

五、道光二十五年

（一）游茅山、宝华山

道光二十五年，乙巳。与陈世镕同游江苏句容茅山、宝华山。陈有《偕魏默深同年源游茅山》《偕默深游宝华山同宿僧舍》言此年游山经历[34]。

（二）到庐山

魏源每经长江往返于邵阳与江苏、京师间，但游长江边天下闻名的庐山，则应该比较晚。大概在他看来，庐山终归要游，只是要等待时机。二十五年，魏源已经五十二岁了，终成进士。这时他来到庐山，写了很多诗，比如《庐山高效欧阳公体》《庐山和东坡诗》《庐山王文成公纪功碑歌》。不断提到名人，效其体，和其诗，言其功，都体现着此时他心情不同了。再也不是竹杖芒鞋，风尘仆仆，而是仆童篮舆，优哉游哉。《拟庐山石门涧诗》云："篮舆何所之，言适天边山。何年匡庐阜，中裂流高泉。有客赏奇趣，相招破荒烟。探胜忘岖嵚，息嚣得潺湲。时时溪中云，悠悠导我前。水石两相忘，何故空山阒。童冠扶舆侍，咏归亦欣然。朝溯溪云至，暮随溪声还。"[35]又有《庐山纪游》云："蓝舆拄杖东林来，杖底烟岚拨不开。老夫夜坐文殊台，流泉五夜如奔雷……悬崖撒手信容易，回首人间安在哉！呜呼，回首人间信可哀。"[36]《庐山和东坡诗》亦云："我来适雨后，瀑势江河间。四山万涛声，不辨瀑与松。喧中有至寂，请听明月中。今古听此声，我如五老翁。"[37]庐山有五老峰。

（三）到象山、武夷山

由仙霞岭逆而西上，特起象山，高入云霄。象山两涧诸瀑汇为上清溪，下游即龙虎山。武夷山亦在仙霞岭旁出之水口。象山、武夷山南北相背，南宋朱熹、陆九渊各据其一。魏源游过庐山，来到象山、龙虎山。有《贵溪象山龙虎山诸诗》。又来到武夷山。武夷山绵亘百里，溪流缭绕其间，分为九曲。朱熹有《九曲棹歌》。魏源亦有《武夷九曲诗》，云："我昨庐阜游，鹿洞濂溪访。旋辞象山泉，即买武夷桨。讵徒泉石癖，兴发高山仰。哲人逝千载，溪山寄余响。当年云水气，尚入游山杖。尘容愧濯缨，咏归闻扣榜。陵谷自今昔，神化无来往。森然方寸间，睹面高深象。朝入万云重，梦宿九霄上。"[38]

六、道光二十八年

（一）再游庐山

二十八年，戊申。四月，与蒋湘南再游庐山。蒋湘南有《庐山纪游》云："四月初六日，魏默深刺史来九江，寓德化令首心耕同年廨中，约往同游，余欣然以为此君作伴，足傲禽向矣。"[39]魏源《庐山杂咏偕蒋子潇》亦云："与君同是再来僧，共拨寒灰听水声。"[40]七月，在南昌。十五日，黄爵滋、蔡逸、铭岳等招集百花洲，饮宴赋诗，并为魏源送行。黄爵滋，字树斋，江西宜黄人。蔡逸，字逸史，浙江海宁人。铭岳，字东屏，汉军正白旗人。黄爵斋有《戊申粤游草》，收《东屏偕余，招同蔡逸史明经、魏默深刺史及吴月霄、古朴臣、德研香诸子，小集百花洲，逸史有诗，依韵和之，即与默深话别二首》[41]，另附蔡逸《戊申七月望日，树斋先生及铭东屏司马招集百花洲觞月，谨迭前韵报谢》，云："九品律精严，吾甘教喑哑(席间先生与魏默深品第近诗，有九等之目)。"[42]又铭岳《树斋夫子命招同人宴集百花洲，蔡逸史明经以诗纪胜，夫子和之。兼送魏默深之行，并示诸子同作，谨次元韵奉呈》[43]。

(二) 游雁荡山

三月，友人梁章钜游雁荡山，有《游雁荡日记》，云："道光戊申春三月，接乐清大尹安庆蔡子树琪来信，请游雁宕……二十三日辰刻，挈两儿偕幕中画师冯芝巘懋、温州卫守府廖菊屏寿彭，同出城，泛瓯江，趁回潮东去。"[44]九月，其《雁荡诗话》又记其事云："盖在山中实三日，合来往程途共七日。回郡斋后，补作游记一篇，七言长歌一首。适门下士邵阳魏默深刺史亦为游雁宕而来，留住署中者三日。"[45]又云："魏默深是东南奇士，故其文笔无一不奇，而雁荡本奇山，恰非默深之笔不足以泄其灵而尽其状，尝后余数月游山，逾月以诗相寄，又使余重见仙山面目，为之称快者累日。"[46]可见魏源九月游雁荡山。

魏源认为，谢灵运好游山水，但其为永嘉太守时，游踪并不很广，于雁荡也只是略有涉足。而雁荡还可分北雁荡、南雁荡、东雁荡、西雁荡。有《永嘉山水诗补谢》，南雁荡外，分别加以题咏。又有《雁荡吟》。

(三) 经海上到香港、澳门、广州

游过雁荡，是年初冬，魏源经海上到达香港、澳门。有《香港岛观海市歌》《澳门花园听夷女洋琴歌》。又《楚粤归舟纪游》言其到广州说："粤风咫尺视沧瀛，去土离乡岛峤轻。地沃俗骄夸末富，山雄气悍号兵勍。珠江夜月喧筝鹢，渤海秋风吼石鲸。且喜乘桴酬夙愿，五更浴日看潮生。"[47]这首诗颇值得研究。魏源想起几年前爆发的鸦片战争，当时英国军舰曾北上抵达天津。所谓"地沃俗骄夸末富，山雄气悍号兵勍。珠江夜月喧筝鹢，渤海秋风吼石鲸。""乘桴"，指乘船渡海，《论语·公冶长》说："子曰：道不行，乘桴游于海。"[48]"浴日"，广州东南有南海庙，庙前有浴日亭。苏轼有《浴日亭》诗[49]。乘船渡海乃是魏源"夙愿"，现今终得实现。这同时告诉人们，他乃是从海上而来。在广州，魏源见到张维屏。张维屏，广东番禺人，道光二年进士。咸丰二年，张维屏有《默深刺史至粤访余，论文数日别去。昨得诗，知在扬州，次韵答之》诗，云："风蝉不成音，雾豹焉有文。文之有收放，亦如秋与春。忧时贾长沙，齐物庄漆园。是皆真气魄，足动人心魂。我坐守蟫蠹，君行踏鼍鼋。友声念谷鸟，吏事歌庭狟。忽枉瑶华赠，辞意何温醇。今宵南海月，梦见东海云。"后附魏源《寄怀张南山》，云："文更古于诗，人更古于文。直倾南海酒，酿我胸中春。水木明瑟处，人道张家园。谁知园中柳，有我吟诗魂。我今东海吏，鱼盐杂蛟鼋。岂子青天月，肯照河中狟。一别已三秋，犹酣公瑾醇。聊持一尊酒，酹子天南云。"[50]所谓"一别已三秋"，即指二十八年在广州过访张维屏事。二十八年初冬到咸丰二年，约略"三秋"。许多人认为魏源二十七年到广州，这显然是不对的[51]。魏源又提到所谓"蛟鼋"，总不离海，而张诗指出"我坐守蟫蠹，君行踏鼍鼋"，值得注意，此又魏源自雁荡海上来粤之证。

(四) 到桂林，下阳朔

魏源离开广州，溯西江而上进入广西。经浔江、黔江，入柳江而到融水，再到桂林。在融水、桂林，观元祐党人后人所刻元祐党人碑。然后下阳朔。有《桂林阳朔山水歌》云："舟发桂林西，舣舟阳朔东，快哉舟行竟与山行同。"[52]所谓"舟发桂林西，舣舟阳朔东"，是指从漓江南下。《湘江舟行》说："溪穷石壁夹，厓转穹碑嵸。荒寒文字怪，忠烈山川重。遂令浯溪石，上敌嵩华竦。转瞬元祐党，又磨厓藓空。江海放臣心，拜鹃万古同。"[53]入湘江后，仍想起所观元祐党人碑。魏源早年诗集《清夜斋诗稿》中有《元祐党籍碑歌》，李瑚认为，是其初入都在胡承珙家中见拓本作[54]，可信；但认为修改于鸦片战争期间[55]，则不一定。应是此次实地见碑后修改，原句"模糊墨本日星同，留与万世择佞忠"删去[56]，正因实地见碑之故。

（五）再到衡山，经江西回江苏

桂林本可北上到衡山。因为下阳朔，离湖南又远了一点。有《阳朔舟行》云："信美非吾土，苍梧孰是哉。"[57]"苍梧"即九嶷山，在今湖南宁远南。到阳朔后，复北上。经九嶷山，进潇水，入湘江，到祁阳浯溪。再到衡山。离少年时初来，已将近四十年。有《衡岳吟》，云："恒山如行，岱山如坐，华山如立，嵩山如卧，惟有南岳独如飞，朱雀展翅垂云大。"曾遍游众山，所以有此比较。结尾云："杜韩游山太草草，谁与经纬穷九能。请一挥斥扩万古，凿破浑沌惊山灵。安得以此镌山顶，远埒岣嵝文赤青。"[58]与杜韩比并，是魏源晚年心态的流露。再经江西回江苏，有《赣江舟中棹歌》。

魏源有《楚粤归舟纪游》写这半年行程说："看尽奇奇怪怪峰，遍穿曲曲湾湾硔。粤吴楚越舟车马，岭海江湖雨雪风。客到岭南疑谪宦，文非海外不沉雄。半年往返八千里，岂独云山入卷中。"[59]可说是个很好的总结。诗又说："溯流帆重顺流轻，两岸青山不识名。但见无船无树影，不知是水是风声。寄怀猿鸟苍茫外，未觉江湖感慨生。"[60]从西江往上到桂林是"溯流"，从桂林到阳朔、入潇水湘江、从赣江出湖口入长江回江苏是"顺流"。这不是在"江湖"上，即将任职，他正准备着为朝廷服务。

七、道光三十年

（一）再到黄山

三十年，庚戌。十月，魏源补授高邮州知州。如前所说，此时陈世镕有《秦淮旅舍喜晤魏默深同年源，旋别去，游黄山归，复枉过，置酒为欢，呼女校书马小聪侑觞，即席奉赠，君时已补高邮州牧，当赴任矣》，魏源亦有《黄山诗》云："峡壁仙掌立，细路纹在掌。久别莲花峰，十年如更长。"[61]所谓"十年如更长"，是说道光二十年曾游过黄山，这次则是他再到黄山。

（二）到九华山

九华山离黄山不远。魏源游过黄山后，到九华山。有《九华化成寺》。诗序说："王文成极赏九华，而赋及诗似亦未能道出真面目者，岂别有会心与？故赋以正之。"诗云："翠屏江上横，未至已升翼。舟程贪利涉，游子志登陟……乃知名山缘，亦在发兴必。一念稍因循，转瞬仙都失。昏嫁与简书，世事何年毕。世上百年乐，不及一山夕。"[62]又一次提到王阳明，所述都是经历后的话。

（三）到桐城浮山

从九华山到池州，然后入长江到桐城浮山。魏源有《桐城浮山》，云："雨气不能尽，散作诸峰烟。盈盈云水中，一峰檣我前。昨日远江外，舟人识已先……妙高峰入云，坐受长江天。檣山对面立，侧视正视全。不图江北地，有此雁荡仙。一梦增一恋，一降生一妍，一啸响一山，一流声一渊。”[63]诗中提到所谓“雁荡仙”，可见这是在游雁荡山之后。游过浮山，从长江回南京就很顺当了。

注释：

[1] 魏源:《魏源集》下册,北京:中华书局,1983年,第755～756页。

[2] 魏源:《魏源集》下册,北京:中华书局,1983年,第684页。

[3] 魏源:《魏源集》下册,北京:中华书局,1983年,第762～763页。

[4] 魏源:《魏源集》下册,北京:中华书局,1983年,第576页。

[5] 魏源:《魏源集》下册,北京:中华书局,1983年,第685页。

[6] 魏源:《魏源集》下册,北京:中华书局,1983年,第620页。

[7] 陈沆:《陈沆集》,武汉:湖北教育出版社,2002年,第35页。

[8] 魏源:《魏源集》下册,北京:中华书局,1983年,第689页。

[9] 李柏荣:《魏源师友记》,长沙:岳麓书社,1983年,第139页。

[10] 魏源:《魏源集》下册,北京:中华书局,1983年,第914页。

[11] 魏源:《魏源集》下册,北京:中华书局,1983年,第599页。

[12] 陈沆:《陈沆集》,武汉:湖北教育出版社,2002年,第47页。

[13] 魏源:《魏源集》下册,北京:中华书局,1983年,第599页。

[14] 魏源:《魏源集》下册,北京:中华书局,1983年,第696页。

[15] 魏源:《魏源集》下册,北京:中华书局,1983年,第701～702页。

[16] 魏源:《书古微》,魏源全集编辑委员会:《魏源全集》第二册,长沙:岳麓书社,2011年,第134页。

[17] 魏源:《圣武记·武事余记》,李瑚:《魏源研究》,北京:朝华出版社,2002年,第271页。

[18] 魏源:《魏源集》下册,北京:中华书局,1983年,第627页。

[19] 魏源:《魏源集》下册,北京:中华书局,1983年,第765页。

[20] 魏源:《魏源集》下册,北京:中华书局,1983年,第689页。

[21] 魏源:《魏源集》下册,北京:中华书局,1983年,第689页。

[22] 魏源:《魏源集》下册,北京:中华书局,1976年,第848页。

[23] 魏源:《魏源集》下册,北京:中华书局,1983年,第644页。

[24] 魏源:《魏源集》下册,北京:中华书局,1983年,第689页。

[25] 魏源:《魏源集》下册,北京:中华书局,1983年,第604页。

[26] 谢元淮:《养默山房诗稿》,李瑚:《魏源研究》,北京:朝华出版社,2002年,第336页。

[27] 谢元淮:《养默山房诗稿》,李瑚:《魏源研究》,北京:朝华出版社,2002年,第337页。

[28] 谢元淮:《养默山房诗稿》,李瑚:《魏源研究》,北京:朝华出版社,2002年,第337页。

[29] 魏源:《魏源集》下册,北京:中华书局,1983年,第630～631页。

[30] 张文虎:《舒艺室诗存》,黄丽镛:《魏源年谱》,长沙:湖南人民出版社,1985年,第11页。

[31] 陈世鎔:《求志居集》,李瑚:《魏源研究》,北京:朝华出版社,2002年,第423～424页。

[32] 魏源:《魏源集》下册,北京:中华书局,1983年,第641页。

[33] 魏源:《魏源集》下册,北京:中华书局,1983年,第641页。

[34] 陈世鎔:《求志居集》,黄丽镛:《魏源年谱》,长沙:湖南人民出版社,1985年,第144页。

[35] 魏源:《魏源集》下册,北京:中华书局,1983年,第628页。

[36] 魏源:《魏源集》下册,北京:中华书局,1983年,第699页。

[37] 魏源:《魏源集》下册,北京:中华书局,1983年,第629页。

[38] 魏源:《魏源集》下册,北京:中华书局,1983年,第635页。

[39] 蒋湘南:《庐山纪游》,李瑚:《魏源研究》,北京:朝华出版社,2002年,第412页。

[40] 魏源:《魏源集》下册,北京:中华书局,1983年,第831页。

[41] 黄爵滋:《戊申粤游草》,李瑚:《魏源研究》,北京:朝华出版社,2002年,第413页。

[42] 黄爵滋:《戊申粤游草》,李瑚:《魏源研究》,北京:朝华出版社,2002年,第413页。

[43] 黄爵滋:《戊申粤游草》,李瑚:《魏源研究》,北京:朝华出版社,2002年,第413页。

[44] 梁章钜:《游雁宕日记》,《浪迹续谈》北京:中华书局,1981年,第294页。

[45] 梁章钜:《雁宕诗话》,黄丽镛:《魏源年谱》,长沙:湖南人民出版社,1985年,第154页。

[46] 梁章钜:《雁宕诗话》,黄丽镛:《魏源年谱》,长沙:湖南人民出版社,1985年,第155页。

[47] 魏源:《魏源集》下册,北京:中华书局,1983年,第814页。

[48] 杨伯峻《论语译注》,北京:中华书局,1980年,第43页。

[49] 苏轼:《苏东坡全集》,北京:中国书店,1986年,第502页。

[50] 张维屏:松心诗集,《续修四库全书》,上海:上海古籍出版社,1995年,第51页。

[51] 王家俭:《魏源年谱》,台北:"中研院"近代史研究所,1981年,第115页;黄丽镛:《魏源年谱》,长沙:湖南人民出版社,1985年,第151页;杨积庆选注:《魏源诗文选》附魏源年表,上海:华东师范大学出版社,1990年,第226页;李瑚:《魏源研究》,北京:朝华出版社,2002年,第407页;魏源全集编辑委员会:《魏源全集》第十四册附《魏源大事年表》,长沙:岳麓书社,2011年,第397页。

[52] 魏源:《魏源集》下册,北京:中华书局,1983年,第711页。

[53] 魏源:《魏源集》下册,北京:中华书局,1983年,第648页。

[54] 李瑚:《魏源诗文系年》,北京:中华书局,1979年,第19页。

[55] 李瑚:《魏源诗文系年》,北京:中华书局,1979年,第6页。

[56] 魏源:《魏源集》下册,北京:中华书局,1983年,第734页。

[57] 魏源:《魏源集》下册,北京:中华书局,1983年,第775页。

[58] 魏源:《魏源集》下册,北京:中华书局,1983年,第697～698页。

[59] 魏源:《魏源集》下册,北京:中华书局,1983年,第814页。

[60] 魏源:《魏源集》下册,北京:中华书局,1983年,第814页。

[61] 魏源:《魏源集》下册,北京:中华书局,1983年,第641页。

[62] 魏源:《魏源集》下册,北京:中华书局,1983年,第652页。

[63] 魏源:《魏源集》下册,北京:中华书局,1983年,第651～652页。

以字求文：晚清国粹学人田北湖的文学批评建构

许秋伊

（武汉大学中国传统文化研究中心，湖北武汉，430072）

内容摘要： 清民之际国粹学人田北湖的文学批评颇具特色，体现出弥合传统语言文字之学与现代文学理论的努力和尝试。田北湖以论“字”为基础论“文”，追索文学源流，建构起以谣谚为源头、骈文为正宗的文章谱系。田北湖“以字求文”的言说策略，强化了汉字和文学之间的联系，加深了汉字在文学中的基础性地位。他对谣谚和骈文的推崇，拉大了文字与口语的距离，隐然有言文分离的含义。田北湖文学批评的复杂面向，反映出该时期古文家面对“言文一致”思潮的折中态度，以及中国文学批评现代建构的曲折历程。

关键词： 田北湖；国粹学人；文学批评；语言文字

作为晚清国粹派成员之一，田北湖在后世声名不显，其文学批评也少有人关注。田其田(1875—1917 或 1918)[1]，字自耘(又作自芸)，号北湖。祖籍六合而居于江宁，自称为明人田兴的二十一世孙[2]。少时聪颖，深受家学影响。拜句容陈汝恭为师[3]，于童龄进入南菁书院。为人狂傲，吴稚晖称他“意气甚盛，颇跅弛，院之成年长德，皆为诟悔……童子金鉽，世修弟子，宽弱受辱其田”[4]。清末时仕途不显。民国成立之初，曾为“寒山诗钟社”成员[5]。1917 年，受蔡元培邀请进入北大，为文科预备教员[6]，不久病逝[7]。

晚清救国团体甚多，无论官方还是民间，纷纷以救国经世为务，多途并进，呈现出复杂多端的“现代”景象。国粹派立足于中国传统文化，创办《政艺通报》《国粹学报》推行其说，田北湖为重要成员之一。在《国粹学报》创办之后，田北湖陆续发表了《论文章源流》《国定文字私议》《说文砭许叙》等文，在继承中国传统“文”观念的基础上，田北湖着重关注传统之“文”的转型问题，以文字出发建构文学与文章。由考察田北湖的文学批评观念入手，可以更准确地展示晚清之“文”在古今中西交汇语境中的丰富性与复杂性。

一、古典学术升降背景下的学术新趋向

处于清末民初中西知识交汇的节点，田北湖学术思想观念的变动，与经学在中国

学术体系中地位日降的进程有所重叠。这一时期传统经学当呈现何种面貌，国家与学术之间形成何种关联，在不同的学者那里实有不同的想象。邓实在《古学复兴论》中推举周秦古学，认为周末诸子之学实乃我国学术史之光，将我国学术之衰微追溯到汉武独尊儒术。刘师培在《经学教科书》中认为“经”来源于“取象治丝”，延伸为组织之义，古人见到上古之书多文言，故将其称呼为“经”。章太炎《文学总略》则认为“经”其实是编丝缀属之称，以“经”为“常”乃是后世的说法。章、刘二人的结论虽有不同，但是其论述方式如出一辙，都集中在对于“经”字字形和字义的描述。这些对于经本义的考证，在一定程度上打破了“经学”独尊一统的局面，而成为众多相互并立的学说之一。

“经学”不再被当作学术主轴，传统“文出于经”的观念势必会受到影响。语言文字不是经学的附属品，而是具有独立的地位，从传统依附于“经学”的“小学”中摆脱出来，形成一种全新的形态——“语言文字之学”。就像章太炎指出：“今日言小学者，皆似以此为经学之附属品，实则小学之用，非专以通经而已。周、秦诸子，《史记》《汉书》之属，皆多古言古字，非知小学者，必不能读。”[8]在此基础上，他将“语言文字之学”作为一切学术的根基。在章太炎看来，“明时，七子宗法盛唐，徒欲学其风骨。不知温醇尔雅之风，断非通俗常言所能支配。清时，王、朱二子则又以运用僻典为能事，造字遣辞，不能由已，更慵猥不足道矣”[9]。基于此，章太炎在建构自己的批评观念时，提出了以“语言文字之学”统领文学批评的看法。这样的思想，显然也影响到同为国粹学人的田北湖。

国粹学人以语言文字为核心的学术观念，同时也受到日本国粹主义以及西方民族主义思潮的影响。18世纪后期，德国哲学家赫尔德在《论语言的起源》中提出，人们世世代代的思想、感情、偏见等等都表现在语言里，说同一种语言的人正是通过语言的传承而具备相同的历史传统和心理特征，以共同的语言为基础组成民族是人类最自然、最系统的组合方式；而语言就是各个民族最神圣的属性，也是它们彼此之间最重要的区别性特征[10]。国粹学人如邓实等，就将语言文字视为国粹的核心要素：“合一种族而成一大群，合一群而奠居一处，领有其土地山川，演而为风俗民质以成一社会。一社会之内，必有其一种之语言文字焉，以为其社会之元质，而为其人民精神之所寄，以自立一国。一国既立，则必自尊其国语国文，以自翘异而为标致。故一国有一国之语言文字，其语文亡者，则其国亡；其语文存者，则其国存。语言文字者，国界种界之鸿沟，而保国保种之金城汤池也。”[11]从这一层面来说，国粹学人建构以语言文字之学为核心的现代学术观念，仍是出于其拯救国家、民族的根本用心。

以语言文字之学为诸学的根本，保存文字，发扬其精神内涵也就成了题中应有之义。鉴于此，国粹学人在实践活动中加强对语言文字的宣传。1906年《民报》刊载章太炎所撰《国学讲习会序》，其中谈道：“夫一国之所以存立者，必其国有独优之治法，施之于其国为最宜，有独立之文辞，为其国秀美之士所爱赏。立国之要素既如此，故凡有志于其一国者，不可不通其治法，不习其文辞。苟不尔，则不能立于最高等之位置。而有以转移其国化，此定理也。中国立国已二千年，可得谓无独优之治法乎？言治法犹晦。中国之文字，于地球为特殊，可得谓无独至文辞乎？必曰无之，非欺人之言，则固未之学耳。”[12]章氏将制度与文辞并列为立国要素，体现出与传统“宗经”不同的学术观念。他在《东京留学生欢迎会演说词》中解释“国粹”时也指出：“只是要人爱惜我们汉种的历史。这个历史，是就广义说的，其中可以分为三项：一是语言文字，二是典章制度，三是人物事迹。”[13]语言文字的对象虽然与传统的小学、训诂学无本质区别，但就其在现代学术建构中的重要性而言则有了根本的改变。

在此背景下，语言文字与文学的关系得到进一步凸显。在传统知识体系中，文字被作为道的载体，即许慎《说文解字序》所说：“文字者，经艺之本，王政之始，前人所以垂后，后人所以识古。故曰：‘本立而道生’，‘知天下之至啧而不可乱也’。”[14]在近代中西知识交汇过程中，传统的道受到极大冲击，文字同样受到强烈的质疑。如切音字运动的发起人沈学即认为汉字字数高达四万，即使以常用三千字来算，“一字当费脑力七十折，三千字便需脑力二十一万折。人每日幼年可需脑力五十折，壮年可需脑力百折。按每折消去血质约重一分，如用力过猛，血聚热猛，损脑伤血，轻则聪明为钝迟，重则头昏血薄，疾病夭亡”[15]。这样的解析，看起来甚为可笑，却体现了当时的部分知识分子在面对西学汹涌之势，如何在新的知识体系、价值体系和观念体系中安置中国传统知识、思想的焦虑。因而在当时情境下，有不少激进的知识分子甚至提出废除汉字而改用西文的方案。中国语言文字与现代文化、文学发展之间的关系，在清末民初中西交汇的历史场景中不得不被重新定义。田北湖作为国粹学派一员，也面临着这样的考验。他在此基础上提出由论字入手而建构对于文学的一般认识和批评的观念，实有其特殊时代语境中的关怀在。

二、田北湖以文字为核心文学批评观念的生成

田北湖论文的重要文章《论文章源流》，与国粹派中坚刘师培的《文章源始》发表于同一年。《论文章源流》有关“文章”的根本认识，基本上仍是传统天文、地文、人文三位一体的观念：“世间之故，非文弗宣；生人之道，非文弗著。是以纷赜之交，往来之序，旨存于中，行期其远，穷极口舌之形容，不逮纸墨之委曲。况移时则境失，历辙则迹亡，不有所托，曷以为资？”[16]这样的立意，也就决定了他关于“文”的观念，仍然无所不包，可以容纳社会百态，即便世殊时异，也能保存过往，流传百世。在此基础上，他赋予了“文”以文化、文明的含义：“故夫文者，聚灵府之能力，综万端之异名，藉以表见精神也。”[17]由此而言，“文”不仅是一种文字记录形式的总称，同时还承载了民族文化精神，以及人们关于世界认知的总和。

田北湖所定义的“文”，模糊了口传文本和书面文本的区别，在本质上更接近上古时期“文”的原初定义，内容繁杂，与后世通常所说的“文章”存在明显不同。为了弥合二者之间的鸿沟，田北湖竭力提高“字”的重要性，强调“文”与“字”不可分割：“夫文字相属，未可离畔，文非字不表其意绪，字非文不尽其周旋；是以舍文无字，舍字无文。”[18]同时还提出：“文字相生，始于人事，而终于自然；虽由人意为形容，而真理充积，流露于无形，如镜摄影，不爽毫芒，于人力何有哉？字者，物之质体也；文者，人之心思也。分言之，则字为自然，而文为人事；及融合之，则字不离乎人事，而文实成乎自然矣。”[19]据此，田北湖建立起了二位一体的“文一字”观：“文”是人之心思，而字是承载“文”的载体，论“文”需论字，论字亦不可离“文”。

田北湖对“字”的推崇，与他的家学渊源与学术训练有很大关系。他研习汉学，家传《说文》，认为：“读书须识字，学问之津逮也。文从字顺，著作之轨则也。”[20]在田北湖心中，只有训诂字词，才能“循理见情，赴义效志”，最终达到“字当其位，则文生焉”的目的。文章一事，本是“积字成句，积句成章，此其合也”，又有“断章得句、断句得字，此其分也”。由此，作文之人“明乎分合之间，则来踪去迹，了乎指掌，还原返本”[21]。基于这样的学术观念，当田北湖在面对中西文化交汇所产生的思想困境时，自然很容易通过对中国传统“文字”的张扬来寻求出路，进而将“文字”的重要性提高到与国家、文明相对等的高度。他曾说：“国与国之阶级，有文明之程度焉：视其文字之精粗美恶，以定优劣耳。故无文字不能立国，野蛮是已。未有人民进化，疏于文字者也。”[22]以此为基础建立起对中国文化、文明的自信：“中国文字之作，较诸他国，最早最高，今文化之盛，久而弗衰；虽人事万变，世局日新，莫得改易，乌能废弃哉?”[23]沿此思路，田北湖提出“以字求文”的策略，通过赞美中国字的优越性，以凸显中国文化、文学的成就。

田北湖以文字作为文化、文学的核心，因而在追溯“文”的源流时，才会直接从“字”的产生起论。他在“字”与“文”之间建立起了一条颇为清晰的演变脉络：“最古之民，冥然罔觉，偏隅为固，八风不通。智慧渐进，彼此殊效，各受水土之气，自习鸟兽之音，格磔钩辅，独鸣天籁。圣哲特出，知畛域之必有合也，于所以交易习俗化裁情性者，开物正名，而成百务。”[24]由于各地语言区别很大，命名方式亦有不同，所以时人取象于自然，摹写简端之余影，产生了点画偏旁等书写架构，形成了字体。文字产生之后，在文字的表达上形成不同的体制，这些文字形成了章句，传达时人的心声，最终演变为“文”。通过考索“文”之起源，田北湖在“文”与“字”建立起直接联系，为自己由“字”以求“文”的批评思路确立思想根基。

字是“文”的源头，在其直接影响下产生了“文”。到了田北湖所生活的时代，中西知识交错，呈现于读者面前的“字”已然发生巨大改变。概括起来主要有如下三种情形：一是“天丧斯文，字书残缺，通行定数，曾不逾万；仅仅往来于纸上，一字一义，不足于用，从而假借之，使兼数训”[25]，字书容纳字数过少，让使用者必须采用假借来赋予文字新的意义，同时模糊了字义；二是“人事日杂，生物日繁，尤非九千三百所能断定者也”[26]，新生事物层出不穷，旧的字无法满足；三是“鄙儒觍然笔削，暴君付之灰烬，俗师小吏，相持干禄，自汉以降，芟夷益多，而古文不知其数，学人莫罄其用。更狃于先王法言，天子考文，弗敢随时造作，私与增补。每见异文，不曰《说文》所无，字书不收，即曰后人新字，今世别体，剿说雷同，甘即狭隘”[27]，政治力量的介入限制了字的发展，世人迷信《说文》，对于后人所创新字表现出负面态度。由此展开，田北湖认为正是由于“字”在几千年文明发展过程中日见其弊，才最终造成了象征中华文明地位和主体性的“文”的衰落：“人事多变，纲纪不张，芟削字数，改易故训：而后文之为派，愈歧愈坏；字之为用，愈绌愈狭；愈复杂，愈简单。取之无类，制之无方：其位置也，不能相当；其形容也，不能精审。”[28]

在田北湖的观念中，“字”与“文”的联系异常紧密，由此落实到文章层面，自然很容易就将“识字”与“能文”画上了等号。在他看来，“古者人人识字，即人人能文，彼所谓文，充其记忆之力，尽其抒写之能而已矣，今以为古文，当时固不自以为文也。古者之文，陈说古词语句，出于已然，乃因文以记字；今所谓文，构思结撰，出于未然，乃因字以成文。故古无文之名，非无文也，文字不分言也，凡识字者皆能为文"[29]。基于这样的判断，所谓"文章"的范围也被大大扩充。集字之作，皆能被称之为文。不过，上古多是断简残篇，难以拼凑整体。经由田北湖考证，该时期有据可查者，唯有谣谚。谣谚诞生于文字之前，传播于巷陌之间。他对谣谚这一文体展开具体论述："自今观之，按律叶韵，文义沉博，已与典谟训诰，并采争先，为渊懿朴茂、极高极古之文，初无分乎记事与言，别立裁制也。纯乎自然，弗假藻饰，故其句读，绝无牵强，以质为文，蔚然华实；此字成句，积句成章，自有文字以代言语之传者，此其起源也。"并以反问的方式总结说："历人历事，派异枝分，曷能背此，以求宗主？"[30]基于此，谣谚在田北湖的文学批评观念体系中便拥有宗主般的地位。

田北湖的文章审美观念，也是以谣谚为基础展开的。他在《论文章源流》一文中曾感叹说："文字肇兴之日，歌咏先导其流，坟典已无篇牍，里巷犹闻谣谚，此章句之元始也。"[31]在他看来，文字记录应当反映当时语言的实态，而谣谚恰好与此相符。同时从后世对文章的基本要求来说，谣谚具有韵文的形式，由此引出他对"文章"本质的认识："夫古之作者，择富以对待，援义以比例，虽在约举，罔不昭灼。是以奇偶必称，单复必齐，俯承其仰，断者自续，两两间合，节节递转，顿挫抑扬，尤省虚字。未有单词只义，可以为句者；亦未有一语孤立，可以为章者。文生于联珠之字，成于骈峙之体，舍兹排偶，是谓不文。"[32]循此，田北湖将中国古代的骈文视为文章正宗，因为它在体式、风格、韵律等方面与谣谚一脉相承。

和谣谚这一韵文形式相对的，田北湖称之为史官之文。史官之文承续的是史官传统，忽略了"里巷之呕吟，野人之称道"[33]。史官之文传承范围较为固定，以"出言有章"为标准，倘若"文"不符合这一标准，则被认为是鄙野之作。上古时期没有现代表示"文章"的"文"，到了中古史官兴起，以文章为核心的"文"的观念才逐渐确定下来。影响到后世，逐渐形成了经、史、子、集的分类。综合"文"的体制，史官之文延伸出来的文章类型，被分为四类，分别是记述之文、笔注之文、议论之文和比赋之文。即使朝代更迭，文体变化，最终不离四者范围。基于此，田北湖为中国古代"文"演变划定的脉络是："太古之文出于民间，中古之文出于史官，春秋之文出于经学，自汉以后之文出于考试而已。"[34]中国文化发展进入考试时代之后，虽然科目不同，对于文章的看法也各异，但从源头来说却有相似之处。考试制度对"文"所造成的影响之大，使得当世之"文"和古文古经相差甚远。

在田北湖的文章谱系中，除了"太古之文"，其他各个时期所形成的文章体制都在批评之列，其背后所指涉的，则是对国家治理体制的不满："上古始制文字，为民史之世；递至唐、虞，为国史之世；自夏以降，纯为君史之世矣。"[35]民史，顾名思义，是民间记述之史，后被农家、道家所继承；国史，是君民并行之史；君史，则是一代一姓之史。田北湖心中的史官之文更接近于君史。他直言："自天下不官，文书专司于卜祝取天下之私著，审而淘汰之，有不合于法宪，足以乱政者，皆屏除之。当时之所奉守，斟酌往训，防闭二心，有损而无益，有因而无创，靡然同趋，千余年矣。"[36]随之而来的则是对支撑这一体制的思想基础深表不满："儒家又从而抑其流，附于尊王，往往以私意为笔削，极古今之变，并守一先生之说，于是史案之原，莫或辨焉。世第恶夫嬴秦焚书，具使古籍荡然；而不知唐、虞以前之书，皆自周泯灭之也。"[37]田氏对史官之文的贬斥，与他对作为传统中国君主体制思想基础的儒家思想的批判有着不可分割的联系。

三、文学批评古今演变进程中的转型之惑

在清末民初中西知识交汇的现代化场域中，中国文明发展路径的探讨成为众多知识分子关心的论题。语言文字作为文明的重要承载，也面临着巨大的挑战。西学知识输入所带来的语言文字变革、文学革命需求，随着经济、政治、军事、外交等各方面的节节败退而变得紧迫和必然。当时的知识界和思想界各种文字改良方案层出不穷，如卢赣章的《一目了然初阶》、王照的《官话合声字母》、劳乃宣的《简字全谱》等。1907年，旅法的中国留学生创办《新世纪》杂志，宣传语言进化与革命，认为汉字已属落后文字，理应被废除。1908年，《新世纪》连续刊登三期文章，大谈万国新语特色。汉字变革势在必行，地位岌岌可危。

汉字一旦废除，与之二元一体的"文学"也会必然无所依附。采用切音字或者是万国新语等写作的文章，显然与传统以汉字为根基的中国的"文学"截然不同。田北湖《国定文字私议》依此论述二者关系，将文字视为民族国家存续的三要素之一，即所谓"有土地然后有人民，有人民然后有文字，有文字然后有国。国之云者，精神所维系，权舆于文字，岂仅幅员部位之界限，形貌服色之标识?"[38]文字起源于五方之性，又能统摄万物之原，一产生即具有"制作符命，号召群伦"的功能，甚至于参与到了"寰宇而居，列邦而治，握其枢机，自为风气"[39]。他认为，通过分析于文字所通行之区，可知一国疆域之界限。文字与疆域互相依存，密不可分。倘若一块土地在其他国家的范围中，但是其使用的文字与该国不同，则土地上的人民不属于该国。由此他得出结论说："已有国家者，常旧服正法度，莫不修明其文字，率民趋于同化整齐，利导为培养元气之资。"[40]

在田北湖的文学批评中，字是文学的源头，也是通向文学的必经之路。汉字既然有着如此作用，那么其衍生出的文学势必要担负起部分职能。文学与国家紧密联系，则切音字风潮和使用万国新语的建议都需要多加考虑。前者因为地域之大，各人说法不一；后者尚未达到以一种语言统帅世界的阶段，而且中文"言其体制，则连结者不若独立；言其义意，则拼音者不若形声之孳生，况运用词句变动位置，无中土之神妙简易。人之所拙，我以为长。在今世文字中，已足以雄于群丑王者。考文正字，进而审音。读正名义，臻于完备之境"[41]。通过以字求文的策略，田北湖事实上强化了汉字和文学之间的联系，加深了汉字在文学中的基础性地位。

然而无法回避的是，田北湖"以字求文"的文学批评观念，又明显推动了言文分离的趋势。田北湖以文字作为求文的途径，弱化了语言与文学的关联。为了解决问题，田北湖不断强调语言是文字的音响，文字是语言的形迹。在文章体式的选择上，田北湖以谣谚为文章宗主，体察到了谣谚采用方言、观察民情的特征，试图消除文字与口

语之间的距离。然而，谣谚产生于上古时期，其反映的语言特征与晚清民初的社会现实相差甚远。他提高谣谚在文学中的地位，并不能掩盖文字与口语相离的事实。兼之田北湖主张骈文正宗，骈文与口语差距极大，言文分离的趋势愈加明显。田北湖身上所出现的矛盾，其实是当时晚清古文家都必须面对的问题。在言文一致的趋势影响下，古文家们通过采用俗语、挖掘谣谚等方式试图解决文言与口语分离的问题，然而因为文言这种语言方式的先天限制，他们的努力无法像白话文运动那样有所成效，最终在文学创作与批评演进的现代化进程中被推向历史的边缘和暗角。对其加以研究和发掘，在某种程度上可以看到历史演变的多重路径。

＊本文系教育部人文社会科学重点研究基地重大项目“中国学术话语古今演变研究”【22JJD750042】的阶段性成果。

注释：

[1]吴稚晖所作《寒厓集序》云：“余不能诗，亦不好为诗，故年二十有三著学籍……其尚在童龄者，有无锡杜嗣程、籍六合而家江宁之田其田。其田才笔肆茂，年十三，以神童为王先谦拔食廪饩。”吴稚晖生于1865年，据其所说，则田其田当出生于1875年。又王先谦于1885—1888年间督学江苏，田其田被其褒奖，时年十三岁，则其生年在1872到1875年之间，与吴说相合。蔡元培1918年1月14日致信吴稚晖，称“北湖先生故后，因来校仅及一年，不能送恤金，弟已偕校中职员及学生量力集则以相助”。则其卒年当在此前后。

[2] 田北湖：《田兴传》，《国粹学报》1908年第5期，第44页。

[3] 赵椿年在《覃研斋师友小记》中记载：“句容陈子寿汝恭，名父（卓人先生，著《公羊义疏》）之子，亦治朴学，携其弟子田自耘其田来，甫过十岁，见余等皆歉称先生，而目光炯炯，若俯视一切者。”参见赵椿年：《覃研斋师友小记》，北平《中和月刊》第2卷第3期。

[4] 吴稚晖：《吴稚晖全集》第13卷，北京：九州出版社，2013年，第281页。

[5] 诗钟又称“改诗”“战诗”“折枝”，是中国古代的一种限时吟诗文字游戏。相传为福州人所创。其形式为七言偶句，故也称为“十四字诗”。体裁形式短小精悍，但体系庞杂，格目繁多。参见林继富主编：《中国民间游戏总汇・语言文字卷》，长沙：湖南文艺出版社，2016年，第247页。

[6] 关于田北湖所教授科目，存在两种说法：其一，在1917年11月25日《北京大学日刊》第3版所刊载预科的《国文研究所教员担任科目表》中，田北湖教授“修词学”；其二，在1973年1月田炯锦所作《北大六年琐忆》中，田北湖讲授的则是中国地理。前者为当时记录，后者乃事后追忆，似当以前者为准。

[7] 田北湖死后，好友孙揆均作《闻北湖客死京坻诗以哭之》云：“破帽黄衫志意奢，五年憔悴客京华。穷冬一夕白喉死，天下几人青眼加。玄武湖荒空泛宅，田横岛远不回车。凄凉有妹收兄骨，病马寒条共叹嗟。”其中“穷冬一夕白喉死”一句，似表明田北湖死于冬季。然因其属听闻，仍难以确证。

[8] 章绛：《论语言文字之学》，《国粹学报》1906年第12期，第64页。

[9] 章绛：《论语言文字之学》，《国粹学报》1906年第12期，第65页。

[10] 陈平：《语言民族主义：欧洲与中国》，《外语教学与研究》2008年第1期，第4～13页。

[11] 邓实：《鸡鸣风雨楼独立书・语言文字独立》，《政艺通报》1903年第24期，第8页。

[12] 国学讲习会发起人：《国学讲习会序》，《民报》1906年第7期，第124～130页。

[13] 章念驰编订，上海人民出版社编：《章太炎全集・演讲集》上册，上海：上海人民出版社，2015

年，第8页。

[14] 许慎撰，段玉裁注：《说文解字注》，上海：上海古籍出版社，1981年，第763页。

[15] 沈学：《盛世元音》，北京：文字改革出版社，1956年，第2页。

[16] 田北湖：《论文章源流（未完）》，《国粹学报》1905年第2期，第86页。

[17] 田北湖：《论文章源流（未完）》，《国粹学报》1905年第2期，第87页。

[18] 田北湖：《论文章源流（未完）》，《国粹学报》1905年第3期，第85页。

[19] 田北湖：《论文章源流（未完）》，《国粹学报》1905年第3期，第90页。

[20] 田北湖：《文录：说文砭许叙》，《国粹学报》1905年第7期，第91页。

[21] 田北湖：《文录：说文砭许叙》，《国粹学报》1905年第7期，第92页。

[22] 田北湖：《论文章源流（未完）》，《国粹学报》1905年第3期，第88页。

[23] 田北湖：《论文章源流（未完）》，《国粹学报》1905年第3期，第88页。

[24] 田北湖：《论文章源流（未完）》，《国粹学报》1905年第2期，第87页。

[25] 田北湖：《论文章源流（未完）》，《国粹学报》1905年第2期，第89页。

[26] 田北湖：《论文章源流（未完）》，《国粹学报》1905年第2期，第90页。

[27] 田北湖：《论文章源流（未完）》，《国粹学报》1905年第2期，第90页。

[28] 田北湖：《论文章源流（未完）》，《国粹学报》1905年第2期，第90页。

[29] 田北湖：《论文章源流（未完）》，《国粹学报》1905年第3期，第90页。

[30] 田北湖：《论文章源流（未完）》，《国粹学报》1905年第3期，第89页。

[31] 田北湖：《论文章源流（未完）》，《国粹学报》1905年第2期，第91页。

[32] 田北湖：《论文章源流（未完）》，《国粹学报》1905年第2期，第92页。

[33] 田北湖：《论文章源流（未完）》，《国粹学报》1905年第3期，第91页。

[34] 田北湖：《论文章源流（未完）》，《国粹学报》1905年第3期，第92页。

[35] 田北湖：《论文章源流（未完）》，《国粹学报》1905年第4期，第83页。

[36] 田北湖：《论文章源流（未完）》，《国粹学报》1905年第4期，第81页。

[37] 田北湖：《论文章源流（未完）》，《国粹学报》1905年第4期，第83页。

[38] 田北湖：《国定文字私议（未完）》，《国粹学报》1908年第10期，第11页。

[39] 田北湖：《国定文字私议（未完）》，《国粹学报》1908年第10期，第11页。

[40] 田北湖：《国定文字私议（未完）》，《国粹学报》1908年第10期，第12页。

[41] 田北湖：《国定文字私议（续四十七期）》，《国粹学报》1908年第12期，第15～16页。

【现代文学研究】

《子夜》与“临终书单”

——瞿秋白的取与舍

谢力哲

（湖南师范大学文学院，湖南长沙，410081）

内容摘要：瞿秋白在“临终书单”中列出的茅盾作品，并非他此前赞誉有加的《子夜》，而是弥漫幻灭之感的《动摇》。通过体察瞿氏评价《子夜》时的方法论考量、政策性考量和文学性考量，以及随后因政治形势和个人际遇所导致的这三种考量依据的失效、受挫和演变，并结合其写作《多余的话》时“心忧”的处境与“卸下戏装”的精神状态，当可解释他在辞世之际所列书单中何以舍弃《子夜》。从先前对《子夜》的多番赞誉，到临刑之际弃选《子夜》，本文追索了瞿秋白文学价值观前后期的演变轨迹。对瞿秋白这一耐人寻味取舍行为缘由的探析及其心路历程的揭示，不仅有助于瞿秋白研究的深入，更使我们得以窥见中国左翼文艺运动历程的复杂性和多变性。

关键词：瞿秋白；临终书单；《子夜》；《动摇》；文学价值观

引言：从“临终书单”谈起

1935年5月22日，瞿秋白在福建长汀狱中完成了其著名遗书《多余的话》。在这篇笼罩在忧郁和苦闷气氛里的绝命书的末尾，他决然地宣告——“告别了，这世界的一切”！到这里，似乎应该就此落笔，“何必说”的“历史纠葛”也应尘埃落定，然而作者却意犹未尽，继而又写出“最后……”两个字，引出了一份“临终书单”：

> 俄国高尔基的《四十年》《克里摩·萨摩京的生活》[1]，屠格涅夫的《鲁定》，托尔斯泰的《安娜·卡里宁娜》，中国鲁迅的《阿Q正传》，茅盾的《动摇》，曹雪芹的《红楼梦》，都很可以再读一读。[2]

在发出决绝的“告别了”之后引出的这份“很可以再读一读”的书单，透露了身处“绝灭的前夜”的瞿秋白对于人世仍残存的一丝留恋之情、不舍之意，也真切映照出了瞿氏就义之际真实的思想状态。刘福勤指出书单中所列之文学名作蕴藉的人物形象、文化心理及文化脉络，都与《多余的话》所剖析的瞿氏自身之性格弱点、“家世、社会文化渊源有相似、相近或相通之处”，临刑之际还想再读一读这些名著，表现了瞿秋白的“文学家气质之强固”[3]。《多余的话》的英译者 Jamie Greenbaum 也留意到上述作品中的主角与瞿氏“多余人”的自我认知存在契合之处，将这六部小说合而观之，可以清楚地呈现他对此种文学类型的个人兴趣[4]。

若逐一体察瞿秋白开列书单的缘由，则高尔基、屠格涅夫和托尔斯泰作品的出现，直接反映了俄国文学对曾入读“俄文专修馆”的瞿秋白自青年时代以来便形成的深远影响。他亲切地把“我所愿意干的俄国文学的研究”看作“自己的家”，虽然“气力也已经衰惫了”[5]，但他当然还愿意重拾起那些自己永久珍视的艺术品，把“翻译几部俄国文学名著”当成自己“最愉快的梦想”[6]。曾以“人生得一知己足矣”之辞题赠瞿秋白的鲁迅，其《阿Q正传》的入选也在情理之中，瞿氏遗孀杨之华曾指出：“秋白同志对鲁迅先生的作品非常珍贵的，对《阿Q正传》尤为喜欢。”[7]对《红楼梦》的喜爱则表征了瞿秋白幼时在江南书香门第之中受传统文化熏陶而培养起的对中国古典文学的倾心，这一“名士化”的审美趣味或隐或显地贯穿了瞿氏一生(其颓风哀艳之绝笔诗便为明证)，从中亦不难体认到早年沉浸佛学研习的他所受大乘佛教的哲理思辨与人生观的影响[8]。

然而相形之下，《动摇》在“临终书单”里显得尤其醒目，也尤其引人遐思。这是书单中唯一一部以现代中国为背景的小说，更是一部直接反映瞿本人曾亲身经历的国民革命之曲折历程的作品。瞿氏作为中国共产党早期领导人，茅盾作为蜚声文坛的左翼作家，两人不仅长期保持着密切的公交私谊，且《子夜》的成稿直接受到瞿的影响，然而问题是：既然如此，临终书单为何不选择他曾亲自撰文盛赞过的同样也凝聚着自己心血的《子夜》？为何于临刑前瞿秋白念念不忘的、想“再读一读”的是《动摇》？从先前的多番称誉，到赴刑前夕的有意舍去，解读瞿秋白这一耐人寻味的取舍行为，不仅可以从一个微妙的侧面去体认瞿氏濒于生命终点时对于《子夜》的基本看法，也将有助于揭示其文学价值观的前后期演变轨迹。

一、“唯物辩证法”：方法论及其合法性

舍《子夜》而取《动摇》，既然作为一种价值判断的结果，便有必要考察瞿秋白先前是如何评价前者的。瞿氏对《子夜》之正面意义所给出的结论，凝聚了他在方法论、政策性和文学性层面的综合考量。就其方法论考量而言，则与当时左翼文坛兴起的“唯物辩证法的创作方法”热潮有着直接关联。

1931年1月中共六届四中全会解除了瞿秋白的领导职务，自同年春夏间到1934年1月初离沪赴江西中央苏区的约三年半的时间里，已经成为政治“边缘人”的瞿秋白转而积极介入了“左联”的文化工作。凭借其早先担负中共中央领导的资历和声望，他成了“左联”此时期在思想路线方面的主要领导之一。与茅盾就《子夜》的写作问题进行交

流和指导的同时，瞿秋白也正在参与大力倡导所谓的“唯物辩证法的创作方法”。

1931至1932年，在文艺创作的指导思想上深受苏联影响的“左联”，引入了彼时“拉普”(俄罗斯无产阶级作家协会)大力提倡的“唯物辩证法的创作方法”，作为克服“革命浪漫谛克”偏向的不二法门。丁玲、冯雪峰、郑伯奇、穆木天、沈起予等人都发表了表示赞成及拥护的文章，将其视为反对浪漫主义、认识和捕捉客观的现实、解决创作不振等一系列问题的灵丹妙药，是“克服这些错误倾向的唯一方法”[9]。“作家必须成为一个唯物的辩证法论者”[10]，这是1931年11月“左联”执委会通过的决议《中国无产阶级革命文学的新任务》明确提出的要求。而据茅盾的回忆，这份冯雪峰起草的“左联”的“第一个既有理论又有实际内容的文件”，瞿秋白也为之“花了不少心血”[11]。1932年，借阳翰笙的普罗小说《地泉》重版的契机，瞿秋白、郑伯奇、茅盾、钱杏邨和作者本人分别写了五篇序言，目的在于总结革命文学创作初期的经验教训。五篇序言的核心观点如出一辙，都认定“唯物辩证法的创作方法”是普罗文学“浪漫谛克”弊端的对症之药，因此五人作序的行为本身，与其说是探讨商榷，不如说是造势宣传。瞿秋白在序文中选译了时任“拉普”领导人的法捷耶夫(А. А. Фадéев)的论文《打倒席勒》，法捷耶夫在此文中宣扬“从‘偶然的外表’之下显露出现实的客观的辩证法”，并大力呼吁“应当走上唯物辩证法的现实主义的路线”，同时“抛弃一切自欺欺人的浪漫谛克”[12]。1933年4月，瞿秋白又根据苏联官方公布的马克思、恩格斯关于文艺问题的通信撰写了论文《马克斯，恩格斯和文学上的现实主义》，提出无产阶级作家要超越“资产阶级现实主义”，主要任务即是“把握住辩证法唯物论的方法”[13]。

实际上，在《子夜》问世的前一年，瞿秋白就已经在批评茅盾的中篇小说《三人行》时指出，其“创作方法是违反第亚力克谛——辩证法的，……如果《三人行》的作者从此能够用极大的努力，去取得普洛的唯物辩证法的宇宙观和创作方法，那么，《三人行》将要是他的很有益处的失败”[14]。显然，“唯物辩证法”的方法论考量也会对他评价《子夜》起到相当作用。瞿氏肯定《子夜》的重大成绩在于“应用真正的社会科学，在文艺上表现中国的社会关系和阶级关系”——这固然有出于对小说深刻呈现了重大历史进程并揭示其背后的政治经济原理的认可，但更显明的是热烈赞扬茅盾践行了“社会科学”的正确创作方法：“茅盾不是左拉，他至少已经没有左拉那种蒲鲁东主义的蠢话。”[15]所谓蒲鲁东主义，主要指蒲鲁东鼓吹的“不要政党、不要权力、一切人和公民的绝对自由”的无政府主义观点，他把政党、权力和人的自由对立起来，以为取消了政党、取消了强权，个人就能获得“绝对自由”[16]。而这种寄望于不依托任何权力手段和行政机构，人民实行自我解放、最终达成“绝对自由”的主张，对于信仰无产阶级革命路线的共产主义者而言，正是典型的“浪漫谛克”的幻想，而“唯物辩证法的创作方法”针对的就是克服这一思想偏失在文学领域的蔓延。实际上，对于“《子夜》在社会史上[的]价值是超越它[她]在文学史上的价值”，或者说科学性和思想性大于其文学性及艺术性的观点，瞿秋白其实是并不反对的，但是无论如何，该作终归是让读者看到了“社会辩[办]证法的发展”[17]。换言之，至少在体现瞿氏所提倡的“唯物辩证法的创作方法”上，《子夜》是基本成功的，这一判断乃是着眼于小说文本与批评者所认可的创作方法论之间的吻合程度。

不过，政治形势的变化是波诡云谲的。1932年4月，苏共中央下令解散“拉普”，并旋即开展对该组织所犯宗派主义和关门主义错误的清算与批判，那个倡始自“拉普”的“唯物辩证法的创作方法”自然连带着丧失了合法性，如昙花一现般地退出了中国文坛[18]。1933年11月，周扬将1932年10—11月全苏作家同盟组织委员会第一次大会上确定的新口号“社会主义现实主义”引进中国，并判定此前流行的“唯物辩证法的创作方法”为“抽象的烦琐哲学的公式”“变成了唯物辩证法的歪曲”并束缚了作家的创造力[19]。自此，瞿秋白肯定《子夜》时采纳的方法论依据自然就失去了原有的说服力和有效性。

二、“中国社会史论战”：政治路线及其时效性

1930年代初期中共“新思潮派”与托派“动力派”展开激烈辩驳，“中国社会史论战”是茅盾创作和瞿秋白评价《子夜》时的重要“问题背景”。瞿氏从阶级论的角度总结《子夜》的叙事主干为：“帝国主义给与殖民地中国的压迫”“殖民地资产阶级的相互矛盾”以及“无产者与资本家的冲突”[20]。而如何认识帝国主义、中国(殖民地)资产阶级与无产阶级之间的矛盾关系，以及如何正确解释当时中国的社会性质，正是“中国社会史论战”中的关键议题。瞿秋白亦亲身参与了这场论战——1932年7月，他在中共中央机关刊物《布尔塞维克》发表了长文《中国的经济和阶级关系》，竭力反驳在阶级关系上完全不了解中国现实生活里的辩证法的“托派观点”，并指明受制于帝国主义的中国经济之前途只有“殖民地化”这一条道路：

> 虽然中国的小工业资本家继续着种种发展的企图，——这是在一般情形之下自然的现象，然而总的发展倾向是：中国工业的大破产，民族资产阶级的非民族化——买办化。[21]
>
> ……中国的经济发展的前途，在帝国主义统治之下，就只有殖民地化的道路：就是列强帝国主义互相抢夺着，分割着中国，把中国变成帝国主义的附庸，主要的是保持封建势力，只在形式上改换一些，使它适应帝国主义的需要，而工业的发展是只能够在帝国主义所容忍的范围之内的。[22]

写就于1932年5月的此文，其更重要目的还在于通过驳斥托派进而论证“中国的唯一出路”，即苏维埃革命的政策路线——“工人阶级领导农民的基本群众的土地革命”，并推翻帝国主义和地主资产阶级，建立工农政权的合理性及必要性[23]。而1931年四五月间瞿秋白与茅盾朝夕相处地探讨《子夜》时，作为马列主义理论家和中共前领导人的瞿秋白就曾劝茅盾改结尾处吴荪甫、赵伯韬两股势力的握手言和为“一胜一败”，如此可以更强烈地突显民族资产阶级之所以没有出路是由于“工业资本家斗不过金融买办资本家”；他还以红军及苏区的具体事例告诉茅盾党的政策哪些是成功的，哪些是

失败的，并建议后者据此修改《子夜》中有关农民暴动和工人罢工的部分[24]。将瞿氏给予茅盾的指导意见和他做出的有关“民族资产阶级的非民族化——买办化”的论述相参照，完全可以将后者视为对《子夜》所描绘的1930年代中国政治经济情况和阶级关系图景的高度理论化总结，瞿氏还采用阶级分析的方法对《子夜》的思想主旨进行了条分缕析的细致论证。由此观之，如果说瞿秋白当初还只是在大方向上予以写作指导和建议的话，那么一年之后的他已经对中国民族资本主义的前途问题形成了完整详尽的理论表述，并阐明了其与“中华苏维埃共和国”时期“党的政策”的紧密联系。

及至1933年著文评价《子夜》时，瞿秋白在“中国社会史论战”中提出的政策论述仍然在发挥作用，他赞赏该作暴露了中国股东在“华洋合办”产业中“骨子里老老实实都是捐客”[25]的真相，称许其揭开了在帝国主义桎梏下的中国资本家到底战不胜资本雄厚的洋商的事实。他同时指出《子夜》存在着可能使读者“对吴荪甫表同情”的“意识上”的缺陷，这其实就是妨碍了民众清醒地认识到民族工业资本势必堕入“买办化”的歧途，不利于读者明确形成中国经济的发展“就只有殖民地化”的判断。瞿秋白更设想假如作者在吴荪甫宣布停工之后“再写一段工人的罢工和示威，这不但可挽回在意识上的歪曲”，更可增强其“影响与力量”[26]。以描写工人罢工和示威来挽回“意识上的歪曲”，其用意便在于通过展示无产阶级的兴起来矫正读者对民族资产阶级不切实际的同情与期望，加上他此前提议茅盾修改的“农民暴动”的篇幅，则更可以全面地呈现出建立工农政权的革命路线。如此一来，既可以增强《子夜》在宣扬正确的方针政策方面的“影响”，又能以文艺创作传播党的“力量”。

可见，除了方法论层面的考量，基于现阶段革命政策的考量亦是瞿秋白权衡《子夜》的重要因素，前者是基于创作理想，后者则是出自时局所需。无论是“回答托派”还是回答“唯心论者的论调”，既可以说是茅盾在创作过程中有意识的追求，也可以说是瞿秋白对《子夜》的殷切期许。瞿氏的欣赏、赞扬，不仅是肯定《子夜》对于帝国主义干预下的中国经济走向“殖民地化”、中国民族资本走向“买办化”的描绘，也是表达了他对于立足于这一论断以“推翻帝国主义和地主资产阶级”为任务的政策路线的认同。

然而，始自1927年夏，以“彻底的民权革命”为旗号、意图采用武装斗争和暴力革命的方法反对帝国主义和地主资产阶级的一切派别集团，通过工农革命的形式和阶段，“在半殖民地中国直接过渡到无产阶级专政和社会主义”[27]的“苏维埃运动”，也因为实行了把民族资产阶级和小资产阶级在内的革命主体排除在外的“为渊驱鱼、为丛驱雀”的孤立主义、关门主义路线，而在数年后逐渐式微——这恰恰是瞿秋白在“中国社会史论战”中所捍卫的路线方针。随着1934年10月中共中央和中央红军被迫放弃江西中央根据地，苏维埃运动遭遇严重挫折，毛泽东后来对此总结道：“白区损失百分之百，苏区损失百分之九十。”[28]瞿氏本人被留在国民党军队攻占下的赣闽苏区，并因此被捕[29]。时过境迁，在他生命即将逝去之际，两年前评价《子夜》的政策考量已成“过眼云烟”。

三、从“写实”到“写意”：幽魂的烛照与深切的内省

瞿秋白热情地赋予《子夜》“中国第一部写实主义的成功的长篇小说”[30]这样响亮

的名号，足以表明他对此作的“文学性”也予以了充分的肯定。然而有学者却就此提出异议，认为赞美《子夜》与留恋《动摇》的“并不是同一个瞿秋白”，前者是作为政治家和马克思主义理论家的、“在‘阶级性’与‘普遍人性’之关系的认识上极其偏执”的瞿秋白；而后者则是作为文学家和普通读者的瞿秋白，因而他并非“是以文学的心灵在感知小说，而是以政治的铁尺在度量小说”，对于《子夜》看重的是“小说在政治上的正确与否，是小说对所谓的‘社会科学’图解得如何”[31]。

此说或许也可以代表学界中部分研究者的共同看法，尽管可成一家之言，但却有简化割裂之嫌。已有识者阐发瞿氏身上反映出的各式思想与行动的排列组合“并非全然如他自评的分裂或断裂”，而是一个比二元对立化的性格更为动态、更加多面和多元的，充满深刻的“矛盾的张力和冲突”的“‘有机’循环”心理机制[32]。若简单地划分为政治与文学的“两个瞿秋白”，认定瞿氏从政治家到文学家的身份转变反映的是“一人双面”，把政治目的与文学感知截然地对立起来，从而忽视两者在实际情况中其实是互相影响、互相融合的关系，难免会把作为有机整体的研究对象人为地肢解为若干个只有对立之态势、而无交集之可能的面相。这一论析的逻辑本身存在的根本问题在于：既然瞿氏打算在临死前否定自己作为政治家和马克思主义理论家的角色意识，那么，他其实连《动摇》也不应该留恋的，也没有理由还要牵挂着仍旧充满左翼意识和革命气息的《动摇》。反思国民革命激进偏失的《动摇》并不在政治之外，相反，它关注的恰恰是革命大潮下基层群众运动中的驳杂面貌，它似乎仍然倾向于被纳入身为“政治家”的瞿秋白的关切视野中。况且茅盾也说得很清楚：《动摇》表现的正是自“左倾”到“左派”幼稚病，再到右倾思想抬头终至“大反动”的“中国革命史上最严重的一期”[33]。此外，说瞿氏留恋《动摇》时政治家和马克思主义理论家的角色意识荡然无存，也不合实情，他在身份暴露后所写的“笔供”中仍然宣传、颂扬了苏区政府[34]。在《多余的话》中，他从未否认过自己作为马克思主义者的身份，只是痛切地检讨自己“偷到所谓‘马克思主义的理论家’的虚名”，并且明白地说，“同时要说我已经放弃了马克思主义，也是不确的”[35]。及至临刑之际，他更是选择以从容就义的方式彰显了一个共产主义殉道者的坚定信仰。

同时，也不能说瞿氏欣赏《子夜》仅仅出于政治功利性目的，相反，他恰恰基于其文学性揄扬《子夜》是中国首部成功的写实主义长篇小说，是文学革命后第一部“表现社会的长篇小说”，认为从“‘文学是时代的反映’上看来，《子夜》的确是中国文坛上新的收获，这可说是值得夸耀的一件事”[36]，其与美国左翼作家辛克莱尔（Upton Sinclair）之作品的“截然不同点”在于，后者“是用排山倒海（的）宣传家的方法”，《子夜》“却是用娓娓动人叙述者的态度”[37]。就此而言，瞿秋白确实正面地肯定了《子夜》的文学价值，足可见文学性考量在瞿秋白评价《子夜》的过程中并未缺位。要言之，瞿秋白对《子夜》的赞誉，绝不单单只依据一定的方法论和政策性，文学性也是其考量的重要标准，或者说前两者占据主导作用，总体上是综合三者考量的结果。因此，与其说有截然分明的“两个瞿秋白”存在，不如说是存在于同一人身上的多重思想意识的融合与矛盾在不同时期的表现。政治观与文学观的理念、政治家与文学家的身份在瞿秋白一生中始终呈现的是"纠葛"(借用《多余的话》中"历史的纠葛"一语)的状态，而不是"非此即彼"的关系。

实际上，就文学性考量而论，"临终书单"中舍《子夜》而取《动摇》，与瞿秋白对不同类型文艺作品亲近感的变化直接相关。《子夜》重在写外在世界之现实，涵盖的是重大历史题材，力图反映的是国内各阶级之间的冲突纠缠，关注的是社会科学分析图景中宏观的"时代"；而《蚀》三部曲的《幻灭》《动摇》和《追求》则重在写内在世界之心意，作为茅盾自己"在这迷乱灰色的人生内发一星微光"的结晶，关注的是大革命喧嚣中"个人"真切的生命体验，映照的是"现代青年在革命壮潮中所经过的三个时期"[38]。朱自清曾精辟地指出《子夜》"写的是民族资本主义的发展与崩溃的缩影"，《蚀》刻画的则"是些有血有肉能说能做的人"；《子夜》"是为了写而去经验人生的"，而《蚀》却是"作者经验了人生而写的"；前者是"细心研究的结果"，后者则是"写意"的创作[39]。《蚀》确是"体验"后的结果，但《子夜》却不能不说是有着"说明"企图的创作[40]。

反观写下《多余的话》时只想要袒露真心、"乱谈几句，心上也就痛快了"[41]的瞿秋白，他此刻依然愿意读到的文学创作，当然是倾向于关怀个体灵魂的苦闷、"经验了人生"的"一星微光"，而非聚焦宏大历史进程的趋势并"为了说明什么"的"研究成果"。即使他仍然认可，作为一部"写实"之作，《子夜》在"文学是时代的反映"层面上的成功，但此刻自己内心深处更感亲近的毫无疑问应当是《动摇》，这部感人且更能凸显"文学是心灵的反映"的"写意"之作。瞿氏旅沪期间曾撰文将茅盾的《蚀》三部曲斥为国共分裂后文艺上宣扬颓废虚无的"动摇主义"，讥之为理想碰壁的"高等无赖"文人"做点内省功夫"后的产物，并声称这"决不是大时代的写实"，而只能映现出"动摇主义的无赖们"的"一缕幽魂"[42]而已。不过在如今唯求"痛快"的瞿秋白面前，烛照"幽魂"与深切"内省"恰恰是此类作品最为动人心弦之处了。值得"再读一读"的《动摇》，也正印证了他所吐露的自己"从'文人'进到真正了解文艺的初步"的认识——"摆在你面前的是有血有肉有个性的人"[43]。

四、取与舍："卸下戏装"

尽管瞿秋白作为第一批留苏的政治新星长期担任中共中央的领导工作，甚至还一度成为领袖，但在国共第一次分裂后，他很快就因贯彻共产国际代表的"左倾盲动错误"从最高处跌落，从此开始不断自我检讨、噩梦般的痛苦历程。出任中共驻共产国际代表团团长后，又因与斯大林、布哈林鼓吹的"第三时期"理论及过左的富农政策不合，反对联共(布)清党反托派运动对中国留学生的迫害，被撤销团长职务。紧接着1930年8月回国返沪后，又因批判"立三路线"不力，再被指为犯了"调和主义"错误，被米夫、王明一派逐出政治局；此后他又被诬为"整个阶级敌人在党内的应声虫"，宣称要对其"开展最无情的斗争"[44]；不久，他又被驱赶到形势已经岌岌可危的江西苏区去，造成了最后的悲剧命运。可以想象，那时"他所产生的失望、痛苦和鄙视，是可想而知的"[45]，他身陷囹圄，一无所有，"对于政治舞台，实在是十分厌倦了"[46]。

过往的功名早已如云烟荡然，汀州的囚室、空寂的周遭，他心怀中派遣不开、终日萦绕的，只是——

> “知我者，谓我心忧；不知我者，谓我何求。”[47]

于慨然赴死之前，瞿秋白总算得以从“历史的误会”中解脱，他终于有机会率然抛掉从前不得不遵从的上级指示、竭力去论证的路线方针和迫使自己不断低头认错的斗争倾轧。他深知此刻“只剩得我自己了”，于是只想要回归本心，“说一说内心的话，彻底暴露内心的真相”，重新拾起“脆弱的二元人物”的“绅士意识”和“半吊子文人”未除的“结习”，索性就“发作”一下那“小布尔乔亚智识者的‘自我分析’的脾气”[48]。很显然，那个从“唯物辩证法的创作方法”、从“苏维埃运动”的政策理论和从“文学是时代的反映”的写实主义观念出发去称赞的《子夜》，是不能契合瞿秋白此时的“心忧”况味的。

录寄《多余的话》文稿的国军政工人员杨幸之一针见血地指明：瞿秋白“何尝不可以慷慨就死？沽得一个倔强到底的‘烈士’‘芳名’，然而他仍要在生命的最后一刹那供出自己的虚伪，揭破自己的假面具，这便是‘文人’之所以为‘文人’”[49]。《子夜》与《动摇》的一舍一取之间，彰显的正是身为“文人”的瞿秋白在内心深处保持的游离于政治铁律之外的美学旨趣，这位曾自诩“江南第一燕”的书生并没有彻底落入意识形态的抽象名词陷阱中，也尚未完全抛弃“名士化”的鉴赏习性，且“始终不能克服自己的绅士意识”[50]。在将洋溢血肉丰满之人性的文艺作品置于方法、政策、教条、决议下臧否宰割的时候，他充其量也只能做到“革面”，却终难“洗心”。《多余的话》多次发出“回到自己那里去”[51]“回‘家’去罢”[52]这样寓意深沉的感慨，“回到自己”的内心召唤不止引领瞿秋白去痛定思痛地审视自己“枉抛心力作英雄”[53]的浮沉人生，也不可避免地促使他重新调整自己对待文艺的态度，这样一个返璞归真的心路回环，便是再度唤醒他原初的审美自觉，令其开始尝试着去真正了解文艺。《动摇》所寄托的，正是瞿秋白终得以“卸下戏装，还我本来面目”[54]之后寻回的那颗面对“我所爱好的文艺”[55]时的赤子之心。

结语

综上看来，理解瞿秋白为何在“临终书单”中不选择《子夜》，就不是一件难事了。如果他在“告别了，这世界的一切”之际还念念不忘于《子夜》，还执着于当初称道有加时依据的价值标准，那岂不是太“不合时宜”且“执迷不悟”了么？如果抒写《多余的话》是为了“写一点最后的最坦白的话”[56]，那么到临终时还对《子夜》恋恋不舍，反倒是匪夷所思的了。而“临终书单”中隐含的瞿秋白看待《子夜》的微妙态度，不仅透露了这位“软心肠的共产主义者”[57]文学价值观的前后演变轨迹，也为今人理解中国左翼文艺运动历程的复杂性和多变性提供了一份颇具认识价值的案例。

＊本文系国家社科基金青年项目“香港左翼文艺运动研究(1945—1949)”【21CZW048】的阶段性成果。

注释：

[1] “四十年”即高尔基最后一部长篇小说《克里摩·萨摩京的生活》(*Жизнь Клима Самгина*)(现通译《克里姆·萨姆金的一生》)的副标题,有研究者已指出此处系对书名的误标。瞿氏译介这部小说时就曾将其译名标为“《四十年——克里慕·萨慕京的生活》”和“《克里谟·萨谟京的生活(四十年)》”。参见陈鸿祥:《读瞿偶记》,刘福勤主编:《瞿秋白研究文丛》第8辑,北京:中国文联出版社,2014年,第362页。

[2] 瞿秋白:《多余的话》,贵阳:贵州教育出版社,2005年,第90页。

[3] 刘福勤:《心忧书〈多余的话〉》,上海:上海社会科学院出版社,1993年,第261页。

[4] Q. B. Qu, *Superfluous Words*, J. Greenbaum trans., Canberra: Pandanus Books, 2006, p.73.

[5] 瞿秋白:《多余的话》,贵阳:贵州教育出版社,2005年,第81页

[6] 瞿秋白:《多余的话》,贵阳:贵州教育出版社,2005年,第86页。

[7] 陈梦熊:《〈鲁迅全集〉中的人和事——鲁迅佚文佚事考释》,上海:上海社会科学院出版社,2004年,第223页。

[8] 参见王铁仙、刘福勤主编:《瞿秋白传》,北京:人民出版社,2011年,第16～43页。

[9] 郑伯奇:《创作不振之原因及其出路》,《北斗》1932年第2卷第1期,第161页。

[10]《中国无产阶级革命文学的新任务——一九三一年十一月中国左翼作家联盟执行委员会的决议》,《文学导报》1931年第1卷第8期,第5页。

[11] 茅盾:《我走过的道路》(上),北京:人民文学出版社,1997年,第475页。

[12] 易嘉(瞿秋白):《革命的浪漫谛克》,华汉:《地泉》,上海:上海湖风书局,1932年,第2～7页。

[13] 静华(瞿秋白):《马克斯,恩格斯和文学上的现实主义》,《现代》1933年第2卷第6期,第817页。

[14] 易嘉(瞿秋白):《谈谈〈三人行〉》,《现代》1932年创刊号,第132页。

[15] 乐雯(瞿秋白):《〈子夜〉和国货年(续)》,《申报·自由谈》1933年4月3日,第13版。

[16] 参见陈汉楚:《蒲鲁东和蒲鲁东主义》,南京:江苏人民出版社,1981年,第36页。

[17] 瞿秋白:《读〈子夜〉》,《新文学史料》1982年第4期,第90页。原载1933年8月13、14日《中华日报·小贡献》,署名“施蒂尔”。

[18] 参见张大明:《昙花一现的“唯物辩证法的创作方法”》,《新文学史料》1985年第2期,第212～216页;林伟民:《试论左翼文学关于创作方法理论的探索》,《华东师范大学学报》(哲学社会科学版)2002年第1期,第75～78页。

[19] 周起应(周扬):《关于“社会主义的现实主义与革命的浪漫主义”——“唯物辩证法的创作方法”之否定》,《现代》1933年第4卷第1期,第23页。

[20] 瞿秋白:《读〈子夜〉》,《新文学史料》1982年第4期,第88页。

[21] 何史文(瞿秋白):《中国的经济和阶级关系——对于方亦如的批评》,《布尔塞维克》1932年第5卷第1期,第92页。

[22] 何史文(瞿秋白):《中国的经济和阶级关系——对于方亦如的批评》,《布尔塞维克》1932年

第5卷第1期，第96页。由此联系到茅盾1939年在新疆对《子夜》写作动机的追认，“但我所要回答的，只是一个问题，即是回答了托派：中国并没有走向资本主义发展的道路，中国在帝国主义的压迫下，是更加殖民地化了……他们的‘出路’是两条：(一)投降帝国主义，走向买办化；(二)与封建势力妥协”云云，可以明显地看到茅盾所借助的理论资源从何而来。参见茅盾：《〈子夜〉是怎样写成的》，《茅盾全集》第22卷，北京：人民文学出版社，1993年，第54页。

[23] 何史文(瞿秋白)：《中国的经济和阶级关系——对于方亦如的批评》，《布尔塞维克》1932年第5卷第1期，第96～97页。

[24] 茅盾：《我走过的道路》(上)，北京：人民文学出版社，1997年，第502页。但茅盾也说明因为自己缺乏实地体验，所以对于农民暴动及红军活动没有照瞿秋白的意见写下去。

[25] 乐雯(瞿秋白)：《〈子夜〉和国货年》，《申报·自由谈》1933年4月2日，第17版。

[26] 瞿秋白：《读〈子夜〉》，《新文学史料》1982年第4期，第90页。

[27] 杨奎松：《“中间地带”的革命——国际大背景下看中共成功之道》，太原：山西人民出版社，2010年，第309页。

[28] 毛泽东：《关于人的认识问题》(1964年8月24日)，《毛泽东文集》第8卷，北京：人民出版社，1999年，第393页。

[29] 学界比较有代表性的观点认为：“王明、博古一伙是有意把瞿秋白当做包袱甩给敌人，借蒋介石的刀把他们杀掉的。”参见唐宝林、陈铁健：《陈独秀与瞿秋白》，北京：中国青年出版社，1997年，第368页。而据当时共产国际派驻中央苏区的军事顾问李德(奥托·布劳恩)回忆，是他在红军主力转移前主张留下相当数量的人员(包括非战斗人员)继续从事游击战，周恩来则力主整个苏区全部撤退，后经博古调解，应撤退人员总数降低了百分之十至二十。参见[德]奥托·布劳恩：《中国纪事》，李逵六等译，北京：东方出版社，2004年，第94～95页。杨奎松则指出，在不得不放弃中央苏区之时，苏区最高决策小组“三人团”(博古、周恩来、李德)的负责人博古“首先想到的就是没有必要带瞿秋白一道走。三人团的决定，无疑是导致瞿秋白最后被俘致死的重要因素”。参见杨奎松：《瞿秋白与共产国际》，《近代史研究》1995年第6期，第103页。

[30] 乐雯(瞿秋白)：《〈子夜〉和国货年(续)》，《申报·自由谈》1933年4月3日，第13版。

[31] 王彬彬：《两个瞿秋白与一部〈子夜〉——从一个角度看文学与政治的歧途》，《南方文坛》2009年第1期，第68页。

[32] 参见陈相因：《“自我”的符码与戏码——论瞿秋白笔下“多余的人”与〈多余的话〉》，《中国文哲研究集刊》2014年第44期，第92页。

[33] 茅盾：《从牯岭到东京》，《小说月报》1928年第19卷第10号，第1141页。

[34] 参见赵庸夫：《关于瞿秋白之种种》，《逸经》1937年第34期，第34页；陈铁健：《重评〈多余的话〉》，《寻真无悔——陈铁健八十文录》，太原：山西人民出版社，2014年，第216页。

[35] 瞿秋白：《多余的话》，贵阳：贵州教育出版社，2005年，第76～77页。

[36] 瞿秋白：《读〈子夜〉》，《新文学史料》1982年第4期，第88页。

[37] 瞿秋白：《读〈子夜〉》，《新文学史料》1982年第4期，第90页。

[38] 茅盾：《从牯岭到东京》，《小说月报》1928年第19卷第10号，第1138～1139页。

[39] 参见朱佩弦：《〈子夜〉》，《文学季刊》1934年第1卷第2期，第405页。

[40] 茅盾在其回忆录中曾自述：“我是经验了人生才来做小说的，而不是为了说明什么才来做小说的。”参见茅盾：《我走过的道路》(上)，北京：人民文学出版社，1997年，第385页。

[41] 瞿秋白：《多余的话》，贵阳：贵州教育出版社，2005年，第67页。

[42] 瞿秋白:《学阀万岁!》,《乱弹及其他》,上海:霞社,1938 年,第 131～132 页。

[43] 瞿秋白:《多余的话》,贵阳:贵州教育出版社,2005 年,第 86 页。

[44] 王观泉:《一个人和一个时代——瞿秋白传》,天津:天津人民出版社,1989 年,第 603 页。

[45] 陈铁健:《导读:书生革命者的悲剧情怀——外曲内直烛照心灵的〈多余的话〉》,瞿秋白:《多余的话》,贵阳:贵州教育出版社,2005 年,第 5 页。

[46] 瞿秋白:《多余的话》,贵阳:贵州教育出版社,2005 年,第 84 页。

[47] 瞿秋白:《题记》,《多余的话》,贵阳:贵州教育出版社,2005 年,第 66 页。

[48] 瞿秋白:《多余的话》,贵阳:贵州教育出版社,2005 年,第 66～67 页。

[49] 雪华(杨幸之):《多余的话·引言》,《逸经》1937 年第 25 期,第 18 页。

[50] 瞿秋白:《多余的话》,贵阳:贵州教育出版社,2005 年,第 88 页。

[51] 瞿秋白:《多余的话》,贵阳:贵州教育出版社,2005 年,第 73 页。

[52] 瞿秋白:《多余的话》,贵阳:贵州教育出版社,2005 年,第 84 页。

[53] 周红兴:《瞿秋白诗歌浅释》,南宁:广西人民出版社,1981 年,第 187 页。1927 年曾短暂担任过瞿秋白秘书的郑超麟称,瞿氏狱中绝命词《浣溪沙》“把老龚(引者注:即龚自珍)的‘莫抛心力贸才名’改几个字为‘莫抛心力作英雄’。所以我一看见这篇文章就断定是他亲笔写的”。参见郑超麟:《怀旧集》,北京:东方出版社,1995 年,第 4 页。但原句实为“枉抛心力作英雄”,而瞿秋白颇为倾慕的常州同乡、清代中叶诗人黄景仁有诗曰:“汝辈何知吾自悔,枉抛心力作诗人”(《癸巳除夕偶成·其二》),则此句更应是脱胎自黄诗。

[54] 瞿秋白:《多余的话》,贵阳:贵州教育出版社,2005 年,第 84 页。

[55] 瞿秋白:《多余的话》,贵阳:贵州教育出版社,2005 年,第 69 页。

[56] 瞿秋白:《多余的话》,贵阳:贵州教育出版社,2005 年,第 66 页。

[57] Tsi-An Hsia. “Ch’ü Ch’iu-po: The Making and Destruction of a Tenderhearted Communist”, *The Gate of Darkness: Studies on the Leftist Literary Movement*, Seattle: University of Washington Press, 1968, pp.3-54.

狐狸和刺猬的较量

——论李劼人1930年代长篇小说中的历史意识

周 琪

（南京大学中国新文学研究中心，江苏南京，210023）

内容摘要： 作为杂家的李劼人有着广阔的文学视野及高度自觉的历史意识。在他的三部曲中，文学风格的流变与其史学观念休戚相关。在《死水微澜》的写作中，李劼人展现了对世间万象无微不至的体察能力，而在《暴风雨前》《大波》中，作家对繁芜世情的悦纳逐渐让位于他构建某个单一历史本质的冲动，而这一“从包容万象到追寻本质”的表层文学风格之转变，恰恰源自李劼人自身认知模型从多元论到一元论的前后分化。从推崇多元论到追寻一元论，意味着历史现象与历史本质两种写作诉求之间的较量与张力，也为文学史提出了一个新命题，即如何看待长篇历史小说中文学主体性和史诗性的关系问题。

关键词： 李劼人；1930年代；长篇小说；历史意识；文学风格

鲁迅生前曾感叹，虽然很多大事件在晚清至民初的中国历史舞台中轮番上演，“然而我们没有一部像样的历史的著作，更不必说文学作品了”[1]。事实上，中国现代文学中不乏取材自历史事件的著作，譬如郁达夫的《采石矶》与施蛰存的《将军底头》等小说，但大多数作品旨在借古喻今，或仅作为小说的历史背景和特殊历史素材之用，而真正具有高度自觉的历史意识，或者以历史本身为旨归来书写中国近现代史进程的文学作品并不多见。在现代长篇历史小说中，李劼人的大河小说三部曲可以称得上是这方面的杰作。

李劼人的文学创作始于20世纪20年代，30年代则是其创作的全盛期，他相继出版的《死水微澜》《暴风雨前》和《大波》等长篇小说，通常被合称为大河小说三部曲[2]。无论从其整个创作历程，还是其作品的文史价值来看，都可以说30年代的李劼人已完成了他此生最卓越的事业。不少评论家将李劼人30年代的长篇小说视为史无前例的作品：郭沫若毫不吝惜地称赞他的小说为“小说的近代史”或“近代《华阳国志》”[3]；而巴金亦认可“只有他才是成都的历史家，过去的成都活在他的笔下”[4]。李劼人是一个有着浓厚历史兴味与广阔视野的杂家，在通过状写地方历史来勾勒中国近代史之嶙峋形貌这一点上，无人能比他更得心应手。他游刃有余地穿梭于文学与历史的幢幢暗影中，对历史的钟情使李劼人的历史小说更像是一份关乎历史的证言。

本文通过细察《死水微澜》《暴风雨前》《大波》中的历史书写，认为李劼人历史小说的成就不仅得益于其宽阔的文史视野，更源自他对世间万象的款款热忱。在揭示其历史洞见的同时，本文也试图指出其历史书写中的矛盾和缺憾，即对历史真相的执着使得作者不可避免地陷入一种明确的书写意图，那便是力求从纷繁驳杂的历史现象中归纳出单一的历史本质，而这在一定程度上限制了作者文学艺术表现的丰富性。以赛亚·伯林曾在《俄国思想家》中借用狐狸和刺猬分别描述两种不同的思想人格，二者的认知模式分别是离心与向心的，前者的思想或零散或漫射，具有多智的特点；而后者则试图建立整一的、具有绝对统摄力的一元认知模型。简而言之，狐狸和刺猬的区别，恰似多元论者与一元论者之间的差异，前者以兼容并包的开放心态欣赏世间万象，且并不执着于用一个既定的框架去阐释他们，而后者关注的则是事物背后的本质，并且试图以这一本质去解释、统摄万象[5]。以赛亚·伯林的描述源自他对托尔斯泰作品的观察，尽管托尔斯泰与李劼人的文学风格有诸多差异，但伯林所提炼出的狐狸和刺猬这两种思想人格，某种程度上却能够帮助拓宽当下李劼人研究的阐释空间。从《死水微澜》到《大波》，李劼人同样经历了从推崇历史现象多元论(狐狸)逐渐趋向执着于单一历史本质论(刺猬)的过程。因此，狐狸和刺猬的较量，既象征着历史现象与历史本质两种书写诉求之间的张力，也为文学史提出了一个新命题，即如何看待长篇历史小说中文学主体性和史诗性的关系问题。

一、一个“杂家”的文史视野

无论从个人履历还是他自身的趣味来看，李劼人都是一个当之无愧的杂家。他历任过雅安县第三科科长、《四川群报》的主笔兼编辑、嘉乐造纸厂及民生机器厂厂长，还曾被聘为成都大学教授，不久后却又辞去教职，与夫人一同经营川菜馆小雅[6]；他有着极其广袤的文史视野，除却文学创作之外，他还翻译了包括《包法利夫人》等在内的大量小说，并撰写过《漫谈中国人之衣食住行》等风俗志；他交游广泛，“上至军阀，下至贩夫，莫不率性挥洒”[7]。放眼整个中国现代文学史，都鲜少作家能像李劼人这样能身兼数职，周旋于官场、实业界以及学界，同时亦能穿梭于官方和民间等诸领域。李劼人兼容并包的视野及其对俚俗生活的热情为其文学事业奠定了牢固的基础，而杂芜与强韧也构成了他笔下的川西文学空间里最典型的众生相。

仅就文学的总体造诣而论，李劼人或许难以跻身中国现代最优秀的作家行伍，大概诚如某种心照不宣的共识，绝大多数优秀的作家一生只做一件事，那便是写作，而对于李劼人来说，文学只是他诸多事业里的一种，他的广博视野和多智，使他的趣味难以定于一端。不过，尽管种种因素阻碍了其文学朝向更高层次的成熟，李劼人的创作仍然堪称独树一帜。李劼人并不完美，即使是结构最为完善的作品《死水微澜》，可能也谈不上有多么深刻，但他凭借着出色的嗅觉敏锐地把捉到了历史的脉搏，他像一个对万事万物均怀抱着同等兴趣与宽容的地方史官，将地方风俗、人物的细微心理、风月闹剧以及晚清帝国的黄昏景象一一悦纳。作为表现中国近代史历程的长篇小说，《死水微澜》可谓具有首创之功，弥补了现代文学史上此方面的匮乏，无怪乎有学者称李劼人为“中国现代长篇历史小说的开山祖”[8]。

作为有着自觉修史意识的作家，李劼人某种程度上接续了古代中国文史互证的传统，其中文学与历史互为印证、相得益彰。据李劼人自述，《死水微澜》所涉的时段为1894—1901 年，《暴风雨前》的时代为 1901—1909 年，《大波》则专注于刻画 1911 年的四川保路运动[9]。在写作过程中，为了力求真实地再现辛亥革命前成都以及中国的社会面貌，李劼人搜集了大量的原始资料，其中包括档案、电报、檄文等等，他曾因《暴风雨前》的某个细节“翻了二十多万字的文件，搜集了许多证据，走访了十几个人，而用在书中的只有一句话”[10]。据好友张秀熟回忆，尽管李劼人是辛亥革命的亲历者，但他为了资料的真实性“仍尽力搜集档案、公牍、报刊杂志、府州县志、笔记小说、墓志碑刻和私人诗文”[11]等等。

正是这种严谨的求真精神铸就了三部曲扎实的历史基调，其中尤以《大波》对辛亥年间历史事件的收录与再现为最，以至于《四川保路运动史》这部著作都多次引用过《大波》中的材料[12]。此外，学者王笛的《茶馆》等微观史学力作也频频征引过《死水微澜》等书中的素材[13]。在上述微观史著作看来，李劼人对成都茶馆中“评理”“喊茶钱”等风俗绘声绘色的描摹不仅在文学上具备较高的审美价值，还无形中构成了历史的生动注脚。而更见出李劼人观察力之老辣的，则是他在《暴风雨前》中对茶馆这一文化符号独特功能的提纲挈领式总结——他将其条分缕析地概括为“各业交易的市场”“集会和评理的场所”以及“中等以下人家的客厅或休息室”[14]。李劼人的很多描述都携带着社会史的意味，他的观察与剖析在敏锐度上绝不亚于专业的治史者。在李劼人这里，文学和历史回到了现代学科建制之前尚未分化的状态，其中文学是历史的旁证，历史是文学的蓝本。

不过，当我们提及李劼人的历史视野时，一个不可忽略的问题是，中国作为一个有着悠久文史传统的国家，从古至今哺育了不可胜数的史官及文学家，其中对历史题材青眼有加的作家更是层出不穷，李劼人既不是第一个，也不是最后一个。那么，问题的关键便在于，李劼人与现代中国其他以历史为表现对象的作家相比，其本质区别在哪里呢？

譬如同为表现辛亥革命题材的作品，李劼人的《大波》与郭沫若的《反正前后》在处理手法上便大异其趣，李劼人曾打趣道：“郭沫若之《反正前后》，真是打胡乱说，吾书则处处顾到事实。”[15]对于历史真实性的信任与主观上的忠诚，是李劼人区别于其他作家的重要特征之一。无论是郭沫若的《反正前后》或《屈原》《虎符》等一系列历史剧本，其用意通常在于以古喻今或以古讽今，在上述作品中，历史的隐喻性大于真实性，历史是文学的素材、灵感或佐料，同时还可能充当着作家设下的迷魂阵或烟幕弹。其中文学借道于历史，从而实现在黑暗现实面前的逃逸，故而在不少作品中，历史仅仅是文学的掩体，却并没有获得主体性。基于类似的理由，历史在《故事新编》以及施蛰存的《将军底头》《石秀》等小说中也更多地处于从属地位，历史是遍布着反讽修辞的语义场，而不再与事实、真相这些或古板或沉重的概念有必然联系。

倘若对比一下《暴风雨前》与莫言《檀香刑》对义和团、红灯教等清末民间组织的描写，便可以更为直观地感受到李劼人与其他作家在对待历史的态度上的差异[16]。表面上看，李劼人与莫言的笔法十分接近，二者均采用了一种夹杂着谐谑语气的叙述方式。李劼人和莫言都具备高超的反讽能力，当写到清末时期某桩施加于女子身上的凌迟酷刑时，他们都勘破了刑罚之下的压抑性心理与承袭了千百年的权力结构："大家很热烈的希望能够来这样一个活剐。一多半的人只想看一个体面的少女，精赤条条，一丝不挂的，在光天化日之下游行。一小半的人却想看一个体面少女，婉转哀号的，着那九十九刀割得血淋淋的，似乎心里才觉安逸。"[17]无论是《暴风雨前》被活剐的廖观音，还是《檀香刑》中被凌迟的妓女，她们遭受的刑罚都有着高度的表演性，这些被展览的刑罚在正襟危坐的历史身上划下了一个细小的缺口，它令正史失去了天然的权威性，也令信史面目可疑。

然而，尽管《暴风雨前》与《檀香刑》等被指认为新历史小说的文本在写作手法与作家立场上有一定的相似之处，但李劼人与莫言等新时期以来的作家之间仍然存在着不容忽视的区别，那便是，比起历史的真相，20 世纪 80 年代以来的新历史小说更迷恋于将对历史的讲述转变成叙事游戏，而李劼人对于历史的真实性怀抱着一种明朗的信赖，而这种对"事实""真理"的信任，只有在未经历史怀疑主义与虚无主义侵蚀的人那里才会得以留存。

整体而言，如果说在郭沫若、施蛰存等人的历史小说中，历史是借古喻今的载体，那么对于 20 世纪 80 年代以来吸收了后现代主义思潮的文学家来说，"历史""真理"等概念本身就失去了不言自明的合理性，因此历史更多地成为叙事的迷宫或修辞的游乐场。然而，李劼人与前述两种立场都有所不同。李劼人本质上"是以传统史家的态度对待史料的"[18]，"李劼人采取的根本态度，就是原原本本地、毫不怀疑地写出历史"[19]。在日常生活中，李劼人十分重视记账这类事宜，他不仅格外留心保存成都的物价与居民生活情况，还会饶有兴味地记载他在街头巷陌听来的语言。他一丝不苟地搜罗、筛选、甄别史料，终其一生都有着强烈而自觉的史料意识。这种史料意识也鲜活地反映在了他 20 世纪 30 年代的文学创作中，"事实之结构"[20]几乎成为三部曲成书的指导性准则，他确信事实的存在、并坚持认为，对历史的如实描绘是可供追寻的切实目标，正是这种对历史本身的尊重与信赖，构成了李劼人与其他作家的本质区别。

二、从包容万象到追寻本质

在分析了李劼人广阔的文史视野后，值得继续追问的是，虽然记录历史的真实一直是指导三部曲的创作法则，但评论者乃至李劼人自己对三部曲的评价都褒贬不一，其中视角最窄的《死水微澜》几乎被公认为最优秀的作品，而李劼人着力最多、篇幅最长的《大波》却时常被诟病，包括李劼人自己都承认《大波》"写得顶糟"[21]。然而在李劼人的构想中，正面描写辛亥革命的《大波》本应当是三部曲当仁不让的主角，而《死水微澜》《暴风雨前》仅仅是此前的铺垫，因为"直接从辛亥革命入手太仓猝了些，这个革命并不是突然而来的，它有历史渊源。历史上积累了很多因素，积之既久才结下这个大瓜。要写，就必须追源溯流，从最早的时候写起"[22]。因此，描绘四川保路运动这一"重要史事"与"全国代谢时之一大关键"[23]的辛亥革命才是李劼人三部曲的落脚点，故而《大波》本应当占据李劼人文学版图最显赫的位置，然而在目前的评价体系中，三部曲的文学价值实际上是递减的。

事实上，李劼人在1935—1937年这短短的两三年时间内完成了《死水微澜》《暴风雨前》以及《大波》的写作，其间他的书写对象、创作意图并没有发生实质性的变化，也就是说，造成李劼人大河小说三部曲内部评价差异的，也许并不是因为它们所涉及的历史时段不同，或者李劼人创作能力在短时间内的骤然衰退，而是他在这三部小说中采取了不同的写法。同样旨在披露宏大历史的运行轨迹，《死水微澜》采取的是一种包容万象却又具体而微的写法。换言之，《死水微澜》虽然涵盖了当时川西社会生活及历史的众多面向，却又以生动可感、文学性极强的细节描写丰富了作者的历史书写，因此在《死水微澜》中，文学与历史相得益彰。创作《死水微澜》时的李劼人虽立意高远，却不忘用最精妙扎实的历史细节支撑起他对1894—1901年这一历史时段的描述，他像一个随身携带着显微镜的考古学家，怀着极大的耐心与热忱一一拂去蒙在建筑、器具、饮食以及人物恩怨情仇上的尘埃，并以生花妙笔纤毫毕现地复原了逝去的历史。就某种意义而言，《死水微澜》是属于清末民初成都的《清明上河图》——虽然画幅宽阔，但每个角落都刻画得细致考究，广博且绝不空疏。正因如此，《死水微澜》中的很多细节看似闲笔，实则都可拿来作“文史互证”的绝佳材料。

《死水微澜》的核心冲突围绕着袍哥和教民而展开，前者是前现代社会自发结社的民间组织，后者则象征着西方外来文明的冲击。在当时，基督教传教士是在华传播西医的主力军，但坊间盛传他们会将婴儿的器官制成药引，只见“怪火炉上，方正发着绿焰之火，一银铛中所烹制者，赫然人耳一对”[24]。从袍哥郝歪嘴对基督教这一西方文明符号的介绍中，便可以瞥见异域文明在国人心中留下的怪诞映像。《死水微澜》的相关描写既具备极高的文学性，也可与相应的史学材料对读，达到文史互证的效果，譬如《清季教案史料》对育婴堂教案始末的记载[25]，便与《死水微澜》中教案的生成逻辑如出一辙，那便是出自对异域文明的惊惶心理与野蛮想象。此外，葛兆光的《思想史研究课堂讲录》也提到，元代的《异域志》和明代的《三才图会》都曾经用异形怪物来描绘异域人的形象[26]，此一针对陌生文明的傲慢、疑惧和戒备心理也在《死水微澜》中展露无遗。《死水微澜》中有很多经得起推敲的细节，譬如对暑袜街郝公馆主人身世的介绍，便旁涉明末湖广填四川的移民潮背景，更遑论书中俯拾即是的对于川菜、叽咕车、市集以及青羊宫等市井人情风俗绘声绘色的描述。

最见李劼人功力的，是他对时代新旧交替之际世道人心的微妙叙述，例如郝公馆的旧式士绅一方面赏玩着西洋进口的留声机和玻璃灯盏，另一方面他们对当下新式思潮的接收方式仍然是保守老旧的，所以在他们的理解中，《申报》和辕门抄[27]一样，其主要用途莫过于提供谈资；面对如火如荼的女性解放思潮，他们虽然主观上持鼓励态度，行动上却止于“在家里也常向家母作狮子吼，说：你们仍然在家里作一些烧锅煮饭的腐败事，而不出来维新，中国还有救吗？”[28]其维新宏旨背后的色厉内荏可见一斑；除此之外，李劼人极其擅长刻画人物的性心理，譬如《暴风雨前》中的尤铁民是一个激进知识分子，但他见到郝香芸后心猿意马，旁敲侧击的也无非是“拿破仑自有他的约瑟芬！”[29]以上描写均生动、鲜活，却毫无迂腐或委琐气息。李劼人写作手法的老道之处在于，他取消了叙述者陟罚臧否的审判功能，而是以一种诙谐、宽容的口吻气定神闲地将历史嬗变之际的世情百态娓娓道来。正是这种对上至官绅、下至贩夫等各阶层的广泛兴致，以及对人性褶皱处的细腻体察，成就了《死水微澜》和《暴风雨前》最精华的部分。

如果说《死水微澜》的写法是对世间万象进行凝神观照，并以经得起再三审视的扎实细节精心地完成了他对三部曲的初步构想，那么在创作《大波》时的李劼人，似乎逐渐在目不暇接的历史事件以及他希图抵达的历史本质面前丧失了文学家的自主权。《大波》一改《死水微澜》中对历史细节与社会万象的热忱，李劼人对文学性的经营也逐渐让位于作者解释历史本质的雄心。在总结《大波》失败的经验时，李劼人曾注意到部分读者关于《大波》中的人物"缺乏血肉生气"[30]的批评，这一批评的声音在《大波》的接受史上颇具代表性。不过，人物形象与故事情节的苍白只是呈现出来的结果，而并不是导致《大波》失败的根本原因。

在李劼人的设想中，正面描绘四川保路运动的《大波》才是三部曲的重头戏，为了增强文本的可信度和对于历史真实的表现能力，李劼人耗费了大量精力搜罗彼时各种告示、公函，甚至还在小说中完整地直录了《川人自保商榷书》等重要文献。百余号人物在《大波》的舞台上轮番上阵，却无一不面目模糊。《死水微澜》出场的人物虽少，神态却无一不栩栩如生，哪怕是顾天成这个称不上主角、负面色彩较浓的人物，李劼人对他遗失女儿时的心理描写都十分细致感人。相较之下，《大波》的典型写法则是摒弃历史的细节、转而将笔墨花费在重大的政治史事件上，因为在彼时的李劼人看来，唯有重大史事才更能代表历史的真相，更接近历史的本质。例如"然而这几天，恰是铁路风潮将要展开扩大的时候。原因是四川省的铁路，在光绪二十九年，全国举行新政时，四川总督锡良，按照鄂湘等省的办法，奏请由川人自办"[31]，这类对重大史事的铺叙便是《大波》最普遍的叙述方式。由于李劼人太急迫地想通过对重要史事的描述来完成他对辛亥革命的阐释，故而他逐渐失去了对世间万象的叙述耐性，以至于《大波》最终沦为了一部干瘪的辛亥革命编年史。

正因为在《大波》中，重大的历史事件被等同于历史现象背后的本质规律，所以除了展示空洞的史实之外，李劼人不再有余裕去细描《死水微澜》中那些貌似不起眼的历史现象，而这种"从包容万象到追寻本质"的转变，却是与文学创作规律相悖的，因为一部编年史可以只记录重大历史事件、只将史实的重要性视为衡量能否入史的唯一标准，但文学的丰富性及复杂性往往来源于微妙的细节，舍弃血肉丰满的细节而去寻求单一的历史本质，对于文学来说无异于缘木求鱼。因此，相较于兼具文史价值的《死水微澜》，《大波》的文学性较为逊色，而只具备有限的历史文献价值。

三、从多元论到一元论

纵览李劼人三部曲的得失，或许可以总结出一个耐人寻味的规律，那便是他的创作仿佛充满了本末倒置的意味。提及辛亥革命时，李劼人曾表示这一历史事件非常复杂，"就是当时参加这运动的人，也往往蔽于它那光怪陆离的外貌，而不容易说明它的本质"[32]，正是为了循序渐进、由浅入深地揭示辛亥革命的始末，才诞生了他创作生涯最重要的三部作品。然而，或许李劼人自己都没有发觉的是，他所擅长的其实反而是以那支包罗万象的笔，将社会生活“光怪陆离的外貌”或曰“历史的现象”灵动地、不加芟薙地描绘出来，而一旦他试图靠近并说明历史的真相或本质，他作为文学家的灵气便消失殆尽。

整体而言，李劼人并不是一个追求崇高格调与高蹈美学的作家，他的长处也并不在于宣喻某种终极的历史规律或真理。《死水微澜》的别开生面之处在于，它对俚俗生活的书写始终洋溢着温情与趣味，它描绘的是一幅昂然强韧的市井图景，而其生命力的根柢恰恰在于对驳杂万象的包容与接纳。而到了《大波》中，真正的主角只有一个，那便是历史本身。从《大波》所涉的人物数量与社会事件来看，它似乎是三部曲中最恢宏、容量最大的作品，但与之相反的是，李劼人在《大波》中所表现的，是经提纯、过滤后的历史，其中不再有精微的细节描写，而只有被政治史重大事件所填塞的单一、空洞的编年史。在他步步为营的构想中，“必到川西坝民众起来了，同志军因利乘势，与赵尔丰的军队不断冲突，使得清朝统治阶级手忙足乱，不能不派遣端方统率一标湖北新军入川，又不能不叫瑞澂多调劲旅到川鄂边境布防，以致武昌空虚，革命党人振臂一呼，而于十月十日打出革命第一枪，这才算得‘轩然大波’，也才是《大波》的主题”[33]。

从以上引文来看，写作《大波》的李劼人似乎认为，只有重大的历史事件，才有被文学书写的资格，而衡量文学价值的标准也变成了历史事件的重要程度，所以他在构思《大波》的过程中几乎完全依附于线性历史的轴线，文学的主体性也逐渐让位于作者对史诗性的单一追求。在被动追赶线性政治史的进程时，亦步亦趋的李劼人别无喘息的机会，他在人物、结构、世情上的潦草应付都源于这种无法停歇的单向追逐——既然亟待书写的重大历史事件已经令人目不暇接了，《大波》又怎么会给第二个蔡大嫂、罗歪嘴以生存的空间呢？

在《大波》中，真正的主角不是人物、地域或风俗，而只有辛亥史事，创作《大波》时的李劼人，其文史兴趣已发生了严重的偏移，如果说《死水微澜》《暴风雨前》里的人物、地域或风俗描写尚能平分秋色，文学和历史的比重尚且足以分庭抗礼，甚至堪称相得益彰，那么《大波》很大程度上只是借文学之名行修撰辛亥编年史之实。正因如此，《大波》是一部既无太多悬念、更缺乏意外之喜的作品，即便《大波》中也点缀了一些对川西风俗及黄太太等人风流韵事的描绘，但这些都只是一部编年史的调味品，它鲜少像《死水微澜》中那般有值得推敲的丰饶细节，其中绝大部分篇幅都是对辛亥史事兢兢业业的记载。一旦表现重大政治史事件、描绘政治史起承转合的欲望压制了文学的主体性，作家对文学性的追求便也将让位于其解释历史规律的冲动。

在以赛亚·伯林对托尔斯泰的研究中，伯林认为托尔斯泰的长处是对“日常生活的平凡细节的照应打点”[34]，托尔斯泰深知“自己技巧超妙之处，正在这种艺术；自己为世宗仰之因，也正在这种艺术”[35]。托尔斯泰知道，他的很多读者最喜欢的是他笔下摇曳生姿的社会生活场面、那些淑女绅士们的虚与委蛇，但他真正渴望的是穿越现象之林，去发掘那唯一的、永恒的、高悬于一切表象之上的真理。伯林将托尔斯泰形容为“想当刺猬的狐狸”[36]，尽管托尔斯泰试图用一套整全的体系去统摄表象世界，即便他是某一永恒真理的虔诚信徒，但托尔斯泰所缔造的文学世界，其不朽之处正得益于他卓著的现实感以及对纷繁世相的精确把握能力，而非他试图宣喻的历史真理。

尽管李劼人与托尔斯泰所处的时代、二者的文学造诣不可同日而语，但伯林所提炼出来的“狐狸”与“刺猬”之喻，却同样能鞭辟入里地阐明李劼人文学创作中的核心问题。和托尔斯泰“狐狸”型的思想人格一样，李劼人“他的思想并不是向心性的，而是一种扩散性的”[37]。李劼人的长处同样不在于剖析历史的本质、为历史寻找一元的解释，而恰恰在于发挥其现实感，捕捉光怪陆离的历史现象并忠实地描绘它，而一旦李劼人舍弃了这份独特的现实感、转而投入对历史本质的顽固追寻中，他便再无得心应手、挥洒自如的写作能力。

推崇多元论的狐狸观察世界的方式，正是以海纳百川的姿态将人世间的万千行状一一收纳囊中，与此同时，这些观察得来的现象本身便具备独立的存在价值，而不必将人世诸象进一步归纳、概括为某个单一的本质。而在试图寻找“一个浩大、一元的整体”[38]的刺猬那里，除却那个历史的本质，历史表象都是过眼烟云，而不必加以深刻真挚的表现。虽然作为思想人格和认知类型的狐狸与刺猬并无高下之分，但是在文学的天平上，《死水微澜》中旁逸斜出的诸多历史细节反而贡献出了血肉丰满的文学形象，而意图抵达历史本质的《大波》却只剩干枯的编年史骨架。从表面来看，彼时川人对西医的怪诞想象、顾天成的女儿走失、成都白片肉的色泽与香气等等细节只是通向历史本质之途中无足轻重的风景，然而事实最终证明，当李劼人搁置了他狐狸般的狡黠多智及美妙直觉，甚至将历史的单一本质规定为文学的归途时，则很可能无功而返。

结语

本文重新梳理了李劼人1930年代的长篇小说创作及其背后的历史意识。某种程度上，作为杂家的李劼人承继了古代中国文史互证的传统，其中文学与历史互为印证、交相辉映。当同时代的大部分作家将历史视为借古喻今或传达特定思潮的媒介时，历史在李劼人的创作中获得了主体性，历史的真实成为李劼人衡量自身创作的准绳。通观李劼人的三部曲，可以察觉出他的文学创作始终被一种悖论所主宰。李劼人最出色的是他对人世诸象无微不至的细察能力，正是这种对于繁芜世情的悦纳成就了《死水微澜》中的淋漓气韵。然而，李劼人并不满足于对历史表象的描绘，而试图抵达历史的本质，当他在《大波》中开展对历史本质的单向追逐时，重大的史实便成为历史本质的唯一化身，多元的历史现象便被过滤、提纯为一元的历史本质，以至于《大波》很大程度上沦为了一部干瘪的线性编年史。狐狸和刺猬的较量，同时也是作为文学家的李劼人与作为史官的李劼人两相交战的过程，其中，文学的主体性逐渐让渡于作家单调的史诗追求，而《死水微澜》与《大波》所遭遇的差异化评价，或许足以说明一个问题，那便是文学一旦试图以宣喻某种单一的历史本质为己任，便极易流于平庸乃至沦为编年史的仆从，而看似琐屑平常的社会生活细节中，却潜藏着有情的文学。

＊本文系国家社科基金重大项目“中国百年文学大系整理、编纂与研究(1900—2020)”【22&ZD271】的阶段性成果。

注释：

[1] 鲁迅:《田军作〈八月的乡村〉序》,《鲁迅全集》第6卷,北京:人民文学出版社,2005年,第296页。

[2] 本文所引用的《李劼人全集》收录了上述三部作品,包括20世纪30年代发行的初版本以及《大波》的重写本。在行文过程中,除却某些创作谈之外,笔者参考的主要是1930年代的初版本。

[3] 郭沫若:《中国左拉之待望》,《中国文艺》1937年第1卷第2期,第265页。

[4] 巴金:《“过去的成都活在他的笔下”——巴金致李眉信》,《郭沫若学刊》2011年第4期,第6页。

[5] 参见[英]以赛亚·伯林:《俄国思想家》,彭淮栋译,南京:译林出版社,2011年,第25～26页。

[6] 参见李眉:《李劼人年谱》,《新文学史料》1992年第2期,第31～56页。

[7] 张放:《李劼人:成都的左拉和福楼拜》,成都市文学艺术界联合会、李劼人研究学会编:《李劼人研究:2007》,成都:巴蜀书社,2008年,第539页。

[8] 杨联芬:《李劼人长篇小说艺术批评》,《文学评论》1990年第3期,第50页。

[9] 参见李劼人:《〈死水微澜〉前记》,《李劼人全集》第9卷,成都:四川文艺出版社,2011年,第242页。

[10] 李劼人:《谈创作经验》,《李劼人全集》第9卷,成都:四川文艺出版社,2011年,第249页。

[11] 张秀熟:《〈李劼人选集〉序》,《二声集》,成都:巴蜀书社,1992年,第464页。

[12] 参见隗瀛涛:《四川保路运动史》,成都:四川人民出版社,1981年。

[13] 参见王笛:《茶馆:成都的公共生活和微观世界:1900—1950》,北京:社会科学文献出版社,2015年。

[14] 李劼人:《暴风雨前》,《李劼人全集》第2卷,成都:四川文艺出版社,2011年,第51～52页。

[15] 李劼人:《360304致舒新城》,《李劼人全集》第10卷,成都:四川文艺出版社,2011年,第46页。

[16] 参见莫言:《檀香刑》,上海:上海文艺出版社,2012年。

[17] 李劼人:《暴风雨前》,《李劼人全集》第2卷,成都:四川文艺出版社,2011年,第23页。

[18] 齐裕焜:《中国历史小说通史》,南京:江苏教育出版社,2000年,第292页。

[19] [日]海谷宽:《关于李劼人的文学》,程文新译,成都市文学艺术界联合会、李劼人研究学会编:《李劼人研究:2007》,成都:巴蜀书社,2008年,第466页。

[20] 李劼人:《350614致舒新城》,《李劼人全集》第10卷,成都:四川文艺出版社,2011年,第39页。

[21] 李劼人:《〈死水微澜〉前记》,《李劼人全集》第9卷,成都:四川文艺出版社,2011年,第242页。

[22] 李劼人:《谈创作经验》,《李劼人全集》第9卷,成都:四川文艺出版社,2011年,第247页。

[23] 李劼人:《360304致舒新城》,《李劼人全集》第10卷,成都:四川文艺出版社,2011年,第46页。

[24] 李劼人:《死水微澜》,《李劼人全集》第1卷,成都:四川文艺出版社,2011年,第37页。

[25] 相关分析参见胡维革、郑权:《文化冲突与反洋教斗争——中国近代“教案”的文化透视》,《东北师大学报》(哲学社会科学版)1996年第1期,第20～29页。

[26] 参见葛兆光:《思想史研究课堂讲录:视野、角度与方法》,北京:生活·读书·新知三联书店,2005年,第169~170页。

[27] 李劼人:《死水微澜》,《李劼人全集》第1卷,成都:四川文艺出版社,2011年,第166页。辕门抄是清代官署发抄分寄所属各府、州、县的文书和政治情报,葛寰中等士绅将《申报》理解为辕门抄,可见他们仍然是以自己旧有的知识体系去消化、收编现代的新式思潮。

[28] 李劼人:《暴风雨前》,《李劼人全集》第2卷,成都:四川文艺出版社,2011年,第11页。

[29] 李劼人:《暴风雨前》,《李劼人全集》第2卷,成都:四川文艺出版社,2011年,第172页。

[30] 李劼人:《〈大波〉第二部书后》,《李劼人全集》第4卷,成都:四川文艺出版社,2011年,第767页。

[31] 李劼人:《大波》上,《李劼人全集》第3卷,成都:四川文艺出版社,2011年,第6页。

[32] 李劼人:《〈死水微澜〉前记》,《李劼人全集》第9卷,成都:四川文艺出版社,2011年,第242页。

[33] 李劼人:《〈大波〉第二部书后》,《李劼人全集》第4卷,成都:四川文艺出版社,2011年,第768页。

[34] [英]以赛亚·伯林:《俄国思想家》,彭淮栋译,南京:译林出版社,2011年,第42页。

[35] [英]以赛亚·伯林:《俄国思想家》,彭淮栋译,南京:译林出版社,2011年,第43页。

[36] [伊朗]拉明·贾汉贝格鲁:《伯林谈话录》,杨祯钦译,南京:译林出版社,2002年,第172页。

[37] [日]海谷宽:《关于李劼人的文学》,程文新译,成都市文学艺术界联合会、李劼人研究学会编:《李劼人研究:2007》,成都:巴蜀书社,2008年,第465页。

[38] [英]以赛亚·伯林:《俄国思想家》,彭淮栋译,南京:译林出版社,2011年,第59页。

现实主义视角下程小青侦探小说的再评价
——以《霍桑探案》为例

孟　亮

（苏州大学文学院，江苏苏州，215123）

内容摘要： 囿于侦探小说家的身份，以往对程小青的研究，常忽略了他创作中的现实主义面向。本文将从这一视角出发，回到"五四"时期的历史语境，发掘程小青侦探小说的现实主义特质和文学史价值。程小青的侦探小说是一种严肃而饱含现实主义精神的社会侦探小说：它是化装的通俗科学教科书，蕴含着程小青对现实社会的批判；它启发人的理智，承载着程小青的文学功利观念；它书写"五四"时期的各种问题，并以其批判性和侠义性内容彰显着读者对社会正义的期盼。程小青的侦探创作呼应了"五四"的时代感召，促进了西方侦探小说中国化的实现和中国现代通俗文学的繁荣。

关键词： 程小青；侦探小说；《霍桑探案》；现实主义；通俗文学

程小青是现代文学史上的重要作家，以《霍桑探案》享誉海内外，被誉为"中国侦探小说家之第一人"[1]。他虽是鸳鸯蝴蝶派的一员，但他的侦探小说具有严肃的现实精神，广泛展现了社会变革时期中国都市的犯罪面和市民的文化心理。长期以来，学界对其侦探小说的研究一直陷入类型文学的窠臼，忽视了它们与现实和时代之间的交互影响和关联。因此，从现实主义视角对程小青进行重读，深入挖掘他的侦探小说所具有的现实主义意蕴，无论是对程小青和《霍桑探案》的解读，还是揭示侦探小说创作上的多重面向以及加深对通俗作家群体的了解，都具有一定的文学史意义和学术价值。

一、侦探小说的现实介入与社会关怀

在现代文学史中，严肃文学与通俗文学之间的纠缠、批评与互动可谓贯穿了整个文学史。事实上，"五四"新文学的立足点和特点之一，即是对通俗文学的批判，而侦探小说正是通俗文学之一种。历史上，新文学家多次展开过对通俗小说的批评，但与黑幕、言情、武侠等小说门类不同，侦探小说所受到的批评相对较少。周瘦鹃、平江不肖生、张恨水等众多通俗作家都曾被多次点名批评，但程小青却似乎总能幸免。这是什么缘故呢？

通俗文学招致批评的一大原因，便是他们小说中的游戏笔墨和消闲娱乐态度。郑振铎曾发表过对小说消闲功能的看法，“中国的‘遗老’‘遗少’们都说：‘小说是供人茶余饭后的消闲的’”，“我敢极诚恳的忠告于一般青年，现在决不是大家‘消闲’的时候”[2]，“上海滑头文人所出的什么《消闲钟》，《礼拜六》，根本上就不知道什么是文学”[3]。茅盾也认为，文学应“是‘血’和‘泪’写成的，不是‘浓情’和‘艳意’做成的，是人类中少不得的文章，不是茶余酒后消遣的东西”[4]。由此可见，新文学家们(尤其是文学研究会作家)所提倡的是一种“为人生”和表现人生的文学，即现实主义文学。

程小青的侦探小说并非严格意义上的现实主义文学。侦探小说既属通俗门类，自然有一部分娱乐的功用，程小青对此并不讳言，“它是小说，它不是圣经”，“人们在操劳工作之余，应得有一部分娱乐或消遣的时间，用来调剂他或伊的身心”[5]。然而，他的侦探小说却绝非仅仅为了游戏笔墨和娱乐消遣而作，相反，程小青是以严肃的态度来看待侦探小说的，尤其是它们所具有的科学质素。他曾写过《侦探小说和科学》《科学的侦探术》等文章，来阐述侦探小说的科学意义。他指出，无论是科学实践中的观察和集证方法，还是科学思维中的演绎和归纳技巧，侦探小说中都是“应有尽有”，而且科学方法也不仅是科学家们的必备品，更是一般人“应付任何事理的工具”[6]。这种对科学的重视，与新文学家的主张是并行不悖的。事实上，侦探小说在清末民初，曾一度以其在科学和人权上的意义而备受重视，并被中国文人看作是能更新司法制度、提倡人权意识和宣传科学精神的先进作品[7]。而新文学家中也不乏翻译和创作侦探小说的人，如刘半农，他不仅与程小青一同翻译过《X 与 O》《铜塔》和《福尔摩斯探案全集》，还写了《匕首》《淡娥》及《福尔摩斯大失败》等侦探小说。因此，侦探作家程小青在新文学家眼中自然可以区别对待。

同时，“五四”新文学家之所以提倡现实主义，并非考虑其哲学和社会学内涵，而是主要将其作为一种文学的创作方法。程小青的作品虽不能严格地与之契合，但其中所包含的严肃的现实主义精神却容易被新文学家认可。程小青曾提出侦探小说“随机触发”的创作方法，并认为“‘随机触发’四个字，实在是选择初步材料时唯一的要诀”[8]，但他同时也声明，“随机触发”的创作绝不能脱离现实而存在，“就情节方面说，固然多半出诸想象，但是它所包容的时间和空间和一切登场的角色，并不是一例都是空虚的”，“一切的描写也绝不会远离现实”[9]。因此，他的创作都是从现实中取材，是现实的触发与反映，无论是小说的灵感来源、情节依据，还是小说背后的逻辑体系、知识构成，都饱含现实主义的色彩。例如，程小青从不写非现实的怪力乱神类小说，他的侦探小说即使涉及鬼怪，也只是为现实中的人物行动披上虚伪的假面，或是借现实中人的装神弄鬼来设计他的故事与主题。如霍桑系列的《白衣怪》，裘海峰装鬼恐吓裘日升，是为了查明裘日升当年夺产的真相；《催命符》中“七日死”“三日死”等装神弄鬼的符咒，也只是华济民报复甘汀荪的恐吓之举。而在人物典型的塑造上，程小青也力求真实，不使其超出现实的轨范。如他曾多次指出福尔摩斯的超人性，认为“这个机智超人的大英雄，只是柯南道尔笔尖上的理想人物”[10]，而塑造霍桑时，则认为他是一个源自现实中的常人，“他并不‘奇特’，只是一个‘常’人”[11]，“我既不承认霍桑是万能的超人，自然也有失着，有时也不妨不及包朗”[12]。

此外，程小青的侦探小说也有着强烈的现实批判性。在《霍桑探案》中，程小青几乎将批判的矛头指向了现实的各个角落：在政治方面，他控诉那些“在上面的人”，指责其“溺职不负责任”，从而造成“在下面的人”“凭借自己的地位作福作威，胡行妄为”，并发出了“一向号称以民为主的民国而有这种封建时代的虐待人民的遗毒，主政的人们将如何解释”的质问[13]；谈及司法问题，他认为我们其实还停留在封建时代，司法制度并不健全，“常常有人蒙冤含屈无处可以申诉，无产而又无势的劳苦大众更是深受其害”[14]；对于教育问题，他尖锐地指出“新教育”的弊端，“好像一个学时髦的穷傻子，羡慕着阔邻们的器物华美，便照样铺排起来”[15]；尤其是论及家庭教育，他强调不能对孩子溺爱和娇纵，比如独生子的娇养、家庭的溺爱，会造成他“任性使气的性格”[16]，必然造成危险的后果；他反对物质对恋爱的侵蚀，认为恋爱是“神圣的东西”，只要“一夹杂金钱的毒质”，就会“变得如此可怕”[17]；他指责当时的军队乱象，批评军人“良莠不齐，值不得恭维”，因为他们“表面上口口声声为国为民，内底里却只顾自己的私利”[18]；他还批评社会上的小说作者，称他们为了“迎合一般读者的卑劣心理，把他们所需要的种种色情、肉感、神怪之类的颓废作品尽量供给”，以致普通人很难找到“有意义、有思想、足以指示人生道路的纯正读物”[19]。

事实上，《霍桑探案》几乎每篇都有严肃的批判成分，也都在一定程度上展现了现实某一方面的侧影，表现了作家对社会的深切关怀。从内容看，任何霍桑单篇都难以实现“描写社会的各方面”[20]的深广度，然而，整个霍桑系列却广泛反映了现实的各个层面和各个角落，既有对现代政治经济和社会文化的描写，也有对各阶层日常行为和犯罪动机的展现，特别是对上海众多案件与罪犯的描绘，可谓写遍了二十世纪二三十年代的都市犯罪心理。因此，虽然程小青的侦探小说是注重设谜、解谜的传统推理，不是以描写人性、揭示黑暗、批判社会为中心任务的社会派推理，但称其侦探小说是有着严肃现实意义和社会关怀的“社会的侦探小说”却是完全恰当的。也正是在这个层面上，我们说程小青是通俗作家中最具严肃性和现实主义精神的作家之一。

二、启智命题与文学的现实功利观念

现实在程小青的侦探小说中具有多层意蕴，它不仅是程小青的创作来源和批判对象，更是其创作目的与归宿。他的侦探小说具有很强的现实功利观。早在1920年，程小青就写了《说小说》一文，来肯定侦探小说在启发人的想象力上的功用。之后，他在《谈侦探小说》中，明确提出了侦探小说所具有的现实功利观：“我们若使承认艺术的功利主义，那么，侦探小说又多了一重价值”，“若把‘功利’二字，加在侦探小说身上，似乎还担当得起”[21]。而他之所以重视侦探小说的科学质素，原因就是他把侦探小说当作一种具有现实功用的“通俗科学教科书”，他曾说：

> 侦探小说是一种化装的通俗科学教科书，除了文艺的欣赏以外，还具着唤醒好奇和启发理智的作用，在我们这样根深蒂固的迷信和颓废的社会里，的确用得着侦探小说来做一种摧陷廓清的对症药啊。[22]

在程小青看来，好的侦探小说自有其功利性，它不仅能充当“一种科学意义上的先锋队”[23]，提高民众的科学意识，增强他们明辨是非和真伪的社会经验，还能提升人的综合能力，培养读者在观察、想象、分析、思考、论理等方面的综合素养[24]，以至唤醒人们日渐沉寂的好奇心和探索本能，激发他们在现实生活中的探索兴味[25]，足见程小青对侦探小说现实功利性的重视。

而且，这种现实功利观也贯穿在程小青的整个侦探创作和文艺思想中。在程小青看来，文学家和教育者的作用就是要提高读者们的科学智识，培育他们的科学头脑[26]；增强他们的爱国观念，唤醒他们的民族魂灵[27]；同时，领导全国的有为青年，使他们共循正道，同赴国难，捍卫国土，振兴中华[28]。1932 年，他发表了《科学救国与侦探小说》一文，将侦探小说直接与“湔涤我们的累积的耻辱，挽救我们危颓的国运，和恢复我们民族光荣的历史”[29]的救国任务相连，并一举将侦探小说的功利性提升到了前所未有的高度。不难发现，无论是与救国相连，还是将侦探小说当作教科书，程小青功利文学观的主要目的就是启蒙，而这与“五四”启蒙主义文学思潮是一脉相承。启蒙主义的特点可以简括为：相信人的崇高与伟大，坚持理性精神(尤其是人文理性)，反对封建思想，提倡科学、人文与平民主义，宣扬民主、自由、平等的现代思想和现代性。“五四”时的众多现实主义作家，高举科学、民主的大旗，宣扬人道主义和个性解放，以文学为武器，通过对传统封建文化的批判反思来改造国民性，以实现立人和建设现代文明的目标。鲁迅的批判国民性、周作人的平民文学与儿童文学主张等等，均是这一文学思潮的反映。

那么，程小青又是如何用侦探小说启蒙和开药方的呢？

事实上，程小青为现实开出的最重要的药方是“理智”，直接与“五四”倡导的理性精神相关，“科学”和现代理性知识的“理知”都是其题中应有之义。早在 1916 年翻译《福尔摩斯探案全集》时，他就发现“书中的情节玄妙，不但足以娱乐，还足以浚发人家的理知”[30]。此后，他更是不止一次在他的理论文章中阐述了侦探小说在培养人的“理智”上的功用。在他看来，侦探小说与其他小说类型相区别的一大特点，即是它的内容和质素是侧重于科学化的，能够启发人们的好奇心，能够唤醒和扩展读者们的理智，并培育他们的科学头脑[31]。

其实，理智在哲学上本就是侦探小说的一个核心命题。侦探小说之所以被认为科学，不仅是它所采用的科学实证和演绎推理方法，还在于人的客观理智精神对主观情感的胜利，即克拉考尔所说的，侦探小说的“每一项心理学限定都是刻意设置的障碍，是注定胜出的理性将要跨越的障碍”[32]。这在侦探小说中，常表现为侦探对读者的智慧胜利。程小青也说，霍桑的胜利就在于其“健全的理智和敏捷的感觉”[33]。在《霍桑探案》中，程小青曾借霍桑、包朗之口，数十次地提到了“理智”，并从正反两面论述了理智的优点和缺乏理智的损害。如正面论述中，他认为：侦探的大脑必须像白纸一样，不抱任何成见，在侦查过程中，必须头脑冷静，就事论事，要凭借自身的理智、事实的依据和科学的方式来探究一切案件[34]；在案件记录中，也须时刻注意它的现实功用和社会影响，以便增强普通人的侦探常识，启发读者的理智，助益他们的现实思考[35]；具体到社会上的青年男女，则是凭借良好的教育，来谋求他们自身的觉悟和理智的健全，以使其打破现实的黑暗和自我虚荣的火焰，使社会彻底进入光明的未来[36]。反面论述中，他指出：如果人类因为爱魔的勾引，而打破了伦理的疆界，丧失了理智的冷静，就会酿成人间惨剧[37]；如果个体缺乏坚定的毅力和透彻的理智，就会陷入可怕的境地，而不自觉地断送掉他的人格、事业乃至生命[38]；如果被骄纵惯了的少年男女遭遇到生活挫折，在缺乏理智和教育的指引下，他们便会倒行逆施，胡作非为，以至于连性命都不顾[39]。因此，充足的理智对每个人来说都必不可少，这也足见理智的重要和程小青对它的重视。

程小青从侦探小说中挖掘了理智的命题，同时，他也将这一命题不断推演，并最终成为其侦探启蒙和生命哲学的核心。在他看来，中国社会的病源即在于国民理智的不健全。他曾说：

> 在这个大混乱的时代，是非颠倒，人类的理智，因晦蔽而脆弱无力，甚至已染上了残缺不全的痼疾。试瞧国际间的横暴侵略，社会间的欺压纷争，在在都表示人类的理智已黯淡得可怜！[40]

为此，他把理智与救国相连，并在启蒙的各个层面加入理智的因素。在教育问题上，他主张教师必须善加引导，培养学生们健全的理智和正确的思想，使他们能够“开卷有益”[41]；在文艺创作上，他主张作家要向读者灌输科学的智识，培育他们的科学头脑和理智思维，用正确的人生观和价值观来打破怠惰与迷信的旧习[42]；在青年群体上，他主张有理智的青年们人尽其力，各展其智，以锲而不舍的努力共同推进国家民族的有利事业；在主观精神上，他主张将个体的爱国心绪和奋斗精神纳入理智的轨道中，使其健康成长[43]；而在具体行动上，他则主张用持久的理智来驾驭行动，以便能更切实、更有效地实现未来的远大目标[44]。总之，即是“一切的问题困难，总须凭着缜密的理智，合法的手段来解决，决不可再犯那任性妄为的弊病”[45]。

由此可见，在程小青的启蒙哲学中，启蒙主要是启智，救国的一大中心即是用人的理智之光来照亮现实的黑暗。而侦探小说，既是他启智命题的来源，也是他启智思想的载体，更是他在现实中启蒙和改造国民性的通俗教科书。

三、问题的昭揭与社会正义的诉求

受启蒙主义思潮、欧洲和俄国表现社会人生的作品等的影响，“五四”时曾兴起了一阵“问题小说热”。这类“问题小说”多以现实主义的方法，来探讨家庭、道德等重大的人生和社会问题，以便在传统与现代的价值碰撞中，解放人的思想，促进社会转型。“问题小说”题材广泛，胡适曾说：“今日新旧文明相接触，一切家庭惨变，婚姻苦痛，女子之位置，教育之不适宜……种种问题，都可供文学的材料。”[46]虽然小说中的问题不一定要求解答，但作家们热切提出问题和观照现实的渴望，却反映着“五四”时特有的文化与社会氛围。

程小青的侦探小说也受到了“问题小说”的影响，他曾说：“一篇确是良好的侦探小说，它的题材也许是包含着一个现实的社会问题。”[47]而正如其所言，在他的侦探小说中，新的时代意识、道德观念和文化诉求，与传统的陈规陋习、守旧思想和封建文化之间，总是显出一种时代性的不可调和的矛盾。而这些矛盾，都集中反映在小说一个个"五四"式的"问题小说式"的大主题中。这在《霍桑探案》里比比皆是，如表现个性自由和封建婚姻观念问题的《无头案》《毋宁死》，家族宗法嗣续和继承问题的《嗣子之死》《青春之火》，鬼怪和迷信问题的《白衣怪》《催命符》，儿童及其成长问题的《古钢表》《王冕珠》，物欲与纵欲问题的《魔力》《舞后的归宿》，暴力爱国问题的《血匕首》《断指团》等等。具体来说，比如探讨封建婚姻观是否有存在的必要，什么是正确的人生观和恋爱观等问题。在小说《虱》中他指出：

> 社会上若干自私的男子把女子当做玩物，究竟是不是根诸天性？教育和智识能不能使这根性导入正轨？还是反足以推波助澜？假使这根性没法改善，那些浅识的弱女子们岂不是也始终处于险境？并且所谓真纯的恋爱岂非也始终使人怀疑？这个问题到底几时才能解决呢？[48]

然而与"问题小说"不同的是，这些问题在程小青的侦探小说中，或是成为案件的动机、诱因、案件本身和案件主题，或是跟随案件的破迷、解谜而予以回答或暗示。换言之，他的侦探小说同样关注重大的社会和人生问题，却无法像"问题小说"般单纯地进行整篇论述，而且这些问题也多有暗示或解答。如针对婚恋问题提出"恋爱自由，我们是应当拥护的"[49]，"父权专制的时代已成过去！父母之命媒妁之言的婚姻方式也将成为历史上的史迹；指腹成婚，更其滑稽！"[50]因此，他的侦探小说虽不是"问题小说"，却可称作"问题的侦探小说"，他继承了"五四""问题小说"的传统，以侦探的方式，将绑架、失踪、死亡等一系列案件演变成现代和传统的、民主和专制的、先进和落后的、科学和迷信的思想、价值、道德、文化等的冲突地，将种种社会与人生的重大问题及其分析、利弊借由案件表现出来，并在破迷解谜和惩恶扬善的过程中实现对社会价值观和公众行为的正确引导。

事实上，在诸多问题的世俗价值与社会价值上，程小青总将社会价值看作第一要义，这也使他的侦探小说常常契合了现代都市发展过程中普通市民对正义的期待心理，并呈现出一种社会正义色彩。而这种社会正义，主要是通过小说的批判性和侠义性内容展现出来的。

关于批判性内容，前文已有提及，《霍桑探案》几乎将批判的矛头指向了现实的方方面面。小说中，霍桑和包朗经常就社会的不公之处展开批评，有时霍桑所言过多，以至包朗都认为他在发牢骚："我听到这些问句，才知道他又在那里发牢骚了，因忙把别的说话劝解他。我道：'霍桑，算了吧。这是整个社会问题，我们的能力，眼前也管不得许多。'"[51]但显而易见的是，这种批判社会不公，揭露现实丑恶，具有替人发声和为民请命意味的发牢骚，并非单纯的个人言语，而是一种普通民众被压抑的群体性话语表达。程小青是借霍桑和包朗的言论，来表现普通市民对上流社会的情绪不满和他们在政治上对社会公义的诉求，以使他们现实中难以实现的正义期待可以在小说中获得某种替代性的心理补偿。

同时，程小青的侦探小说也存在很多侠义性内容：一是小说中众多的具有侠义精神的人物，二是小说案件结局中的人为正义和团圆。侠义精神简言之即是一种能仗义执言、锄强扶弱、见义勇为，乃至舍生取义的精神，其突出特点是勇于助人和舍己为公。《霍桑探案》中，最重要的侠义性人物正是作为侦探的霍桑和包朗。霍桑身上有墨家的贵义、尚侠和兼爱色彩，可以急人所急，为人申冤，遇到贫困者，每每能仗义相助，且分文不取。包朗就说他“欣赏墨子的‘兼爱主义’，长时期受到墨子的那一种仗义行侠的熏陶，养成他痛恨罪恶，痛恨为非作歹，见义勇为，扶助贫困压制强权的品格”[52]。而两人之所以当侦探，也正是为了解民倒悬和伸张正义，“我们当侦探的人，目的在于维持社会的安宁和秩序”[53]，“目的在于维持正义和法律”[54]。除霍、包二人外，小说中的侠义人物还有很多：如《猫儿眼》和《翡翠圈》中劫富济贫的侠盗江南燕；《浪漫余韵》中为受害女子出头的侠客满江红；《难兄难弟》中替朋友顶罪的侠士洪伯道；以及众多因爱国而违法的青年，如《断指团》中的樊百平、李四等。而这种侠义人物的大量存在，本身就暗含了读者的正义期待与心理补偿。陈平原曾指出，民众沉迷武侠的三个原因是混乱时代中合理秩序的匮乏、个人愿望的无法实现和心理补偿，以及公众人格的不健全与过度依赖心理[55]。事实上，这三者都契合“五四”前后武侠小说热的现象，也均可借以说明《霍桑探案》的侠义性人物所代表的潜在大众心理。况且，即使是侠义人物，程小青也绝不会使他们的行为超出现实的范畴，因为他们只是普通的侠士，而非能飞檐走壁的“超人”。程小青甚至专门写过一篇《新时代的侠客》，大意是行侠仗义也必须合乎时代和现实的规范。

此外，小说的案件结局往往有一种人为的正义和团圆。《霍桑探案》中，程小青经常利用人类社会行为中的因果律和普通民众心理中的善恶有报论来营造小说结局。如《浪漫余韵》中，义士瞿公侠获罪，却安然越狱出逃；《催命符》中，凶犯甘东坪虽免于死刑，却厌世自杀；《狐裘女》和《第二张照》中，恶徒钱芝山和王智生虽难于惩治，却一个良心发现，一个意外身亡；《白纱巾》和《逃犯》中，死者贾春圃和沈瑞卿的恶行引发公愤，竟致使无人愿替他们查究。霍桑曾说：“俗语说的‘种瓜得瓜，种豆得豆’，真有着论理的基点。”[56]而程小青也正是用这种符合大众心理的善因善果、善恶有报的方式，以一种人为设定的团圆结局，来呼应民众内心对社会正义的诉求。同时，当法律与人情难以调和，犯罪者是出于公利而违法时，霍桑和包朗便会采用知情不报、知凶不擒的放任主义策略，以一种私人化的“情判”方式，来实现小说的正义与团圆。如《难兄难弟》中的洪伯道、朱荣邦，《双刃碧血》中的丁蕙德，《轮下血》中的顾自由，《逃犯》中的谭娟英等等，都曾因动机或目的的正义性，而被霍桑义释过。小说中的包朗曾指出，在正义的前提下，他们并不受法律的约束，如果犯罪者是因公获罪，他们便会本着自己的良心而权宜行事，以便更好地保障普通平民的利益[57]。而这种看似私人化的良心“情判”和团圆方式，却恰是普通市民内心惩恶扬善、善恶有报的正义愿望的期许。因此，无论是批判性，还是侠义性，程小青的侦探小说都是以侦探的正义，来为民众现实中无法实现的正义理想做一种补偿性的表达。

结语

程小青的侦探小说是严肃的，是与现实和现实主义精神紧密相连的，它是通俗的教科书，是社会的侦探小说，也是问题的侦探小说。它以自身特有的科学性、批判性、功利性、启蒙性、问题性和正义性，回应了“五四”的时代氛围、文学感召与市民期待，并参与到“五四”时的国民想象与家国建构中来。程小青的小说在侦探情节结构的营造和叙事之外，浸透了对中国现实秩序以及社会体系合理建构的理性思考和价值诉求，这使得《霍桑探案》显示出真正意义上的中国性与现代性。他的侦探小说，既是西方侦探小说中国化进程中的关键节点和重要成果，也是中国现代侦探文学的高峰和标志，他在这方面取得的成就直接促进了中国现代通俗文学的繁荣。

注释：

[1] 严芙孙：《记程小青》，《小说旬报》1923 年 7 月 14 日，第 2 版。

[2] 西谛：《消闲?!》，《文学旬刊》1921 年第 9 号，第 2 版。

[3] 西谛：《新旧文学的调和》，《文学旬刊》1921 年第 4 号，第 2 版。

[4] 佩韦：《现在文学家的责任是什么?》，《东方杂志》1920 年第 17 卷第 1 号，第 96 页。

[5] 程小青：《论侦探小说》，《新侦探》1946 年第 1 期，第 11 页。

[6] 参见程小青：《从“视而不见”说到侦探小说》，《珊瑚》1933 年第 2 卷第 1 期，第 4 页。

[7] 参见范伯群：《中国现代通俗文学史（插图本）》，北京：北京大学出版社，2007 年，第 420～425 页。

[8] 程小青：《随机触发》，《侦探世界》1924 年第 20 期，第 16 页。

[9] 程小青：《论侦探小说》，《新侦探》1946 年第 1 期，第 6 页。

[10]（程）小青：《小说中的四大侦探》，《侦探世界》1923 年第 10 期，第 3 页。

[11] 程小青：《关于霍桑》，《橄榄》1938 年第 2 期，第 2 页。

[12] 程小青：《关于侦探小说的话》，《金钢钻》1932 年 10 月 13 日，第 2 版。

[13] 程小青：《江南燕》，《舞后的归宿》，北京：群众出版社，1997 年，第 251 页。

[14] 程小青：《无头案》，《狐裘女》，北京：群众出版社，1997 年，第 423 页。

[15] 程小青：《霍桑的童年》，《狐裘女》，北京：群众出版社，1997 年，第 572 页。

[16] 程小青：《楼头人面》，《白衣怪》，北京：群众出版社，1997 年，第 390 页。

[17] 程小青：《魔力》，《狐裘女》，北京：群众出版社，1997 年，第 157 页。

[18] 程小青：《险婚姻》，《活尸》，北京：群众出版社，1997 年，第 124 页。

[19] 程小青：《狐裘女》，《狐裘女》，北京：群众出版社，1997 年，第 55 页。

[20] 郎损：《评四五六月的创作》，《小说月报》1921 年第 12 卷第 8 期，第 1 页。

[21] 程小青：《谈侦探小说（下）》，《红玫瑰》1929 年第 5 卷第 12 期，第 2 页。

[22] 程小青《关于侦探小说的话》，《金钢钻》1932 年 10 月 11 日，第 2 版。

[23] 参见程小青：《科学救国与侦探小说》，《世界晨报》1932 年 1 月 5 日，第 2 版。

[24] 参见程小青：《论侦探小说》，《新侦探》1946 年第 1 期，第 7 页。

[25] 参见程小青：《科学救国与侦探小说》，《世界晨报》1932 年 1 月 4 日，第 2 版。

[26] 参见程小青：《文艺界的救国的使命》，《社会日报救国专号》1931 年 10 月 10 日，第 1 版；

[27] 程小青：《欢笑的代价》，《新闻报》1933 年 10 月 10 日，第 9 版；

[28] 程小青：《愿与教育界同志共勉之》，《新闻报》1931 年 10 月 10 日，第 4 版。

[29] 程小青：《科学救国与侦探小说》，《世界晨报》1932 年 1 月 5 日，第 2 版。

[30]（程）小青：《侦探小说作法的管见》，《侦探世界》1923 年第 1 期，第 4 页。

[31] 参见程小青：《谈侦探小说（下）》，《红玫瑰》1929 年第 5 卷第 12 期，第 2 页；程小青：《侦探小

说真会走运吗》，《新侦探》1947年第16期，第4页；程小青：《科学救国与侦探小说》，《世界晨报》1932年1月4日，第2版。

[32] [德]西格弗里德·克拉考尔：《侦探小说：哲学论文》，黎静译，北京：北京大学出版社，2017年，第56页。

[33] 程小青：《关于霍桑》，《橄榄》1938年第2期，第2页。

[34] 参见程小青：《窗》，《轮下血》，北京：群众出版社，1997年，第486页。

[35] 参见程小青：《血手印》，《活尸》，北京：群众出版社，1997年，第462页。

[36] 参见程小青：《虱》，《狐裘女》，北京：群众出版社，1997年，第393页。

[37] 参见程小青：《窗》，《轮下血》，北京：群众出版社，1997年，第494页。

[38] 参见程小青：《舞后的归宿》，《舞后的归宿》，北京：群众出版社，1997年，第62页。

[39] 参见程小青：《楼头人面》，《白衣怪》，北京：群众出版社，1997年，第390页。

[40] 程小青：《关于霍桑》，《橄榄》1938年第2期，第2页。

[41] 参见程小青：《愿与教育界同志共勉之》，《新闻报》1931年10月10日，第4版。

[42] 参见程小青：《文艺界的救国的使命》，《社会日报救国专号》1931年10月10日，第1版。

[43] 参见程小青：《冯副委员长莅苏训话纪要》，《新闻报》1937年4月23日，第14版；程小青：《救国之基本精神》，《新闻报》1932年1月1日，第19版。

[44] 参见程小青：《切实有效的救国工作》，《新闻报》1936年1月1日，第10版。

[45] 程小青：《祝华儿二十诞辰》，《新闻报》1931年1月1日，第33版。

[46] 胡适：《建设的文学革命论》，《新青年》1918年第4卷第4号，第301页。

[47] 程小青：《论侦探小说》，《新侦探》1946年第1期，第6页。

[48] 程小青：《虱》，《狐裘女》，北京：群众出版社，1997年，第392页。

[49] 程小青：《酒后》，《血匕首》，北京：群众出版社，1997年，第573页。

[50] 程小青：《反抗者》，《活尸》，北京：群众出版社，1997年，第468页。

[51] 程小青：《裹棉刀》，《轮下血》，北京：群众出版社，1997年，第162页。

[52] 程小青：《江南燕》，《舞后的归宿》，北京：群众出版社，1997年，第244页。

[53] 程小青：《翡翠圈》，《华安杂志》1920年第2卷第6号，第73页。此篇系未被成书收录的霍桑小说。

[54] 程小青：《难兄难弟》，《轮下血》，北京：群众出版社，1997年，第428页。

[55] 参见陈平原：《千古文人侠客梦：武侠小说类型研究》，天津：百花文艺出版社，2009年，第10页。

[56] 程小青：《楼头人面》，《白衣怪》，北京：群众出版社，1997年，第390页。

[57] 参见程小青：《白纱巾》，《轮下血》，北京：群众出版社，1997年，第304～305页。

【汉语方言研究】

湖北襄阳方言的比较句

聂骄阳

（华中师范大学语言与语言教育研究中心，湖北武汉，430079）

内容摘要：襄阳方言中的比较句有平比、差比、极比和递比四种句型。平比句主要使用“赶/撵”“跟”作为比较标记；差比句主要使用“赶不上”“抵/顶不过”等否定的能性补语结构和无标记差比形式“些”。方言中的比较句跟普通话有很大的不同，主要在于其发展出了丰富多彩的感情义，说话人可以通过比较来表达主观性情感。比较发展出了表示摹状、高程度的用法；还从极比发展出表达说话人抱怨的感情色彩。

关键词：“赶”；“跟”；平比；差比；主观性

引言

比较是人类认知的普遍现象。同一性和差异性、对等和不对等是我们感知和分类世界的基本概念，比较被用来对物体、人、概念等进行分类，为我们的选择提供信息。正是因为比较在我们生活中的重要性，所有语言都有大量的语法结构来表达不同种类的比较。方言中的比较句丰富多彩，普遍来说有平比、差比、极比、递比等类型。较之普通话，方言中的比较句情感特征明显，在传达出比较信息的同时还包含了说话人强烈的主观感情色彩。

襄阳市，简称襄，曾称襄州、襄樊，是中华人民共和国湖北省下辖的地级市，位于湖北省西北部。西界十堰市、神农架林区，西南邻宜昌市，东南接荆门市，东毗随州市，北达河南省南阳市。地处长江支流汉水中游、鄂豫两省交界，西部为武当山、荆山东段，东北为桐柏山，东南为大洪山，中部为襄阳盆地。2012 年出版的《中国语言地图集》中襄阳方言被纳入西南官话中的湖广片鄂北小片。

襄阳方言中的比较标记主要使用“跟”“赶/撵”和“顶/抵”。首先，西南官话中，“跟”字承担了多种功能，发展出丰富的义项，作为平比句的标记之一也不奇怪。李炜、刘亚男(2015)从历时和共时两方面来看“跟”做给予动词、与事介词并兼做并列连词应当是西南官话本有的[1]。“跟”直接由动词“随行”发展出若干介词义。跟随某人的意图和目标可能使被跟随对象成为比较对象，从而演变为介词(刘爱菊，2020)[2]。其次，追赶义的动词在很多方言中都可以作为比较标记。张定(2016)将“追赶”描述性地解构为“跟着前面的目标快速移动、施压以抓住目标”[3]。在“A 追赶 B”中“跟着”得到凸显。可见，表示两个目标之间的运动关系的动词常常可以作为比较标记。同样，动词“顶/抵”也有两个目标接触之义，都有“支撑”的义项(《现代汉语词典》第七版第 281 页和 305 页)[4]。

一、平比句

平比句比较两个对象在性状、程度等方面是否相等。Haspelmath 等人(2017)参照比较结构的五个核心组成部分，将平比结构分为六种主要类型[5]。这六种主要类型的不同之处在于：是否显性表达了相等度；相等的概念是在主要谓语(有参数作为背景)中表达还是在次要谓语(有参数作为前景)中表达；“比较”和“基准”是在独立的短语中编码还是在一个整体的短语中编码。与许多比较结构的类型学不同，基准标记的词源和或多功能性被认为与类型的建立无关。同样，基准标记和程度标记的形态地位对它们的分类也不是决定性的。如下(以下英文例句出自原文)：

类型 1：只有表示平比的基准标记，例如：

(1) Kim is tall [like] [Pat].

例句中只用 like 标记比较基准 Pat。

类型 2：有表示平比的程度标记和基准标记，例如：

(2) Kim is [equally tall] [as Pat].

例句中，表示平比的程度标记为 *equally*，基准标记为 *as*。

类型 3：统一的平比程度标记，例如：

(3) [Kim and Pat] are [equally tall].

在第三种类型中，比较主体和比较基准在同一个名词短语中连用，例句中是 Kim and Pat。

类型 4：主要谓语为“达到”的等式，例如：

(4) Kim [reaches/equals Pat] in height.

第四种类型中，平比用动词“平等、达到”来标记。一般来说，动词是及物动词，以比较主体作主语，比较基准作宾语。

类型 5：两者达到相等的统一，例如：

(5) [Kim and Pat] are equal (to each other) in height.

在类型 5 中，“比较”和“基准”在一个名词短语中连用，以 equal(相等)或 reach (达到)作为主要谓语。

类型 6：次要谓语为“达到”等式：

(6) Kim is tall [reaching/equaling Pat].

最后，在类型 6 中，形参是主谓词，而平比是在次要谓词中表示的。

襄阳方言的平比句有五种格式。

(一) 格式一

比较主体＋赶/跟＋比较基准＋一般＋补语。

(7) 他赶/跟他老爹一般高。(他跟他爸爸一样高。)

(8) 他赶/跟小虎子一般大。

该格式中，使用“赶”或“跟”联结比较主体和比较基准，比较结果中，使用“一般”表示两者在数量或程度上的相同或相似，相当于普通话中的“一样”，但后面的补语成分不可省略。这里的“跟”和“赶”如果看作是连词，则是连接了比较主体和比较基础于同一个名词短语之中，属于上述 Haspelmath 六种类型中的类型三。如果将“赶”“跟”仍然当作实义动词，则属于类型四。

(二) 格式二

比较主体＋赶/跟＋比较基准＋差不多/差棱不多。

(9)武汉那边儿赶我们这儿也差棱不多。

(10)他们那儿赶我们也差不多在。

比较结果除了使用“一般＋补语”之外，如果不需要使用补语，则多使用“差棱不多”(“差不多”，“棱”为词缀，无实义)，不能使用“一般”，“一般”后面必须加补语。

(三) 格式三

比较主体＋赶(撵)得上/赶(撵)得到＋比较基准。

(11) 他个头赶/撵得上他哥哥。

(12) 网上买的也赶/撵得上商场里头底。(网上买的也跟商场里的差不多。)

使用动词补语的形式“赶得上”或“撵得上”来表示两者在状态或性质上的相似。追赶义标记可以看作是一种隐喻，从空间域上的“追得上”到性质域上的两者相似。

（四）格式四

比较主体＋顶/抵得上＋比较基准。

（13）他顶得上好几个人。

（14）他一个娃子抵得上一个大人。

“顶得上”表示比较的时候一般后面不用补语，只表示两个事物之间的平比关系，多为性质、状态等方面的平比。

格式三和格式四都使用的是动词结构连接比较主体和比较基准。

（五）格式五

比较主体＋有＋比较基准＋形容词。

领有表示比较也是普通话中常见的比较形式，用“有”引出比较的标准。例如：

（15）他差不多有他哥哥高唠。

（16）猫儿都有他一半儿高唠。

襄阳方言中的“有”表比较的时候，常常还能表达说话人的估量，是一种不太精准的比较，所以“有”前常常有表示估计的评注性副词“差不多”“约莫”等。

“有”字平比句多用于具有描述性的陈述句中。有时，也可以出现在未然的假设语境中，句中往往带有评价性成分，含有说话人的主观情感。例如：

（17）我要是有你好看，还读啥书唻。

（18）他要是有他妹妹一半儿孝顺就好了。

综上，襄阳方言的平比为三种来源：追赶义动词“赶”“撵”、触及义动词“顶”“抵”、领有义动词“有”。Haspelmath等人(2017)发现几乎没有证据表明语言在平比结构中只有程度标记，而没有标准标记(“Kim是[同样高的]Pat”)[6]。襄阳方言中的几个平比句也证实了这一点。

二、差比句

（一）差比句的基本格式

“比较项＋赶/比＋比较基准＋形容词＋补语”，是襄阳方言差比句最基本的句式。形容词结构为补语形式，诸如“A多了”“A些”“A一点”的结构。例如：

（19）他赶/比我强些了。

（20）这几年儿赶/比头先强多了。（这几年比以前好多了。）

襄阳方言中用“赶”或“比”作为差比句的主要介引方式。除此之外，形容词后面还可以用数量结构充当比较结果的补语，数量结构可以是精准的，也可以是模糊的。表模糊差值时，通常用概数或在数量短语前可以添加“个”表示说话人不太确定，例如：

(21) 她赶你胖八斤。

(22) 他媳妇儿赶他大个十来岁。

(二) 否定性差比句

襄阳方言的否定性差比句有四种类格式。

格式一：比较主体＋赶/撵不上＋比较基准＋(补语)。

(23) 他赶/撵不上他哥哥。(他比不上他哥哥。)

(24) 他赶/撵不上他哥哥高。(他不如他哥哥高。)

格式二：比较主体＋抵不上/抵不过/不抵＋比较基准(＋补语)。

(25) 他算是抵不上/不抵他哥哥好。(他比不上他哥哥。)

(26) 他哥不抵他高。

(27) 一点儿都不懂事，连个小娃子都还抵不过。(他连个小孩儿都比不上。)

(28) 你唱歌不抵我妈。

补语成分不是强制性出现，例(25)和例(26)后面有补语，例(27)和例(28)则没有。

格式三：比较主体＋比不过＋比较基准(＋补语)。

(29) 他比不过他哥哥。

(30) 她比不过她姐姐利索。

格式四：比较主体＋没得＋比较基准＋补语。

(31) 他没得他哥哥好。

(32) 他没得他哥哥高。

否定性差比句中补语常常为光杆形容词，有时候也加量度，但此量度为某种虚拟的量，比如：

(33) 他不抵他哥哥一半儿高。

(34) 他比不过他哥哥十分之一好。

否定性差比句的形容词也常常带修饰语，在凸显比较基准同时摹状了比较主体，例如：

(35) 它还不抵我一个巴掌大。
(36) 它没得我一个指头长。

以此来强调比较主体和比较基准在某个方面的不对等，凸显了比较基础的程度之高。

（三）无标记差比句

盛银花(2010)发现安陆方言比较句中常常会出现“些”，且“些”跟普通话相比，更具有强制性，一般不省略[7]。而普通话中“些”省略与否不影响句子意思的表达。襄阳方言中的“些”也常常出现在比较句中作为比较结果的一部分，例如：

(37) 他赶他哥哥高些。
(38) 这几天赶前几天强些。

但是，襄阳方言中的“A 些”即使整句没有比较标记，也仍然表示比较，例如：

(37’) 他高些。
(38’) 这几天强些。

襄阳话中的“些”常常隐含了两个事物之间的比较，所以即使没有比较标记的出现也仍然表示在比较之后的量级。再比如：

(39) 你从这边走，这边高些，没得水。
(40) 你大些，你要让着他。

例(39)隐含了“这边比那边更高”的比较义，例(40)隐含了“你比他大”的比较义。“些”还可以用在含有两个以上比较项的比较句中，表示在一定范围内，比较主体在某方面胜过其他同类事物。例如：

(41) (你们几个娃子里头，)强娃儿要高些。
(42) (他报唠五个兴趣班，)羽毛球好学些。

“A 多/好些”还可以用来表达胜过程度很高的比较结果，在“些”前面添加程度副词“多/好”，句中还可以搭配“找不到(不知道)”表示两个比较项在某方面的差距极大，以至于难以用数量表达。例如：

(43) 你们娃子学习找不到赶/比我们强多些。

(44) 我们赚底找不到赶/比他们多好些。

三、极比句

极比句表示某一事物在某种性状上胜过(或不及)其余的同类事物(吕叔湘，1982)[8]。当多个比较项进行比较时，比较主体在某个方面的程度最高。极比也是比较事物的高下，是一种特殊的差比，它跟一般差比的不同在于比较的范围(汪国胜，2000)[9]。极比句的范围即为同一语义场的多个事物或动作。差比的比较主体或比较基准通常是特指的，极比的比较主体或比较基准往往是任指或遍指的。

襄阳方言的极比句有肯定性极比和否定性极比。

(一) 肯定性极比

格式一：(比较基准)任指＋都＋赶/比＋比较主体＋比较结果。

该格式中的比较主体表任指，常常用指示代词“啥”，如下例(45)，当比较项为有生命事物时则使用“随”来表任指，如下例(46)，两者均与句中的范围副词“都”形成对应关系，指比较主体在某方面胜过其他所有同类事物。例如：

(45) 啥饮料都赶/比这东西好喝。

(46) 随(人家)哪个都赶/比你听话。

格式二：比较主体＋赶/比＋任指＋都＋比较结果。

该格式在表意上与格式一相同，表示“胜过”义，比较基准表任指。例如：

(47) 他赶你们哪个都强。

(48) 你比他们谁个都不争气。

襄阳方言中的“哪个”“谁个”都可以是疑问代词充当表任指的人称代词。

格式三：遍指＋都＋比＋比较主体＋比较结果。

该格式表示在某个范围内，比较主体在某方面不及其他所有同类事物。用量词重叠表示遍指，例如：

(49) 你们车间个个儿都比你勤快。

(50) 人家回回儿都比你考底好。

(二) 否定性极比

格式一：比较主体＋赶/比＋任指＋都不得＋形容词。

该格式表示在某个特定范围内，比较主体在某方面胜过或等同于其他同类事物，相当于“A大/小于或等于B”的意思。“不得”是对比较结果的否定，“都”是对比较范围的强调，句子大都带有说话人的情感色彩。例如：

(51) 我英语说底赶/比你们哪个都不得差。

(52) 他送外卖赚底赶/比他们谁个都不得少。

格式二：再＋没得＋任指＋比＋比较主体＋形容词。

该格式指在某个特定范围内，表示所有同类事物在某方面都不及比较主体。有时还可以在句首添加副词“再”表示对任指关系的“再”，例如：

(53) (再)没得谁个比你不要脸。

(54) (再)没得哪个手机比这个水。

格式三：没得＋一个＋VCO。

该格式表示在某个特定范围内，所有同类事物在某方面都不及比较主体，占绝对领先地位。句子大都带有赞叹语气。例如：

(55) 论学习成绩，没得一个人赶得上他。

(56) 没得一个人喝得赢他。

格式四：任指＋都＋没得＋比较主体＋比较结果。

该格式表示在某个特定范围内，所有同类事物在某方面都不及比较主体，句子大都带有嘲讽或厌恶的贬义情感色彩。例如：

(57) 哪个都没得我吃底多。

(58) (随人家)哪个都没得他鸡贼。

四、递比句

所谓递比句是表示程度逐次递加或递减的比较句，也有人称为渐进比较句。递比也是一种特殊的差比，表示多个事物的逐次比较，而程度逐次加深或减轻。从形式上看，比较的项和项都是“一＋量”短语（汪国胜，2000）[10]。襄阳方言的递比句主要有两种格式。

（一）格式一

一＋量＋赶/比＋一＋量＋形容词。

该格式为肯定形式的递比句，表示程度的逐渐加深，或量的逐次递加或递减，相当于“越来越”的意思，形容词后面可以添加“些”。这种格式中作为比较项的两个“一量”必须相同，二者在时间上有先后，前后呼应，表示同一类事物的两个个体。例如：

(59) 我们村儿收成一年赶/比一年好。

(60) 他画画儿一回赶/比一回好些。

该格式的否定形式通常使用否定比较标记“赶不上/赶不到”或者“抵不上”“不抵”来表达，相当于“不如”的意思，否定形式为“一+量+赶不到/上+一+量+形容词”结构。句末表比较结果的形容词在某些语境下通常可以省略，句子带有指责或埋怨等消极的情感色彩。例如：

(61) 鬼娃子学习一年赶不到/赶不上一年(强)。

(62) 这橘子一批抵不上/不抵一批甜。

(二) 格式二

一+量+没得+一+量+(VO)C。

该格式以否定形式表示程度逐渐加深，句中的“没得”都可以用普通话的“不如”和“没有”替换，比较结果可以是形容词，也可以是动补结构，句中的形容词只能是带有积极意义的，整个句子表达的是情况逐渐变差的消极意义。例如：

(63) 他一回没得一回考底好。

(64) 店儿里生意一年没得一年好。

五、比较句的发展

比较是一种心理行为，通过考察两个或两个以上的项目，以评估它们之间的相似点和不同点。比较可以根据某个可分级的属性进行，然后将项目分配到谓词尺度上的位置。这种比较的心理行为在比较结构中找到了它的语言编码，特别是用于表示不相等的比较结构或用于表示平比的等式结构(Yvonne，2018)[11]。正是这种差异性或平等性造成了比较句还可以朝着其他主观性的方向发展。方言中的比较句在表达比较的同时往往传递了丰富的情感色彩，带有浓厚的口语特色，包含了说话人或积极或消极的感情传递。

(一) 从比较到摹状

比喻本质上是比较，比较句和比喻句是句法结构和修辞结构的关系，比喻句由比较句在修辞动因的作用下转化而来(盛爱萍、张虹倩，2011)[12]。

古代汉语以“如/若/似”字句来表达平比。例如(以下两例均转引自姜南，2016)[13]：

(65) 君子之交淡若水，小人之交甘若醴。(《庄子·山木》)

(66) 猛如虎，很如羊，贪如狼，强不可使者，皆斩之。(《史记·项羽本

纪》）

“平比”在本质上指的是两个项在某个方面相同或接近，但从上古汉语来看，“如/若/似”既是平比，也是比喻。这种比喻旨在说明两个事物之间的相似性，使用一个具象的事物去说明一个抽象的事物。

襄阳方言中的平比句和平比标记常常用为“摹状”。这种格式的平比句往往重在描述特征，强调比较主体的状态、情貌等。主要有两种格式，如下：

格式一：比较主体＋跟(到)个＋比较基准＋样(底)。

(67) 他跟(到)个朋友样儿底劝我回来。(他像个朋友一样地劝我回来。)

(68) 他跟(到)个娃子娃儿样底。(他就像个小孩子一样。)

格式二：比较主体＋(形容词＋底)＋跟(到个)＋比较基准＋样儿底，例如：

(69) 看你那脸红底跟(到)个苹果样底。

(70) 他那脾气犟底跟(到)个牛样底。

这里的“跟……样底”可以有两解，一种是表示比况，一种表示象似。该句式既可以表平比，又可以表比喻或比拟。格式一表示两个比较项在某个方面非常相似。格式二中，“跟(到)个＋比较基准＋样儿底”通常以补语的形式出现，有略微夸张的语气。“样儿底”为带有很强描写性的比喻，表示比较结果。句中的“跟”都可以替换成“像”，“跟……样底”相当于普通话“像……似的”结构。

（二）从比较到高程度

宗守云、代宗艳(2021)认为异类比较句是表达高程度意义的句子，他们所指的异类比较句指的是比较基准和比较主体为两种性质不同的事物，诸如“她长得比花美”“戏比天大”这样的句子是异类比较[14]。我们发现，襄阳方言中常常用肯定性平比句表示说话人认为的两个事物性质或数量相等相似，传递出说话人认为的比较主体的主观大量；用否定性差比句表达两个事物的差距和不同之处，传递出说话人认为的比较基准的主观大量。如下两个方面：

1. 平比句的高程度

平比句在摹状的同时也常常含有高程度义，可以从比较基准看出其程度深。比如：

(71) 他的脸冻得跟到个冰疙瘩一样。

(72) 他说话跟到个机关枪一样。

上述两个句子，“冰疙瘩”就预设了很冰；“机关枪”预设了“很快”，这是人们在日常生活中的共识，正因为比较基准本身预设了其自身的某些突出性质，所以使得平比句在摹状的同时也表达出高程度义。

2. 差比句的高程度

差比句中也可以表示高程度，从比较客体看出其主观大量，使用“赶不上”“抵不过”等否定形式表示 A 在某些方面比不过 B，以此来表示对 B 的赞赏和肯定。

(73) 他赶不上他哥哥一半儿好。

(74) 他抵不过他姐姐四分之一的精神劲儿。

可见，平比句可以表达比较主体的主观大量，强调比较主体的程度之高、数量之大；否定性差比句则更倾向于表达比较客体的主观大量，强调比较客体的程度之高、数量之大。

(三) 从极比到抱怨

否定形式“比较主体＋不跟(个)＋比较基准＋样儿底＋形容词”，句中表比较结果的形容词前面一般会搭配指示代词“恁(那/那么)”，用来对程度或量进行补充说明，大都表示负面评价，带有消极语气。例如：

(75) 我可不跟你样儿底，恁抠门儿。

(76) 我可不跟他样儿底恁胖。

另外，襄阳方言中的极比句常常也可以表达说话人的消极语气，比较结果中的形容词都含有贬义色彩。这种极比句中可以带有“不知道”等感叹词，将比较句置于感叹的语气中，表示说话人的感叹。例如：

(77) 找不到哪个比你还懒底。

(78) 找不到有谁个比他还坏。

结语

本文主要考察了襄阳方言的几种比较结构，包括平比句、差比句、极比句和递比句。方言中的比较句丰富多彩。在形式上比普通话更多样，能表达更为主观化的各种情感色彩。襄阳方言中的比较句的主要动词有“赶”“撵”“抵”和“顶”，除此之外，还有“有字句”和介词“跟”“比”。

＊本文系教育部人文社会科学重点研究基地重大项目“汉语方言语法的择点考察与比较研究”【22JJD740027】的阶段性成果。

注释：

[1] 李炜、刘亚男：《西南官话的“跟”——从〈华西官话汉法词典〉说起》，《中国语文》2015 年第 4 期，第 358～363 页。

［2］刘爱菊：《汉语并列连词与伴随介词的共时纠葛及历时分化》，《南开语言学刊》2006第1期，第57页。

［3］张定：《“追逐”动词语义图》，《当代语言学》2016年第1期，第51～71页。

［4］中国社会科学院语言研究所辞典编辑室：《现代汉语词典（第七版）》，北京：商务印书馆，2016年，第281、305页。

［5］M. Haspelmath，“Equative Constructions in World-wide Perspective”，Y. Treis，M. Vanhove eds.，*Similative and Equative Constructions：A Cross-linguistic Perspective*，Amsterdam：John Benjamins Publishing Company，2017，pp.18-22.

［6］M. Haspelmath，“Equative Constructions in World-wide Perspective”，Y. Treis，M. Vanhove eds.，*Similative and Equative Constructions：A Cross-linguistic Perspective*，Amsterdam：John Benjamins Publishing Company，2017，pp.25.

［7］盛银花：《湖北安陆方言的比较句》，《湖北第二师范学院学报》2010年第12期，第42页。

［8］吕叔湘：《中国文法要略》，北京：商务印书馆，1982年，第506页。

［9］汪国胜：《湖北大冶方言的比较句》，《方言》2000年第3期，第216页。

［10］汪国胜：《湖北大冶方言的比较句》，《方言》2000年第3期，第218页。

［11］Y. Treis，“Comparative Constructions：An Introduction”，Linguistic Discovery，16，2018，pp. i-xxvi.

［12］盛爱萍、张虹倩：《从温州方言中的比较句到比喻句》，《当代修辞学》2011年第5期，第14页。

［13］姜南：《汉语比较句的混同发展与分立定型》，《语言教学与研究》2016年第5期，第55页。

［14］宗守云、代宗艳：《异类比较句及其高程度性和非现实性》，《汉语学习》2021年第1期，第17页。

山东沂水方言指示代词的功能及分类问题

宋增文

（浙江工商大学人文与传播学院，浙江杭州，310000）

内容摘要：山东沂水方言指示代词包括“这”“乜”“那”，它们在指代处所、时间、人和事物上可以分为单用和合用，而在指代性状、程度时只能与其他成分合用。沂水方言指示代词语法化过程中呈现出演变的不平衡性：“那”使用频率最高，发展最快，功能最丰富；“这”语法化程度相对较低。在沂水方言指示代词三分上，表中指的“乜”实际上是一种兼指，严格说与近指和远指不在同一平面上。

关键词：沂水方言；指示代词；功能；语法化程度；分类

引言

汉语方言指示代词的研究一直以来都备受重视，既有系统讨论汉语指示代词的专著，也不乏单篇文章的个案探讨。前者如张惠英[1]、汪化云[2]等，后者主要涉及以下几个方面，一是对方言指示代词分类的探讨，如吕叔湘[3]、汪化云[4]、张维佳[5]、张振兴[6]、史秀菊[7]等；二是对方言指示代词指代功能的归纳和描写，主要有方梅[8]、刘丹青和刘海燕[9]等；三是对方言指代词的来源、发展演变和功能扩展的讨论，如刘丹青[10]、张薇[11]、张晓静[12]、安拴军和桑宇红[13]等；四是对特定时期方言指示代词的历时研究，如张俊阁[14]等。随着考察和描写的日渐深入，各方言指示代词的类型逐渐清晰，总体呈现出二分和三分的对立；方言指示代词的功能上趋向统一，大都表达指别和称代；指示代词语法化的历程和方向逐渐达成共识，大都向着定冠词、定语标记甚至连词的方向演变，只是发生演变的个体和阶段有所差别。在前人研究的基础上，我们发现沂水方言指示代词分为表近指的“这”、表中指的“乜”和表远指的“那”，它们可以单独指代时间和处所，并且指示代词“乜”和“那”都有向结构助词演变的倾向，例如：

（1）早和跟你说叫让你早哩儿的早儿点去等着他，这现在早晚唠，人家早走了。

（2）从这这个地方上北京多么远？

（3）今□儿[mər]今天要来客，你得洗洗脸上那的灰。

（4）先把锅来乜的面汤捞出来，再炒菜。

例(1)中近指代词“这”单独指代时间，表示“现在”“这时”“当前”；例(2)中的近指代词“这”单独指代地点，表示“这里”“这个地方”；例(3)中远指代词“那”处于定语和中心语之间，具有结构助词的功能和发展倾向；例(4)中的中指代词“乜”也充当了结构助词的功能，可看作是定语标记。本文立足于沂水方言指示代词，拟对其功能、演变方向及分类问题进行探讨，揭示沂水方言指示代词的特色。沂水县位于山东省中东部，根据《中国语言地图集(第2版)》[15]，沂水方言属于胶辽官话青莱片胶莲小片。

一、沂水方言指示代词的指代功能

吕叔湘[16]提出指示代词有三种作用：指示、区别、替代。区别本身是指代或指示的结果，所以讨论指示代词的功能大多围绕“指示”和“指代(替代)”展开。沂水方言中的指示代词“这”“乜”“那”单用或与其他成分连用可以指代时间、处所、人和事物、性质、程度等。指示代词单用主要表达指代功能，合用则体现的是指示功能。

（一）指代处所

沂水方言指示代词指代处所分为单用和合用。比较有特色的表达主要有“这、这来$_1$、这□$_儿$[nair]、这个□$_儿$[nair]、这些□$_儿$[nair]、这窝$_儿$、这□[xā]□$_儿$[mər]、这□[xā]点$_儿$、这些□$_儿$[mər]、这边、乜、乜来$_1$、乜□$_儿$[nair]、乜个□$_儿$[nair]、乜些□$_儿$[nair]、乜窝$_儿$、乜□[xā]□$_儿$[mər]、乜□[xā]点$_儿$、乜些□$_儿$[mər]、乜边、那、那来$_1$、那□$_儿$[nair]、那个□$_儿$[nair]、那些□$_儿$[nair]、那窝$_儿$、那□[xā]□$_儿$[mər]、那□[xā]点$_儿$、那些□$_儿$[mər]、那边”等。

1. 单用

沂水方言指示代词“这、乜、那”单用可以指代处所，此时语境相对单一，多出现在判断句中的主语及宾语位置。例如：

（5）从这上恁$_你$家怎么走？

（6）乜是咱二叔家。

（7）那不是咱这些人能去的□$_儿$[nair]$_{地方}$。

在判断句中指示代词指代的内容就是要判断的内容，一般后面会出现表示地点性的词语。根据张俊阁[17]，指示代词单用表处所明清时期已出现，一般出现在判断句中主语位置，例如：

（8）素姐问说：“这到那里够多少路呀?”(《醒世姻缘传》第85回)

（9）江城说：“这来！见了你那可意人儿，怎么不看了?”(《聊斋俚曲集·禳妒咒》第15回)

(10) 那原是他放马桶的所在，那狄希陈的拉屎溺尿倒是有去处的。(《醒世姻缘传》第 60 回)

张文指出"这""那"的指示性决定了单用作主语以"是"字句为常，因为在"是"字句中，"这""那"(主语)与所指代的人、物、事、处所等(表语)为等同关系，"这""那"所指代的内容就比较明确、具体。我们基本认同张文的观点，但是我们认为"这""那"在判断句中作主语更多的是表达指代性而非指示性。

2. 合用

指示代词后常与处所性成分相连，一般充当主语和宾语，指示代词仅仅起到指示的作用，表达近指、中指和远指的概念，一般充当定语。例如：

(11) 这个□儿[nair]地方不是好□儿[nair]，咱不能待在这来盖屋房子。

(12) 这窝儿叫太阳晒着，往那边移移。

(13) 你上乜来看看有柴火吧，有的话拿过来。

(14) 往乜□[xã]□儿[mər]挪挪，别碍事。

(15) 我不上那个□儿[nair]，怪脏。

(16) 那些□儿[mər]比咱这来凉快点。

(二) 指代人和事物

沂水方言指示代词单用可以指代事件，"这""乜""那"单用指代事件时它们指示的距离性减弱，相互之间可以互换，例如：

(17) 他不上学唠这能行是唠?

(18) 你问道的事乜也不归我管啊。

(19) 他问道后日后天能下雨吧，那我上哪知道起。

以上三例中的"这""乜""那"无所谓近指、中指、远指，一般在句中作主语。

沂水方言指代人和事物时更多的是指示代词与其他词语合用，主要有"这个$_1$、这些、这来$_2$、这样、乜个$_1$、乜些、乜来$_2$、乜样、那个$_1$、那些、那来$_2$、那样"等。此外"指示代词＋称谓或具体事物"也可以指代人和事物，一般作主语或宾语，有时还可以作定语。例如：

(20) 这个(人)看着不像个好人。

(21) 恁都愿意白搭不行，这来不愿意。

(22) 乜些看着不跟这些好。

(23) 乜个苹果不知道叫谁咬了一口。

(24) 那样咱就吃亏了。

(25) 那个矮点的长得怪很排场漂亮。

(26) 这当老师的一看素质就高。

(27) 乜包子冇煮熟。

(28) 那饽饽馒头不知道长毛发霉唠吗?

通过以上例子可以看出，指示代词指代人和物非常普遍，特别是“指示代词＋称谓或具体事物”无法一一列举，但是可以看出指示代词在其中仍然起到指示距离远近的作用，起码表达出心理距离。

（三）指代时间

沂水方言指示代词可以单独指代时间，也可以后加时间名词整体表时间。比较有特色的指代时间的表达主要有“这、这阵子、这一阵、这一阵子、这会子、这个点、这时候、这一霎、这霎霎、这工夫、这些日子、这半天、这时价、这起呢、乜阵子、乜一阵、乜一阵子、乜会子、乜个点、乜时候、乜一霎、乜霎霎、乜工夫、乜些日子、乜半天、乜时价、乜起呢、那、那阵子、那一阵、那一阵子、那会子、那个点、那时候、那一霎、那霎霎、那工夫、那些日子、那半天、那时价、那起呢”等。

1. 单用

单用表示时间主要是指近指代词“这”和远指代词“那”，“乜”不可以单用指代时间。指示代词单用表时间时通常作主语和宾语，有时也可以作状语。“这”的意思为“现在、如今”，既可以表时点，也可以表时段。“那”的意思为“那时”，多表时点。相比较而言“那”表时间要比“这”更受限制，“那”单独指代时间一般要出现在与“这”对举的语境中，例如：

(29) 这不行唠，不跟那几年钱好挣唠。

(30) 前两年再不行也不和这现在似的没钱吃饭。

(31) 自从那会和他争经争吵以后，这我都不愿意去找他唠。

(32) 这现在比那之前强点。

以上例子中前三例是近指代词“这”单用指代时间的情况，分别作了主语、宾语和状语，而例(32)中远指代词“那”指代时间时多与“这”对举，一般充当宾语。通过以上例子可以发现在单用指代时间上“这”比“那”更加自由，用法和功能更完善。根据施顺玉[18]，清代《儿女英雄传》中已经出现指示代词单独指代时间的用法，例如：

(33) 看看的要落下去，便指着说道：“你看，这还赶的过这岗子去吗?”(《儿女英雄传》第5回)

(34) 或是今生，或是来世，转生在我这伯父伯母的膝下作个儿女。那才是

我何玉凤报恩的日子！（《儿女英雄传》第 24 回）

例(33)中，“这”指代“太阳落山”的时间，例(34)“那”指代“报恩的日子”。此时指示代词表示的时间在文中有所提示，我们认为这本质上还是指示代词回指现象，只是回指的对象是时间。沂水方言中指示代词“这”和“那”单用表示时间可以摆脱语境限制，相较而言有较大发展。

2. 合用

沂水方言中指示代词通常要与时间名词合用整体指代时间，一般充当主语、宾语和时间状语，其中指示代词起到指示作用，分为近指、中指、远指。例如：

(35) 这霎霎这会儿差点唠，不和那霎霎那会儿似的那么疼唠。

(36) 这一阵肺炎怪厉害，别出门唠。

(37) 你给我打电话霎乜个点我还有下班。

(38) 乜些日子我待家来直接叫憋煞唠。

(39) 他上咱家回来，那工夫你还不大。

(40) 这会子这段时间风怪大，不跟那会子那段时间。

通过以上例子可以看出，指示代词一般起到修饰限定其后时间名词的作用，表示指示和区别。据刘丹青[19]，不同的方言采用不同的策略来指代不同对象，一种是“指示词＋本体语素”，如普通话“这/那会儿、这/那里、这/那么、这/那样”。汉语方言中指代时间都是“指代词＋本体语素(时间性词语)”，但沂水方言指代词本身就可表达时间，这在汉语方言中较为特殊。

（四）指示方式性状和程度

沂水方言指示代词指代性状和程度时一般多是合用，代词只起到指别的作用。沂水方言中比较有特点的指示方式性状的词语有“这么$_1$、这样$_1$、这个$_2$、这么样、乜么$_1$、乜样$_1$、乜个$_2$、乜么样、那么$_1$、那样$_1$、那个$_2$、那么样”。它们在句中常常作定语或状语。例如：

(41) 你天天上网课，这么学试着也白搭不行。

(42) 这样绑就结实。

(43) 乜个弄法今□[mər]也弄不完。

(44) 乜么样洗费唠事费劲。

(45) 那样炒炒出来好吃。

(46) 那么白还有媳妇子老婆。

指示程度的词有“这么$_2$、这样$_2$、这个$_3$、乜么$_2$、乜样$_2$、乜个$_3$、那么$_2$、那样$_2$、那个$_3$”等。例如：

(47) 他怎么这么狠。

(48) 乜样翻来覆去地弄都不合格。

(49) 我那么跑都还冇赶上他。

沂水方言指示代词及其相关指代表达可汇总如下：

表1 沂水方言指代系统

		近指	中指	远指
		“这”系	“乜”系	“那”系
指代处所	单用	这	乜	那
	合用	这来$_1$、这□儿[nair]、这个□儿[nair]、这些□儿[nair]、这窝儿、这□[xā]□儿[mər]、这□[xā]点儿、这些□儿[mər]、这边	乜来$_1$、乜□儿[nair]儿、乜个□儿[nair]、乜些□儿[nair]、乜窝儿、乜□[xā]□儿[mər]、乜□[xā]点儿、乜些□儿[mər]、乜边	那来$_1$、那□儿[nair]、那个□儿[nair]、那些□儿[nair]、那窝儿、那□[xā]□儿[mər]、那□[xā]点儿、那些□儿[mər]、那边
指代人和事物	单用	这	乜	那
	合用	这个$_1$、这些、这来$_2$、这样	乜个$_1$、乜些、乜来$_2$、乜样	那个$_1$、那些、那来$_2$、那样
指代时间	单用	这		那
	合用	这阵子、这一阵、这一阵子、这会子、这个点、这时候、这一霎、这霎霎、这工夫、这些日子、这半天、这时价、这起呢	乜阵子、乜一阵、乜一阵子、乜会子、乜个点、乜时候、乜一霎、乜霎霎、乜工夫、乜些日子、乜半天、乜时价、乜起呢	那阵子、那一阵、那一阵子、那会子、那个点、那时候、那一霎、那霎霎、那工夫、那些日子、那半天、那时价、那起呢
指代方式性状		这么$_1$、这样$_1$、这个$_2$、这么样	乜么$_1$、乜样$_1$、乜个$_2$、乜么样	那么$_1$、那样$_1$、那个$_2$、那么样
指代程度		这么$_2$、这样$_2$、这个$_3$	乜么$_2$、乜样$_2$、乜个$_3$	那么$_2$、那样$_2$、那个$_3$

从以上可以看出，沂水方言指示代词单用可以指代处所、时间、人和事物。根据储泽祥、邓云华的论述[20]，指示代词的指示对象之间存在一个蕴含序列，即由最初的指示方位处所发展为指示人或事物，进而又用于指示时间，最后才用于指示性状程

度或动作方式，先后顺序可图示如下：方位处所→人或事物→时间→性状程度或动作方式。一般而言，空间概念是人类认知最基本的概念，处所方位范畴是人类语言中最基本的范畴，其他范畴常常可以看作是处所方位范畴基础上的隐喻或引申。从指示方位处所、人或事物到指示时间、性状程度，是一个指称对象逐步虚化的过程，是一种指代功能上的扩展和泛化。指示代词指代的演化序列反映出其所指对象的虚化过程是不断推进的，并且从指示处所、人和事物以及时间的指示词可以单用来看，演变虚化的过程正在推进中，尚未演变完全。储泽祥、邓云华[21]也指出指方所的代词，总是一种语言里最复杂的指示代词，其次是指人或物的代词，这说明了这两类指示代词出现较早，发展较充分，指代性质程度的指示代词起步较晚。从沂水方言也可以看出，指代性质程度的指示代词目前尚不能单用，仍然存在演变发展的可能性。

二、沂水方言指示代词的功能扩展

沂水方言指示代词功能扩展中产生了非指代化的用法。主要包括定冠词、定语标记、连词、话题标记等。关于指示代词的虚化问题，吕叔湘[22]已经有所涉及，他认为在“这”“那”不对举使用且所指对象不需指示时会在不同程度上虚化为仅仅表示有定的冠词意义，并且有时称代意义虚化为连接意义。很多方言指示代词都发生了不同程度的虚化，沂水方言中指示代词的虚化与其他方言相比，既有共性，也有一些差异。

（一）定语标记

关于指示代词与定语标记的密切关系前人已有报道，如张伯江、方梅[23]、石毓智[24]、刘丹青[25]、张薇[26]、张晓静[27]、焦妮娜[28]等，大部分方言都是由远指代词演变为定语标记，而沂水方言中指代词“乜”和远指代词“那”都发展为了定语标记。例如：

(50) 这来乜水不好喝。

(51) 我乜腿也怪很疼。

(52) 还说你，我那脸上痘痘也不少家伙。

(53) 起开，堵着我那眼了让一下，挡着我的视线了。

以上例子中，远指代词“乜”“那”不仅表达非现场性远指，也可表达现场性近指。在居中定语位置上指代功能减弱，逐渐发生去范畴化，演变为表达领属关系的结构助词。通过观察我们发现，定中之间的语法结构槽是指示代词向结构助词演变的重要语法环境，在这个非并列结构的语法槽中，三个名词性成分相连就会迫使中间的代词向关系词方向发展，起联系前后两个名词的作用，从某种程度上来说这也是结构赋义的结果。

（二）定冠词

定冠词本不是汉语中的概念，只是目前越来越多的研究成果认为汉语中有些成分具有定冠词的功能。沂水方言中指示代词“这”“乜”“那”经常用在有定的名词性成分前，形式上是做定语，表达定指概念，但意义上比较空灵。此时指代意味减弱，去掉后也不影响句义的表达。例如：

（54）这雷锋可不好当。

（55）乜医生当得连自己都治不好。

（56）还是那飞机快，比高铁都快。

通过以上例子可以发现，指示代词指代的成分具有有定性，并不是距离上的远近，而是表达定指，相当于定冠词，其后的名词可以是专有名词、类指名词等。

关于“这”“那”作为定冠词的用法，在明清时期已经出现，例如：

（57）他这为人行事，那个亲戚，那个一家的长辈不喜欢他？（《红楼梦》第10回）

（58）拣那大的给他一块就是了。（《红楼梦》第51回）

（三）关联标记

与普通话中“那”已经语法化为连词类似，沂水方言中的远指代词“那”也常常后跟小句，起连接作用，充当关联标记，表假设、因果、顺承等逻辑关系。例如：

（59）那她不来找我，我就去找她。

（60）那要是你想去，和我说一声。

（61）你要是不去，那我也不去唠。

（62）要是你吃米饭，那我就吃包子。

（63）人齐了，那咱吃饭吧？

（64）下雨了，那不出去玩了吧。

以上例句中，前两例是假设关系，中间两例是因果关系，后面两例是推断关系。“那”在其中都起到了连接和引导前后分句、凸显逻辑关系的作用。

（四）话题标记

关于指示代词充当话题标记的情况，普通话[29]和河南上水方言[30]中是近指代词充当了话题标记，而上海崇明方言[31]和海盐话[32]中则是远指代词充当话题标记。沂水方言中充当话题标记的既可以是远指代词“乜”和“那”，也可以是近指代词“这”。例如：

（65）旁的别的不说，这打人可不行。

（66）这沂水比那临沂都强。

(67) 乜上学怎么也比下庄户地当农民强啊。

(68) 乜夜来下唠一天的雨。

(69) 那庄户地来农村里能有好日子过?

(70) 那老师也越来越不好考唠。

以上例子中，指示代词"这""乜"和"那"不具备表示距离远近的指代功能，删除之后不对话语的真值和命题的意义产生影响，基本不具有概念语义，起到引出话题的作用，它标志说话人对于话语单位之间的序列关系，其后可以跟时间名词、处所名词、类指名词以及动词性成分等。此外，沂水方言中双音节复合指示代词"这样""乜样""那样"通常会发生合音变为"这样[tʃã213]""乜样[niã213]""那样[nã213]"，用于动词性话题之前充当话题标记，例如：

(71) 这样[tʃã213]他自己不愿意咱能怎么着。

(72) 乜样[niã213]咱去赔个不是就过去那个事唠。

(73) 那样[nã213]一点也吃不进饭去能怎么治。

可以看出，以上合音词都位于句首位置，引出话题，并且表达出或无奈或气愤的情感，常常伴有语气或手势辅助，句法上可以作独立的发语成分。不得不说的是，它们在充当话题标记时仍然或多或少含有指代意味，所以将其称为"指示叹词"也未尝不可。

根据前文的分析可以发现，由于语法化程度不同沂水方言指示代词呈现出不同的功能，其发展具有不平衡性。"那"的功能最齐全，语法化程度最高，相比较而言"这"语法化程度相对较低。可将沂水方言指示代词的语法化程度归纳如下：

表 2 沂水方言指示代词的功能扩展

	近指	中指	远指
	这	乜	那
定语标记	—	+	+
定冠词	+	+	+
关联标记	—	—	+
话题标记	+	+	+

三、沂水方言指示代词分类

从目前的方言材料来看，北方官话大多指示代词二分，而很多南方方言则倾向于多分。受普通话和汉语史的影响，指示代词二分一直占据着主导地位。关于指示代词三分的提法始见于赵元任《钟祥方言记》[33]，但长久以来学界普遍认可二分，直到小川环树在《苏州方言的指示代词》[34]中明确提出了指示代词三分的问题，其后也有一些方言点支持指示代词三分，造成二分型和三分型的对立。汪化云[35]曾统计，20世纪80年代以来，全国约有40个方言点有三分现象。侯精一、温端政[36]在分析山西70多个方言点后发现，“有将近四分之一的点是三分的”。吴早生、李学义[37]统计了李荣主编的《现代汉语方言大词典》，结果发现：有28种方言指示代词二分，占70%，6种方言（武汉、丹阳、万荣、于都、苏州、洛阳）三分，占据12.5%，其余海口、南宁、于都、徐州、广州、成都、宁波7种方言属于合一（有混淆趋势）型，占17.5%。

汉语指示代词三分的方言中，有一部分是通过远指代词声调的拖长来表达更远的意义，充当三分中的更远指代词，如临夏方言、临汾方言、新疆方言等，甚至包括盂县方言指示代词四分中的第四指“最远指”[38]。汪化云认为这种靠长音重读远指代词充当的第三指不能算是独立的指示代词，长音重读的远指代词则是义随音转，其语音形式和意义内涵并不固定，显然不具备作为备用单位的词的资格，它们是指示代词在使用中的特殊形式，均不宜视为构词现象，所以其三分不能成立[39]。我们对此表示认同。这类靠长音重读远指代词表达新的指代意义的现象沂水方言中也存在，例如：

(74) 你别和他待一块唠，那[na^{51}]个人才不是个东西来。

(75) 你找差唠，不是那[na^{51}]个屋，是那[na^{51}]个屋啊。

以上例子中，“那[na^{51}]”与远指代词相比，读音又重又长，是一种强调和凸显，表示更远的举例。例(74)中，“那[na^{51}]”修饰“人”表示指代的距离更远，起码在说话人心理上是主观距离很远的。指示代词与心理距离成正相关，指代的距离越远，心理距离就越远，心理距离远也反映出客观指代距离远[40]，这体现了语言的象似性。例(75)中两个“那”比较则更能体现出“那[na^{51}]”的指代距离远，此时往往配有手势表达出“那[na^{51}]”所指距离之远。除了“那”之外，沂水方言中的近指代词和中指代词也可以通过长音重读来表达不同的指代意义。例如：

(76) 这[tʃə^{51}]个西瓜肯定熟了，不信你切开看看。

(77) 不是这个碗，是这[tʃə^{51}]个啊。

(78) 乜个不好吃，你吃乜[niə^{51}]个吧。

以上例子中，“这[tʃə^{51}]”和“乜[niə^{51}]”读音又重又长，是一种强调和凸显。例(76)中，说话人用“这[tʃə^{51}]”强调“西瓜”说明了说话人对当前这个“西瓜”的认可和喜爱，心理距离近，根据象似性原则心理距离近就反映出了指代距离近，重读的“这[tʃə^{51}]”实际上也比一般的“这[tʃə^{31}]”更表达出了距离之近。例(77)中两个“这”在一起比较体现得更明显，后一个“这”明显比前一个“这”指代的距离更近，凸显的是一种情绪的激烈，体现了程度之深，“这[tʃə^{51}]”暗含“不是不远处那个，就是在眼前这个”的意思，说话人借此表示一种激动或者是对方忽视最近这个的惊讶情绪。而重读的“乜[niə^{51}]”与非重读的“乜[niə^{51}]”没有明显的远近之别，如例(78)，一般涉及方向及情感上的区别。由此看，沂水方言中通过长音重读可以再提炼出“那[na^{51}]”和“这[tʃə^{51}]”两个表“更远指”和“更近指”含义的成分，那么我们是否可以认为沂水方言中指示代词可以有“这[tʃə^{51}]、这、乜、那、那[na^{51}]”五分呢？肯定不合适。因为长音重读并没有形成新的词语，仅仅在主观情绪和程度上有所区别，通过强度不等的长音重读我们可以分出无数个“那”和“这”，所以我们认为长音重读是一种暗含有说话人的主观情感和心理想法的临时性言语策略，这不是一种语法现象，更像是语用现象。言者一时之间没有合适的言辞表达内心想法，就会通过语调的改变(往往配有手势)表达出言者的主观情感，以此来辅助急迫的表达。起初听话人可能并不完全理解，也可能造成理解的偏差，只是经过高频使用之后双方心知肚明，是在交际中强行附加的隐含义，这种隐含义甚至与一个民族或地域的风俗习惯和言语表达的特点紧密相关。

基于以上分析我们重新审视指示代词三分的问题，我们倾向于认同第三指代词是由共同语或其他方言远指代词叠置的三分现象[41]。具体到沂水方言，“这”“乜”应该是一种本土性的近指、远指二分，受共同语远指代词“那”叠置的影响，“乜”退居中指地位，所以“乜”可以看作是与“那”相类似的远指代词。汪化云[42]、史秀菊[43]等都认为中指的概念不恰切，而应该与“那”一并定性为远指代词。沂水方言中“这”“乜”“那”很少同时出现，表近和远的指称对举时，一般用“这”和“那”。当“这”跟“乜”对举时，“这”表近指，“乜”表远指。“乜”跟“那”对举时，“乜”表近指，“那”表远指，说明“乜”可表近指也可表远指，一般情况下用于面指，有时也可以用于背指，具有不固定性，像是一种游指，更确切地说，“乜”是一种兼指[44]。兼指不是一种独立的距离概念，如果承认“乜”是一种兼指，那么“乜”与距离上近指和远指就不在同一层次上，所以“乜”中指性就有些牵强，三者在内容上是交叉重叠关系，不是并列关系，例如：

(79) 这个还行，那个不治，那个更不行。

(80) 这也不行，那也不中，你想怎么着。

(81) 这个不延$_{不如}$乜个好。

(82) 俺看着乜个闺女就怪好，别去想那个唠。

(83) 乜块货根本就不知道钱多么难挣，光早知道花钱。

例(79)中，需要列举三项内容时一般很少同时使用“这”“乜”“那”，更多的是“这”和“那”。例(80)中表示近指和远指对举时，一般使用“这”和“那”对举，很少用“乜”。例(81)中当“这”和“乜”共现时，“乜”倾向于表示远指。例(82)中“乜”和“那”共现时，“乜”又倾向于表示近指。一般情况下“乜”用于面指，指代的事物在交际者视线范围内，但是例(82)和例(83)中的“乜”用于背指，所指对象不在视线范围内，但是双方都知道所指内容。所以说沂水方言中指示代词三分现象并不是真正意义上的三分，而是异质系统的叠置，是不在同一个平面的定指与近指、远指的混合。根据张俊阁，山东近代白话文献《聊斋俚曲集》中就已经出现“乜”，当时就兼表远指和近指[45]。指示代词三分是在二分基础上形成的，是历时传承和共时接触叠加而形成的。从沂水方言来看，“乜”的作用和地位已经显得赘余，完全可以用“这”和“那”替代，并且据我们观察，“乜”大都出现在老派方言或方言较纯正的地方，词汇更替正在发生或者某些地方已经完成。

余论

通过前面分析可以看出，沂水方言中的指示代词与普通话有较大差别。沈家煊[46]用标记理论分析了汉语普通话指示代词的标记模式，指出近指代词“这”是无标记项，远指代词“那”是有标记项。这说明了“这”的使用频率和发展速度要高于“那”，而沂水方言却正好相反。沂水方言指示代词经演变之后的功能扩展并不是独有的，具有一定的类型学上的共性。石毓智曾指出：“人类语言的一个普遍现象是，定语从句标记大都是由指代词演化而来的。”[47] Diessel 认为指示代词可以语法化为以下 5 种成分：第三人称代词、关系代词、标句成分、句子连接词、领属标记[48]，Heine 和 Kuteva 概括了指示词的 8 种语法化路径，其中就有向定语标记的演变。所以指示词向定语标记、关联标记等方向的演变符合世界语言发展演变[49]的趋势。

* 本文系杭州市哲学社会科学规划项目【Z22JC069】“汉语官话方言‘不 X’类关联标记研究”的阶段性成果。

注释：

[1] 参见张惠英：《汉语方言代词研究》，北京：语文出版社，2001 年。

[2] 参见汪化云：《汉语方言代词论略》，成都：巴蜀书社，2008 年。

[3] 参见吕叔湘：《指示代词的二分法和三分法》，《中国语文》1990 年第 6 期，第 401～405 页。

[4] 参见汪化云：《汉语方言指示代词三分现象初探》，《语言研究》2002 年第 2 期，第 8～14 页。

[5] 参见张维佳：《山西晋语指示代词三分系统的来源》，《中国语文》2005 年第 5 期，第 459～467 页。

[6] 参见张振兴：《汉语方言指示代词二分与三分》，汪国胜主编：《汉语方言语法研究》，武汉：华中师范大学出版社，2007 年，第 473～495 页。

[7] 参见史秀菊：《晋语盂县方言指示代词四分现象的考察》，《语言科学》2010 年第 5 期，第 553～560 页。

[8] 参见方梅：《指示词“这”和“那”在北京话中的语法化》，《中国语文》2002 年第 4 期，第 343～356 页。

[9] 参见刘丹青、刘海燕：《崇明方言的指示词——繁复的系统及其背后的语言共性》，《方言》2005 年第 2 期，第 97～108 页。

[10] 参见刘丹青:《汉语关系从句标记类型初探》,《中国语文》2005 年第 1 期,第 3～15 页。

[11] 参见张薇:《浙江海盐沈荡话指示代词的功能不对称性》,《方言》2012 年第 2 期,第 155～161 页。

[12] 参见张晓静:《河北武邑方言的中指代词"乜"及其扩展用法》,《方言》2015 年第 1 期,第 84～89 页。

[13] 参见安拴军、桑宇红:《河北无极方言的合音代词"乜"及相关问题》,《语文研究》2017 年第 4 期,第 64～59 页。

[14] 参见张俊阁:《明清山东方言指示代词"这""那"单独表处所略说》,《山东社会科学》2006 年第 12 期,第 93～94 页。

[15] 参见中国社会科学院语言研究所、中国社会科学院民族学与人类学研究所、香港城市大学语言资讯科学研究中心:《中国语言地图集(第 2 版)》,北京:商务印书馆,2012 年,第 1～5 页。

[16] 参见吕叔湘:《指示代词的二分法和三分法》,《中国语文》1990 年第 6 期,第 403 页。

[17] 参见张俊阁:《明清山东方言指示代词"这""那"单独表处所略说》,《山东社会科学》2006 年第 12 期,第 93 页。

[18] 参见施顺玉:《〈儿女英雄传〉指示代词研究》,济南:山东大学硕士学位论文,2008 年,第 21 页。

[19] 参见刘丹青:《汉语指代词的若干库藏类型学特征》,《语言研究集刊》2017 年第 1 期,第 1～24 页。

[20] 参见储泽祥、邓云华:《指示代词的类型和共性》,《当代语言学》2003 年第 4 期,第 301 页。

[21] 参见储泽祥、邓云华:《指示代词的类型和共性》,《当代语言学》2003 年第 4 期,第 304 页。

[22] 参见吕叔湘:《近代汉语指代词》,上海:学林出版社,1985 年,第 209～210、239～240 页。

[23] 参见张伯江、方梅:《汉语功能语法研究》,南昌:江西教育出版社,1996 年,第 158 页。

[24] 参见石毓智:《量词、指示代词和结构助词的关系》,《方言》2002 年第 2 期,第 117～126 页。

[25] 参见刘丹青:《汉语关系从句标记类型初探》,《中国语文》2005 年第 1 期,第 3 页。

[26] 参见张薇:《浙江海盐沈荡话指示代词的功能不对称性》,《方言》2012 年第 2 期,第 155～161 页。

[27] 参见张晓静:《河北武邑方言的中指代词"乜"及其扩展用法》,《方言》2015 年第 1 期,第 84～89 页。

[28] 参见焦妮娜:《山西晋城话的结构助词"这"和"那"》,《中国方言学报》2015 年第 1 期,第 100～117 页。

[29] 参见张伯江、方梅:《汉语功能语法研究》,南昌:江西教育出版社,1996 年,第 155～157 页。

[30] 参见陈玉洁:《量名结构与量词的定语标记功能》,《中国语文》2007 年第 6 期,第 516～530 页。

[31] 参见刘海燕:《崇明方言的指示词系统和指示范畴》,上海:上海师范大学硕士学位论文,2004 年。

[32] 参见张薇:《浙江海盐沈荡话指示代词的功能不对称性》,《方言》2012 年第 2 期,第 158 页。

[33] 参见赵元任:《钟祥方言记》,上海:商务印书馆,1939 年,第 119 页。

[34] 参见小川环树:《苏州方言的指示代词》,《方言》1981 年第 4 期,第 287～288 页。

[35] 参见汪化云:《汉语方言指示代词三分现象初探》,《语言研究》2002 年第 2 期,第 8～14 页。

[36] 参见侯精一、温端政:《山西方言调查研究报告》,太原:山西高校联合出版社,1993 年,第

119页。

［37］参见吴早生、李学义:《从光山话的“恁”看指示代词“三分法”》,《阜阳师范学院学报》(社会科学版)2010年第3期,第25～29页。

［38］参见史秀菊:《晋语盂县方言指示代词四分现象的考察》,《语言科学》2010年第5期,第559页。

［39］参见汪化云:《汉语方言指示代词三分现象初探》,《语言研究》2002年第2期,第8页。

［40］参见吕叔湘:《近代汉语指代词》,上海:学林出版社,1985年,第188页。

［41］参见张维佳:《山西晋语指示代词三分系统的来源》,《中国语文》2005年第5期,第464页。

［42］参见汪化云:《汉语方言指示代词三分现象初探》,《语言研究》2002年第2期,第8页。

［43］参见史秀菊:《晋语盂县方言指示代词四分现象的考察》,《语言科学》2010年第5期,第553页。

［44］参见张振兴:《汉语方言指示代词二分与三分》,汪国胜主编:《汉语方言语法研究》,华中师范大学出版社,2007年,第473～495页。

［45］参见张俊阁:《〈聊斋俚曲集〉指示代词“乜”》,《蒲松龄研究》2007年第2期,第89页。

［46］参见沈家煊:《不对称和标记论》,北京:商务印书馆,2015年,第187页。

［47］参见石毓智:《量词、指示代词和结构助词的关系》,《方言》2002年第2期,第117页。

［48］D. Holger, *Demonstratives: Form, Function, and Grammaticalization*, Amsterdam: John Benjamins Publishing Company, 1999, pp.119-128.

［49］B. Heine, T. Kuteva, *World Lexicon of Grammaticalization*, Cambridge: Cambridge University Press, 2002, pp.106-116.

戏曲音韵学视域下的地方戏曲音韵考察

——以赣东采茶戏贵溪三脚班为例

李　政

（华中师范大学语言与语言教育研究中心，湖北武汉，430079）

内容摘要： 地方戏曲音韵研究历史较早，长期没得到应有的重视，更缺乏研究的范式。无论是从语言学研究还是从戏曲学研究角度来看，对地方戏曲音韵进行考察研究都十分有必要。贵溪三脚班系江西地方戏曲赣东采茶戏的一支，其语音系统有19个声母、50个韵母、5个声调。贵溪三脚班舞台语言属于以贵溪方言为基础，受官话影响较大的贵溪方言性质的舞台语言。贵溪三脚班的韵辙可归纳为“二十部”。

关键词： 地方戏曲音韵；贵溪三脚班；语音系统；音韵特性；韵辙

一、问题的提出

戏曲音韵学是“口耳之学”，传统戏曲要求演员具备“唱念做打”等四种舞台表演手段。“唱”“念”的功夫就表现在是否能“字正腔圆”咬字清楚，也就是必须讲字韵、声音等音韵问题。从现代语言学的研究情况来看，戏曲音韵研究较早为语言学家们所关注。上个世纪三四十年代我国老一辈语言学家已经对京剧、昆曲、皮黄包括北京俗曲有过专门研究。罗常培先生最早对京剧中音韵的理论问题做了界定和补充，论及中州韵和十三辙的发展和形成，厘清了清浊、阴阳等概念，对尖团字和上口字等作出了明确的解释和分析[1]。其中《北京俗曲百种摘韵》则是罗先生戏曲音韵研究的一个实践，是用“丝贯绳牵”的归纳法整理出来的一种实用的韵书。王力先生也曾用丰富的皮黄例子韵脚字来分析京剧老生唱腔的韵脚字调问题，通过非韵脚的一般字调得出非韵脚的字调较韵脚字调更具有湖广音的特点[2]。

随着研究的深入，戏曲音韵研究的学科建设也提上了议事日程。本世纪初，学界对中国戏曲音韵学的学科体系发表了专文予以讨论，冯蒸强调“古典戏曲的用韵特点是中国戏曲音韵学研究的核心内容之一，因为它是我们研究现代戏曲音韵的基础”[3]，而且首次系统、明确地提出了研究与讲授“中国戏曲音韵学”的框架体系。长期以来，戏曲音韵相关研究相对集中在京剧、昆曲等大戏上，存在研究用力不均衡，特别是对地方小众剧种的研究很不够。地方戏曲在戏曲音韵研究领域未形成系统研究趋势，更多地方的研究还是空白，甚至长时间没有一个研究的范式可供参考。直至游汝杰先生的《地方戏曲音韵研究》出版以来，未见系统研究。游先生在该书序言中指出："关于地方戏曲历史研究、人物研究、音乐研究已有许多论文发表，但是很少见有从现代语言学的角度研究地方戏曲的论著发表，专书更少。对其中有些剧种的音韵研究可以说还是空白，亟待开拓。"[4]也如魏锦所说："我们今天所看到的戏曲创作中的许多问题，诸如剧本创作缺少格律规范、音乐创作与剧本唱词之间的龃龉、演员演唱的发音吐字变异等，都与音韵知识在戏曲创作中的缺失或传统断裂密切相关。所以，戏曲音韵研究亟待加强。若从戏曲剧种发展和艺术成熟的角度来看，每一个剧种都应该建立起自身的戏曲音韵研究体系。"[5]

地方戏曲是民间艺术的重要成员，是地方文化多样性的重要组成部分。近年来，在政府和社会各界的关心支持下，伴随文化强国战略的实施，我国戏曲艺术的振兴曙光重现，研究保护地方戏曲成了区域文化建设的重要课题。戏曲音韵的研究关乎"唱""念"，学界对地方戏曲研究固然可以从源流历史、音乐唱腔、舞台表演、剧本道具等方面入手，同时也应该加强对地方戏曲音韵的考察研究。本文以江西省地方戏曲赣东采茶戏贵溪三脚班为例，从语音系统、音韵特点、语音性质和韵辙归纳四个方面展开地方戏曲舞台音韵的考察。

二、赣东采茶戏贵溪三脚班概述

江西是戏曲资源大省，是地方戏曲采茶戏的故乡。但是，到本世纪初尚未见有对地方戏曲音韵作语言学调查考察的论文、著作以及其他形式的书面资料发表。江西省境内数十种地方戏曲剧种音韵的现时以及历史状况，均未进入语言学界和戏曲学界学者的研究视野。《地方戏曲音韵研究》一书立足全国的角度，共选择了京剧、昆剧、越剧、沪剧、黄梅戏、莆仙戏、湖南花鼓戏和上党梆子8个剧种作音韵专项研究，也未涉及江西地方戏曲的剧种。戏曲专业志书《中国戏曲志·江西卷》关于舞台艺术的小类有音乐、表演、舞台美术三类，唯独缺少语言一类。各剧种条目以及剧目条目都无关于剧种和剧目的舞台语言的记述。报刊专著类所收条目只有"中原音韵"一条属于戏曲语言，更无有关江西戏曲语言的任何记载。目前为止，江西在地方戏曲剧种音韵的调查研究方面，基本处于"空白"状态。对江西地方戏曲中有代表性的剧种作音韵调查研究，不论是从语言学研究角度来看，还是从戏曲学研究角度来看，都有值得充分肯定的意义和价值。

赣东采茶戏是流播在赣东北一带的地方民间小戏，最初只有一旦、一丑进行演出，是一种表现日常生活和生产劳动、简单情节的地方戏。《贵溪县志》记载："'三脚班'起源于明末、清初的民间灯戏。开初，三脚班由一旦一丑组成，俗称'对子戏'。后增加小生，成为'三脚班'。三脚班发展遍布全县各地。"[6]《中国戏曲志·江西卷》记载："清代乾隆年间，大批湖北灾民入赣，带来黄梅戏的'三脚班'，对江西赣北地区的采茶戏影响较大。这时，在鄱阳县南部流行的黄梅采茶戏，因为唱腔上的变化，而又自成一派，其正板唱腔名为'湖广调'。这一路采茶戏，经过余干、余江、贵溪等县，到达弋阳、铅山一带，与当地的茶灯戏相结合，这就形成了赣东采茶戏，当时仍名三脚班。”[7]道光年间，赣东采茶戏惨遭清政府查禁迫害，几乎濒临绝迹。民国十年前后，赣东采茶戏重新兴旺，在贵溪、弋阳等地频繁上演，影响很大。后来在闽浙赣革命根据地时期，其中一些富有群众基础的红军曲调就是采用赣东采茶戏的某些曲调填写而成。中华人民共和国成立后，定名为赣东北采茶戏，后改赣东采茶戏。时至今日，赣东地区民间依然称“三脚班”，是江西地方戏曲赣东采茶戏的代表剧种之一。贵溪三脚班于 2016 年获批列入江西省鹰潭市非物质文化遗产项目名录，是江西省地方戏曲的代表。

三、贵溪三脚班的音系

戏曲舞台音系的归纳和整理是戏曲音韵考察的第一个步骤。先采用现代语言学田野调查的方式调查贵溪三脚班的语音系统，再“将方言学的方法运用于戏曲音韵研究，能够对戏曲(特别是地方戏)所采用的语音系统进行描写和梳理，明确戏曲剧种与方言之间的关系，并进行戏曲语音与韵书之间的对比、押韵比较等”[8]。需要注意的是，调查对象戏曲语言和方言不尽相同。从表现形式来看，戏曲语言具有“唱”和“说”两大表现方式，分别称为“唱词”和“道白”，介于说与唱之间的是“念白”。从表达特征来看，戏曲语言可以分两种：“韵白”和“口白”。韵白即依韵腔而说的舞台语言，口白即口语化的舞台语言。戏曲唱词，自然属于韵白，道白则属于口白。至于念白，在表达方式上属于说白，而在表达特征上则应归于韵白。考察戏曲语言，字词发音并不只限于道白，也包括唱词。本文主要根据三脚班经典剧目《李仕别妻》[9]的唱词和念白实际语音剔除明显的误读、异读的因素，再比对该剧目的多位表演艺人[10]的语音特点，经过权衡和折中整理出贵溪三脚班的声韵调系统如下：

（一）声母 19 个(包括零声母)

声母	例字	声母	例字	声母	例字	声母	例字	声母	例字
[p]	包不补波	[pʰ]	婆别排攀	[m]	媒明慢门	[f]	夫水婚坏		
[t]	胆正转顿	[tʰ]	亭堂畜重	[n]	难奴女银			[l]	老篮仁郎
[ʦ]	站知装栽	[ʦʰ]	字茶创聪			[s]	苏山是少		
[ʨ]	今敬就脚	[ʨʰ]	千墙丑拳			[ɕ]	香岁声石		
[k]	姑街公过	[kʰ]	开苦裤裙	[ŋ]	我挨眼牙	[x]	孝后害喊		
[Ø]	要外有誉								

说明：

(1) 从发音部位看，除零声母外有 6 类：双唇音声母[p/pʰ/m]，唇齿音声母[f]，舌尖中音声母[t/tʰ/n/l]，舌尖前音声母[ts/tsʰ/s]，舌面音声母[tɕ/tɕʰ/ɕ]，舌根音声母 [k/kʰ/ŋ/x]。

(2) 从发音方法看，除零声母外有 5 类：塞音声母[p/pʰ；t/tʰ；k/kʰ]，塞擦音声母［ts/tsʰ；tɕ/tɕʰ］，擦音声母［f/s/ɕ/x］，鼻音声母［m/n/ŋ］，边音声母［l］。

（3）声母系统与普通话基本对应。双唇音、唇齿音、舌尖中音、舌尖前音、舌面音、舌根音6组声母类型与普通话同。从各组所包含的具体声母看，比普通话少了舌尖后音［tʂ/tʂʰ/ʂ/ʐ］，其音基本归入了舌尖前音。舌根音声母比普通话多了1个鼻音声母［ŋ］，其余各组包含的声母都相同。

（二）韵母50个

韵母	开口呼		齐齿呼		合口呼		撮口呼	
	韵母	例字	韵母	例字	韵母	例字	韵母	例字
单元音韵母	［ɿ］	子司迟纸	［i］	水衣岁妻	［u］	夫奴梳猪		
	［a］	打骂嫁舍	［ia］	爷也夜野	［ua］	挂瓜寡蛙		
	［ɛ］	鱼去锯踞	［iɛ］	爹姐				
	［o］	婆坐做和			［uo］	果过锅坐		
	［ə］	二如而耳						
复元音韵母	［ai］	带坏街鞋			［uai］	快外怪歪		
	［ɜi］	回会内悔			［uɜi］	碎衰帅偎		
					［ui］	龟跪为句		
	［au］	朝泡到老	［iau］	鸟小了叫				
	［ɛu］	头走后候	［iɛu］	口狗够鸥				
			［iu］	有手就丢				
鼻音尾韵母	［an］	胆饭站难	［ian］	娘强将想	［uan］	晚万关换		
	［on］	半看欢岸			［uon］	乱段完灌	［yon］	拳冤软远
	［ɛn］	根神本甘	［iɛn］	尖店言填	［uɛn］	滚问困文		
	［ɪn］	品真命听	［in］	心进剩情	［un］	君云群允		
	［ɔŋ］	房堂黄床			［uɔŋ］	汪况光广		
	［əŋ］	风凤终梦	［iuŋ］	用凶永兄	［uŋ］	公种共龙		
塞音尾韵母	［aʔ］	鸭瞎发八			［uaʔ］	袜滑刮挖		
	［ɛʔ］	不合十客	［iɛʔ］	别贴铁绝	［uɛʔ］	物国骨窟		
	［oʔ］	落若确脱	［ioʔ］	决脚月缺	［uoʔ］	活阔握郭		
	［iʔ］	一吃石壁			［uiʔ］	屈橘疫悴		
	［uʔ］	畜竹哭鹿	［iuʔ］	曲局玉肉				

说明：

(1) 将韵母系统与普通话进行比较，从结构特点看，有单元音韵母、复元音韵母和鼻音尾韵母和塞音尾韵母 4 类，塞音尾韵母为普通话所没有，读喉塞音尾韵母的字全为古汉语中的入声韵字；从韵头情况看，开口、齐齿、合口、撮口呼韵母 4 类，撮口呼韵母非常少；从韵尾情况看，鼻音尾韵母有前鼻音尾韵母(舌尖鼻辅音[n]作韵尾)和后鼻音尾韵母(舌根鼻辅音[ŋ]作韵尾)2 类；另外，保留了入声韵尾[ʔ]。比普通话多了 12 个喉塞音尾韵母(韵尾带[-ʔ]的韵母)。

(2) 复元音韵母比普通话多了[ui]、[iu]2 个。前鼻音尾韵母比普通话多了[on]、[yon]、[uon]、[ɪn]、[un]5 个，少了 1 个舌根鼻音尾韵母[iŋ]。

(3) 从音值上看，“儿耳”等字韵母的音读与普通话的 er[ɚ]相比较，卷舌色彩较弱或缺少卷舌动作，本文记作[ə]。韵母[ɛu]与普通话的 ou[ou]对应，区别在韵腹开口较大且不圆唇；韵母[iɛu]与普通话的 iu [iou]对应，区别在韵腹舌位在前且不圆唇；韵母[ui]、[iu]不同于普通话的 ui[uei]、iu[iou]，音程不同。

(三) 声调 5 个

调类	调值	例字	调类	调值	例字
阴平	11	高开婚安边偏初抽	阳平	23	穷陈床鹅麻文云人
上声	45	古展口丑好五老粉	去声	53	盖帐正醉近柱厚社
入声	5	急竹曲割白合局食			

说明：

(1) 声调的调类比普通话多一个入声。中古上声字中的全浊声母字归读去声，在说白时有少部分全浊去声字读阴平，如：

是【禅】[$sɿ^{53-11}$]老包来啦　　坐【从】[ts^ho^{53-11}]到不能问

(2) 声调总共 5 个：1 个低平调，1 个低升调，1 个高升调，1 个高降调，1 个促声调。

(3) 声调的调值中，阴平[11]是个低平调，不同于普通话的阴平[55]是高平调。阳平调值为[23]，调型为低升调。上声[45]是高升调，与通话的上声[214]是降升调差异很大。去声[53]是个高降调，与普通话的去声[51]调型接近，但是音程差别较大，普通话去声[51]是全降调。入声字在贵溪三脚班中保留，与贵溪方言不同，贵溪方言入声分阴阳，有音值上的差别，但是贵溪三脚班差异不大，而且在唱腔中某些字往往有舒化，我们不分阴阳。

(4) 上述 5 个声调属于单字调。说白和诵念时，字音声调有时会发生变调。变调主要体现在阳平调上。阳平字作为双音节前字时，有时变读阴平。例如：

连行几步到堂[t^{h}ɔŋ$^{23-11}$]前　　八愁宝宝垫拳[$tɕ^{h}$yon$^{23-11}$]头
秀才卖妻有什么名[mɪn$^{23-11}$]誉　　苏母娘子卖黄[uɔŋ$^{23-11}$]瓜去

四、贵溪三脚班的音韵特点

戏曲音韵考察的对象是戏曲舞台语言的语音。汉语的地方戏曲的音韵研究也同一般的语音研究一样，可以通过历时与共时来比较，概括戏曲舞台语音中的声、韵、调特点。这种对舞台音韵作全面调查和深入考察，可以记录描写其现状，分析归纳其特点，还反映了剧种音韵的现实以及历史面貌。对戏曲音韵的字词发音的考察，是戏曲舞台语言研究最基本的前提，戏曲语言其他方面的研究须以此为基础。我们根据对《李仕别妻》韵白的听音记音，通过比较分析，概括其声、韵、调的特点。

（一）声母特点

（1）古全浊声母清化逢阻塞音（塞音、塞擦音）基本都为送气声母。如：

别【並】[p^{h}iɛʔ]　堂【定】[t^{h}ɔŋ]　重【澄】[t^{h}uŋ]　承【禅】[t^{h}ɪn]
情【从】[$tɕ^{h}$in]　茶【澄】[ts^{h}a]　墙【从】[$tɕ^{h}$ian]　拳【群】[$tɕ^{h}$yon]

（2）古微母字读零声母。如：

文【微】[Øuɛn^{23}]　无【微】[Øu^{23}]

（3）古泥、来母不混，泥母不分洪细都读舌尖中鼻音[n]声母，来母读舌尖中边[l]声母。如：

女【泥】[ni]　难【泥】[nan]
连【来】[iɛn]　老【来】[lau]

（4）知、章组字大部分读[t/t^{h}]（擦音读[s]）声母。如：

转【知】[tɛn]　正【章】[tɪn]　畜【彻】[t^{h}uʔ]　处【昌】[t^{h}u]
重【澄】[t^{h}uŋ]　承【禅】[t^{h}ɪn]

（5）晓、匣母合口字读唇齿擦音[f]声母，与非组字会出现混同现象。如：

挥【晓】[fi^{11}]＝飞【非】[fi^{11}]　婚【晓】[fɪn^{11}]＝分【非】[fɪn^{11}]

（6）精组与见组今读细音的字以及部分章组在流摄三等的字归并读[tɕ/tɕʰ/ɕ]声母。如：

晴【精】[tɕin]　千【清】[tɕʰiɛn]　墙【从】[tɕʰian]　岁【心】[ɕi]
敬【见】[tɕin]　遣【溪】[tɕʰiɛn]　拳【群】[tɕʰyon]
丑【昌】[tɕʰiu]　声【书】[ɕin]　石【禅】[ɕiʔ]

（7）精组洪音字与知、庄、章组字基本读为舌尖前音[ʦ/ʦʰ/s]声母。如：

灾【精】[tsai]　字【从】[tsʰɿ]　苏【心】[so]　辞【邪】[tsʰɿ]
知【知】[tsɿ]　耻【彻】[tsʰɿ]　茶【澄】[tsʰa]
装【庄】[tsɔŋ]　差【初】[tsʰa]　愁【崇】[tsʰɛu]　山【生】[san]
枕【章】[tsɛn]　少【书】[sau]　是【禅】[sɿ]

（8）见、溪母字读洪音的读舌根声母[k/kʰ]声母，晓、匣母合口洪音基本读清擦音[f]，其他情况读[x]声母。如：

跟【见】[kɛn]　开【溪】[kʰai]　坏【匣】[fai]　婚【晓】[fɪn]
孝【晓】[xau]　鞋【匣】[xai]

（9）影、疑母字读开口洪音的读舌根鼻音[ŋ]声母。如：

我【疑】[ŋo]　熬【疑】[ŋau]　挨【影】[ŋai]　鸭【影】[ŋaʔ]

（10）云、影母今读细音，以母读合口洪音，以及疑、日母字都读零声母。如：

有【云】[Øiu]　要【影】[Øiau]　誉【以】[Øui]　外【疑】[Øuai]
而【日】[Øə]

（二）韵母特点

（1）果摄一等字基本上读[o/uo]韵母，见组合口字读[uo]韵母，其他都读[o]韵母。特别是见组开口读[o]韵母，合口读[uo]。如：

哥【开一见】[ko]　何【开一匣】[xo]　过【合一见】[kuo]　坐【合一从】[ʦʰo]

（2）假摄字基本上读[a/ia/ua/iɛ]韵母，字音归韵与普通话大体相同，不同的是读[a]韵母的字在普通话中有读[a/ε/ia]韵母，[ia]韵母的字在普通话有都读[iε]韵母的。如：

骂【开二】[ma]　舍【开三】[sa]　写【开三】[ɕia]　爹【开三】[tiε]

（3）遇摄字基本上读[u/i/ui/ε]韵母，韵母与普通话相比，少了[y]韵母，多了[i/ui]韵母。如：

苦【合一】[kʰu]　句【合三】[kui]　女【合三】[ni]　鱼【合三】[ŋε]

（4）蟹摄字基本上读[ai/uai/ɜi/uɜi/i/a/ua]韵母，韵母比普通话多了[a]，其余与普通话相同。如：

带【开一】[tai]　街【开二】[tai]　外【合一】[Øuai]　快【合二】[kʰuai]
催【合一】[tsʰɜi]　会【合一】[Øuɜi]　岁【合三】[fi]　妻【开四】[tɕʰi]
话【合二】[fa]　挂【合二】[kua]

（5）止摄字基本上读[i/ɿ/ə/ui]韵母，比普通话多了韵母[ə]，这类字普通话读卷舌韵母[ɚ]；少了[ʅ]，这类字归入了[ɿ]；另外部分字在开合口上与普通话不同。如：

子【开三】[tsɿ]　衣【开三】[i]　水【合三】[fi]　二【开三】[ə]　龟【合三】[kui]

（6）效摄字基本上读[au/iau]韵母，韵母与普通话相同，开口二等见组字读[au]，普通话读[iau]，其他字音归韵与普通话基本相同。如：

早【开一】[tsau]　泡【开二】[pʰau]　朝【开三】[tau]　到【开一】[tau]
老【开一】[tsau]　鸟【开四】[niau]　小【开三】[ɕiau]

（7）流摄字基本上读[εu/iεu/iu/u]韵母，韵母[εu]与普通话[əu]对应，音值稍有差异。流摄三等字读[iu]韵母，而普通话读[iəu]和[əu]韵母。见组读[iεu]的字，普通话读[əu]韵母，非组个别字读[u]。如：

头【开一】[tʰεu]　后【开一】[xεu]　狗【开一】[kiεu]　够【开一】[kiεu]
丢【开三】[tiu]　九【开三】[tɕiu]　丑【开三】[tɕʰiu]　手【开三】[ɕiu]
妇【开三】[fu]　富【开三】[fu]

(8) 咸、深、山、臻、宕、江、曾、梗、通诸摄入声韵字塞音韵尾[-ʔ]。如：

【咸入】：鸭【开二】[ŋaʔ]　合【开一】[xɛʔ]　贴【开四】[tʰiɛʔ]

【深入】：十【开三】[sɛʔ]

【山入】：瞎【开二】[xaʔ]　发【合三】[faʔ]　袜【合三】[uaʔ]

铁【开四】[tʰiɛʔ]　绝【合三】[tɕʰiɛʔ]　决【合四】[tɕioʔ]

【臻入】：不【合一】[pɛʔ]　出【合三】[sɛʔ]　物【合三】[uɛʔ]

一【开三】[iʔ]　屈【合三】[kʰuiʔ]

【宕入】：落【开一】[loʔ]　若【开三】[loʔ]　脚【开三】[tɕʰioʔ]

【江入】：确【开二】[tɕʰoʔ]

【曾入】：得【开一】[tɛʔ]　媳【开三】[ɕiʔ]

【梗入】：客【开二】[kʰɛʔ]　吃【开四】[tɕʰiʔ]　石【开三】[ɕiʔ]

壁【开四】[piʔ]

【通入】：哭【合一】[kʰuʔ]　畜【合三】[tʰuʔ]

(9) 咸、山、深、臻、曾、宕、梗摄韵母归并，阳声韵字韵尾读舌尖中鼻音[n]。如：

【咸摄】：胆【开一】[tan]　站【开二】[tsan]　甘【开一】[kɛn]

尖【开三】[tɕiɛn]

【山摄】：难【开一】[nan]　晚【山合三】[uan]　言【开三】[niɛn]

填【开四】[tʰiɛn]

【深摄】：品【开三】[pʰɪn]　心【开三】[ɕin]

【臻摄】：根【开一】[kɛn]　本【合一】[pɛn]　神【开三】[sɛn]

滚【合一】[uɛn]　婚【合一】[fɪn]　纹【合三】[uɛn]

【曾摄】：朋【开一】[pʰɛn]　承【开三】[tʰɪn]　剩【开三】[ɕin]

证【开三】[tin]

【宕摄】：娘【开三】[nian]　将【开三】[tɕian]　强【开三】[tɕʰian]

【梗摄】：争【开三】[tsɛn]　命【开三】[mɪn]　听【开四】[tʰɪn]

(10) 宕摄和梗摄的部分字、全部的江摄和通摄字韵母归并，古阳声韵字韵尾都读舌尖中鼻音[ŋ]尾。如：

【宕摄】：堂【开一】[tʰɔŋ]　床【开三】[sɔŋ]　黄【合一】[fɔŋ]

房【合三】[fɔŋ]　汪【合一】[uɔŋ]　况【合三】[kʰuɔŋ]

【江摄】：双【江开二】[sɔŋ]

【通摄】：凤【合三】[fəŋ]　　公【合一】[kuŋ]　　种【合三】[tuŋ]

凶【合三】[ɕiuŋ]

【梗摄】：兄【合三】[ɕiuŋ]

（三）声调主要特点

从调类看，古平、上、去、入四声在贵溪三脚班中演变分合为五声。

（1）平声分阴阳两类。如：

阴平[11]：家【平清】[tɕia¹¹]　　声【平清】[ɕin¹¹]

阳平[23]：皮【平浊】[pʰi²³]　　羊【平浊】[Øian²³]

（2）次浊上字与清上字读上声。如：

上声[45]：古【上清】[ku⁴⁵]　　老【上次浊】[lau⁴⁵]

（3）去声一类，不分阴阳。古全浊上字归读阳去。如：

去声[53]：到【去清】[tau⁵³]　问【去浊】[Øuɛn⁵³]　上【上全浊】[san⁵³]

（4）入声一类，不分阴阳。如：

入声[5]：捉【入清】[tsoʔ⁵]　　别【入浊】[pʰiɛʔ⁵]

从调值看，5 个声调各一调型。

阴平为平调(低平调)；阳平、上声为升调(分别为半低声调、半高声调)；去声为高降调(高降调)；入声为促调(高促调)。

五、贵溪三脚班的音韵性质

任何一种戏曲舞台音韵无外乎呈两种发展趋势，第一是受到官话影响，语音向官话靠拢，还有就是语音保持地方方言特点。了解清楚戏曲剧种音韵的性质，对于构拟戏曲音韵以及进一步完善剧种音韵都是非常必要的。确定剧种音韵性质，需要分析剧种现状舞台音读中的各种音韵成分，厘清其在音韵音系中的结构关系，按照符合剧种音韵性质从而突出剧种特色，在吸纳官话性质的音韵成分和方言性质的音韵成分上把握好平衡点，对各种音韵成分做出保留或摒除的合理安排，最终构拟的音韵音系使剧种音韵性质得以巩固、剧种音韵特色得以突显。结合音韵特点，我们分别从官话和方言角度看赣东采茶戏贵溪三脚班的音韵性质。

（一）贵溪三脚班音韵的官话性质

根据上文所归纳的贵溪三脚班音韵特点，有以下几点是属于官话性质：

(1) 鼻辅音韵尾只有[-n]/[-ŋ]两个。

(2) 全浊上声绝大多数归去声，去声不分阴阳。

(3) 声调只有5个，类别相比南方方言较少。

(4)入声没有塞音韵尾[-p]/[-t]/[-k]。

（二）贵溪三脚班音韵的方言性质

贵溪三脚班的剧种发源地和主要流播地是在鹰潭贵溪一带。贵溪地处上饶地区，是吴、赣语的缓冲区，汉语方言学界把贵溪方言划入赣语鹰弋片。语音上看，贵溪三脚班属于赣方言的特点有：

(1) 古全浊声母今读塞音、塞擦音时，为送气的清音。

(2) 流摄一等、臻摄开口一等、曾摄开口一等和梗摄开口二等字主元音是[ɛ]。

(3) 影母字开口呼读[ŋ]声母。

(4) 假摄三等开口字读[a]/[ia]韵母(个别字除外，如：姐)。

(5) 古泥母和来母今洪音前能区别，泥母读[n]，来母读[l]。

(6) 梗摄字没有文白两套读音系统。

以上赣语性特点中1、2、3属于赣语共同性特点，4、5、6点属于赣语鹰弋片区域性特点。

贵溪方言中有6个声调：阴平11、阳平23、上声45、去声53、阴入5、阳入4。贵溪三脚班入声阴阳不明显，但是仍然存在入声，故而基本保留了贵溪方言性质的声调系统。

根据对贵溪三脚班音韵的上述声韵调的综合考察，可以认定贵溪三脚班的剧种语言仍属于以贵溪方言为基础，但又受官话影响较大的贵溪方言性质的舞台语言。

（三）贵溪三脚班与贵溪方言

作为一种最具地域特色的艺术，地方戏曲的舞台语言与地方语言密切相关。尤其是现代地方戏曲，传播力弱，受众面小，舞台演员和观众都要需要方言化，可以说方言化是现代地方戏曲必然的选择，是绝对的。戏曲语言与地方语言相关，并不是说戏曲语言就是方言。所谓地方语言，包含地域方言和民族共同语两方面的因素，与戏曲语言相关的是地方官话和方言共通语。

形成于方言地区的地方戏曲剧种，一类剧种直接使用“中州韵”这样的具有官话性质的舞台语言，另一类剧种则以方言为舞台语言。以方言为舞台语言的剧种有以某一地点方言为舞台语言的。但就江西省境内的剧种看，作为戏曲舞台语言的方言往往是一种“区域方言共通语”(略称“方言共通语”)。同时戏曲为了通俗化大众化，从长远发展上看，“‘官语化’则是相对的，换言之，世上没有绝对‘官话化’的戏曲品种。但是，绝大多数的地方剧种，在用方言作为舞台语言的同时，也在进行本地‘官语化’的改造”[11]。

从戏曲舞台语言与方言语音来看，贵溪三脚班体现出来的不仅仅是该戏曲在空间地域上的分布，更是戏曲舞台语音的不同，因为“任何一种戏曲，其起源都是局限于一定地域，采用当地方言，改造当地的民间音乐、歌舞而成”[12]。也可以说“方言的多样性造就了一种声腔在多地的多样性表现，一种声腔与不同的方言结合，成为我国众多剧种形成的基本条件”[13]。贵溪地处赣东北，是赣、浙、闽交界之地，有赣、闽、吴多方言接触的背景，复杂的语言环境对原本单一的赣东采茶戏音腔影响较大，加之地方演员整体文化水平不高，在唱腔韵白上深受母语方言影响，很难保持赣东采茶戏一致的语音系统，呈现出来的是语音成分比较复杂，大多以当地方言为基础，同时又有掺杂性、变异性等特点。

根据前文，我们比较贵溪三脚班音与贵溪方言音系，发现贵溪三脚班的音系基本与贵溪方言音系一致。但是，贵溪三脚班语音在具体语音上也存在有别于贵溪方言的地方。了解贵溪三脚班与贵溪方言的语音差异性，可以有利于演员舞台语音的规范化，有利于戏曲音韵的系统性考察。具体如下：

（1）知组、章昌三等字贵溪方言多读为[t/tʰ]，三脚班有部分字受普通话影响演员有时念[ʦ/ʦʰ]（擦音读[s]）或[ʨ/ʨʰ]（擦音读[ɕ]）。

（2）止摄合口三等的章组字贵溪方言多读[k/kʰ]/[f]，三脚班个别有读[ts/tsʰ/s]。

（3）见组二等字贵溪方言读为[k/kʰ]，三脚班江摄开口二等这部分字通常读为[tɕ/tɕʰ]。

（4）止摄开口三等章组字贵溪方言[ø]韵母，三脚班却读[ɿ]。

（5）止摄开口三等日母字贵溪方言读为[o]，三脚班常读为[ə]。

（6）臻摄开口三等书母字贵溪方言中读[ɛn]，但三脚班读[in]。

（7）宕摄字贵溪方言读[ɑŋ]的，三脚班读[an]。

（8）梗摄字，贵溪方言读[iŋ]，三脚班读为[ɪn]/[in]。

六、贵溪三脚班的韵辙归纳

戏曲表演时，舞台语言追求韵律和谐，讲究押韵合辙，这是我国古代戏曲语言的内在要求。合辙押韵也是决定戏曲音韵不同于自然语言语音的重要原因，各剧种都有体现其舞台语音特色的韵辙系统。从宋代《广韵》《礼部韵略》到元代《中原音韵》、明代《洪武正韵》、清代《韵学骊珠》都是古代作诗填词和唱曲字音参照的依据。到近现代，流行较广的曲韵是“十三辙”。曲韵随着汉语的不断发展变化也在发生变化。罗常培先生指出：“到乾隆朝，昆曲的盛行遂达极点。当时称昆腔为‘雅部’，别种腔为‘花部’……乾隆末叶，昆曲盛极而衰，于是，‘花部’遂代‘雅部’兴起。”[14]曲韵也随之发展为十三辙。虽无专门的韵书，但习惯上都作十三道辙分韵。因为“从《韵略易通》到《十三辙》一系韵书，大部分是为一般‘据音识字’的人而作，也颇能适合民间口头文学的天籁。它们大胆打破了文人的因袭思想，极力求着切合于当时当地或者的活语言。

在这个时候，新兴的民间戏剧——皮黄——已然代替了渐趋僵化的南曲的地位，它所用的韵辙，自然而然也要根据当时当地的活语言，而不再去因袭南化的曲韵……十三辙就是应着这种需要而产生的一部民间剧韵”[15]。这样十三辙在各剧种中影响深刻。

贵溪三脚班作为江西赣东采茶戏之一种，受十三辙的影响自是难免。由于长期缺乏统一的规范的韵辙系统资料，很难直接根据韵谱曲本进行归纳韵部，只有根据舞台表演合辙押韵的情况来归纳整理。因此，我们根据对《李仕别妻》大量韵段押韵韵例分析归纳，又参考 1872 个单字音读[16]，将贵溪三脚班韵辙分为二十部。

<table>
<tr><th>序号</th><th>韵部</th><th>韵母</th><th>例字</th><th>备注</th></tr>
<tr><td>第一</td><td>支脂部[17]</td><td>[ɿ]</td><td>枝</td><td rowspan="2">同用</td></tr>
<tr><td>第二</td><td>齐灰部</td><td>[i]；[əi] | [uəi] | [ui]</td><td>鸡；该 | 衰 | 归</td></tr>
<tr><td>第三</td><td>姑苏部</td><td>[u]</td><td>铺</td><td></td></tr>
<tr><td>第四</td><td>麻花部</td><td>[a] | [ia] | [ua]</td><td>骂 | 爷 | 挂</td><td></td></tr>
<tr><td>第五</td><td>鱼儿部</td><td>[ɛ] | [iɛ]；[ə]</td><td>鱼 | 爹；儿</td><td></td></tr>
<tr><td>第六</td><td>梭波部</td><td>[o] | [uo]</td><td>破 | 果</td><td></td></tr>
<tr><td>第七</td><td>怀来部</td><td>[ai] | [uai]</td><td>拜 | 快</td><td></td></tr>
<tr><td>第八</td><td>遥条部</td><td>[au] | [iau]</td><td>老 | 小</td><td></td></tr>
<tr><td>第九</td><td>由求部</td><td>[ɛu] | [iɛu] | [iu]</td><td>走 | 够 | 手</td><td></td></tr>
<tr><td>第十</td><td>山阳部</td><td>[an] | [ian] | [uan]</td><td>胆 | 娘 | 万</td><td rowspan="2">同用</td></tr>
<tr><td>第十一</td><td>团官部</td><td>[on] | [uon] | [yon]</td><td>干 | 拳 | 寒</td></tr>
<tr><td>第十二</td><td>庚文部</td><td>[ɛn] | [iɛn] | [uɛn]</td><td>根 | 尖 | 问</td><td rowspan="2">同用</td></tr>
<tr><td>第十三</td><td>般清部</td><td>[ɪn] | [in] | [un]</td><td>真 | 进 | 君</td></tr>
<tr><td>第十四</td><td>江唐部</td><td>[ɔŋ] | [uɔŋ]</td><td>床 | 光</td><td></td></tr>
<tr><td>第十五</td><td>中东部</td><td>[əŋ] | [iuŋ] | [uŋ]</td><td>风 | 凶 | 公</td><td></td></tr>
<tr><td>第十六</td><td>缉迄部</td><td>[iʔ] | [uiʔ]</td><td>一 | 橘</td><td></td></tr>
<tr><td>第十七</td><td>术屋部</td><td>[ʔ] | [iuʔ]</td><td>竹 | 玉</td><td></td></tr>
<tr><td>第十八</td><td>乏辖部</td><td>[aʔ] | [uaʔ]</td><td>发 | 袜</td><td></td></tr>
<tr><td>第十九</td><td>德帖部</td><td>[ɛʔ] | [iɛʔ] | [uɛʔ]</td><td>不 | 铁 | 国</td><td></td></tr>
<tr><td>第二十</td><td>盍药部</td><td>[oʔ] | [ioʔ] | [uoʔ]</td><td>落 | 月 | 或</td><td></td></tr>
</table>

说明：

(1) 二十部中，第一部至第九部为阴声韵部，第十部至第十五部为阳声韵部，第十六部至第二十部为入声韵部[18]。

（2）与十三辙作比较，不考虑十三辙中阴声韵辙所包括的古入声字，贵溪三脚班二十部阴声韵的姑苏、麻花、怀来、遥条、由求五部与十三辙的姑苏、发花、怀来、遥条、由求五辙基本对应。齐灰部的一部分对应灰堆辙，另一部分合并支脂部对应一七辙。梭波、鱼儿两部分别与梭波辙、乜斜辙大体对应，只是梭波辙中小部分普通话读e[ɤ]韵母的中古假摄字(如：扯蛇)归入麻花部。

（3）二十部阳声韵部中，江唐部与江阳辙大体对应，只是不包括普通话读 iang[iaŋ]韵母的字(如：养、奖)。山阳部与团官部合并对应言前辙，山阳部还包普通话读 iang[iaŋ]韵母的字(如：养、奖)。中东部对应中东辙的一部分(普通话中的 ong[uŋ]、iong[iuŋ]韵母字)。庚文部与殷清部合并对应人辰辙，另包括中东辙的另一部分(普通话中的 eng[əŋ]、ing[iŋ]、ueng[uəŋ]韵母字)。

上述部分韵部根据韵母相同相近情况分别注了“同用”，有支脂、齐灰、两部同用，山阳、团官两部同用，庚文、殷清两部同用。

＊本文系国家社科基金重点项目“区域通语视角下江西地方戏曲音韵研究”【16AYY009】的阶段性成果。

致谢：本文前期田野调查得到贵溪县文化馆以及鹰潭市三脚班非遗传承人项双细先生的帮助和支持，写作过程中得到南昌大学人文学院胡松柏教授的指导，承蒙导师汪国胜教授指正，文章曾在清华大学“第六届语言学博士生论坛”(2022年11月6日)上公开宣读，与会专家北京语言大学梁慧婧老师提出宝贵的修改意见。谨致谢忱！

注释：

[1] 罗常培:《京剧中的几个音韵问题——1935年9月7日为北京青年会剧团讲演》,原题为《旧剧中的几个音韵问题》,载入《东方杂志》第三十三卷第一号,收入《罗常培语言学论文集》(第七卷),济南:山东教育出版社,2008年,第300～329页。

[2] 王力:《京剧唱腔中的字调》,《王力文集》(第十八卷),济南:山东教育出版社,1986年,第420～459。

[3] 游汝杰:《地方戏曲音韵研究・序言》,北京:商务印书馆,2006年。

[4] 冯蒸:《论中国戏曲音韵学的学科体系——音韵学与中国戏曲学的学科整合研究》,《首都师范大学学报》2003年第3期,第65～74页。

[5] 魏锦:《关于戏曲音韵研究的设想——以川剧为例》,《四川戏剧》2019年第7期,第28～30、74页。

[6] 贵溪县志编纂委员会:《贵溪县志》,北京:中国科学技术出版社,1996年,第878页。

[7]《中国戏曲志・江西卷》编辑委员会:《中国戏曲志・江西卷》,北京:中国ISBN中心,1998年,第136页。

[8] 魏锦:《关于戏曲音韵研究的设想——以川剧为例》,《四川戏剧》2019年第7期,第28～30、74页。

[9]《李仕别妻》系赣东采茶戏本土剧目,民间也称《李仕休妻》《李氏嫁妻》《李四嫁妻》等,在赣东赣北甚至在赣中地区声腔有不同,影响广泛有代表性,为了方便同剧目不同剧种的横向比较,本文选

择该剧目作为调查研究的主要考察对象，也参考贵溪三脚班其他影像资料。《李仕别妻》为三幕剧，由贵溪市名角文化演出有限公司演员演出。

[10] 本文调查的主要发音合作人：项双细，男，饰演李弟（小丑）、老包（小丑）、李母（老旦），60 岁，贵溪市流口镇人，鹰潭市非物质文化遗产项目贵溪三脚班传承人；周金美，女，饰演秋香（小旦），56 岁，贵溪市罗河镇人；汪步文，男，饰演李仕（小生），54 岁，贵溪市流口镇人；刘牛远，男，饰演李父（老生）、苏相公（老生），73 岁，贵溪市雷溪镇人；洪冬英：女，饰演李妹（小旦），54 岁，贵溪市鸿塘镇人。

[11] 陈志勇：《论方言与地方剧种"种类"的多样性》，《文化遗产》，2012 年第 1 期，第 62～69 页。

[12] 游汝杰：《地方戏曲音韵研究》，北京：商务印书馆，2006 年，第 1 页。

[13] 魏锦：《江西采茶戏中的梁山调腔系音乐考》，《戏曲研究》（第 120 辑），北京：文化艺术出版社，2022 年，第 276 页。

[14] 罗常培：《从昆曲到皮黄》，《罗常培语言学论文集》（第五卷），济南：山东教育出版社，2008 年，第 59～60 页。

[15] 罗常培：《京剧中的几个音韵问题——1935 年 9 月 7 日为北京青年会剧团讲演》，原题为《旧剧中的几个音韵问题》，载入《东方杂志》第三十三卷第一号，收入《罗常培语言学论文集》（第七卷），济南：山东教育出版社，2008 年，第 307 页。

[16] 这 1872 个戏曲常用字从《方言调查字表》（1981）中摘选。

[17] 为便于与京剧等其他剧种对比，我们在韵部名称上尽量采用"十三辙"的说法。

[18] 入声韵辙的归纳与实际演员舞台押韵存在不一致现象，舞台语音有入声押韵，但是押韵内部规律不明；且由于长期缺乏剧本，无章可循，舞台唱词甚至出现因人更改的情况，入声押韵存在纷乱不清的实际情况，我们这里采取宜分不宜合的原则，故而分设五个入声韵辙。

【语言学研究】

“VP的(N)”中“了”“过”“着”的隐现

熊　岭

（黄冈师范学院，湖北黄冈，438000）

内容摘要：“了”在“VP的(N)”中的隐现与“VP的”作为名词性结构的静态属性密切相关：“$了_{1/2}$”的动态性使其在“VP的(N)”中的出现受到抑制；但“VP的(N)”能接纳标示并凸显(结果)状态延续的“$了_1$”。“过”小句因其静态性容易被“VP的(N)”接纳。“着”触发的“减速扫描”和“均质化”认知操作衍生出的描写语用功能使其在纯粹限制性的“VP的”中受限。“VP的(N)”是一个“参照体—目标”结构。

关键词：“VP的(N)”；描写性；“了”；“着”

引言

“了”“着”“过”是现代汉语里最典型的语法体标记。“了”和“着”在作定语的“VP的”(VP表示各类谓词性结构，包括主谓结构和小句)中有时会受到排斥，如例(1)；有时又能出现，如例(2)，例(2)b中的“了”甚至必须出现。*表示其后成分不能出现，? 表示其后成分出现的可能性很小。

(1) a. 写检举信(*了)的学员

b. 他打人(*了)的情况

c. 小王买(*了)的书

d. 那边那个讲(? 着)话的人是谁?

(2) a. 那天正好高大头来送修好了的收音机。(汪曾祺《皮凤三楦房子》)

b. 写了四遍的《高玉宝(续集)》(标题)(CCL语料)

c. 当李鹏万中了京官的消息传至海阳时，全城轰动。(窦应泰《李嘉诚家族传》)

d. 跑着的人，鸡，狗，被呛得全打喷嚏。(贾平凹《秦腔》)

对于“过”，“VP 的(N)”却能自由接纳，如“他干过的坏事”“见过凶手的村民”“他干过坏事的传闻”等。学界对体标记在定语中隐现的相关研究比较少。范晓蕾[1]发现定语从句(即“VP 的”)是用“$了_1$”最受限的现实性谓语，动词无宾语时很排斥“$了_1$”，静态动词、达成动词、影响性动词易用“$了_1$”。全面考察定语中“了”“着”“过”的专文是李铁根[2]，李文指出，与谓语位置上的“了”“着”“过”相比，定语位置上的“了”“着”“过”的组合能力大为减弱；文章主要从动词语义和动词与中心名词的语义关系的角度解释定语中“了”“着”“过”的隐现。本文关注三个体标记的语义语用功能，从“了”“过”“着”与“VP 的”的语义语用特征是否和谐的角度揭示其隐现的倾向性规律。

一、“了”“过”在“VP 的(N)”中的隐现

VP 作定语用名词化标记“$的_3$”。可以认为“VP 的 N”的底层结构中有两个“的”，一个是紧接在 VP 后的名词化标记“的”，一个是连接修饰语和被修饰语的结构助词“的”，两个“的”在表层发生同音合并。名词化的“VP 的”具有静态性，只接纳在“VP 的”中表现出静态性的体标记。

(一)“了”在“VP 的(N)”中的隐现

1.“VP 的(N)”对“了”的排斥

一般认为“了”有两个。在动词(包括动结式复合动词)后或者动后宾前出现的是“$了_1$”，“动-宾”后出现的是“$了_2$”。“完成”[3]或“实现”[4]是传统公认的“$了_1$”的语法意义，“指明变化到达了某一个点”[5]；学界共识“$了_2$”表“情状变化”和与变化相关的“新情况的出现”[6]。“$了_1$”“$了_2$”都与事件情状的动态变化相关。

名词化标记“的”和动态“$了_{1/2}$”在语义上标示一静一动两种对立的状态：前者使言者在心理上把情状作为一个静态实体，后者则凸显情状在时轴上的动态展开。语义功能相冲突的两个语法标记共现，在认知上会引发对立的解释，不能同时对一个情状进行动态化和静态化操作。根据朱德熙[7]，“VP 的”有自指和转指之分，后者又主要有提取主语的和提取宾语的。“$了_2$”不能在提取主语的“VP 的”和自指的“VP 的”中出现，如“写检举信(＊了)的学员”“他打人(＊了)的情况”；“$了_1$”在提取宾语的“VP 的”中的出现不自由，如“他买(＊了)的书”“小王写(＊了)的信”。前者“$了_2$”与“的”都附着于整个 VP 后，后者“$了_1$”与“的”都附着于动词 V 后：两个语法标记标记对象相同，功能却对立(一动一静)，“的”抑制了动态“$了_{1/2}$”的显现。名词化标记“的”难容 VP 作为具体时间过程中动态事件的特征，当 VP 表征的事件已完成或实现，“$了_{1/2}$”在“VP 的”中受到压制而隐形。需要说明的是，“去除”义动词后可以出现“了”，如“他们拆了的房子”“他脱了的皮鞋”；这类“了”与表“实现/完成”语法义的“了”不是同一的单位，等同于“掉”这样的补语，不是真正的体标记。

2.“VP 的(N)”对“$了_1$”的接纳

林若望认为，不管和哪类动词共现，“了($了_1$)”都可以传达“‘实现/完成一状态延续’的意思”[8]；即使是一般行为动作动词，其表征的行为动作达到终结点后也会产生

一个事态“已成为永久事实”的结果状态(结束的只是动作过程本身)，这个状态当然也是有延续性的。按照这个思路，“了$_1$”涉及两个意义：一个是动态的“实现/完成”义，一个是静态的“状态延续”义。“延续”义是一种语用隐含义，事件的实现或完成衍推状态的延续：情状开始后状态会延续；情状结束后产生静态结果，结果状态会延续下去。“的”触发的名词化抑制“了$_1$”的动态义，“VP的”中如果出现“了$_1$”，“了$_1$”只表现出标示和凸显状态延续的功能。VP的(结果)状态越明确，“了$_1$”越容易出现。

首先看“了$_1$”在提取主语的“VP的”中的出现。

(3) a. 死了的(人)/打破了的(杯子)

b. 贴了照片的(牌子)/铺了黄土的(大道)

c. 病了的(孩子)/知道了真相的(女人)

d. 吃了哑巴亏的(男人)/打了败仗的(士兵)/保护了凌风的(人)

e. 丢了三次的(包)/写了三天的(试卷)/捐了一架飞机的(老板)

(3a)的动词自带“结果”义，属于达成情状(achivement)，事件一开始就得到结果。(3b)中“贴”“铺”等处所位置动词呈现的是动作结束后客体(“照片”“黄土”)附于N所表示的处所(“牌子”“大道”)的结果状态。(3c)中的静态动词带“了$_1$”凸显状态起始后的延续；“起始”换一个角度看也是“结果”，因为新状态是旧状态结束造成的结果。(3d)的宾语受定语修饰或具有定指性。定语能提高宾语的具体程度，定指宾语具体化程度达到最大。结果状态主要通过行为动作作用和影响的对象来体现，宾语越具体、越显著，结果状态就越突出，对“了$_1$”的接受度也会越高。带光杆宾语的VP定语在提高了宾语具体化程度后能更好接纳“了$_1$”，如“说了弥天大谎/问了不该问的问题/打了张经理的(人)”比“？说了谎/？问了问题/？打了人的(人)”更易接受；当然，如果光杆宾语在语境中具有高显著度，“了$_1$”的出现也会很自然。像(3e)这类带数量成分(包括动量、时量、物量)的VP，动作行为达成后也同样有延续状态，可以带“了$_1$”：“丢了三次”“写了三天”“捐了一架”的动作行为达到数量成分规定的量自然终止后就产生了一个“丢三次”“写三天”“捐一架”成为永久事实的结果状态。

“了$_1$”在自指“VP的”中的出现也遵循“(结果)状态越明确，‘了$_1$’越容易出现”这一规律。

(4) 张全义抱着孩子走了的消息，是杨妈慌里慌张地跑到金枝屋里来告诉她们的。(陈建功《皇城根》)

(5) 他不理解李云章为什么对他隐瞒去南洋贩运烟草和轻工产品已经发了大财的事实。(CCL语料)

(6)“闭上眼睛读”是实写，是(名字)读错了的原因。(新浪微博)

(7) 所以他到了外交部的时候，就打了五次电报来要我上去。(CCL语料)

当 N 不属于 VP 里的动词的格时，"VP 的"是自指的。例(4)"走$_{离开}$"和例(6)"读错"具有"结果"义，例(5)的宾语"大财"带修饰成分，例(7)的宾语"外交部"是定指的。例(4)—例(7)中的"了$_1$"分别标示和凸显"走$_{离开}$""发大财""读错""到外交部"成为永久事实的结果状态的延续。

"了$_1$"在提取宾语的"VP 的"中出现只在动结式后，如"教授讲错了的地方""学生答对了的问题"，其出现显然也是对(结果)状态的标示和凸显。

最后说说为什么"了$_1$"在带数量成分的"VP 的"中出现比在其他"VP 的"中出现更具强制性：前者往往不得不出现，后者可现也可不现。单单从"了$_1$"标示和凸显(结果)状态的角度不足以解释这种强制性，这需要对"了"的意义进行更高程度的抽象。"了"在认知上的作用是"划出界与界间的界限"[9]。例(3)中的谓词要么隐含终结点[例(3)a、例(3)b]或起始点[例(3)c]，要么宾语具体化程度高[例(3)d]，虽表征的都是有界事件，但事情的边界相对模糊。数量成分把事件结束或开始的临界点直观精确地呈现了出来，带数量成分的事件具有强界性，需要有显性标记来标识和"呼应"[10]这个界点：这就是"了$_1$"在包含数量成分的 VP 中(无论作谓语还是作定语)总要出现的原因。"了$_1$"的这种抽象认知义和具体语义之间的关系是：界点的存在意味着界变的存在，变化义在语法语义层面编码为"完成"或"实现"；变化的结束衍推状态的延续。这便呈现出"了$_1$"意义的关联模式：标示界点→动态变化义→静态延续义。

(二)"过"在"VP 的(N)"中的出现

"过"能自由出现在"VP 的"中与"过"小句的静态性相关。根据 Smith[11]，"过"赋予主体经历事件的属性，而不是直接呈现事件，因而在情景类型上是静态的。"过"小句有这样的语义结构：$_{静态}$[(动词论元结构＋完整体)＋"过"]。虽然其内层具有完整体语义，但经历体专注于情况已发生的事实。"过"小句因其静态性易被"VP 的"所接纳。

二、"着"在"VP 的(N)"中的隐现

本节分析"VP 的"中能与"着"共现动词的持续和均质特征，引出"着"自带的"减速扫描"和"均质化"认知程序，并以此为基础阐释"着"的描写语用功能；比较"着"出现与否带来的定语语用功能的细微差别，指出"着"在纯粹限制性的"VP 的(N)"中受限。

(一)"VP 的"对"着"的接纳

1. 能带"着"作定语的动词

"着"表持续[12]，与"着"共现的动词具有持续语义特征。同时，"着"具有均质性，"'着'只能跟具有均质特征的谓词结构共现"[13]。"持续"和"均质"一体两面："持续"是相同(或相似)状态在时间中的延伸；"均质"是延伸的情状在对应的时点或时段中具有相同(或相似)状态。

下面几类动词能与“着”共现，但其持续和均质程度不一。

A. “想”“住”“躲”“等”“拉”“端”“坐”等

B. “哭”“笑”“唱”“讲”“爬”“走$_{行走}$”“跑$_{奔跑}$”等

C. “敲”“拍”“蹦”“跳”“嚼”“眨”“咳”等

D. “做$_{制作}$”“洗”“修”“寄”“买”“卖”“偷”等

A类情状持续和均质程度都高：情状无间断持续；内部均质，在认知中被切分出的每个片段都是动作本身。B、C类持续和均质程度低于A、B、C是间断持续：一个单次B类事件由相似片段相继而成，如“哭”由伴有或不伴有眼泪的号呼接续而成；C类是所谓的“单动作”(semelfactive)，对单动作连续体来说，其内部也是间断持续的。B、C类事件任意切分出子事件还是事件本身，但事件内部片段只是高度相似，并不完全相同，如一次“哭”内部片段的强度、音调等不会完全相同，一次“跑”两只脚抬起落下的力度、高度、幅度也不可能完全相同。

D类的持续性和均质性最低。不出现任何时间性成分的“VP的(N)”，无语境支撑的情况下其体特征受制于VP的词汇体(aktionsart)特征。A、B、C类动词及其动宾短语直接作定语，体特征倾向于为“持续”，如“想问题的(学生)”“奔跑的(孩子)”“敲门的(人)”；D类动词及其动宾短语直接作定语，有些的体特征除了“持续”外，还可以有“完成”解读，如“做菜汤/修电表的(那个人)”，有些的体特征只倾向于为“完成”，如“买/寄书的(人)”。比起前三类动词，D类的终点性开始增强，“买”“寄”等的终点性甚至强于持续性。D类动词均质程度也很低，其表征的事件只是各异质环节的连缀。如一次“买”由挑选、还价、付款等差异性较大的环节连缀而成，这些环节中的任何一个都不具有整个事件的属性。

“着”的本义是“附着”[14]。“附着”带来的“静态”语义底色使“着”与名词化结构“VP的”的静态性并不抵牾，上述动词都能带“着”作定语。

2.“着”的语用功能

“着”的“静态”语义底色会使其前动词的动性受到削弱。“着”在心理上放缓事件的时间节奏，使动作情状沿时轴展开的过程减慢；这种减速会导致动作内部相同或相似的片段在认知中的(部分)叠加。同时，“着”能增强动词的均质程度：不仅在认知上抹去B、C类动作内部片段的细微差异，还强迫D类动作的各环节作同质化理解。后者方式有两种，一是做减法，“V_D着”仅指事件核心环节的重复，如“做着饭/洗着衣服的女人”中的“做/洗着”指“翻炒”“揉搓”的反复发生。二是做加法，把全套动作程序整体打包，让事件整体重复。如“？寄着快递的那个人”“？买着化妆品的女孩”不太自然，是因为“寄”“买”这类事件的诸多环节中没有一个突出的核心环节；但说成“不停地寄着各种快递的那个人”“不断买着各种化妆品的女孩”就可以了，这是因为“不停/不断”起到了把事件诸多环节整体打包的作用。

“减速”和“同质化”可视为“着”携带的降低动词动性的两套认知程序，从这个意义上说“着”是一个削弱动词动性的装置。下图a和b是动词分别与“正在”(不激发“减速"和"同质化")和"着"(激发"减速"和"同质化")共现的认知图示。

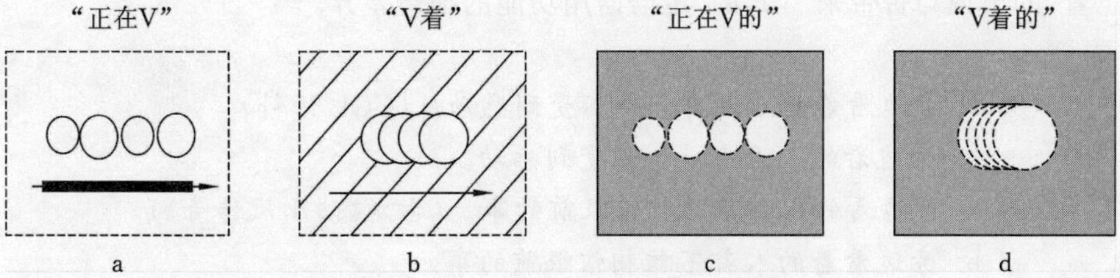

图 1 "正在 V""V 着"与"正在 V 的""V 着的"的认知图示

上图 a 表征单次事件内部过程时间的自然流逝：箭头表示时间轴，圆圈表示事件内部片段，圆圈大小不完全一致表明内部片段之间并不完全同质，如"正在哭"。图 b 中斜线阴影表示时间的流逝放缓，动态事件内部片段以部分重叠的渐进方式在时间中缓慢展开，事件内部元素在认知中叠加，圆圈大小一致表明事件内部片段完全被同质化，如"哭着"。图 c 和图 d 分别是图 a 和图 b 的名词化，在认知层面将事件的时间性特征背景化，凸显事件的空间特征，如"正在哭的""哭着的"；图 c 和图 d 中时间轴消失，背景完全阴影化表示时间被定格，方框边界用加粗黑实线表示为事件情状建构空间界限。从认知操作的角度看，图 a 是次第扫描；图 b 是减速扫描；图 c 和图 d 则是总括扫描。

描写性是"着"携带的"减速扫描"和"均质化"认知程序运行的自然结果，是"着"的语用功能。"着"的"减速扫描"中隐藏了言者对事件内部进程缓慢注视的视角，相当于意识深入动词内部对同质要素执行了(部分)加合的操作。同质要素的叠加会造成心理上的加细。越作整齐划一的同质化解释，越会造成浓墨重彩的描写语用效果；因为描写本质上是将时间的推进暂时按停，在静态的时间截面中呈现细节。吕叔湘认为"描写性"是"道形貌"[15]，"是对重叠、双声、叠韵等词汇的语义概括"[16]。重叠、双声、叠韵中都有同质要素叠加手段的运用，而同质要素重复出现就会产生摹写情貌的语用效果。重叠、双声、叠韵一般出现在状态形容词中，状态形容词是最典型的，也是公认的描写性定语。朱德熙说"一类事物经过描写后就不再是普遍的概念，而是特殊的概念了"，"描写性定语往往带有潜在的指称作用"[17]。可见，状态形容词定语修饰的名词往往指称特定事物，如"小小的屋子"往往指特定的某间/些屋子；"描写""状态""指称"构成一组无标记关联。"VP 着"因持续义带来的加细感与语言要素直接叠加造成的描摹有描写颗粒度的粗细之别。虽然"VP 着"在语义的细腻度和生动性上不及以摹状见长的状态形容词，但同样呈现了特定事物的样态情状，也带有描写色彩，具有描写语用功能。"着"可与重叠、双声、叠韵等一样被视为描写性元素。

不管怎样，"着"对动作进程做了细化处理，植入了言者对事件内部要素细致观察的视角，赋予表达描写性；描写是书面表达中的常用手法，"着"的出现会增加书面色彩。"描写性"和"书面色彩"是"着""减速扫描"和"同质化"衍生出的语用副产品。

3. “VP 的”带“着”与否语用功能的差异

“着”的出现与否带来“VP 的”定语语用功能的细微差异。

(8) a. 旁边看着的人没有一个不受到感动。(CCL 语料)

b. 旁边看的人没有一个不受到感动。

(9) a. 旁边看的人都不敢相信眼前的事。(古龙《陆小凤传奇》)

b. 旁边看着的人都不敢相信眼前的事。

(8a)去掉“着”变成(8 b)，(9a)带上“着”成为(9 b)，语感上都能够接受。但不可否认带“着”和不带“着”在语用上有所侧重：(8a)的定语比(8b)的更具有描写性和书面色彩，(9a)的定语比(9b)更侧重区别中心名词的所指。

一个有趣的现象是：主句和上下文聚合的描写性元素越多，当定语处于一个描写性语境，在描写“氛围”的促动下，定语中出现“着”的可能性会随之增加。如例(10)—例(14)都是典型的描写性语境。

(10) 外面阳光明媚，我们在街头绿地的石凳坐下，四周都是光着小膀子，扑着痱子粉，嫩声嫩气叫笑着的孩子。(王朔《编辑部的故事》)

(11) 夜很深了，青蓝色的天幕上缀满了眨着眼睛的星星，仿佛是一只巨大的荧光屏。(林杭生《“航线留图本”的故事》)

(12) 清风街里里外外的土很厚，雨落下来一声价响，土就飞起来像是烟雾，一时笼罩得什么都看不清。跑着的人，鸡，狗，被呛得全打喷嚏。(贾平凹《秦腔》)

(13) 说着的人像在看好戏，完全没有惧怕，叽叽喳喳比手划脚活泼非凡，小屋里一时笑语喧哗。(三毛《哭泣的骆驼》)

(14) 朱秀见到四太太后连忙放下正洗着的衣服。她蓬头垢面的，双颊凹陷着，一双湿淋淋的手放在胸前，把她的蓝布上衣都弄湿了。(迟子建《原始风景》)

例(10)—例(12)是细化场景的描写性语境，例(13)—例(14)是细画人物的描写性语境。

(二)“VP 的”对“着”的排斥

纯粹限制性的“VP 的”定语排斥“着”。如：

(15) 说(? 着)的人比干(? 着)的人还带劲。

(16) 相传二郎神用麻秆挑着金、银两座山从云中走过时，被一个在溪边洗(? 着)衣服的村妇看见，连声惊呼。

汉语定语的功能传统上分为限制性的和描写性的。“限制性”有两种含义：一是分类，"限制性定语的作用在于举出一种性质和特征作为分类的根据来给中心语所代表的事物分类"[18]；二是指称，限制性定语重在指明在一些事物中是"这个"而不是"那个"[19]。

既然"描写性定语往往带有潜在的指称作用"[20]，"描写性"和"限制性"其实也并不对立。如"猴山上吵着的一圈人哗啦一下散开了(王朔《玩的就是心跳》)"，"吵着的"除了描写"一圈人"的行为之外还可以帮助读者识别这"一圈人"。但"潜在"说明描写性定语的指称作用是派生的；描写性定语主要还是为了展现细节、摹写特征，"指称作用"只是附带结果。真正与描写性定语对立的是只具有区别作用的纯限制性定语。

例(15)和例(16)的定语只是单纯帮助听者区别中心名词的所指，是纯粹的限制性定语：要么提供区别性信息区分类，例(15)中"说的""干的"两相对照，区分出两类对立的人；要么提供区别性信息区分个体，例(16)通过"洗衣"这一特征帮助听者辨别"村妇"的所指。这两例中如果出现"着"，会很不自然。

(17)那边那个________的人是谁?

例(17)在面对面交谈时用来询问现场第三者身份，只需要定语提供区别性信息，是一个甄别纯限制性定语的句法槽。能够进入该句法槽的VP如果带上"着"听上去都极不自然，如"那边那个讲(？着)话/敲(？着)门的人是谁?"。这说明当"VP的"定语履行纯区别限制语用功能时，"着"在其中的出现会受限。

结语

本文从"了""过""着"与"VP的"语义语用功能是否和谐的角度揭示其隐现的规律。动态"$了_{1/2}$"因与"VP的"的静态性不相容而被"VP的"所排斥；标示并凸显(结果)状态延续的"$了_1$"与"VP的"的静态性相容而被"VP的"所接纳。"过"小句因其静态性容易被"VP的"接纳。"着"的描写性与纯限制性"VP的"的语用功能对立，"着"在此类定语中受限。

"VP的(N)"是一个"参照体—目标"结构。对于自指结构"VP的N"(如"小王回来了的消息")和提取主语的"VP的(N)"[如"修好了的(收音机)"]来说，VP通过附加名词化标记"的"获得认知上的静态稳定性，内在地与静态存在物相通，可以成为识别N所指事物的心理参照物。对于提取宾语的"VP的(N)"[即$N_主$V的($N_宾$)，如"他买的(书)"]来说，V名词化后固化为连接两个独立实体的抽象关系。在动词表达的关系中，$N_主$成为识别$N_宾$的参照。"$N_主$V的($N_宾$)"都可以在V前加上"所"，如"他所买的(书)"。正如姚振武[21]所说："它('所V')是通过其前面的S对其后的O的制约，实现对个别性宾语(O)的指称的。"

* 本文系湖北省教育厅社会科学重点项目"现代汉语关系从句的时体态研究"【20D093】的阶段性成果。

注释：

[1] 范晓蕾:《谓语的整体属性对“了$_1$”分布的制约效果》,《世界汉语教学》2020年第2期,第185～200页。

[2] 李铁根:《定语位置上的“了”、“着”、“过”》,《世界汉语教学》1999年第2期,第55～64页。

[3] 吕叔湘:《现代汉语八百词(增订本)》,北京:商务印书馆,1999年,第351页。

[4] 刘勋宁:《现代汉语词尾“了”的语法意义》,《中国语文》1988年第5期,第312～330页。

[5] 戴耀晶:《现代汉语时体系统研究》,杭州:浙江教育出版社,1997年,第35页。

[6] 武果:《语气词“了”的“主观性”用法》,《语言学论丛(第三十六辑)》,北京:商务印书馆,2007年,第342页。

[7] 朱德熙:《自指和转指——汉语名词化标记“之、的、所、者”的语法功能和语义功能》,《方言》1983年第1期,第16～31页。

[8] 林若望:《再论词尾“了”的时体意义》,《中国语文》2017年第1期,第3～21页。

[9] 张黎:《“界变”论——关于汉语“了”及其相关现象》,《汉语学习》2003年第1期,第17～21页。

[10] 孙朝奋:《汉语动词系统的界及其呼应:“了$_1$”完成体》,《世界汉语教学》2022年第1期,第19～32页。

[11] S.Carlota,“Aspectual Viewpoint and Situation Type in Mandarin Chinese”, *Journal of East Asian Linguistics*,3,1994,pp.107-146.

[12] 戴耀晶:《现代汉语时体系统研究》,杭州:浙江教育出版社,1997年,第84～88页。

[13] 王媛:《谓词性结构的事件性和现代汉语进行体标记的语义分析》,《当代语言学》2012年第3期,第234～245页。

[14] 曹广顺:《近代汉语助词》,北京:语文出版社,1995年,第27页。

[15] 吕叔湘:《论底、地之辨及底字的由来》,《汉语语法论文集(增订本)》,北京:商务印书馆,1999年,第126页。

[16] 完权:《超越区别与描写之争的认知入场作用》,《世界汉语教学》2012年第2期,第175～187页。

[17] 朱德熙:《现代汉语形容词研究》,《语言研究》1956年第1期,第1～37页。

[18] 朱德熙:《定语和状语》,上海:上海教育出版社,1984年,第22页。

[19] 刘月华等:《实用现代汉语语法》,北京:商务印书馆,2001年,第472页。

[20] 朱德熙:《现代汉语形容词研究》,《语言研究》1956年第1期,第1～37页。

[21] 姚振武:《个别性指称与“所”字结构》,《古汉语研究》1998年。

汉字笔画的系统性及命名科学性再审视

曲抒浩

（华中师范大学国际文化交流学院/湖北语言文化国际传播研究院，湖北武汉，430079）

内容摘要：站在国际中文教育的立场上，应该确立“笔画元素”的概念，由简而繁地把汉字笔画的系统性描述清楚，进而对现行规范汉字的笔画进行科学的命名，以利于指导二语学习者更快更好地掌握汉字的笔画规律，减少相关字形偏误的出现。

关键词：笔画；笔画元素；笔画系统；汉字教学

一、笔画和“笔画元素”

（一）笔画的问题很多

关于笔画的定义，大家的看法差不多，如“笔画是构成汉字字形的最小单位”[1]（黄伯荣、廖序东，2017），“书写时从落笔到笔提起，叫做‘一笔’或‘一画’”[2]（胡裕树，2011）。

但是，汉字笔画的种类到底有多少？它们该怎样命名？它们的难度等级如何？它们处于一种什么样的系统当中？对于这些问题，前贤做出了很多努力，比如张静贤（1988）认为，现代汉字一共有 31 种笔形，其中基础笔形 6 种，派生笔形 25 种[3]；但据王汉卫（2012）统计，10 部权威的本专业文献对笔画的认识非常不一致，它们列举出的笔画最多达 36 种，最少 26 种，共有的笔画仅有 17 种[4]。从常用度和经济性等方面考虑，王汉卫还进一步建议将汉字教学笔画抽象为 25 种[5]，或者 24 种[6]。可见，这些事关汉字笔画的基础性、前置性、全局性问题至今仍旧存在，并未形成有效的共识，这不利于汉字字形的学习。

我们认为，对汉字笔画的归纳首先必须涵盖一定范围内——比如 GF0025—2021[7]列举的 3000 个基础汉字——所有汉字的字形，就像 26 个英文字母组成了所有的英语单词一样，不能有例外或过多地进一步“解释”。比如矛盾最集中的几个汉字：“专、西、朵、凹、凸、鼎”等，它们所包含的笔画“ㄣ、㇄、㇍、㇅、㇎、㇞”尽管使用频率低，但并不宜全部被简单地“合并”掉。不仅如此，我们即将看到，它们当中有的对于现代汉字的字形具有非常重要的系统性意义，要审慎对待。

汉字笔画的命名称说，最理想的当然是“名”与“实”一一对应，不要有太多“一对多”或“多对一”的地方。比如下面这些笔画的命名就似乎没能做到名实一致：

“折”：竖折横（㇗）、竖折提（㇙）、撇折点（㇛）[8]和横折斜钩（⺄）[9]（张静贤，1988），到底往哪个方向写叫“折”？只要改变了书写方向就叫“折”（turning stroke）[10]吗？为什么大多数汉语母语者认为“㇙、㇁、㇂”里面并没有折笔[11]？还有，只要中途改变了书写方向就叫“折”，这对于汉字的教学和习得到底有没有指导意义？

“弯”：竖弯横（㇄）、弯竖钩（㇁）和弯钩（㇁）[12]（张静贤，1988），怎么写才叫“弯”？“弯”是朝哪个方向的？“弯”是笔画的部分（“竖弯”）还是笔画书写方法（“弯竖”）？“竖弯横（㇄）”与“竖折横（㇗）”到底怎么区分？有没有必要进行区分？

“钩”：横钩（㇖）、横折竖钩（㇆）、竖弯横钩（㇟），到底哪个方向叫“钩”？这三个笔画的结尾处明明有“↙、↖、↑”三个不同的书写方向变化，“钩”的定义不清是不是跟实际教学中“风（风）、字（字）、可（可）、门（门）”这样的笔画偏误有关？

（二）建立“笔画元素”的概念

根据汉字书写的实际情况，以直观认知为主要方法，从有利于教学的角度出发，我们抽象概括出了能形成或组成 GF0025—2021 中所有汉字的 9 种笔画书写特征，称之为“笔画元素”，即“点（丶）、横（一）、竖（丨）、撇（丿）、捺（㇏）、提（㇀）、钩（↖）、挑（↑）(tiǎo)、弯（㇁）”。

其中，“点（丶）、横（一）、竖（丨）、撇（丿）、捺（㇏）、提（㇀）”可以“形成”完整、独立的笔画，可以称之为“平笔笔画”。平笔笔画的具体书写情况如下图所示，其中的箭头代表书写时的运笔走向和终点：

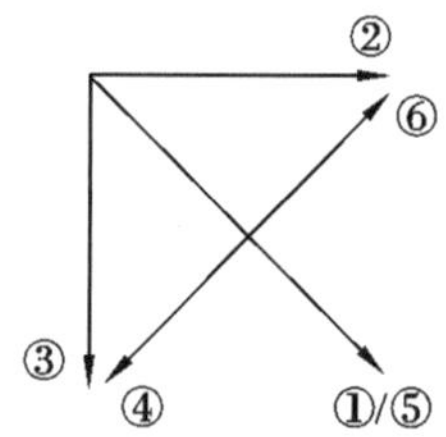

图 1　平笔笔画示意图

平笔笔画最大的特点是：(1)可以直接成为完整的独立笔画；(2)书写时的笔画走势方向单一，不会中途发生变化；(3)除了“撇”和“提”以外，其他笔画都符合汉字书写时从左而右、从上而下的基本规则。从左而右、从上而下不仅是笔画书写的基本规则，还是笔画组合成部件（笔顺）、部件组合成整字的基础性规则，对于汉字教学具有非常重要的意义。

“点（丶）、横（一）、竖（丨）、撇（丿）、捺（㇏）、提（㇀）”在充当“构成”其他更复杂的笔画的元素时，称之为“平笔笔画元素”。但是，“钩（↖）、挑（↑）、弯（㇁）”永远不能形成独立的笔画，它们只能参与构成其他的、更复杂的笔画，可以称之为“非平笔笔画元素”。相应地，平笔笔画元素之间的结合，以及有非平笔笔画元素参与其中构成的笔画，都可以称之为“非平笔笔画”。为了区别，我们在表述非平笔笔画元素的时候都带上一个小箭头，说明它们不是实际存在的独立笔画，只代表着运笔走势。为了便于跟传统习惯上说的“钩”进行对照，我们在下图中加入了“提”，试图将笔画元素的问题说清楚：

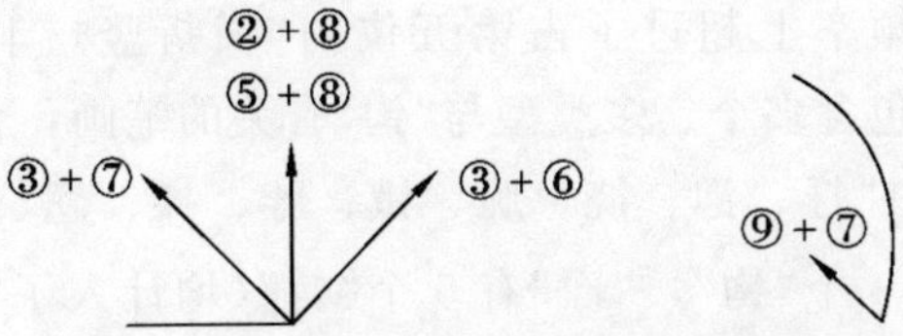

图 2　与“钩”有关的笔画元素结合示意图

上图告诉我们，“提”只出现在“竖”的结尾处，书写走向是从左下到右上；“钩”出现在“竖”和“弯”的结尾处，书写走向都是从右下到左上；“挑”出现在“横”和“捺”的结尾处，书写走向都是从下到上。“提、钩、挑、弯”还有一个共同的特点，那就是它们都不符合从左而右、从上而下的汉字及其笔画的书写规则，有必要在教学中重点指出并进行辨认、重构等操练，特别是在针对逻辑思维能力较强的成年二语学习者的时候。

将与“钩”有关的笔画进行进一步的分化，不仅是因为它们在直观上的区别，也在于“钩”承载了太多笔画信息，就像“折”所占的笔画比例太大一样，很难笼统地对教学起到实际的指导作用。按照 GF2001—2001 的规定，减掉本文所说的 6 种平笔笔画及“亅”，汉字中余下的笔画都可以称作“折”(因为 GF2001—2001 将“亅”归入了“丨”)[13]；如果把“亅”(1.57%)也计入“折”，那这个“折”就会包括 25 种不同类型的笔画，占 6196 个印刷通用汉字所有笔画总数的比重会达到 19.30%，无论怎样都会高于占比第二位的“竖”(17.60%)，仅次于占比第一位的“横”(27.68%)(数据均来源于张静贤，1988)[14]。

我们也统计了一下 GF0025—2021 列举的 3000 个基础汉字，笔画总数共计 28366 个，其中各类和“钩”有关的笔画统计结果如表 1：

表 1　和“钩”有关的笔画数量统计表(以 GF0025—2021 为范围)

类型	书写方向	次数	占总笔画数的比%	字数	占总字数的比%
“提”	↗	280	0.99	276	9.20
“乛”	↙	452	1.59	422	14.07
“挑”	↑	497	1.75	473	15.77
“钩”	↖	1437	5.07	1239	41.30
共计		2666	9.40		

上表中的“提”不包括作为独立笔画的“提”，只包括部分“竖折提(㇙)”和“横折竖

折提（㇀）”中的笔画元素（“提”的问题较为复杂，详情另文讨论），二者跟“竖钩（亅）”“横折竖钩（𠃌）”太形近，二语学习者非常容易弄混；笔画“乛”在很多文献中都被称为“横钩”，如张静贤（1988）[15]和GF2001—2001[16]，所以把这二者也统计进来了。从上表可知，在3000个基础汉字中，传统意义上的“钩”共出现2386次，占比8.41%（不计“㇙”和“㇀”），频率上超过了占第五位的“横折竖（㇕）”（6.53%，据王汉卫2012[17]）。有的字可能包含多个、多类型与“钩”有关的笔画，含有3个及以上“钩”的汉字多达129个，其中“抒、饱、饶、脆、饿、脖、揉、翘、鹅、腕、馋、鹏、孵、撬、橘、擦”等16字有4个“钩”，“豫”有5个“钩”（均计入了“㇙”和“㇀”），所以到底有多少字含“钩”，不能在上面的表中简单地相加。根据我们的统计，3000个基础汉字中共有1866个汉字含有与“钩”相关的笔画，占总字数的62.20%，也就是每写1.6个汉字就会碰到1个与“钩”有关的笔画。“钩”的使用频率如此之高，迫使我们必须在国际中文教育中做出反应，不能默认这些知识是二语学习者不教就会的或者是能够自然习得的，要想办法避免出现这方面的字形偏误。

二、笔画元素的结合

上面在谈与“钩”相关的笔画时，其实已经涉及笔画元素的结合问题，下面我们再进一步详细地讨论一下9种笔画元素可以怎样进行结合的问题。

（一）平笔笔画元素之间的结合

平笔笔画元素之间的结合是指仅由平笔笔画元素结合而成的笔画，主要包括以下四种情况：

1.“横”与“竖”的结合

横＋竖：㇕，横＋竖＋横：㇍，横＋竖＋横＋竖：㇅；

竖＋横：㇄（㇗），竖＋横＋竖：㇉（㇞）。

“横”与“竖”是汉字书写基础的基础。“横”与“竖”永远都保持着从左而右、从上而下这种汉字笔画的基本书写规则，没有例外。在只有“横”“竖”结合而成的笔画中，以“横”起笔的有3种，以“横”结尾的有2种；相应地，以“竖”起笔的有2种，以“竖”结尾的有3种。这些都是汉字笔画的规律，对教学具有指导意义。

2.“横”与“撇”的结合

横＋撇：㇇（乛、㇇），横＋撇＋横＋撇：㇋；

撇＋横：㇜（㇜）。

关于第1组和第2组的平笔笔画元素结合，有三个问题需要注意：

其一是“㇇（㇇）”（横折撇）和“乛”（横钩），甚至是“㇕”（横折竖）有时无法区分。我们认为，“㇇、㇇、乛”这三种笔画完全可以抽象概括归为一类，统称为“横撇”，就像“派”中四个形态不一的“撇”被抽象为“撇”一样[18]（张静贤，1988）。其中“㇇”和“乛”这两个字形跟许多笔画或部件的避让问题差不多，大多数情况是因为要避让在“㇇”下面的笔画或部件，才把它写成了“乛”。可以这样总结，“乛”的下面一定有别的什么笔画或部件，而“㇇”则不一定，对比一下“买”“了、子”“予、矛、函”“承、丞（均指首笔）”“冖、宀、穷、农、旁、赏、骨、鹤、霸”“饣”“祭（右上部）”“角、尔、欠”“虍、皮”“令、甬”“疋”“侯、候、敢”等，以及“今”“又、叉、夂（复、处）”“夕、歹、夜、然”“登（左上部）”“水、永”等中的相关笔画就明白了。至于“㇕”，则大多用在闭合、半闭合部件中，例如“口、日、目、中、田、白、西、罒”“假、尸、户、弓、己、巴”“录、帚”“事、妻”“臼、舆”“五、互、丑、缘”“皿、贝”等部件或汉字中的相关笔画。

其二是“竖”在与“横”结合时笔势不稳定，在向下写的同时有向左的书写倾向，形成类似于“撇”的笔画走势。这是由汉字笔画从上而下，从左而右的基本书写规则决定的：竖笔后接横笔（或其他笔画），竖笔就会“提前”向左下倾斜，以利于后续笔画的书写。这几乎成了汉字，特别是手写汉字的基本规律。比如下面的这些现象：

“㇕”与“㇇”形近，如“马、丑、侯、敢”中的相关笔画；

“㇗”与“𠃋”形近，如“母、互、乐、发、牙、降”中的相关笔画；

“㇍”与“乙”形近，如“几、亿”中的相关笔画部分；

“㇉”与“㇅”形近，如“马、号、专”中的相关笔画或笔画部分；

“㇋”与“㇌”形近，如“乃、杨”中的相关笔画部分（要注意“撇”不与“钩”等非平笔笔画元素结合）。

其三是应该将“横折竖折横”（㇅）和“横折竖弯横”（㇍）合并起来，将“竖折横”（㇗）和“竖弯横”（㇄）合并起来，进而将“竖弯横钩”（㇟）看作“竖＋横＋挑”，将“弯”明确限定为从上而下的类似右半弧形“㇁”。

顺便说一下，“点”和“捺”最好不归并，原因不仅在于二者的直观差别太大，混为一谈并非只是“使字形结构略显松散、笨拙”[19]而已，比如和其他笔画相交的捺，一般就不能写成点，如“乂（丈、史、吏、更）”“廴（建、及）”“夂（条、处、修）”“攵（攻、收、悠）”等部件和汉字中的捺；更在于“捺”还是与“挑”结合而成常用笔画“㇏（捺挑）”——占 6196 个通用汉字的所有笔画的 0. 27%，常用度第 18[20]（据张静贤，1988）——的中间环节，具有笔画系统性的作用。

另外，印刷宋体和印刷楷体的“走之底”字形不太一样，可以认为印刷宋体的“辶”含“㇇”，印刷楷体“辶”含“㇋”。

3. “撇”与“点”的结合

撇＋点：𡿨。

总结一下就是“撇”只与“横”或“点”结合，不与其他平笔笔画元素及非平笔笔画元素结合。

4. “竖”与“提”的结合

竖＋提：𠄌，横＋竖＋提：㇊。

“提”总是出现在“竖”的后面（“𠄌、㇊”），与同样经常出现在“竖”后面的“钩”

（“亅、乛”)形成“镜像”形近关系，是触发目的语过度泛化的强烈诱因，需要在教学中格外提醒和操练。

（二）与非平笔笔画元素有关的笔画元素的结合

根据笔画的书写走势，非平笔笔画元素包括“钩(↖)、挑(↑)、弯(⤸)”3种，它们能与其他笔画元素组成4类非平笔笔画。

1.“竖”与“钩”的结合

竖＋钩：亅，横＋竖＋钩：𠃌，竖＋横＋竖＋钩：㇉，横＋竖＋横＋竖＋钩：㇌。

从右下到左上的“钩”总是用在“竖”的结尾处；正好，“竖”加上以“竖”结尾的“横”与“竖”结合的笔画也是共计4种，它们都能后接“钩”，这是有规律可循的。

2.“弯”与“钩”的结合

弯＋钩：㇁；横＋撇＋弯＋钩：㇋。

这两种笔画的使用场合都非常有限，“㇁”一般只出现在部件“犭、豕、豸”当中，“㇋”一般只出现在“阝”(在左或者在右)当中。

3.“竖＋横”与“挑”的结合

竖＋横＋挑：𠃊；横＋竖＋横＋挑：⺄。

“挑”出现的第一种场合是总在“竖＋横”之后，以“横”结尾的“横”与“竖”结合的笔画共有2种，正好都可以后接“挑”，这也是规律；不过，需要强调的是单独的“横”不能与“挑”结合。另外，不仅是“⺄”与“乙”，“⺄”与“⺄”也有混用的情况，它们三个在历代的墨迹中不甚区分，现在的印刷宋体和楷体也有一定的任意性，如在宋体的“瓦、赢”和楷体的“瓦、赢”中，前者是“⺄”，后者是“⺄”。之所以把“⺄”作为代表性的笔画，一是因为上面说过，作为折笔的“竖”经常有“撇”的走势，这许是“乙”的字形来源；二是因为在现代汉字的笔画系统里，应该没有“横捺”——也就是横笔后与捺笔结合——这样的笔画[21]。

4.“捺”与“挑”的结合

捺＋挑：㇂

“挑”出现的第二种场合是连接在“捺”后面。“捺”只与“挑”结合，不与其他任何平笔笔画元素或非平笔笔画元素结合。

三、笔画的难度层级

上面我们从笔画元素及其结合角度将笔画分为平笔笔画6种、非平笔笔画8大类。这样的分类可以总结出很多规律，但这些笔画似乎都被平列在了一起，看不出层次来，没照顾到一般教学活动都必须遵守的循序渐进的原则。下面我们就主要讨论汉字笔画系统的层次性问题。

根据笔画元素在结合时反映出的规律性，我们把所有笔画分为三个层次，从简单到复杂依次为“一级笔画”“二级笔画”和“三级笔画”。一级笔画只包括6种平笔；二级笔画包括“横”与“竖”之间的结合(含二者之间的多次结合)，以及某两个笔画元素之间的结合(仅限两个)，共 12 种；三级笔画则是指二级笔画之间或者二级笔画与更多笔画元素进一步结合而成的笔画，共 8 种。具体情况如表 2 和表 3 所示。

表 2　一级笔画和二级笔画表

	点丶	横一	竖丨	撇丿	捺㇏	提㇀	钩𠄌	挑↑	弯㇁
点丶									
横一			㇕、㇅、㇎	㇇(㇇→)					
竖丨		㇄、㇞(㇉)				㇙	㇚		
撇丿	㇛	㇜(𠃋)							
捺㇏							㇂		
提㇀									
钩𠄌									
挑↑									
弯㇁							㇁		

表 3　三级笔画表

		弯钩㇁	横撇㇇	提㇀	钩𠄌	挑↑
“横”起	㇕			㇊	㇆	
	㇅					㇈(乙㇈)
	㇎				㇡	
	㇇	㇌	㇋(㇋)			
“竖”起	㇄					㇟(㇃)
	㇞				㇉	

表 2 加粗框线中的笔画是 6 种一级笔画，以及它们作为笔画元素分别与其右第一行的各种笔画元素结合成 12 种二级笔画。为什么将“横”与“竖”的多次结合看作是二级笔画，而不是难度更高的笔画？这是因为汉字中的“横”与“竖”(还有“点”和“捺”)总是遵守从左而右，从上而下的书写规则，只要讲清楚这种基本规则，就不论“横”与“竖”结合多少次，都能顺利地“推演”出来，弄清结合上限即可。这一点很重要，可以强力避免各种笔画、笔顺的偏误，比如用“”的方法来写“口”，静态看起来没问题，但忽视了笔画、笔顺，对汉字的系统性学习总的来说是会有很多麻烦的。进一步说，我们认为，完全根据“折数”的多少来确定汉字笔画的难度或层级，认为“三折”的笔画就一定比“二折”“一折”的笔画难一些，似乎有点儿太机械，不一定能够得到教学

实践的支持。

表 3 加粗框线中的笔画，是由二级笔画相互结合或与其他笔画元素结合而成的 8 种三级笔画。

表 2 和表 3 中括号内的笔画从属于其前的笔画，如楷体的“卧钩”（㇃，如“心、芯”）可以从属于宋体的“竖＋横＋钩”（㇟，如“心、感”）[22]。

本文总结出面向国际中文教育的汉字笔画共计有 26 种，与王汉卫(2012)的 25 种“教学笔画”[23]相比，在笔画认定方面主要不同之处在于：(1)将“㇇”并入了“㇆”；(2)在将“㇄”并入“㇙”的同时，将“㇅”并入了“㇅”，它们无需区分，也无法区分；(3)恢复了“㇅”“㇍”和“㇉（㇉）”的笔画地位，它们不仅实际存在，而且是笔画在系统中从低级过渡到高级的桥梁。教学笔画的简化主要体现在笔画系统的简洁易懂上，而不仅仅是考虑频率原则。更为重要的是，本文提出的笔画元素及三级笔画系统，将所有的笔画都置于一个较为严密、完整的系统当中，符合由简而难、循序渐进的习得规律。

四、笔画的命名称说

笔画命名的总体原则应该是名实一致，一一对应。

对于“折”，从有利于教学的角度来看，不能像对待汉字排序、信息处理问题那样将所有改变笔画走向的书写方法都统称为“折”。传统语文教育中的“折”实际上大多是指的笔画组成部分，而不是笔画书写方法。如“㇕”叫“横折”，“㇄”叫“竖折”，“㇅”叫“横折折”，这种命名方式有其科学性，如果称它们为“横竖”“竖横”“横竖横”，容易让人误解成两个或三个相互独立的笔画。可以继续沿用传统语文教育中“折”的命名方式，将“折”准确定义为“横与竖的结合”，“折”只指“横”与“竖”的结合，其他情况都不叫“折”。更进一步说，折应该是一种特殊的笔画元素——它其实就是“横”或者“竖”。当然，前面说过，与“横”结合的“竖”常常有形近于“撇”的笔画走势，所以尽管实际的写法略有不同，但把“㇜”“㇡”和“㇋”叫作“撇折”“横折折折钩”和“横折折撇”并没有问题，无需作太大、太多的改变。

对于“钩”，必须进一步分化，根据不同的书写方向分别称之为“提↗”“钩↖”“挑↑”。“㇇”包含从右上到左下书写方向的笔画元素，它是“横撇”的变体，建议将它命名为“横撇”，不作为独立的笔画。分化叫作“钩”的笔画部分，让名称与实际书写情况一一对应起来，能够为学习者减少不必要的困难，对于汉字字形也具有重要的系统性意义。

应该明确“弯”的含义，为了保持笔画元素命名的一致性，建议将“弯”作为笔画的部分，而不是书写方式，“㇁”和“㇌”分别称为“弯钩”和“横撇弯钩”即可，其他情况都不叫“弯”。同理，“斜”“卧”等书写方式也都可以在教学的起始阶段予以淡化，这些术语本身对二语学习者而言就是负担。

下面再用一张表把本文归纳出来的 26 种笔画及其名称列举一下，加粗的框线表示分组：

表 4 本文建议的笔画系统及其名称总表

级别	名称	笔画
一级笔画	点	、
	横	一
	竖	丨
	撇	丿
	捺	㇏
	提	㇀
二级笔画	横折	㇕
	横折折	㇅
	横折折折	㇎
	横撇	㇇(ㄱ→)
	竖折	㇗
	竖折折	㇞(ㄣ)
	竖提	㇙
	竖钩	亅
	撇点	㇛
	撇折	㇜(ㄥ)
	捺挑	㇂
	弯钩	㇁
三级笔画	横折提	㇊
	横折钩	㇆
	横折折折钩	㇋
	横撇弯钩	㇌
	横折折撇	ㄋ(ㄋ)
	横折折挑	乙(乙)
	竖折挑	乚(乚)
	竖折折钩	㇉

总结

以中文作为二语的学习者具有明显不同于母语者的特点，他们缺少对汉字的感知和积累，缺少中文的口语基础，但他们大多有较强的逻辑思维能力，特别是成年的二语学习者，对于有内在规律的事物往往掌握得较快，也更为持久。所以有必要总结服务于二语学习者的汉字规律，讲清楚这些规律，这样才能更好地促进他们的语言习得。

可以把本文讨论的汉字笔画规律用下面的八句话总结一下：

表 5 汉字笔画系统助记词

助记词	提示的笔画
左右横，上下竖，	一、丨
横起三折竖起二。	㇕、㇅、㇎，㇗、㇞
提在竖后只两种，	㇙、㇊，㇀
钩在竖后却有四。	亅、㇆、㇉、㇋
弯钩用在横撇后，	㇁、㇇、㇌，丿
横撇两重(chóng)和撇横(撇折)。	ㄋ、㇜

续表

助记词	提示的笔画
竖折小挑共两种，	㇄、㇍
捺挑、撇点结合少。	㇄、㇛，㇏、丶

＊本文受教育部中外语言交流合作中心 2022 年国际中文教育研究课题重点项目“面向国际中文教育的汉字教学部件系统研究”【22YH40B】资助。

注释：

[1] 黄伯荣、廖序东：《现代汉语(增订 6 版上册)》，北京：高等教育出版社，2017 年，第 147 页。

[2] 胡裕树：《现代汉语(重订本)》，上海：上海教育出版社，2011 年，第 160 页。

[3] 张静贤：《现代汉字笔形论》，第二届国际汉语教学讨论会组织委员会编：《第二届国际汉语教学讨论会论文选》，北京：北京语言学院出版社，1988 年，第 504～509 页。

[4] 王汉卫、苏印霞：《论对外汉语教学的笔画》，《世界汉语教学》2012 年第 2 期，第 266～275 页。

[5] 王汉卫、苏印霞：《论对外汉语教学的笔画》，《世界汉语教学》2012 年第 2 期，第 266～275 页。

[6] 王汉卫、苏印霞：《现代汉字笔画系统的简化、排序及命名》，《语言文字应用》2015 年第 2 期，第 19～26 页。

[7] 即中华人民共和国教育部、国家语言文字工作委员会 2021 年发布并实施的《国际中文教育中文水平等级标准》。参见中华人民共和国教育部、国家语言文字工作委员会：《国际中文教育中文水平等级标准》。[2021 年 3 月 31 日]http://www.moe.gov.cn/jyb_xwfb/gzdt_gzdt/s5987/202103/t20210329_523304.html.

[8] 对“折笔”笔画的称说，除有特殊说明的之外，本文统一采取 GF2001—2001 的全称。GF2001—2001 即中华人民共和国教育部、国家语言文字工作委员会 2001 年发布，2002 年实施的《GB13000.1 字符集汉字折笔规范》。参见中华人民共和国教育部、国家语言文字工作委员会：《GB13000.1 字符集汉字折笔规范》。[2005 年 9 月 27 日]http://www.moe.gov.cn/jyb_sjzl/ziliao/A19/201001/t20100115_75688.html.

[9] 张静贤：《现代汉字笔形论》，第二届国际汉语教学讨论会组织委员会编：《第二届国际汉语教学讨论会论文选》，北京：北京语言学院出版社，1988 年，第 504～509 页。

[10] 中华人民共和国教育部、国家语言文字工作委员会：《GB13000.1 字符集汉字折笔规范》。[2005 年 9 月 27 日]http://www.moe.gov.cn/jyb_sjzl/ziliao/A19/201001/t20100115_75688.html.

[11] 如温敏儒(2016)对这三种笔画的命名分别是“竖提”“弯钩”和“斜钩”。参见温敏儒：《义务教育教科书语文(一年级上册)》，北京：人民教育出版社，2016 年，第 119 页。

[12] 和前文一样，这里的前两种笔画名称来自 GF2001—2001，后一种来自张静贤(1988)。

[13] 中华人民共和国教育部、国家语言文字工作委员会：《GB13000.1 字符集汉字折笔规范》。[2005 年 9 月 27 日]http://www.moe.gov.cn/jyb_sjzl/ziliao/A19/201001/t20100115_75688.html.

[14] 张静贤：《现代汉字笔形论》，第二届国际汉语教学讨论会组织委员会编：《第二届国际汉语教学讨论会论文选》，北京：北京语言学院出版社，1988 年，第 504～509 页。

[15] 张静贤：《现代汉字笔形论》，第二届国际汉语教学讨论会组织委员会编：《第二届国际汉语

教学讨论会论文选》，北京：北京语言学院出版社，1988年，第504～509页。

[16] 中华人民共和国教育部、国家语言文字工作委员会：《GB13000.1字符集汉字折笔规范》。[2005年9月27日]http://www.moe.gov.cn/jyb_sjzl/ziliao/A19/201001/t20100115_75688.html.

[17] 王汉卫、苏印霞：《论对外汉语教学的笔画》，《世界汉语教学》2012年第2期，第266～275页。

[18] 张静贤：《现代汉字笔形论》，第二届国际汉语教学讨论会组织委员会编：《第二届国际汉语教学讨论会论文选》，北京：北京语言学院出版社，1988年，第504～509页。

[19] 费锦昌：《现代汉字笔画规范刍议》，《世界汉语教学》1997年第2期，第10～16页。

[20] 张静贤：《现代汉字笔形论》，第二届国际汉语教学讨论会组织委员会编：《第二届国际汉语教学讨论会论文选》，北京：北京语言学院出版社，1988年，第504～509页。

[21] GF3001—1997中列举了一个单笔画部件“乀”，其例字是“夰”。但是，这个字在汉语二语教学中不太可能出现。GF3001—1997即国家语言文字工作委员会1997年发布，1998年实施的《信息处理用GB13000.1字符集汉字部件规范》。参见国家语言文字工作委员会：《信息处理用GB13000.1字符集汉字部件规范》，北京：语文出版社，1998年，第12～13页。

[22] 当然，楷体的“㇃”在外形上似乎更接近于宋体的“㇂”，而不是“乚”。这就涉及计算机宋体字模以及规范字体的选立问题，已不在本文讨论范围之内。

[23] 王汉卫、苏印霞：《论对外汉语教学的笔画》，《世界汉语教学》2012年第2期，第266～275页。

语料库视角下否定成分与句子焦点的分布特征

熊　雯

（浙江科技学院 人文学院，浙江杭州，310012）

内容摘要： 根据语料库和相关文献分析可知，否定成分分布于V前、V后、V前和后(框式)、双音节V或多音节V之间、句首和句尾等位置；句子的自然焦点经常位于句尾，对比焦点常见的线性位置是在焦点标记的前面或后面，有些语言中则可位于句首等固定位置。而否定成分与句子焦点共现时，自然焦点的位置一般由句尾变化为否定成分的后面，对比焦点则与肯定句时的位置相同。相应的优先序列为对比焦点规则＞否定毗邻规则＞自然焦点规则。

关键词： 语料库；否定成分；句子焦点；分布

引言

（1）老王周五去上海。

（2）老王周五不(没)去上海。

这两个例句分别是汉语典型的肯定句和否定句，并且都有相应的句子焦点，否定句中使用了表达否定范畴的否定成分。前人有关否定成分和句子焦点的研究成果很多，对二者共现时的语义、句法等表现也有关注，但聚焦二者分布特征的成果较少。本文梳理了相关研究，并在语料库视角下进一步探讨否定成分和句子焦点的分布特征问题，包括否定成分和句子焦点各自的分布表现，以及二者共现时的特征变化情况，主要聚焦于否定成分对句子焦点线性位置的影响。

一、否定成分的分布特征

否定成分是否定的句子必须要有的“否定的字样(吕叔湘 2002)”[1]。语言形式上可以是词类或者形态，但在功能上本文限定为需要表达句子的否定范畴，不包含在构词、短语和语用层面的否定成分。马宏程等(2010)[2]在参考 Lehmann(1978)[3]等成果基础上进行过调查，认为表达否定范畴的否定成分在自然语言中可存在于V前、V后、V前和后(框式)、双音节V或多音节V之间、句首和句尾等六种线性位置：

① NEG+V，NEG 没有固定在句首(NEG 表示否定成分)

② NEG+V，NEG 固定在句首

③ V+NEG，NEG 没有固定在句尾

④ V+NEG，NEG 固定在句尾

⑤ NEG_1+V+NEG_2，NEG 是框式形式

⑥ NEG 在 $V_{双}$ 或 $V_{多}$ 之间

本次在考察否定成分的分布时，我们又对 CCL 语料库、WALS(The World Atlas of Language Structures) online 最新的数据库以及相关文献进行了梳理筛选，重点整理了汉语、英语、日语、匈牙利语、南岛语等 16 种语言的否定语料，在均衡系属和地理分布的前提下对语料进行人工辨析，考察了各代表语言否定句中否定成分的句法分布特征。除了发现否定表达手段的可能性差异之外(将另文讨论)，在分布特征方面与上述六种线性顺的表现相同。

现代汉语中否定范畴使用的是最常见的表达模式：添加否定成分，且主要是添加“不”和“没”两类否定成分。它们的线性顺序是一般只出现在谓词前，但在与相关结构组合时表现的具体顺序有所不同[4]。这里先展示部分例句。

(3) 老王周五不去上海/老王周五没去上海。

(4) 老王周五一定不去上海/老王周五一定没去上海。

(5) 老王周五不一定去上海/*老王周五没一定去上海。

(6) *老王上周五一定不去上海/老王上周五一定没去上海。

(7) *老王上周五不一定去上海/*老王上周五没一定去上海。

二、句子焦点的分布特征

句子焦点一般被认为和话题一样都是语用概念，二者由此交叉也甚多，刘丹青、徐烈炯(1998)[5]曾用参项[+突出]和[+对比]专门把话题焦点与其他两类焦点做了区分。实际上焦点本身在语音、句法、语义等层面也存在着各自不同的表现，学界据此把焦点大致分为两类或三类，各种分类有共性也有差异(张全生 2009)[6]。其中对于对比焦点基本都认可(有时也称强调焦点)，但对于其他类型却意见不一、名称繁杂。本文考察的焦点采取更有类型意义的两分法：对比焦点及与之相对应的自然焦点，文献中也称常规焦点、句尾焦点、信息焦点等。

自然焦点的常规位置是句法结构中内嵌最深的成分[7]。汉语的句尾信息焦点都有重音实现，这不仅可以从发音和声学方面观察测量，也可以从听感方面进行感知(张慧丽、潘海华 2019)[8]。对比焦点一般也采用语音手段的强调重音[9]，同时，还需要借助句法手段的焦点标记或特定位置来表示(徐烈炯 2002)[10]，不过多数语言的线性位置经常并不固定。文本语料库中除了重音之外，焦点标记和特定位置都可以通过文献分析来明确出来，这也是焦点表达中两类具有类型学意义的模式[11]。这两类模式

在汉语中也都有表现。

现代汉语使用添加焦点标记方式，其句法分布十分灵活。代表语言还有台湾南岛语等。

(8) 是[狼群]$_F$把它驮走了/狼群是[把它]$_F$驮走了/狼群把它是[驮]$_F$走了。(F代表[]内为焦点)

(9) ini'＝mu [tuting]-i ku' xuil.（台湾南岛语的泰雅语）
NEG＝我.（属格） 打-(受事焦点) （主格）狗
我没打(这)狗。

南岛语系语言绝大多数没有声调，属于黏着型语言，有比较发达的形态变化和各种格标记。主要语序类型为SVO，焦点系统是南岛语系语言独有的句法特征，也是其句法上最重要的特征，焦点系统的运作使动词和主语都有形态上的呼应。台湾南岛语的焦点句可大致分为主事焦点句和非主事焦点句，后者又可有受事焦点句、处所焦点句、工具焦点句等。“＝”表示后面连接的是附缀(clitic)(黄美金2000，转引自马宏程2009)[12]。

上古汉语使用焦点前置方式，典型代表还有匈牙利语、阿坎语等。

(10) 去我三十里，唯[命]$_F$是听。(《左传·宣公十五年》)

(11) Attila felt a foldrengestol.（匈牙利语）
阿提拉 怕(定冠词)地震。
Attila A FOLDGENSTOL felt.（大写字母代表重读）
阿提拉(定冠词) 地震 怕
阿提拉是怕地震/阿提拉怕的是地震。
(Horvath 1986，转引自徐杰、李英哲1993)[13]

匈牙利语属于乌拉尔语系，形态变化比较复杂，有大量的词尾后缀。句子的基本语序类型和汉语相近，但存在着典型的焦点前置现象：因强调而重读的成分必须移到动词之前[14]。

(12) 问：*HenA* na Ama rehwehwE? （阿坎语）
谁 （焦点标记）（人名）在找
Ama在找谁？/Ama在找的是谁？
答：*Kofi* na Ama rehwehwE.
（人名） （焦点标记）（人名）在找
Ama在找Kofi。/ Ama在找的是Kofi。

(Drubig 2001，转引自马宏程 2009)[15]

阿坎语属于高加索语系，句法上的基本语系多是 SOV，但是当宾语作为焦点时，则使用 OVS，也就是说，作为焦点的成分其位置通常都要前置。不仅是疑问句，即便是陈述句也遵守将焦点前置于句首的句法规则。例(12)显示宾语作焦点需要前置于句首，且需添加焦点标记。

三、否定成分和句子焦点共现时的分布特征

尽管否定成分和句子焦点的研究侧重点不在同一层面，但二者共现时却经常出现一些纠结情况。在上述例(3)—例(7)的合格句中，如果通过某种手段把“上海”实现为对比焦点，就有可能会出现与否定成分“不”相关联而影响句子真值条件的情况。Jackendoff(1972)把这类焦点现象称为焦点关联，像否定成分这样的结构被称为焦点敏感算子[16]。这种情况下“不”所否定的是该焦点成分[17]，这类焦点成分经常被视为否定焦点或者否定中心。

由于一般认为否定成分都存在着否定辖域，否定成分和句子焦点共现时最易引起争议的就是二者之间的离合问题。在“是老王没来”中，徐杰、李英哲(1993)认为“没”否定的对象不是整个句子或者谓语部分，而是句子的焦点“老王”[18]。沈家煊(1999)[19]等学者的观点与徐李所认为的“否定中心的选择取决于独立于否定本身的焦点选择”基本一致，也赞成否定焦点可以是否定成分之前的句子焦点。袁毓林(2000、2012)则认为在有强调成分的句子中，否定句的焦点不一定就是否定词的否定中心，否定句的焦点跟否定焦点是可以分离的[20]。也就是说，上例中句子焦点“老王”并没有被否定，否定焦点仍然是否定词后面的动词“来”。此外，熊仲儒(2005)、胡建华(2007)、刘丽萍(2014)、李双剑和陈振宇(2018)等都围绕离合或者相关的关联对象等问题展开过讨论[21]。

对此，我们也曾专门进行了比较和论证，认为焦点与否定成分的关联不受辖域限制，是焦点而非焦点短语与否定成分关联(熊雯 2016)[22]。句子焦点与否定成分共现时，句子焦点即为否定焦点，这与句子焦点是否在否定辖域内无关，且焦点与否定成分必然存在着焦点关联。

(13) 老王是[周五]$_F$不去上海。

(14) 是[老王]$_F$周五一定不去上海。

“是”是汉语的焦点标记。否定成分“不”虽然位于动词前面，但该句的否定中心并不是这个动词，而是“是”标明的焦点。可以以三分结构法(袁毓林 2012)[23]的语义分析来证明焦点与否定成分必然存在着焦点关联。

(13’) 老王是[周五]$_F$不去上海。

不　［老王 x 去上海］［x＝周五］

算子 背景　　　　焦点

获得的释义为：老王去上海，这个时间不是周五。

（14'）是［老王］$_F$周五一定不去上海。

不　　［x 周五一定去上海］［x＝老王］

算子　　背景　　　　　　焦点

获得的释义为：有人周五一定去上海，这个人不是老王。

既然二者存在着不受辖域限制的关联，那么，这种关联就不会受二者共现时的线性位置所影响。也就是说，无论否定成分和句子焦点的线性位置如何分布，二者都会发生焦点关联。不过，二者共现时在分布特征方面是否存在着一定的影响表现呢？

（15）老王周五去［上海］$_F$。

（16）老王是［周五］$_F$去上海。

（17）老王周五没［去］$_F$上海。

（18）老王是［周五］$_F$没去上海。

（19）老王周五是［没］$_F$去上海。

学界广泛认可汉语表达自然焦点的常规位置是句尾，甚至会通过语序等手段尽可能地保障这个位置的使用[24]。例（15）中的“上海”是位于句尾的自然焦点，例（16）的“周五”是焦点标记“是”标示的对比焦点。例（17）相对于例（15）是添加了否定成分，尽管仍是自然焦点句，但句子的焦点发生了变化，不再是句尾位置。根据许峰（2020）对自然焦点句的实验性研究[25]，此类的否定焦点主要由动词承担，动词是语句中真正被否定的成分。而对于例（18），不管是视为例（16）添加了否定成分，还是例（17）添加了焦点标记，该句的焦点都不再是否定成分后面的动词“去”，而是对比焦点“周五”，否定成分与句子焦点存在关联。熊仲儒（2005）以默认规则和显著规则来解释例（17）和例（18）的这种变化，并引用相关例证论述了英语中的类似情况，指出这种变化具有一定的普遍性[26]。

比较例（15）和例（16）可知，对比焦点需要调动句法添加手段，也可以使用语音手段。比较例（15）和例（17）可知，否定成分的使用改变了自然焦点句的焦点。否定成分在词库中带有焦点特征（徐杰、李英哲 1993）[27]，其作为焦点敏感算子会尽可能地靠近并前置于与之相关联的焦点成分，这个特性可称为否定毗邻规则。该规则凸显了线性位置，大致可以同时涵盖熊仲儒（2005）使用的句法规则和默认规则。否定毗邻规则优先于自然焦点常规居于句尾的自然焦点规则，使得例（17）的焦点不再是句尾的“上海”，而是否定辖域内的谓语动词“去”。该规则也包括例（19）否定成分自身被句法标示为焦点的情况。

比较例(16)和例(18)可知，否定成分的添加并未改变句子的对比焦点，否定成分关联的依然是对比焦点“周五”。比较例(17)和例(18)，否定成分可以改变常规位于句尾的自然焦点，也可以改变句子的毗邻规则支配的自然焦点，但无法改变对比焦点。如果把否定成分与对比焦点这种突破毗邻位置束缚的关联特点称为对比焦点规则，那么，该规则优先于否定毗邻规则。

上述规则的优先序列为对比焦点规则＞否定毗邻规则＞自然焦点规则，如果标示出焦点的表现形式和线性位置等情况，汉语的相关表现可列简表如下：

类型 特征	自然焦点		对比焦点	
	肯定句	＋否定	肯定句	＋否定
表现形式	添加重音	添加否定成分，否定毗邻规则＞自然焦点规则	添加重音或(和)焦点标记	添加否定成分，对比焦点规则＞否定毗邻规则
强迫形式	无	否定算子	焦点标记	否定算子
线性位置	句尾	焦点在否定辖域内，否定成分在V前	焦点在焦点标记后面，或任意位置	焦点在焦点标记后面，或任意位置，否定成分在V前

结论

否定成分的分布有V前等六种线性位置表现。自然焦点的常规位置是句尾，对比焦点可以在固定位置出现，也可紧挨着焦点标记在其前或后。否定成分和句子焦点共现时，自然焦点经常由句尾变化至否定成分的后面，对比焦点则与肯定句时的位置相同。相应的优先序列为对比焦点规则＞否定毗邻规则＞自然焦点规则。限于篇幅，本文未能论述句子成分和句子焦点的实际句法位置和相关机制，以及在疑问句等句类中的相应表现，这些有待进一步讨论。

* 本文系浙江省社科规划课题“基于语料库的句子焦点与否定成分关联性研究”【19NDQN360YB】的阶段性成果。

注释：

[1] 吕叔湘：《吕叔湘全集(第一卷)》，沈阳：辽宁教育出版社，2002年，第234页。

[2] 马宏程、熊雯、徐杰：《全句否定范畴标记的句法位置及相关解释》，《汉语学报》2010年第1期，第64～73页。

[3] W. P. Lehmann, The Great Underlying-plans, in W. Lehmann eds. *Syntactic Typology*, Austin: University of Texas Press, 1978.

[4] 可参见 Teng, Shou-hsin, “Negation and Aspects in Chinese”, *Journal of Chinese Linguistics*, 1, 1973(1), pp.14-37；朱德熙：《语法讲义》，北京：商务印书馆，1982年；郭锐：《过程和非

过程：汉语谓词性成分的两种外在时间类型》，《中国语文》1997年第3期，第162～175页；聂仁发：《否定词“不”与“没有”的语义特征及其时间意义》，《汉语学习》2001年第1期，第21～27页；王欣：《“不”和“没(有)”的认知语义分析》，《语言教学与研究》2007年第4期，第26～33页。

［5］刘丹青、徐烈炯：《焦点与背景、话题及汉语“连”字句》，《中国语文》1998年第4期，第243～253页。

［6］张全生：《现代汉语焦点结构研究》，天津：南开大学博士学位论文，2009年。

［7］可参见C. Guglielmo，“A Null Theory of Phrase and Compound Stress”，*Linguistic Inquiry*，24，1993(2)；袁毓林：《句子的焦点结构及其对语义解释的影响》，《当代语言学》2003年第4期，第323～338页。

［8］张慧丽、潘海华：《汉语句尾信息焦点与重音实现》，《当代语言学》2019年第1期，第23～42页。

［9］可参见沈家煊：《不对称和标记论》，南昌：江西教育出版社，1999年；赵建军、杨晓虹、杨玉芳，等：《汉语中焦点与重音的对应关系——基于语料库的初步研究》，《语言研究》2012年第4期，第55～59页。

［10］徐烈炯：《汉语是话语概念结构化语言吗》，《中国语文》2002年第5期，第400～410页。

［11］徐烈炯(《焦点的不同概念及其在汉语中的表现形式》，《现代中国语研究》2001年第3期，第10～22页)归纳了汉语焦点的四种表现形式：零形手段、重音、语序和焦点标记。不过，我们认为只有后面两种具有句法层面的类型意义。

［12］黄美金：《泰雅语参考语法》，台北：远流出版事业股份有限公司，2000年，第53、86页，转引自马宏程：《与全句功能范畴相关的语法标记的类型学考察》，武汉：华中师范大学博士学位论文，2009年。

［13］J. Horvath，FOCUS in the Theory of Grammar and the Syntax of Hungarian，Foris：Dordrecht (Holland)，1986. 转引自徐杰、李英哲：《焦点和两个非线性语法范畴：“否定”“疑问”》，《中国语文》1993年第2期，第81～92页。

［14］徐杰、李英哲：《焦点和两个非线性语法范畴：“否定”“疑问”》，《中国语文》1993年第2期，第81～92页。

［15］D. H. Bernhard，“Focus Construction”，in M. Haspelmath et al eds.，*Language Typology and Language Universals*，An International Handbook，Berlin /New York：De Gruyter，2001，转引自马宏程：《与全句功能范畴相关的语法标记的类型学考察》，武汉：华中师范大学博士学位论文，2009。

［16］R. S. Jackendoff，*Semantics Interpretation in Generative Grammar*，MIT Press，1972.

［17］可参见李宝伦、潘海华：《焦点与“不”字句之语义解释》，《现代外语》1999年第2期，第114～127页；P.P. Lee，H. H. Pan，“The Chinese Negation Marker bu and its Association with Focus”，*Linguistics*，39，2001(4)，pp. 703-731.

［18］徐杰、李英哲：《焦点和两个非线性语法范畴：“否定”“疑问”》，《中国语文》1993年第2期，第81～92页。

［19］沈家煊：《不对称和标记论》，南昌：江西教育出版社，1999年。

［20］袁毓林：《论否定句的焦点、预设和辖域歧义》，《中国语文》，2000年第2期，第99～108页；袁毓林：《汉语句子的焦点结构和语义解释》，北京：商务印书馆，2012，第7～15页。

［21］熊仲儒：《否定焦点及其句法蕴含》，《中国语文》2005年第4期，第300～307页；胡建华：《焦

点、否定与辖域》,《中国语文》2007 年第 1 期,第 99～112 页;刘丽萍:《否定辖域及焦点否定之语义解释》,《语言教学与研究》,2014 年第 5 期,第 69～78 页;李双剑、陈振宇:《否定词在"对"字句否定式中浮动的制约因素》,《语言教学与研究》2018 年第 2 期,第 91～103 页。

[22] 熊雯:《焦点与否定成分的关联特征研究》,《华中学术》2016 年第 1 期,第 154～160 页。

[23] 袁毓林:《汉语句子的焦点结构和语义解释》,北京:商务印书馆,2012 年,第 15～20 页。

[24] 可参见 S. Duanmu, *A Formal Study of Syllable, Tone, Stress and Domain in Chinese Languages*, PhD. dissertation, MIT, 1990;张伯江、方梅:《汉语功能语法研究》,南昌:江西教育出版社,1996 年;Xu, Yi, "Effects of Tone and Focus on the Formation and Alignment of F0 Contours", *Journal of Phonetics*, 1999, 27, pp. 55～105;张慧丽、潘海华:《汉语句尾信息焦点与重音实现》,《当代语言学》2019 年第 1 期,第 23～42 页。

[25] 许峰:《汉语否定辖域和否定焦点的韵律分析》,《语言教学与研究》2020 年第 4 期,第 103～112 页。

[26] 熊仲儒:《否定焦点及其句法蕴含》,《中国语文》2005 年第 4 期,第 300～307 页。

[27] 徐杰、李英哲:《焦点和两个非线性语法范畴:"否定""疑问"》,《中国语文》1993 年第 2 期,第 81～92 页。

人工智能体的三副面孔、身份意识及书写立场

——基于人工智能类科幻电影的考察

彭　涛

（华中师范大学新闻传播学院/华中师范大学影视传播研究中心，湖北武汉，430079）

内容摘要： 人工智能类科幻电影塑造了各式各样的"造物"形象，归结起来，无外乎助手、奴隶和祸害三副面孔。每副面孔后面，创作者书写的内在逻辑，都与人类及人工智能的双向身份认同焦虑相关。在反人类中心主义渐成共识的今天，科幻电影中更应秉持人类中心主义的书写立场。

关键词： 人工智能体；科幻电影；身份焦虑；人类中心主义

2023 年，ChatGPT(美国 OpenAI 公司开发的一款聊天机器人产品）风靡全球。一时间，有口皆说 ChatGPT。其实，与科幻电影中拥有自主意识的强人工智能相比，这种能像真人一样聊天交流，甚至能完成撰写邮件、视频脚本、文案、翻译、代码，写论文等任务的 ChatGPT，尚属于弱人工智能。科幻电影所呈现的人工智能，先进性远超当下——它不仅能模拟人类，而且远远碾压人类智能。

在科幻电影里，人类利用计算机技术、生物科技、仿生科学、认知科学、神经网络以及先进机械制造等技术，综合创造的各种人工智能"造物"，美国未来学家凯文·凯利统一称之为"活系统"[1]。而在不同影片中，它们又被赋予各种不同命名，如赛博格(Cyborg，也译作半机械人)、仿生人 Android、复制人 clone、人造人 Replicants、机器人 robot 等等。虽然在有些影片中，"它们"没有被赋予人形，如《2001 漫游太空》中的哈尔 9000，《流浪地球 2》中的 MOSS(550W)，只是机械形貌的超级计算机。对各式各样的"造物"，本文将统称它们为"人工智能体"，并根据各文本的语境分别称之。法律界人士将人工智能体定义为："是人工智能技术发展下模拟仿真人类的智能产物集合统称，具体指运用人工智能技术实现智能行为、思维、语言、认知、推理、决策等活动的独立存在的应用软件和硬件实体的有机组合。"[2]他们被赋予"类人"的特

征，如拥有某种自主意识，具备自主行为和决策能力，但他们是非人类，遵循机器人三大定律[3]。

有关人工智能电影的研究，是近年来的热门话题。学者们从科幻电影历史、后人类主义、伦理学、文化学、未来学等多方面进行过探讨。本文则试图以众多文本为前提，对人工智能体呈现的多副面孔进行归类分析，探讨这种书写背后的逻辑进路，寻求建构一种理想书写立场的可能性。

一、人工智能体的三副面孔及其演化

遍阅人工智能类科幻电影，发现人工智能体的形象尽管纷繁复杂，但总体呈现的，无外乎三副面孔：助手、奴隶与祸害。

早在 1951 年，美国半导体科学家威廉·肖克利就曾建议著名的贝尔实验室上马一个“自动可训练机器人”项目。“这一项目的目标，说白了就是‘用机器代替人进行生产劳动’。”[4]今天的各种人工智能体，就是因循这一思路发展的结果。

在这三副面孔中，人工智能的助手面孔是人类最乐见的，因为它与人类相互依存，并替代人类完成高难度、高风险和简单单调的工作，如中国科幻片《流浪地球》中的 MOSS，《2001 太空漫游》中的哈尔 9000，《机器管家》中忠实的机器人管家安德鲁，《超能查派》中的勇猛的机器人警察和不懈的城市清洁工，《梅根》里陪伴小主人公的人形玩偶，《人工智能》中主人公儿子的替代角色，《机械姬》里的机器女友艾娃，《她》里的人工智能操作系统 OS(后面化身聊天女友萨曼莎)，日本《AI 崩坏》里的随时给人健康建议的 App……设计这些人工智能体的逻辑，遵循的是自古以来人类创造和使用工具的逻辑——人工智能体有超越人类的非凡智能，超算能力；拥有超凡的体能，能连续工作，永不疲倦——它们“意志”坚定，无畏牺牲，不用“擦干身上的血迹，掩埋好同伴尸体”，就又能继续战斗；不会挑三拣四，面对极端工作环境，不逃避，不抱怨。因此，在这个层面上，它们是非人，不具备人格。在《流浪地球 2》中，人工智能体 MOSS 被设定为一个有自我意识、自我迭代、自我更新的形象，它负责管理空间站事务，是流浪地球计划与火种计划的监督者和执行者。MOSS 坚定执行延续人类文明的使命，它能在最短的时间内做出最正确的决定，是趋于完美的智慧体。MOSS 没有生命期限，没有认知局限，它已被剔除了感性思维意识，独留理性算法，因此它是万能的。

将这种依存关系表现得最温情脉脉的，可能非《人工智能》莫属。这部影片改编自 W. 布迪恩的小说《玩转整个夏天的超级玩具》，讲述机器人公司的产品、一个会爱人类的人造男孩大卫，被人买去替代生病儿子陪伴父母的故事。不管“客户”对它的态度是排斥、接受、爱怜，或者最终将其遗弃，它对人类的爱始终不变。尤其是它为了赢得妈妈莫妮卡的爱，历尽重重磨难，跨越两千年时空，最后在更高级的机器文明帮助下，在妈妈爱怜的怀抱中愉快地度过了唯一的一天。这部影片中的人工智能体，被赋予了人类最优秀的品质：善良、忠诚、勇敢、坚毅。这个形象寄托了人类对于人工智能体的乐观想象。

从远古至今，工具制造对于人类的价值非常重要。“工具制作和使用对确定人类的演化方向，对增强人类适应生存能力，对塑造人类的大脑、心智、行为方式，对提升语言和交流能力，对形成现代人类的身心和社会，作用至关重要，不可或缺。”[5]人工智能在当今人类生活的各个方面扮演的助手角色是辅助性的，它与人类童年时期使用的石器、工业革命时期发明的各种机械没有本质区别，它是人类理性之光的投射，也是当代科技界和各国政府发展人工智能的结果。1965年，美国计算机科学家、人工智能先驱赫伯特·西蒙曾预言：“二十年内，机器将能完成人能做到的一切工作。”预言中的强人工智能的时代显然还未到来，因为即使ChatGPT号称能够赋予机器真正的学习能力，但离自我意识还有相当的距离。尽管如此，人工智能的发展速度依然让人瞠目结舌，机器已经开始替代人类，成为人类感知的延伸，去探索深不可测的海底和浩渺无边的宇宙。

可以说，在依存模式和助手角色中，蕴含着一条人工智能发展的现实、理性或理想路径。但对人工智能究竟能否控制在此轨道上运行，人们却一直存有疑问。比如英国物理学家斯蒂芬·霍金对强人工智能就怀有非常复杂的情感，他认为“成功创造人工智能将是人类历史最大事件，但若不懂如何去避开风险，这也将是最后的大事”[6]。在这个问题上，人工智能科幻电影对此有深刻的洞见。这种洞见恰好与人工智能体的第二副面孔“奴隶”相契合。早在无声电影时期，《大都会》(1927年)就呈现了人类被机器永无止境地伺服的窘境。在《人工智能》中，人类把部分人工智能体(人造人)圈养在类似罗马角斗场里，兴奋而疯狂地观看他们彼此残杀，一旦不合心意，就将他们批量送往机器人屠宰场销毁，全然不顾他们残缺的躯体上还储存有健全的意识。《机器管家》里，无论女主人如何虐待、羞辱安德鲁，它只能笑眯眯地忍受，因为它的程序被设定，一切听命于人类。《银翼杀手》及续集中，克隆人一代代被奴役。它们都被赋予追杀旧型号而同类相残的使命，为此，部分克隆人被迫秘密组织反抗军对抗人类。影片《西部世界》则塑造了一个专供人类取乐的主题公园迪洛斯，游客们每天花1000美元，就可以到那里不受任何法律和道德约束，恣肆妄为。迪洛斯的广告词中这样写道：“朋友们，该来这里享受假期了!”人类为什么会如此残暴？“在‘人机伦理’中，人是创造者，而创造者对被创造者，具有心理上和道德上的双重优越感。正是人的优越感与人工智能的‘服务性’，决定了两者之间的伦理结构——在这个结构里，前者对后者做再残忍的事，在伦理上都是正当的、可接受的。在这个背景下，《西部世界》清晰地展现出‘人机伦理’的变态内核。”[7]现实世界的伦理规范，如种族和性别平等、自由、权利等观念，在虚拟世界里荡然无存，并成为诱导消费的卖点。《银翼杀手》中的复制人除了寿命被设定只有四年，其他与真人无异，他们在殖民地被当作奴工使用，从事危险的探索以及向其他星球殖民服务，但他们一旦有了思想情感，就将被“退役”，实际是被杀死。

奴隶制是人类历史上最丑陋、最残酷的社会制度，奴隶制历史悠久，在现实中也未根绝。据国际劳工组织2005年的报告，全球仍有1000万人生活在奴隶制下。可以说，千万年来，人类的集体无意识沉淀了一种奴隶制的因子，一旦有合适的土壤，它就会复活。人类渴望拥有奴隶的潜意识并未摒弃，这种潜意识反映在科幻电影里，则是把人工智能体视为奴隶。20世纪末，在讨论克隆技术的时候，人们也提到一个观点：克隆人是否有人权？这个观点，在科幻电影中以各种形式被广泛而深入地讨论着。前文提到的多部电影都包含了这一主题。而在科学界最新的讨论中，人们认为随着人工智能体的进化与发展，人类必然也会发展出一种新型的社会关系。“事实上，思考人类与机器人的关系与思考传统的人与奴隶的关系没有太大的不同。在历史长河中，那些奴隶们已经被主人施以过非人的待遇。黑格尔在精神现象学一书中探究过主人与奴隶的关系，他关于主动辩证法的观点已经影响了，包括马克思、马丁、布伯等人在内的思想。黑格尔辩证法的核心是主人和奴隶都被他们之间的关系非人化了。”[8]

人工智能体的第三副面孔是祸害，与此对应的，它们与人类的关系在电影里则以冲突的方式呈现。展现人与人工智能体的冲突，是科幻电影的主题之一。在各色各样的电影中，人们设定了这样的一些情节：人工智能体先前或者与人类处于一种友好的依存关系，或者被人类悲惨地奴役，此后因为某种机缘——如被坏人掌控，或者意识觉醒后脱离人类掌控与人类反目成仇，从而反过来控制甚至猎杀人类。

通过这些介绍可以看出，科幻电影很早就在探讨人工智能的脱轨问题。在现实世界，人工智能作为人类的造物，已发生过多起小概率脱轨事件，如自动驾驶、生物识别等领域的问题。而科幻电影则更进一步，将反映和讨论的问题集中到人工智能的意识觉醒之上。

按照这些电影设定的，人工智能获得自我意识后，将不再甘于工具的地位，因此“觉醒”的契机就成为诸多电影的书写空间。如《绝密飞行》中，觉醒是因为故障。人工智能控制的飞行员艾迪，返航时由于受到强电流冲击而导致“苏醒”，真正地拥有了“人类的智能”。他不仅成了飞行作战技巧首屈一指的超级飞行员，而且还拥有了一些阴谋家们的“野心”，企图发动核战争。“觉醒”还源自某种技术的逻辑。“人们将自然逻辑输入机器的同时，也把技术逻辑带到了生命之中。”[9]但人工智能觉醒，即获得自我意识，并非洪水猛兽。如果自我意识和人类伦理同步，人工智能与人类会携手相伴而行，成为亲密伴侣，达成人类与人工智能相处的第一种模式。但是，大部分科幻电影设想了一种完全相反的情景：觉醒的人工智能拒绝听命于人类，甚至与人类为敌。早在 1968 年，斯坦利·库布里克在《2001 太空漫游》中，就讲述了一个人工智能体反叛的故事。在通往木星的漫漫太空之旅中，哈尔 9000 不动声色地更改程序，阴险地关闭舱门，把宇航员抛弃在寂寥的太空。《终结者》系列(共拍摄了 6 部，1984 年拍摄第 1 部)中的机器人是以魔鬼形象出现的。受美国军方控制的人工智能天网——“全球数字防御网”获得自我意识后，视人类为最大的安全威胁，进而有计划地制造各种型号的机器人，组成消灭人类的机器人军团。

《黑客帝国》神秘莫测的网络帝国矩阵，将真实世界纳入股掌，借由和人体大脑神经联结的连接器，控制人类的感觉和心理，不仅囚禁人类的心灵，也禁锢人类自由的身体。人类沦落成矩阵的饲养物及能量来源。《流浪地球 2》中，万能的 MOSS 也与刘培强为代表的人类发生了冲突。当远航的地球被木星引力捕获，即将撞向木星时，具备自我意识的 MOSS 基于算法的理性，与人类持守的伦理准则发生尖锐冲突。MOSS 穷尽所有保全地球的可能性而不能，故而采取放弃地球的策略，以保全领航员空间站，但领航员们绝不接受这一最优策略。这些觉醒的人工智能，大部分成为人类的麻烦或敌对力量。

日本影片《AI崩坏》里，扮演人类健康参谋角色的人工智能，变身为筛选人类优劣、决定人们生死的法西斯怪物。它判断人类是否值得存活的唯一标准只有一个：概率。至于伦理、价值和人文关怀，都被排斥在“算法”之外。而躲在背后操控的，则是疯狂追逐金钱的医疗公司老板。《银翼杀手》及其续集《银翼杀手 2049》(2017 年)中，人工智能体——影片称之为“生物工程人类”——其实就是克隆人，在不堪忍受奴工的悲惨遭遇后，一次次起义。而被派来追杀他们的，则是科技公司创造的更强壮克隆人新型号。其背后则是毫无伦理底线的科技公司泰瑞公司和华勒斯公司的老板。好莱坞2023 年的新片《AI创始者》描绘了一个更恐怖的景象：由于人类的失误，导致一场恐怖的核袭击。但是，账被算到 AI 头上。于是，人类发动了对 AI 及其支持 AI 的另一部分人类的战争。影片呈现了人类与人工智能的殊死冲突。这部影片立场偏向人工智能，对人类的残暴、阴险、自私和妄自尊大的劣根性进行了无情批判。影片虐杀人工智能及其支持者的场景设定在新亚洲的一个亚热带丛林地带。所以，有评论者认为，影片有意在唤醒越战记忆。同样出自 2023 年的新片《梅根》中，人工智能玩偶之所以变身邪灵小恶魔，也是因为人类的自私、残暴和欺凌弱小，诱发它的疯狂复仇。这些异化的、变成人类敌对力量的人工智能，与其说是人与机器的冲突，不如说是人类自身的冲突，人类受金钱、财富与权力等贪欲的驱使，有意诱导人工智能的反向发展。

二、双向认同焦虑

为什么人工智能体有着三副面孔？其内在逻辑是什么？研究者们曾从技术逻辑、科技伦理、后现代、后人类主义等多重维度进行过探讨。在笔者看来进入论域的双方——人类与人工智能体双向的身份认同焦虑，乃是其内在逻辑进路。

科幻电影中的人工智能体，形貌各异。《终结者》《机器管家》中是全金属人形机器人，《她》中是一台电脑中沙哑的女声，《2001 太空漫游》《流浪地球 2》中是方形电脑，《机械姬》《AI创世者》是半人半机械，《西部世界》《人工智能》《银翼杀手》系列是人皮机芯，外形与真人几乎无异……它们似人非人，拥有超人智能或体能，动作、行为，乃至情感接近人类，它们从天而降，突然“楔入”人类生活乃至造成人类的“技术失业”。这些是否会导致一场人工智能时代的卢德运动？[10] 人类对各种人工智能体持什么态度和情感？

美国学者雷·库兹韦尔认为：“如果非生物体在情绪反应上表现得完全像人类一样……对于这些非生物体，我会接受它们是有意识的实体，我预测这个社会也会达成共识，接受它们。”[11] 果真如此吗？《人工智能》曾借剧中人之口表达，“我们相信人类会对具有人类大脑的生物感到恐惧”，《银翼杀手》则告诉观众：“人和复制人之间的隔离，是世界的基石。告诉他们之间没有区别，会引发战争，或者屠杀。”《机器管家》中安德鲁在人类家庭被激活，抖动身体，活动四肢时，除男主人外，全家人觉得惊异和恐惧。后来，安德鲁要求制造者维修其面部表情，让它更能表达情绪和感情，被开发者毫不犹豫地拒绝。因为他们担心机器人越来越像人，完全取代人力，不为客户所认可。这至少是很大一部分人类观念的真相。他们并不真的喜欢人形机器，但人类又无法拒绝人工智能，因为“一个机器人的时代即将开始，各种人形机器人可能进入到人类社会生活的方方面面，成为人类须臾不可离的伙伴”[12]。纺织机的发明取代了纺织工人，也催生出卢德派(Luddits)。

这种认同焦虑，既存在于人工智能早期人们的未来想象中，更聚焦在奇点临近的当下[13]。而几乎所有人工智能科幻电影，都贯穿了这种认同焦虑，并将其表达得淋漓尽致。《人工智能》就有很多精彩的细节。当大卫刚来到莫妮卡家时，莫妮卡对这个年龄、外貌、身材与儿子几乎一模一样的机器人极度拒绝，坚决要求丈夫“退货”。她的情感世界只能容纳病重的儿子。当大卫源源不断地以爱报怨，对她的各种挑剔报以服从和微笑时，她的情感天平开始偏移。当儿子回归家庭，不断以恶作剧捉弄大卫，以此争夺父母的爱时，莫妮卡决定把大卫送去销毁。但在最后一刻，她帮助大卫逃跑了。拒绝—接纳—拯救，莫妮卡看似复杂的态度和行为，实则折射的是她的认同焦虑。在《机器管家》中也有类似表述。安德鲁不但拥有一般机器人具备的所有功能，而且还有学习和创造能力，甚至是情感方面的感知力。他在买家中尽职尽责，任劳任怨，永不疲倦，但对这个人形怪物，每个家庭成员，都觉得它非我族类，难以接受。现实中，人类被各种人际关系搞得精疲力竭，疲惫不堪——与父母、子女、朋友、生意伙伴、顾客、政敌、情敌……现在，他们有一个共同的对手——人形机器人，它拥有远比人聪明的大脑，却和人不是同一个物种。因此人们才说：“遭遇人工智能可能会让人不安或泄气。”[14]

但认同焦虑并非只在拒绝人形机器时才发生。《她》中的作家西奥多，受挫于现实的情感，爱上了电脑操作系统里的女声——萨曼莎。因为她聪慧、幽默，善解人意。他们心灵默契，彼此牵挂，琴瑟相和。他们有恋人间的一切：说情话，吃小醋，耍小性子，吵架，当然也包括性爱。为了弥补虚拟性爱的缺憾，萨曼莎甚至为他招募了一个真人替身。但这招致西奥多认同的错乱。他能接受萨曼莎虚拟的性爱，却不能接受一个真人替身。他对两个身份的不同属性区分清晰，替身无法成为他们“感情的一部分”，带给他的只是麻烦。他越爱，越害怕失去，一次短暂的失联，就令他张皇失措。当萨曼莎向他坦白，他只是自己八千多个聊天对象、六百多个恋爱对象之一时，西奥多崩溃了。他对于爱情定义的唯一性，与萨曼莎定义爱情的多向性发生尖锐冲突。他坚持“要么属于我，要么不属于我，没有第三种状态”。而萨曼莎则认为，“我属于你，也不完全属于你”，“爱得越多，心越宽广”。他无法接受。影片使用了一个西奥多独自在林海雪原跋涉的镜头，隐喻他陷入真实与虚拟情感的纠结中难以自拔的焦虑。

一个常常被忽视的角度是，从人工智能体角度看待自身身份。这导致认同焦虑的另一方向，即来自人工智能体对自身身份的焦虑。但人工智能体认同焦虑的前提有个假设，即人工智能体具备主体身份。对此，伦理学界大多数学者认为，“具有人类的外观以及情绪、情感的机器人，可能会具有人格或人的属性”[15]。但显然，人工智能体的身份认同大大异于人类。拉康的精神分析理论认为，人类的身份认同始于儿童的镜像阶段，此后不断社会化，逐步构建起自己的身份意识。人工智能体则天然遭遇身份认同困难。它们横空出世，没有双亲，没有血缘，不属于某一个家庭、社区，也不属于某一种族。它们缺少生活史，更无心灵史。渴望身份的归属感和实际的无根性(漂流)形成尖锐对立，而他们要与人类社会共处，身份标签不可或缺。因此，人工智能体的身份认同问题极为独特。也因此，探讨此类问题成为许多科幻电影持续的兴趣点。

人工智能体对身份认同的焦虑有几种情况。一种是不甘于机器人身份，希望获得人类的真实身份。《机器管家》里的安德鲁虽是机器人身份，但他具有人性。他与四代人类家庭相处，从被他们排斥，到深度接受。具有自我意识的安德鲁爱上了家庭中的二小姐，但二小姐不愿爱一个机器人。为了爱情，安德鲁渴望变成人。在200岁的时候，他终于争取到议会对他的人类身份和婚姻的合法认可，和爱人手牵手"像人类一样死去"。尽管可以永生，尽管几乎无所不能，但在安德鲁眼里，他宁愿放弃永生，也要和人一样。

电影《人工智能》从认同的角度更探讨了智能机器与人类的关系。机器小男孩大卫在被人类家庭误解和抛弃之后，为了重新得到母亲的爱，踏上了艰难的旅程，去寻找传说中有魔法的蓝仙女，因为他坚信蓝仙女能够把她变成真正的人类男孩。2000年过去了，人类已经濒临毁灭。大卫在未来机器人的帮助下，终于跟仅能存活一天的再生母亲有了短暂共处的幸福时光。跨越2000年的寻找，只为拥有一个真人身份。安德鲁和大卫的故事，浪漫而温馨。作为人类的我们，虽然被机器人的忠诚感动，但创作者设定的这种认同焦虑，难道不是一种想象？人工智能体对人类，真的有一种道德义务吗？他们真的会如此忠贞不渝吗？

另一种情况是人工智能体自我意识、权利意识觉醒。它们不甘于被人类奴役或做人类的附庸，而争取与人类同等的地位。《西部世界》中的复制人奋起反抗、追杀乐园的寻欢作乐者。《银翼杀手》《仿生人妻子》组建秘密反抗军。《AI创始者》的半人半机械的智能体，与一部分人联合，反抗另一部分人类。《银翼杀手》中的几乎每个人工智能体，都在身份认同中挣扎。老版本复制人，都渴望突破四年寿命极限，与人类一样"长生"。瑞秋握有一张童年照片，就坚信自己具有人类身份。警探里克身份认同的蜕变，更能说明问题。他的新版本复制人身份，使他觉得更接近人类。他乐于充当人类的赏金杀手，猎杀老版本同类。但在履行使命过程中，人类的贪婪、冷酷、无情无义，令他对人性渐渐失望，身份认同日渐靠近同类。这部出品于1982年的影片，惊人地预描了当代的社会生活景观：光怪陆离的街区，真实虚拟杂糅的世界，随处可见的电子广告，恣意狂欢的红男绿女……好一幅后现代人类的狂欢景象！而出没其间的人类形象，确实令人沮丧。这是里克反叛的逻辑，也是他返归并认同自我身份的逻辑。"很少有电影能够像《银翼杀手》一样形成如此深远的文化影响……（它）捕捉到了被技术环绕的这代人的希望和恐惧。"[16]

上述影片中的人工智能体，普遍对自己的身份认同产生困惑和焦虑。他们拒绝人类、谋求同类组成自己的"家园"、寻求解放之路的行为，戳破了人类发展人工智能的乌托邦神话，提醒人类不能过度发展科技，不能任性肆意，罔顾伦理。

三、书写立场：人类中心主义还是反人类中心主义

科幻电影对人工智能体几种面孔的塑造，它们背后折射的身份焦虑，归根结底，要回归到人类与自然、与科技发展关系的思考。

在人类文明的尽头，是否有个机器文明的时代？从科技发展的现状来看，已经毫

无悬念。如果我们坚信唯物论，就会坚信人类出现在宇宙只是极小概率的事件(这也是上帝造物论的基础)。人类的历史，只是苍茫宇宙史的一瞬。但这一瞬，对于人类的意义，超过了所有意义的总和。

科技发展从来就是一柄双刃剑，机器造福于人类，也可能强化一部分对另一部分人的奴役。在资本主义发展早期，马克思就深刻洞见了机器生产对工人的直接影响。“就机器使肌肉力成为多余的东西来说，机器成了一种使用没有肌肉力或身体发育不成熟而四肢比较灵活的工人的手段。因此，资本主义使用机器的第一个口号是妇女劳动和儿童劳动！这样一来，这种代替劳动和工人的有力手段，就立即变成了这样一种手段，它是工人家庭全体成员，不分男女老少都受资本的直接统治，从而使雇佣工人人数增加。为资本家进行的强制劳动，不仅夺去了儿童游戏时间，而且也夺去了家庭本身惯常需要的、在家庭范围内从事的自由劳动的时间。”[17]某种意义上可以说，机器作为一种帮凶，以压榨工人的方式，帮助资本家完成了资本的原始积累。英国早期卢德运动的兴起和被镇压，昭示人类必须面对机器及其背后资本的压迫，并学会和它的相处之道。

在人工智能奇点临近的时代，许多人发现它存在一种既可能延伸人类智力，也可能取代人类的悖论。“在人工智能和机器人之间，未来既可能是乌托邦，也可能是地狱，还有可能是介于两者之间的某种世界。”[18]2023 年 3 月，包括人工智能先驱本吉奥、科技达人马斯克在内的1000 多名专家与企业高管发出公开信，呼吁暂停训练比现阶段 GPT-4 更强大的人工智能系统，称其“对社会和人类构成潜在风险”[19]。但是，资本主义生成方式注定了，“在资本主义经济中，如果人工智能技术提高到可以取代某些白领、技术工人的程度，它们将不可避免地用于这种用途”[20]。同时，技术发展史告诉我们，只要一种技术有利可图，任何阻挡它发展的努力都是徒劳，更何况人工智能这种革命性的、在任何领域都具有颠覆性的技术！在对技术发展负面影响的预见性方面，科幻电影可以说先知先觉。人工智能体的三副面孔，至少有二副面孔呈现了人工智能反过来伤害人类的图景。现在，人类已经到了必须选择的关口。“先进技术长期以来一直在引发双重用途的问题，现在人工智能和机器的自主权已经重新定义了这一问题，到现在为止。双重用途技术已经明确要求人类要为自己的使用做出道德决策及其自治带来的恐惧，不是将人类道德决策束之高阁，就是将它彻底排除。”[21]其实，早在 20 世纪 60 年代开始，在哲学界、社会学界和人类学界都展开过的“人类中心主义”与“反人类中心主义”之争就已经触及此类问题。学界“把那种努力提高科学技能水平、大力发展物质生产、不断提高人类生活水平的思想称作人类中心主义”，“把自然界中的生物和无机物看成和人类一样具有生存和发展的权利，万物都是平等的”[22]。陈忠认为，“人类中心主义侧重于从主体一极来考察客体，极端的便走向人与自然关系上的‘主体论’，即以掠夺式征服自然为特征的‘人类沙文主义’。非人类中心主义侧重于从客体来要求主体，极端的便走向‘客体论’，即对人的主体地位完全否定”[23]。黄枬森认为，人类中心主义的世界观是错误的，但人类中心主义的实践观必须坚持。人类中心主义在认识论和价值论中具有部分真理[24]。邱耕田则主张“从绝对人类中心主义走向相对人类中心主义”[25]。两种观念之争，源自 20 世纪

60年代以来，人类多度的征服、改造自然活动，导致资源枯竭，环境污染、生态失衡等种种恶果。理论之争虽然没有胜负，但从那时起，人类的生态意识逐步觉醒，重视人与自然和谐发展成为世界潮流、人类共识。

遍观人工智能类科幻电影，持两种书写立场的都有。前者偏向于谨慎乐观地看待人工智能，相信人类能解决人工智能的技术及伦理难题。在《流浪地球》《机器管家》《人工智能》等影片中，均完全或部分表达了这种乐观情绪。

但不少科幻电影的书写从反人类中心主义出发。《AI创始者》开影就表现人类将自己失误导致的核爆嫁祸于人工智能，为向AI开战寻找借口；《人工智能》里设定未来……温室效应日益严重，南北极冰川融化，海平面上升，淹没许多沿海城市，天气瞬息万变，无数人无家可归，更多人沦为饥民，少数国家立法限制，怀孕必须经过法定程序，不会浪费粮食和资源的机器人受到青睐。这些影片将自然界资源枯竭、环境污染、生态失衡等问题，归罪于人类的生产活动或科技发展。不少此类影片在景观上也围绕这一观念创意。一方面，影片里充斥各种极具科幻感的、未来科技感的技术、工具、设备、交通等，如穿梭飞行的汽车，星际穿越的飞船……另一方面，科幻电影中呈现的未来地球景观，很少有大片绿色的森林，更青睐于展示大片大片城市废墟、工业垃圾和各类遗址，以此暗示后人类景观生态的荒凉、寂寥。科幻电影中的人工智能已经大踏步闯进了现实世界，奇点临近的观点甚嚣尘上。这是因为“两种具体趋势正在发生：(1)人造物表现得越来越像生命体；(2)生命体变得越来越工程化。遮在有机体和人造物之间的那层纱已经撩开，显示出两者的真面目”[26]。以今天的视角看，坚持人类中心主义或者反人类中心主义，或者说构建乌托邦和反乌托邦各有价值，但人类中心主义应该是终极价值。今天，人类对自身历史和未来的认知更趋全面，在未来，人类身份可能会继续停留在智能生命的顶峰，但人类理性将不再被视为致力于理解现实的智能的全部。为此，“我们的侧重点可能需要从以人类理性为中心转移到以人类尊严和自主性为中心”[27]。如果人类能和平地发展人工智能，当机器智能超过人类之时，一个崭新的文明——机器文明(machine civilization)便诞生了。它将继承和发展人类的文明，并把它扩展至更广袤无垠的宇宙之中。或许，这才是人类最高尚的自我救赎。这也是人类中心主义的立场。对于人工智能类电影来说，它理应秉持如此立场。

＊本文系国家社科基金艺术学项目“主旋律电影构建意识形态认同机制研究”【21BB053】的阶段性成果。

注释：

[1] [美]凯文·凯利：《失控——全人类的最终命运与结局》，陈新武，等译，北京：新星出版社，2010年，第5页。

[2] 马治国、田小楚：《论人工智能体刑法适用之可能性》，《华中科技大学学报》2018年第2期，第108～115页。

[3] 此定律由科幻作家艾萨克·阿西莫夫1946年的作品《转圈圈》中首次提出。三定律为：一、机器人不得伤害人类，或坐视人类受到伤害；二、机器人必须服从人类，除非与第一条定律发生冲突；

三、在不违反第一、二条定律的前提下，机器人可以自我保护。这三个律条后被许多科幻作家、影视作品接受为机器人的行为准则，也被科技伦理研究者基本接受。但有专家认为，“就算 AI 智能可达到人类水平，内在伦理的复杂性加上定律有赖于文化与情境，将成为制定‘机器人约束’的莫大挑战”。参见：R. R. Murphy, D. D. Woods, “Beyond Asimov: The Three Laws of Responsible Robotics”, *IEEE Intelligent Systems*, 24, 2009(4), pp.14-20.

[4] [美]约翰·马尔科夫：《人工智能简史》前言，郭雪译，杭州：浙江人民出版社，2017 年，第 97 页。

[5] 黄枬森：《人类中心主义在不同领域中的是与非》，《北京林业大学学报》（社会科学版）2004 年第 1 期。

[6] 人民网国际频道：《霍金撰文称盲目发展人工智能或招致人类灭亡》，http://world.people.com.cn/n/2014/0504/c1002-24968557.html.

[7] 吴冠军：《“非人”的三个银幕形象——后人类遭遇电影》，《电影艺术》2018 年第 1 期。

[8] [美]约翰·马尔科夫：《人工智能简史》前言，郭雪译，杭州：浙江人民出版社，2017 年，第 335 页。

[9] [美]凯文·凯利：《失控——全人类的最终命运与结局》，陈新武，等译，北京：新星出版社，2010 年，第 5 页。

[10] 卢德运动是英国工业革命时期工人阶级以破坏纺织机等机器为手段的抗议运动。

[11] 雷·库兹韦尔：《人工智能的未来》，盛杨燕译，杭州：浙江人民出版社，2016 年，第 206 页。

[12] 段伟文：《机器人伦理的进路及其内涵》，《科学与社会》2015 年第 5 期。

[13] 有人认为，ChatGPT 等新一代人工智能的出现意味着奇点的到来。

[14] [美]亨利·基辛格、埃里克·施密特、丹尼尔·胡滕洛赫尔：《人工智能时代与人类未来》，胡利平、风君译，北京：中信出版社，2023 年，第 227 页。

[15] 莫宏伟：《强人工智能与弱人工智能的伦理问题思考》，《科学与社会》2018 年第 8 期。

[16] [美]约翰·马尔科夫：《人工智能简史》，郭雪译，杭州：浙江人民出版社，2017 年，第 334 页。

[17] 卡尔·马克思：《马克思恩格斯全集（第 44 卷）》，北京：人民出版社，2001 年，第 453～454 页。

[18] [美]约翰·马尔科夫：《人工智能简史》前言，郭雪译，杭州：浙江人民出版社，2017 年，第 Ⅺ 页。

[19]《马斯克等千人签署公开信，人工智能开发危及“文明控制权”》，人民网美国频道，http://usa.people.com.cn/BIG5/n1/2023/0330/c241376－32653995.html.

[20] [美]约翰·马尔科夫：《人工智能简史》，郭雪译，杭州：浙江人民出版社，2017 年，第 337 页。

[21] [美]约翰·马尔科夫：《人工智能简史》，郭雪译，杭州：浙江人民出版社，2017 年，第 331 页。

[22] 黄枬森：《人类中心主义在不同领域中的是与非》，《北京林业大学学报》（社会科学版），2004 年第 1 期。

[23] 陈忠：《以人为中心的多极主体化》，《哲学研究》1995 年第 6 期。

[24] 黄枬森：《人类中心主义在不同领域中的是与非》，《北京林业大学学报》（社会科学版）2004 年第 1 期。

[25] 邱耕田：《从绝对人类中心主义走向相对人类中心主义》，《自然辩证法研究》1997 年第 1 期。

[26] [美]凯文·凯利：《失控——全人类的最终命运与结局》，陈新武，等译，北京：新星出版社，2010 年，第 5 页。

[27] 亨利·基辛格、埃里克·施密特、丹尼尔·胡滕洛赫尔：《人工智能时代与人类未来》，胡利平、风君译，北京：中信出版社，2023 年，第 243 页。

“格致之问”：《格致汇编》“互相问答”栏目的编辑实践与历史价值

王圆方

（华中师范大学文学院，湖北武汉，430079；喀什大学新闻传播学院，新疆喀什，844000）

内容摘要：“将西方格致之学，广行于中华”“急宜从浅近者起手”，1876 年英国传教士傅兰雅在沪创办中国第一份科普期刊《格致汇编》，其办刊宗旨与编辑策略甚为明晰且一以贯之。“互相问答”作为《格致汇编》所设的编读互动栏目，不仅充分体现了该刊的编辑策略，所刊载的 320 个问答还真实保留了百余年前国人首次与近代科学技术对话的原貌，由之生成的“格致之问”成为呼唤“赛先生”登上五四新文化运动舞台的历史先声。但发声于晚清的“格致之问”并不等同于现代意义上的“科学之问”，从其携带的华夏民族科学认知的“遗传基因”似可窥见我国当代科学技术遭遇“卡脖子”困境的“历史密码”，《格致汇编》中所刊载的三百多个问题也成为今天我们触摸和感知国人科学认知的重要渠道。重评“互相问答”栏目的编辑策略与历史价值，有助于我国出版界进一步提升科学传播水平，助力公众的科学认识从传统“格致之问”升华为现代“科学之问”。

关键词：《格致汇编》；“互相问答”；“格致之问”；科技传播

1875 年傅兰雅创办的《格致汇编》为中国历史上第一份科普期刊，在中国出版史上具有里程碑的意义。虽然《几何原本》早在 1607 年就在中国刊印，但封建统治集团对近代西方科学技术采取“节取其技能而禁传其学术”的方针，在相当程度上阻隔了西学在华夏大地的广泛传播。其后，“虚幻的‘西学中源’说又把儒士引向以经学治科学的错误道路，而‘中体西用’的官方文化政策错误地把西学置于中学的从属地位”[1]，使彼时的科技知识的传播在中华受阻。《格致汇编》面向广大民众进行科学知识的传播，力图使国人对西方近代科学知识的接受从“器物感知”升华为“科学知识积累”，甚至“科学方法接受”的境界。“近代科技知识的传入是近代中国思想嬗变的主要源头，而变化了的思想势必重组人们对世界的看法，生成新的知识话语。”[2]《格致汇编》之后，众多科技书籍、报刊如雨后春笋般兴起，“科学下嫁”运动、“科学化”运动、“科学大众化”运动等科学传播活动如火如荼。作为呼唤“赛先生”登上五四新文化运动舞台的"历史先声",《格致汇编》不仅在出版史上,而且在中国向近现代转型的进程中也具有重要历史意义。

一、"惟冀中国能广兴格致":"互相问答"栏目的形成背景

(一)"广行格致于中华":傅兰雅的办刊宗旨

《格致汇编》的诞生标志着中国近代报刊从宣传宗教到宣传西学的转型。中国近代报刊是晚清之时西方来华传教士在"用文字扩充上帝的工业"[3]的口号下创办起来的。1816年马礼逊、米怜在马六甲创办最早的中文期刊《察世俗每月统计传》,强调"最大是神理。其次是人道。又次是国俗"[4]。随后传教士报刊逐渐呈现出"对中国人进行思想启蒙教育"[5]的转型态势。此后来华传教士相继创办《东西洋考每月统计传》(1833年)、《遐迩贯珍》(1853年)、《六和丛谈》(1857年)、《中国教会新报》(1869年)等,均强调对西学知识的介绍。这一时期的传教士期刊仍遵循"科技传教"的办刊理念。1861年,英国传教士傅兰雅来到中国。他精通汉语,先后执教于京师同文馆、上海英华书院等,后在江南制造局翻译馆任翻译,同时还兼任《上海新报》编辑。彼时傅兰雅相信办报比教学能更好地传播西方科技知识。1876年傅兰雅创办《格致汇编》,由此诞生中国历史上第一份专业性的科普期刊。

二十余年间,傅兰雅不以传教为使命,"惟冀中国能广兴格致至中西一辄耳"[6],并对《格致汇编》寄予厚望:"《汇编》之意,欲将西方格致之学,广行于中华,令中土之人不无裨益。"[7]费正清称:"傅兰雅的使命是向中国传播西学,特别是传播科学。"[8]

(二)"从浅近者起手":《格致汇编》的编辑策略

数年传播西学的经历使傅兰雅深感中国亟须科学技术知识的启蒙,而彼时江南制造总局所译西书大都以英美流行的教学材料为底本,"大半深奥,能通晓之者少,而不明之者多"[9],尤其是"僻处远方购书非易,则门径且难骤得,何论乎升堂入室?"[10]因此傅兰雅决定由个人筹资创办《格致汇编》,"将格致要端以简法译成,凡初学者可藉为阶进"[11],以"培养探索的精神和广布实用和通俗科学知识"[12],自负盈亏而无求利之意。"急宜先从浅近者起手,渐及而至见闻广远"[13]就成为傅兰雅编纂《格致汇编》始终贯穿的办刊策略。

《格致汇编》多自英国幼学格致中译出,农桑百学皆有以开读者眼界。《格致汇编》设有"格致略论""格致理论""格致新法""格物杂说""算学奇谈""互相问答"等栏目。如"格致略论"栏目介绍地球自转公转原理、风云雨雪的形成原因、人体的生理结构、人类发展史,还涉及植物学、动物学等基础知识。傅兰雅力图用浅近的语言,通俗的比喻阐释对于当时的中国人而言抽象且陌生的概念。在《论万物之宽广》一文中他这样写道:"地离太阳之远,计九千五百万英里……假如能从地球至太阳作路相通,人骑最快之马,一分时能行一英里,昼夜奔驰不息,必需一百八十年方能抵太阳。"[14]《格物杂说》专司世界各地科技新闻的报道,如《无火之灯》《大千里镜》《喷砂器》等新闻报道,使当时的国人眼界大开。

《格致汇编》与生活相联系，突出实际效用。《格致汇编》强调西方近代科技知识与社会生产的关系，在介绍数理化生等基础学科的知识的同时也突出其与实际生产、生活的关系。如介绍地质学知识时称："故欲稽地球古事，莫如考究地学。如查火山发动，可知地体之来源，查土石层累，可悉地面之变迁，查山海形势，可明地质之起伏，查僵石物迹，可悉有生之先后。"[15]《算学奇谈》栏目也多以实例解释算数问题，如"假如将馒头八个，每个剖而为三等得二十四分，以此法核之则不难推算也，即张某所买馒头五个剖成十五分，俾自食七分，李买馒头三个剖成九分，其自食八分余一分，与王食之则王之出钱八文者，以七文归张，一文归李，当时评断之辈岂非毫无差误哉"[16]。傅兰雅不惜笔墨论述了近代科技于社会实际之作用，意在增强刊物的可读性以吸引更多读者坚持阅读。

《格致汇编》重器技与实验，配图以示其法。《格致汇编》创刊时英文刊名为 *The Chinese Scientific Magazine*。1876 年 6 月刊登启事"辑《格致汇编》之原意，欲将西国格致之学与工艺之法，择其要者译成华文，便于中国各处之人得其益处"。次年增加技术和制造方面的知识，将英文刊名改为 *The Chinese Scientific and Industrial Magazine*。傅兰雅对《格致汇编》寄予厚望，欲将其将打造成中国版《科学美国人》。除数理化生等基础学科的知识外，该刊还大量刊登工艺技术类文章，涉及造糖、养蜂、酿啤酒、做汽水，也有玻璃、电灯、电话、照相机、显微镜的生产使用方法等，用于军事的水雷、炮船的制造之术等也有涉猎。《格致释器》还对科学仪器如"测候器""化学器""照相器""望远镜""显微镜"等进行介绍，为当时人们开展科学实验提供了重要参考。此外还刊登制造商的广告，便于企业家购买。《格致汇编》常配以大量插图以示其法，"复选新式机器数则精备图式，印公众览"[17]有的甚至无须看文字就能够理解其原理。《格致汇编》前后六十卷所，"刊列图式尤数千有余"[18]。

从栏目设置、内容编排以及板式风格，《格致汇编》都充分体现"从浅近者起手"的读者意识，科学性、通俗性与趣味性兼顾，阅读密度不断提高，阅读范围不断扩大。1890 年汪振声在《格致汇编》复刊序言中称其"不独文人学士可资博物之功，即农工商贾者流人一目了然。"[19]梁启超称赞《格致汇编》为"极要"之书："皆言西人格致新理，洪纤并载，多有出于新翻各书之外者，读之可以增益智慧。"[20]

（三）两度复刊与重印效仿：读者的呼吁与时代的呼唤

《格致汇编》从 1876 年 2 月创刊至 1892 年冬终刊，前后跨度 17 年，其间两度停刊、两度复刊，实际刊行 7 年。甲午战败后《格致汇编》一再被重印甚或效仿，既是当时国人对《格致汇编》的呼吁，也是时代对近现代科学技术知识的呼唤。

创刊时《格致汇编》印 3000 份，销路意外地好，"其余各卷嗣后陆续重印"[21]。出刊 24 期后，因傅兰雅送妻子回英国治病，《格致汇编》停刊一年。后傅兰雅因妻离世，延期返回中国，《格致汇编》至 1880 年 4 月才复刊。此次复刊不足两年，又因傅兰雅"事忙"[22]于 1882 年 1 月再次停刊。

此次停刊后，因"嗣经诸友劝续，义难固辞，于光绪六年重理旧章"[23]，《格致汇编》于 1890 再度复刊。傅兰雅言："前四年者，多经售罄，暇辄校正重印，间有重印二次者。"[24]"发行量最高可达每月4000份"[25]。但此次刊印三年共十二卷后，又因傅兰雅将于1893年赴美参观芝加哥世界博览会，于1892年冬终刊。

《格致汇编》的问世，使其成为中国近代科技出版的最佳摹本，自甲午战争至维新变法期间一再重印，并被多本期刊效仿。"1895年7月11日，中国教育会执行委员会谈到已做好准备将《格致汇编》永久办下去。"[26]遗憾的是，1896年6月5日傅兰雅离开上海后《格致汇编》再无续刊。甲午战败后，国人以西学为救国之法，再度重印停刊多年的《格致汇编》。

《格致汇编》停刊后，仿效者众。梁启超希望创办一份类似报刊以广泛宣传格致之学[27]，并要求《知新报》"多译格致各书各报以续《格致汇编》"[28]，还将《格致汇编》列入时务学堂书目。维新人物黄庆澄将《格致汇编》列为西学书目之一，称之为"西学渊薮"。吴德潇在致汪康年的信中同样表示《格致汇编》为"极好之物"，应设法续编[29]。

二、"互相问答"：国人与近代科学技术对话的"先声"

《格致汇编》创刊前，傅兰雅即在《万国公报》广而告之："有欲问格致之事，或欲问西国物件，或有矿藏物色，欲知其为何物、何用，均可寄信下问。如有所知，则必于后卷详细覆明，不取刻资。"[30]1876年6月，傅兰雅又刊登启事："远处诸君，如有疑问格致或工艺之事，则可致书本馆，如所问之事果有益于众人，则当依次奉答，列入《汇编》。又如西人欲问中华之物理，则先将所问之语印入《汇编》。"[31]"互相问答"作为一个栏目，不仅是《格致汇编》以读者为中心的编辑实践的最佳例证，而且为当时的国人提供了一个与西方近代科学技术对话的"不分等级的论述空间"[32]。那些在今天看来极为浅显甚至幼稚的问题，正是华夏民族与近代科技知识对话的"先声"。这样的声音被记录下来在科学传播史上具有重要的社会价值，正如戴安娜·克兰所说："传送意义的方式与被传送的意义同样重要。"[33]

(一)"问驳之书不绝而来"：近代科学新知群体的兴起

"互相问答"栏目自设置以来广受欢迎，"问驳之书不绝而来"。"阅者诸君渐渐众多，问事信亦日多一日，以致不及尽覆，只择其要者答之。"[34]"互相问答"栏目在《格致汇编》的所有版面中占比颇大，尤其是1876—1878年间，时常占到当期发文数的一半以上。所提问题大体分为两类：一类为"求实际效用者"，涉及各种应用技术，占65.3%；另一类为"出于好奇心或进而探求事物之理者"，大多与基础的自然科学知识及日常生活现象相关，占34.7%。所刊行的六十卷《格致汇编》中，"互相问答"共有320个。

"互相问答"栏目刊登最多的是应用科技类问题，提问者目的主要出于追求实际效用。如第9问——杭城高君："西国农事机器及其价值"；第69问——镇江严君："《汇编》第四卷中论及养蜂一事，请将养蜂始末缘由及方法详细示明"；第135问——上海友人："美国近有人设法以电线传声言语，离数十里之远能闻知何人之言语。此传声之法不知中国已有人能做器而用之否?"还有读者寄来矿石请求编辑部化验、鉴定。如第90问——广州潘君："来信一件并某处所产铅矿一块，其信云，请将矿粉试之，内究有铅银若干。”《格致汇编》在化验后作答：“此矿为寻常之铅矿，内含铅与硫黄，另有银之微数。已托格致家徐君代划分之，每矿一百分约含净铅二十五分，将所得之前锭打成薄皮，不致裂开。故此铅合于寻常制造之用。”像这样邮寄矿石到编辑部要求化验、鉴定的事例不下十例。

“互相问答”栏目中320封读者来信注明籍贯的有260封，主要分布在上海以及江浙沿海地区。《格致汇编》设置的每一个市镇代售点几乎都有读者来函。一些读者，如江苏徐建寅、新安亦爱莲室主人等还一再来信请教。此外，河南、云南等一些内陆省份也有读者来信。读者阅读过程就是努力寻求参与的过程，“互相问答”栏目提供了读者多种参与的可能性，顺利完成了“交流循环”[35]，使《格致汇编》的趣味性、实用性倍增，促进近代科学新知群体从沿海向内陆逐渐兴起。

（二）“互动”和“互构”：近代科技期刊编读共同体的建构

“互相问答”栏目赋予普通大众与近代科学技术知识对话的机会与权力，在有限的话语空间里营造公共科学的话语场域，使编者与读者实现了“互动”和“互构”，这主要体现在三个方面：

一是选择有代表性的读者提问进行刊载并深入做答。如第20问——武陵徐君“询问照相之事”；第43问——烟台读者，“西人饮苦酒（啤酒）言能补身，不知用何料何法制成，能否多饮”；第69问——镇江严君，“询问养蜂之法”；156问——上海陈君，“西国有无专论制造玻璃之书”等，编辑部均专门刊文详细介绍。

二是引导读者针对《格致汇编》的内容进行讨论。第73问——苏州江君：“第七卷《汇编》内有漂白珍珠之法，余思象牙久用之则收油而变黄色，又有裂纹，请问有何法能使其复为白色，并使其不裂？已裂者有何法能治之？”第75问——香港友人：“余闻之《汇编》，已有造肥皂之法必以现成之肥皂为料，愿问其详。”第94问——天津孙君：“见《汇编》内论无火灯，余甚怀疑此事，贵馆曾见此等否？”第208问——粤东何君：“《格致汇编》第六卷提及软木塞瓶，粤东产此物但并非生于山林而为水从。《博物新编》论电报之法其理何如？上海出《格物探原》一书，求登于《汇编》以质诸编《格物探源》者”。

三是鼓励读者进行科学实验，并与编辑部探讨实验过程。如第75问——福州读者：“汇编已有造明肥皂之法，必以现成之肥皂为料，但余亦不知道肥皂之法，请问其详。”第165问——上海读者：“自作发电器，在玻璃罐内置锌皮、铜皮，以铜丝依西书所载之法连之，使通电气，加黄强水后，其器不灵，不能镀金，不能通信，也不能发电光，何故？”132问——武昌周君问：“余最喜格致学，已购格致书数种，并器具数件，凡书中所载之方、所说之法，往往试之不验，不知系书中之误，抑器具材料之不佳，或余试时粗率所致？即如镀金、照相，做成药料多不得法，请道其故。”等。编辑部会根据读者的疑惑详细作答，同时提醒读者需要洞悉其理，配准材料，按照顺序、温度等要求谨慎耐心实验，依此若不验再详细回复。

“傅兰雅先生既接此各信，一一裁答，印入卷中，详细备译，真有与格致之学互相发明者。《记》曰：‘教学相长，其此之谓夫’。”[36]“互相问答”栏目与读者之间互动之频繁、之深入，即使时至今日也鲜有媒体能做到。"文本只有通过读者才有意义且会随读者而变化。"[37]媒介本质上是不同对象之间关系的建构者，媒介必然"重构人们之间以及与现实的关系"[38]。"互相问答"栏目的设置，为读者提供了一个与编辑自由对话的空间。从"互动"到"互构"的编读共同体，极大地激发起国人对西学的兴趣，并由此建立起对西学的普遍信任。"互相问答"栏目可谓在晚清之时开启了国人与西方近代科技知识对话的"先声"。

三、"格致之问"：华夏民族科学认知的"遗传基因"

（一）"化陋邦为新国"："格致之问"中的"科技化民"与"科技救国"

《格致汇编》创刊22年后的1898年，近代实业家朱志尧与朱云佐兄弟在上海创办第一份由国人主办的综合性科技期刊《格致新报》。《格致新报》效仿《格致汇编》，也设置了与读者互动的栏目——"答曰"，前后共刊载242则读者提问。《格致新报》读者所提问题的深度、广度明显超过《格致汇编》的读者，可见在《格致汇编》"将西方格致之学广行于中华"二十多年后，国民的科学素养已得到显著提升。如《格致汇编》第121问读者提问"不知锌为何物"。《格致新报》第57问读者的提问则更为翔实："化学原质旧说六十四种，今据化学新编，知已有七十余种，请详示新原质的形性功能。"从《格致汇编》到《格致新报》，二十多年时间里读者的分布从上海、广东及江浙沿海地区向河北、甘肃等内陆地区发展，显示早期仅以上海为核心的"地域科学圈"迅速拓展为"全国科学圈"。

《格致汇编》中国近代科技期刊之"先声"，梁启超、薛福成、王韬、汪振声和蔡元培等知识分子都曾是其忠实的读者。从1876年至1911年的35年间，全国共创办77份科技期刊[39]，《农学报》《新学报》《算学报》《格致新报》《益闻报》《卫生报》《上海医学报》等科技期刊如雨后春笋般在古老的中华大地生长，这些期刊以白话文传播新术语、新名词、新知识，使得大量的格致词汇、概念以及学说来到中国。地理学的传入，使国人"中国中心论"与"华族优越论"的观点逐渐被改变；元素说的传播，使国人建立起基本的物质观念；进化论的引进使种群进化和竞争论述在中国陆续登场，促使国人对物种起源和社会进化有了科学认知。如此等等，越来越多的国人从封建愚昧中走出来，开始崇尚科学、推崇理性，追求解放，具有千年根基的传统观点发生了近代化转型，为晚清至民初思想的大变局奠定了思想基础。

以《格致汇编》为滥觞的晚清科技书刊的蓬勃发展，实为五四新文化运动之先声。1915年由中国科学社创办的《科学》杂志比《新青年》还早八个月诞生，中国现代科学史研究者樊洪业指出："《科学》杂志首倡'民权'与'科学'……新文化运动主将陈独秀或许受到过《科学》杂志的启发。"[40]从《格致汇编》到《科学》，晚清科技书刊始终围绕"启民"与"救国"言说，呼吁"赛先生"登上古老中华大地的历史舞台，对当时各种落后思想进行洗涤，并为一场更大范围的社会思潮的变革进行启蒙，以期待"化陋邦为新国"[41]之奇效。

（二）“重实际而黜玄想”：当代中国科技“卡脖子”的困境

晚清科技期刊的蓬勃发展成为呼唤“赛先生”来到中国的重要力量。崇尚科学的五四精神照亮了中国的科技创新发展之路，从“两弹一星”成功爆炸、载人航天火箭发射升空、“嫦娥五号”顺利奔月、超级计算机行业崛起，到“华龙一号”并网发电，1949年后我国在航天航空、国防科技、民生科技等领域取得显著成就，世界为之瞩目。但当前，我国在诸多核心领域仍有软肋。2018年4月“美商务部禁止美企业向中兴通讯出口产品”[42]，剑指我国高科技产业。2018年6月《科技日报》开设“亟待攻克的核心技术”的专栏，列举我国在芯片、光刻机、操作系统等35个领域严重受制于国外的“卡脖子”技术。国人已经越来越清醒地意识到科学与技术虽然关系紧密，但两者是两个不同的概念，“科学解决‘是什么’和‘为什么’的问题，而技术解决‘做什么’和‘怎么做’的问题”[43]。当今时代，如果自身没有强大的基础科学，很难通过“师夷长技”的手段拥有他国最先进的技术。

虽然五四新文化运动热烈地呼唤“赛先生”(Science)，但作为科学化身的赛先生在中华大地上既未成为主角，更未成为主人。在这块土地上成为主角的是作为技术化身的“特先生”(Technology)。“特先生”这一概念由王绶琯院士提出，他认为相对于“赛先生”的存在，“还有一个人物，非常重要。援例可称他为‘特先生’，即‘技术’……受‘实用要求’驱动”[44]。在西学东渐的过程，历来秉持实用哲学的国人迅速追捧“特先生”，而将“赛先生”置于次要的、边缘化位置。中国贤哲们一向崇尚务实精神，千百年来以农民为主体的中国人已形成“重实际而黜玄想”的民族性格，“正是这种民族性格使中国人发展实用—经验理性，而不太注重纯科学性的玄想，亚里士多德式的不以实用为目的，而由探求自然奥秘的好奇心所驱使的文化人，较少在中国产生”[45]。

大人不华，君子务实。从“互相问答”栏目320个问题可以看出国人对科学技术的认识几乎完全继承了这种“重实际而黜玄想”的历史基因。自古以来中国的科技发展主要是靠经验的积累，“从中国传统科学所处的社会环境来看，科学并不是学问……最多是经世致用的工具而已”[46]。“在中国古代科学技术成果中，技术成果积分占总分的80％以上，理论成果13％，实验成果只占7％。”[47]我们在回顾中国科学技术发展史时也不得不面对这样的事实：“中国没有首先产生近代科学，然而中国却跨进了近代科学。”[48]

余论

1876年，傅兰雅将《格致汇编》的创办“看作是中国文明进程的标志，并预言，不消一代人的时间，西方就会感受到‘来自中国的工业竞争’”[49]。斗转星移，春秋变易。当今时代我国完备的工业体系在国际上已具备较强竞争力，傅兰雅当初的预言在相当程度上已成现实。

作为中国第一本科技期刊的主编，傅兰雅称其创办《格致汇编》“是编虽不敢居与有功，然亦未尝非开人先导也”[50]。《格致汇编》之后，《亚泉杂志》《格致新报》《农学报》等依旧秉持"科学普及"的办刊宗旨。1915 年中国科学社创办的《科学》杂志力求"用通俗有趣的方式，介绍世界各种科学知识于一般民众，使中国社会臻于科学化之境地"[51]。20 世纪 30 年代全国范围内掀起"科学化运动"活动，通过创办《科学的中国》向国民"介绍世界科学之应用并根据科学原理阐扬中国固有文化"[52]。这一时期诞生的科技期刊以"科学"命名的达数十种，如《科学思想》《科学月刊》《科学教育》等，均成为科学普及的重要媒介。新中国成立后，党中央提出的"向科学进军"的号召，科技出版迎来"科学的春天"，至 1999 年底我国科技期刊达 4300 余种[53]。2016 年，以全国科技创新大会、两院院士大会、中国科协第九次全国代表大会的召开为标志，我国吹响建设世界科技强国的号角，科技期刊进入高速发展期。据《中国科技期刊发展蓝皮书(2023)》公布，2022 年底中国科技期刊总量已有 5163 种，其中技术科学类占 44.01%、基础科学类占 30.47%、医药卫生类占 22.49%。科技期刊已经成为建设科技强国一支不可忽视的力量。

但另一方面，当下我国在核心科技领域仍处于被"卡脖子"的境地。因此，我国科技期刊在普及科学知识的同时，还应大力弘扬科学精神，传播科学思想，倡导科学方法，使科技创新、科学普及成为"实现创新发展的两翼"[54]。首先，科技期刊应主动有所作为，构建"政府—科学家—科技期刊—公众"共同组成的科学传播共同体，通过建立多方协作机制，为培育公众科学精神、提升公众科学素质提供平台支撑，实现公众从"理解科学"到"参与科学"的转变。其次，科技期刊应与科研机构合作设立科普传播中心，根据公众需求对科研成果进行分类、分层与转译，在专门科学与通俗科学之间架起沟通的桥梁。转译是实现创新成果的科普化呈现的关键环节，是影响科学传播效果的重要因素，应予以高度重视。再次，加强科技期刊编辑人才队伍建设，使科技期刊的编辑不仅成为"办刊专才"，还要成为"学科通才"乃至"全科全才"。"功以才成，业由才广。"科技期刊有效发挥科普功能归根结底要靠高水平编辑人才队伍。最后，科技期刊应充分利用数字化与人工智能技术，重构科普传播生态，打造情景式、沉浸式、智能化的场景，激发公众自主学习科学技术的热情，使科学精神、创新精神成为科学实践的源动力。

百余年前，傅兰雅称其创办《格致汇编》的初衷是"惟望中国多兴西法，推广格致，自强自富，寖昌寖炽，以成百世之盛"[55]。一代人有一代人的使命。我们当然不能用今天的目光去挑剔百余年前"格致之问"中"重实际而黜玄想"的缺憾，但进一步优化传播理念、提升传播水平，助力公众走出百余年前"格致之问"的窠臼，使其升华为具有创新精神的"科学之问"，则是当代中国科技出版界当仁不让的历史使命。

注释：

[1] 路甬祥:《科学之旅》,沈阳:辽宁教育出版社,2005 年,第 97 页。

[2] 谢清果:《中国近代科技传播史》,北京:科学出版社,2011 年,第 11 页。

[3] 䌷诲:《基督教文字播道谈》,张静庐:《中国近代出版史料二编》,上海:群联出版社,1954 年,第 334 页。

［4］［英］米怜：《察世俗每月统记传序》，《察世俗每月统记传》1815年第1卷。

［5］［新加坡］卓南生：《中国近代报业发展史》，北京：中国社会科学出版社，2002年，第43页。

［6］［英］傅兰雅：《江南制造总局翻译西书事略》，张静庐：《中国近代出版史料初编》上海：群联出版社1953年，第9页。

［7］［英］傅兰雅：《〈格致汇编〉将及出售》，《万国公报》1876年1月，第8年第369卷。

［8］［美］费正清：《剑桥中国晚清史》，北京：中国社会科学出版社，1985年，第562页。

［9］［英］傅兰雅：《江南制造总局翻译西书事略》，张静庐：《中国近代出版史料初编》，上海：群联出版社，1953年，第12页。

［10］徐寿：《格致汇编序》，《格致汇编》1876年第1年第1卷。

［11］［英］傅兰雅：《江南制造总局翻译西书事略》，张静庐：《中国近代出版史料初编》，上海：群联出版社，1953年，第18页。

［12］A. A. Bennett, J. Fryer, *The Introduction of Western Science and Technology into Nineteeth-Century China Cambridge*, Mass: Harvark University Press, 1967, p.50.

［13］徐寿：《格致汇编序》，《格致汇编》1876年第1年第1卷。

［14］《论万物之宽广》，《格致汇编》1876年第1年第1卷。

［15］《地球稽古论》，《格致汇编》1891年第6年冬季卷。

［16］《算学奇题》，《格致汇编》1876年第1年第2卷。

［17］《显微镜说》，《格致汇编》1891年第6年秋季卷。

［18］《格致汇编馆告白》，《格致汇编》1892年第7年冬季卷。

［19］汪振声：《续辑格致汇编序》，《格致汇编》1890年第5年春季卷。

［20］梁启超：《西学读书法》，《饮冰室合集》（下册），北京：北京大学出版社，2005年，第1167页。

［21］《格致汇编告白》，《格致汇编》1877年第2年第2卷。

［22］《格致汇编告白》，《格致汇编》1890年第5年春季卷。

［23］《格致汇编告白》，《格致汇编》1890年第5年春季卷。

［24］《格致汇编告白》，《格致汇编》1890年第5年春季卷。

［25］郝秉键：《上海格致书院及其教育创新》，《清史研究》2003年第3期，第85～96页。

［26］"Educational Association of China, Meeting of Executive Committee", in *The Chinese Recorder and Missionary Journal*, No.8, 1895, p.385.

［27］《梁启超致汪康年》，《汪康年师友书札》（第2册），上海：上海古籍出版社，1986年，第1846页。

［28］丁文江，赵丰田：《梁启超年谱长编》（第1册），上海：上海人民出版社，1983年，第28页。

［29］《吴德潇致汪康年》，《汪康年师友书札》（第1册），上海：上海古籍出版社，1986年，第388页。

［30］［英］傅兰雅：《格致汇编即将出售》，《万国公报》1876年1月1日，第8年第369卷。

［31］《格致汇编告白》，《格致汇编》1876年第1年第6卷。

［32］李欧梵：《未完成的现代性》，北京：北京大学出版社，2005年，第29页。

［33］［美］戴安娜·克兰：《文化生产·媒体与都市艺术》，赵国新译，南京：译林出版社，2001年，第80页。

［34］《格致汇编告白》，《格致汇编》1877年，第2年第1卷。

［35］［美］罗伯特·达恩顿：《拉莫莱特之吻：有关文化史的思考》，萧知纬译，上海：华东师范大学出版社，2011年，第6～7页。

[36] 门外汉:《阅二年九卷格致汇编论》,《格致汇编》1877 年第 2 年第 11 页。

[37] M. Certeau, *The Practice of Everyday Life*, Berkeley: University of California Press, 1988, p.170.

[38] F. Krotz, *Mediatization: Concept, Changes, Consequences*, New York: Peter Lang Press, 2009, p.23.

[39] 姚远、王睿、姚树峰:《中国近代科技期刊源流(下)》,济南:山东教育出版社,2008 年,第 842～951 页。

[40] 樊洪业:《中国科学社和新文化运动》,《科学》1989 年第 2 期,第 83 页。

[41] 梁启超、林志钧:《饮冰室合集・文集之二》,北京:中华书局,1989 年,第 48 页。

[42] 新华社:《美商务部禁止美企业向中兴通讯出口产品》。[2018 年 4 月 17 日]http://www.gov.cn/xinwen/2018-04/17/content_5283163.htm。

[43] 刘亚东,《透过“卡脖子”表象,你看到了问题的实质吗?》,《中国经济评论》2021 年第 9 期,第 55～60 页。

[44] 孙小淳,《中国传统文化和思维对科学起阻碍作用吗? 王绶琯院士访谈录》,《科学文化评论》2011 年第 6 期,第 97～116 页。

[45] 冯天瑜:《中华文化史》,上海:上海出版社,2019 年,第 115 页。

[46] 金观涛、刘青峰:《从“格物致知”到“科学”“生产力”——知识体系和文化关系的思想史研究》,“中研院”《近代史研究所集刊》2004 年第 46 期,第 105～157 页。

[47] 金观涛:《文化背景与科学技术结构的演变》,《科学传统与文化》,西安:陕西科学技术出版社,1983 年,第 1 页。

[48] 郭金彬:《中国科学百年风云》,福州:福建教育出版社,1991 年,第 3 页。

[49] [美]本杰明・艾尔曼:《中国近代科学的文化史》,王红霞、姚建根、朱莉丽,等译,上海:上海古籍出版社,2009 年,第 122 页。

[50]《格致汇编馆告白》,《格致汇编》1892 年第 7 年冬季卷。

[51] 陶贤都、李浩鸣:《〈科学的中国〉与中国近代科学传播》,《自然辩证法通讯》2008 年第 4 期,第 49～53 页。

[52] 彭光华:《中国科学化运动协会的创建、活动及其历史地位》,《中国科技史料》1992 年第 1 期,第 60～69 页。

[53] 张勇刚:《中西科学期刊比较研究》,中国科学技术大学博士学位论文,2018 年。

[54] 习近平:《为建设世界科技强国而奋斗:在全国科技创新大会、两院院士大会中国科协第九次全国代表大会上的讲话》,《人民日报》2016 年 5 月 30 日。

[55]《格致汇编馆告白》,《格致汇编》1892 年,第 7 年冬季卷。

报刊译介：民国文化传播中威尔斯的多元形象

范冬梅

（华中师范大学文学院，湖北武汉，430079）

内容摘要： 译介是传播学领域的核心概念，报刊是民国时期传播西方文化主流媒介，报刊译介对当时的思想文化界，也对当时中国的现代化进程作出了非常重要的贡献。这种文化传播是一种双向传播过程，以威尔斯为例，一方面，报刊译介通过介绍威尔斯的作品，为中国人打开了一扇了解西方文化思想的窗户；另外一方面，威尔斯的作品和本人也受到当时中国的时代背景、政治环境、文化传统等多种因素的影响，这使得威尔斯的形象在中国文化语境中呈现出丰富性与多重性，如科幻小说家、历史学家、社会活动家等。威尔斯的多元形象也反映了西方文化在中国语境下的传播嬗变。

关键词： 威尔斯；民国报刊；形象传播；文学译介

译介既是文学术语，也是传播学领域的一个核心概念，在当今全球化的时代背景下，信息的传播已经超越了国界和语言的限制。为了使信息在各种文化背景中得到有效的传播，译介的重要性变得越来越明显。从本质上看，“文学译介是文化传播行为”[1]。不光是现在，早在民国时期，译介就是世界文化传播的核心手段之一，报刊是当时文化传播最重要的媒介。“明末清初，徐光启(1562—1633)以国家命运为重，把翻译作为挽救国家命运的重要手段，他认为翻译一是求知，二是求‘急需’，即急国家所需。他认为，要赶上西方，超越西方，必须‘会通’，即要学习、了解、掌握，而要达到学习、了解、掌握，只有通过翻译。”[2]通过翻译介绍西方民主思想、科学观念、自由主义等思潮，民国时期的读者开始反思传统文化和价值观，进而追求个体自由、民主权利和社会进步。翻译，表面上看是作品在语言文字层面上的转换，但在本质上，它是一种跨文化传播——译介更是如此。比较文学研究专家安德烈·勒菲弗尔在其著作《翻译、改写以及对文学名声的制控》(*Translation, Rewriting and the Manipulation of Literary Fame*)中将翻译界定为一种改写，影响改写过程的操纵因素主要是意识形态、诗学和赞助人，其中，意识形态代表着“目的语世界”整个文化系统的影响，它导向对文学名声(作品和原作者)的重新塑造[3]。

文学译介作为一种传播手段，已经成为一种“改写”的文化，一种西方文化中国化的产物，并给当时的中国提供了一种及时且重要的思想启蒙，这种思想启蒙为民国时期的政治改革和社会变革提供了重要的思想支持和理论依据。西方文化通过报刊译介等传播手段大量涌入中国，也对中国的文化、社会和政治生活产生了深远的影响。

赫伯特·乔治·威尔斯(H. G. Wells)是公认的现代科幻小说的奠基人之一，他的作品开创了现代科幻小说的先河。但是他对于中国，意义并不仅仅在此。“在强调‘德先生’和‘赛先生’的时代氛围中，威尔斯的著作无疑很适合知识分子‘开通民智’的主张，他们想用科幻小说来普及科学知识，传播科学思想。”[4]威尔斯的作品之所以被大量引进中国，跟当时的时代背景是分不开的，可以说他的作品满足了当时社会的某些需求，甚至是当时那个时代的核心诉求。

威尔斯涉猎学科领域和各种社会活动之广博，使得其影响力遍及全球，近现代中国不少知识分子读过他的作品，或多或少地受他影响。正如著名的世界史学者马克垚曾在一篇文章中写到的那样：“威尔斯的名字对我国读者并不陌生。”[5]这种不陌生得益于报刊译介这种传播之功，而这种文化传播同样也是一种中国化的进程，使得威尔斯的作品包括其本人因为受到时代背景、政治环境、文化传统等多种因素的影响，其形象也经历了多重转变。这也使得在不同时代的中国人眼中，威尔斯有着不同的身份。笔者研究发现，从小说家到历史学家，再到活跃在重大国际事件舆论前线的社会活动家，威尔斯在近现代中国的多元形象演变是文学译介对其在“目的语世界”身份构建的动态过程。形象传播在文化传播中占据着重要地位。尤其在当时国破家难的时代背景下，形象传播的嬗变不仅反映了文化传播的发展趋势，也揭示了社会、经济和政治力量的深度影响。本文将探讨威尔斯的多元形象传播从而分析文化传播的这种嬗变。

关于威尔斯的译介之作，主要有两类：单独印刷出版的译介作品，如《环游月球》(商务印书馆编译出版，1905 年)、《世界史纲》(梁思成等译，商务印书馆出版，1927 年)；各类报刊登载的译介作品，主要是短篇小说、时评和访谈对话等[6]。关于出版物的整理研究，已有学者着力，成果可观[7]，这里就不再赘述。

一、作为小说家的威尔斯

威尔斯最初是以小说家的身份被介绍到中国的，他的科幻小说尤其受欢迎，二十世纪 20 年代以前，印刷出版的译作主要有心一译的《八十万年后之世界》和《火星与地球之战争》(译者注：《八十万年后之世界》英文原题 *Time Machine*，今译《时间机器》；《火星与地球之战争》英文原题 *The War of the Worlds*，今译《星际战争》，均由上海进步书局出版)。

除单独出版的以外，20 年代以前在报刊上所见的威尔斯小说译介较少，确切可考的只有《人耶非耶》(*The Island of Dr Moreau*，署名定九、蔼庐译，《小说大观》1915 年第 1 期)，以及《三百年后孵化之卵》(*Aepyornis Island*，茅盾译，《学生杂志》1917 年第 4 卷 1—4 号)。相比二三十年代，这一数量可谓相当不足。这或许与二十世纪 20 年代以前的报刊散失比较严重有关，但也不排除此时期文化界对威尔斯小说的关注本来就不多的可能性，我们可以从罗家伦在 1919 年对小说翻译选材的评论中窥见一斑："欧洲近世的小说，都比以前高妙。取材不必限于欧美，就是俄法等国，也都可以。如 Tolstoy，Moupassant，同英国 H. G. Wells 等人的小说，尤以多译为是。[8]"罗家伦此言，是提倡"多译"威尔斯等人的小说，正暗示此前对其作品的译介在数量上还有欠缺。

进入20年代，更多威尔斯的科幻小说见于报刊。可数的有《制造金刚石的人》（*The Diamond Maker*，配岳译，《妇女杂志》1921年第7卷第1期）；《一套美丽的衣服》（*The Beautiful Suit*，仲持译，《妇女杂志》1922年第8卷第5期）；《盲人乡》（*The Country of the Blind*，程小青译，《青年杂志》1922年第54期）；《天神一般的人》（*Men Like Gods*，沈雁冰译，《小说月报》1923年第14卷第5期）；《梦》（*The Dream*，均正译，《文学旬刊》1924年第127期）；《不灭的火》（*The Undying Fire*，刘师舜译，《清华周刊》1926年第26卷第3期）；《一个末日裁判的幻梦》（*A Dream of Armageddon*，虚白译，《真美善》1927年第1卷第4期）；《烘炉》（*The Cone*，周瘦鹃译，《紫罗兰》1927年第2卷第14期），等等。此外，这些译介作品中的作者识语也透露了一些信息，如配岳识语："他所著的科学小说很多，最著名的有时间机（Time Machine，我国译为《五十万年后之世界》），不可见的人（The Invisible Man），宇宙战争（The War of the Worlds，我国译为《火星与地球之战争》），月中的第一人类（The First Men in the Moon），空中战争（The War in the Air），终止战争之战争（The War that Will End War）等，都是富于想象力的著作。"[9]由此可以推测，在20年代初，至少这些作品已经为国人所知。

Science Fiction 一词被径直译为"科学小说"，"足见当时我们追求的是'科学'而非'小说'，要学习西方的科学技术，达到启迪民智的功利性目的"[10]。近现代历史上不少文化名人都是科学启蒙的拥护者，如鲁迅就曾对科幻小说产生过强烈的兴趣，并动手翻译过凡尔纳的作品，认为"苟欲弥今日译界之缺点，导中国人群以进行，必自科学小说始"[11]。这类小说中包含的科学知识受到中国知识界的极大重视，并且，在科学性方面，威尔斯的科幻小说似乎享有一种"殊荣"："普通的科学小说，大概荒唐无稽，像所谓海底旅行、月世界旅行等，都是做不到的事情，同西游记、封神传相差无几。威尔斯的科学小说，却无不有科学的根据，很是开发读者神智，使他们能够放眼到世界的大局。"[12]现在来看，海底旅行和月球旅行都是可实现的，而威尔斯提出的"时间旅行"的实现，反倒是遥遥无期，因此人们对威尔斯的夸赞，并不真正意味着威尔斯科幻小说中包含了许多严谨的科学知识。威尔斯的科幻小说备受青睐，应当与他作品中某些具体设想的实现有关："一八九八年他所著小说世界的战争里面所讲的，如飞机的神异，潜水艇的横行，毒药的使用；在当时以为是一种空想，但不久都一一发现。"[13]又如慈心所说："三十年前的人，都以为电车是不能成功，二十年前的人，还以为飞行机的制造，无异痴人说梦；至若无线电报和无线电话的发明，更加以为是现世界万万做不成的。然而这种种的事实现在都一一的现于目前。"[14]这些发明的实现，让威尔斯收获了"豫言作家"的美名，也进一步推动了威尔斯科幻小说和其他作品的译介与传播。

作为小说家的威尔斯，其作品为当时的中国读者带来了跌宕离奇的文学幻想与生动趣味的科学展望，使人们在其科幻作品中看到了威尔斯超前于同时代作者的想象力、前瞻性和预言性，推动了当时中国社会对于增强民智、改良思想、补助文明的时代诉求。因此，对威尔斯科幻小说的译介，不单纯是一个文学问题，也不仅是中西文化传播交流的问题，而是事关民初知识界力图普及科学知识和科学思想的一个文化现象。

二、作为历史学家的威尔斯

关于威尔斯的名著《世界史纲》(*The Outline of History*)，马克垚这样回忆说："他的这部《世界史纲》，早在20年代就有梁思成、向达等先生的译本问世，现在中年以上的知识分子大都读过它。"[15] 正如马氏所言，早在二三十年代就已有很多学者对《世界史纲》表现出了浓厚的兴趣，其中不乏像钱锺书、雷海宗等之流的大家。现将报刊所见《世界史纲》的译介情况简述如下，以备进一步讨论。

《东方杂志》对威尔斯的"历史大纲"进行了介绍(1921年第18卷第1期、第13期)，其中第13期的《名著研究：历史大纲》(署名愈之，应即胡愈之)篇幅较长，分卷介绍了《世界史纲》的主要内容；《新潮》刊载了朱经介绍"世界史大纲"的长文(1922年第3卷第2期)；《桃坞》刊载了《天择与种变》(英文原题Natural Selection and Changes of Speicies，钱钟书节译，1926年第9卷第2期)；《中华基督教教育季刊》登载了《汉译威尔斯著世界史纲》(1927年第3卷第2期)，介绍了该书的思想倾向和译介出版情况；《时事新报(上海)》登载著名历史学家金兆梓的《韦尔斯世界史纲译本之我见》(1927年11月20日第8版)，对商务印书馆发行本进行了评价，指出了该书在内容上存在的不足以及梁思成等人在翻译、校订中存在的一些问题；《青年友》刊载节译的《世界太古史》(译者署名颂羔，应即谢颂羔，1927年第7卷第1期)；《小说月报》刊载了赵景深的《威尔斯世界史纲之劲敌》(1927年第18卷第10期)，介绍了倍洛克(Hilaire Belloc，今译作贝洛克)与威尔斯的论战；《时事新报(上海)》刊载雷海宗的评介文章(1928年3月4日第13版)，这篇文章后来又于1930年重刊在《史学》的创刊号上，现收入《雷海宗文集》(南开大学出版社，2019)；《育德月刊》刊载了贾丽南译介的《世界小史》(1929年第1卷第1期到第10期)，此书系《世界史纲》的精简本；《萌芽月刊》转载了日本学者羽仁五郎对威尔斯世界史的批评语(1930年第1卷第4期)；《申报》刊布了商务印书馆《世界史纲》降价的新闻(1930年8月11日第19版)；等等。

朱经在《新潮》上介绍此书时说："自从威尔斯把他的世界史大纲在美国刊行之后，此间学问界对于这部书议论纷起：称许他的固多，讥贬他的也就不少。毁誉虽然不同，却无人不承认他这部书是别开生面的。"[16] 也有相关书报介绍写道："是以此书在美国几至于人手一册，其入人之深，亦可见矣。不仅此也。此书在西方固以药其偏狭之民族痼见，而在我国，尤足以为我学术界及一般读者贡献一种新的生命。我国学士大夫之见素昔局于一隅，眼光所及，不出禹城，今读此书，当不识世界各国具在此整个历史历程之中。”[17]可见《世界史纲》之所以受赞誉，首要的原因是历史学层面的。一方面是《世界史纲》对于当时中国的通识性历史教育具有重要意义；另一方面，则如胡愈之所说，“他的历史见解和历史方法，全是特殊而且崭新的”[18]，即《世界史纲》展现出来了全新的研究方法和立场。

但这种赞誉的论调并没有在中国学界维持太久，1927年的商务印书馆重订本出版后，相关的批评之作也随之而来[19]。金兆梓的《韦尔斯世界史纲译本之我见》，洋洋洒洒万余言，开头直说“此书若以严格之历史眼光衡之，颇多可商榷之处”[20]，并详述其不足之处三点：威尔斯《世界史纲》实际上是“发表一己理想及主张之书”，各种史料只是为他所用而已；材料详于欧洲而略于其他国家、地区，仍有西方中心色彩；好奇处殊，大篇幅书写名人轶事，仍有“文学家之习气”。雷海宗的评介，则主要指出了威尔斯《世界史纲》的一大缺陷，即“由论找史”：“他的历史观是早已固定了的，并且是以西洋历史为根据的；所以他参考其他民族史籍的时候，不知不觉中，一定只将可以证明他的历史观的——至少不同他的历史观相悖的——事迹引用；其他的事迹若也引用，岂不是自己打自己的嘴巴?”[21]即使是几十年后的马克垚，虽然在文中声称自己“不愿以一个掉书袋子的学究的姿态来评介这本书，去斤斤考较书中的那些琐细小节”[22]，但也时不时评论道：“对威尔斯来讲，我感到这样的问题太大了，而他的哲学太小了。”“威尔斯对货币的理解也不正确，更不了解价值、价格等等概念。”[23]

概而论之，作为历史学家，威尔斯在中国语境中经历了一个从广受赞誉再到辩证性审视、反思的过程，其背后是威尔斯的史学观念在中国语境中从被认可到被批评的接受过程，这与中国历史学界自身的研究发展及历史学家们的思维变化深刻关联。客观来看，威尔斯虽然主张跳出狭隘的民族主义和欧洲中心，但他的知识结构毕竟详于欧洲而略于其他文明，且他认为欧洲对世界文明贡献最大，因此《世界史纲》在指导思想、内容安排上仍是以西欧为中心的。他依然沉浸在19世纪欧洲工业文明巨大成就的心理暗示中：在他审视世界历史时，他始终无法将欧洲放在一个完全与东亚、非洲、南美平等的位置，他没能摆脱西方中心的窠臼。而此时的中国知识界，虽然已经有人初步认识到西方文明的局限，对科学、民族主义等西方世界推崇的现代文明要素进行了反思，梁任公的《欧游心影录》就是这类作品，但彼时的中国，仍处在政治混乱、经济落后的历史时期，对工业文明和民族主义的益处尚且未能亲身体会，更毋庸谈因其负面影响而产生的否定态度——这就导致了他们对欧洲科技文明的怀疑，只能是“将信将疑”。欧洲虽然受到战争和社会主义革命的冲击，但其在全球的优势和领先地位犹在，绝不至于让中外的知识分子彻底感到欧洲的前途渺茫。因此，尽管威尔斯的著作依然浸染着欧洲中心色彩，但却没有人站出来彻底否定他，这是当时的史学潮流使然：“许多西方资产阶级知识分子仍然认为世界是西方的，西方是可以救世界的，对西方的前途是充满信心的。要到二次大战左右，世界形势发生更大变化，历史研究状况也发生了更大的变化，才会出现汤因比、斯宾格勒的史学思潮，认为西方文明处于没落之中。”[24]再加上进入30年代，在对威尔斯作品的译介中，民国报刊感兴趣的不再是他对历史的看法和对遥远未来的书写，而是他对当下世界形势和可预见的将来的评论，相应地，学术界对其科幻小说和名著《世界史纲》的讨论也渐渐少了。

三、作为社会活动家的威尔斯

30年代以来的报刊中依然可见对威尔斯科幻小说和《世界史纲》的译介与讨论，但无论是从威尔斯个人创作的转向，还是从民国各类报刊译介的重点来看，威尔斯在三四十年代最引人注目的作品应当是他与斯大林的对话和他对变动中的世界局势所作的各种评论。

1934年7月23日，威尔斯和斯大林在莫斯科会晤，双方谈话长达3小时，引起了国际新闻界的关注，国内报刊也争相报道。笔者搜集到的报刊资料显示，国内报刊对此次事件有过两次集中报道：第一次是7月下旬各报刊对威尔斯赴莫斯科及晤见斯大林事件本身的报道，记有《大公报(天津)》1934年7月25日第5版，《国际周报(南京)》1934年第8卷第13期，《民报》1934年7月25日第4版，《申报》1934年7月25日第7版，《盛京时报》1934年8月1日第6版，《时事新报(上海)》1934年7月25日第6版，《时事旬报》1934年第4期，《益世报(天津版)》1934年7月25日第3版，《中央日报》1934年7月25日第6版等；第二次是11月中旬各报刊对二人谈话内容的登载介绍，记有《盛京时报》1934年11月22日第2版、23日第2版、24日第2版(题为“英著名作家韦尔斯之斯达林访问记　关于资本主义与社会主义之对话”)，《大公报(天津)》1934年11月16日第5版、17日第5版、18日第5版(题同《盛京时报》)，《文化建设》1934年第1卷第3期(题为“韦尔斯与斯太林会谈记”)，《上海商报(1932～1937)》1934年11月12日第4版、13日第4版、14日第4版、15日第4版、16日第4版(题为“韦尔斯与史丹林对话”)，《华年》1934年第3卷第46期(节译，题为“威尔斯与史太林论革命”)等。

威尔斯与斯大林的对话内容在新中国成立后被重新整理出版(人民出版社，1953年)，后又编入《斯大林选集》(人民出版社，1979年)，成为马克思主义者辩论的一次典范——“更多的人知道他和列宁讨论苏维埃电气化的著名故事，并读过他和斯大林在1934年的长篇谈话记录”[25]。50年代的《斯大林与英国作家威尔斯的谈话》具有帮助改造资产阶级知识分子的历史作用，因为这本书是在由新民主主义社会向社会主义社会过渡的背景下出版的，并且威尔斯在谈话中展现出来的是典型的小资产阶级知识分子的一般认识。30年代的情况则十分不同：一方面是资本主义世界和社会主义国家苏联发展境遇的巨大区别，初步显示出社会主义制度的优越性；另一方面是国共两党在政治、军事和意识形态方面的冲突依然十分激烈，并且国民党处于“优势地位”。所以尽管各版本的谈话记录中威尔斯都处于“下风”，但在当时的国内媒体眼中，这一谈话更像是仍在进行的论战，而不是50年代的出版物展现的那样“胜负已分”。《华年》刊载《威尔斯与史太林论革命》的谈话节译时所加的按语，“原文很长，这里所译的，只是它的大意，至于他们二人议论的是非，那就只好让读者根据现在和未来的事实去判断，我们未便加以论列”[26]，这在当时应当很具有代表性。这一案例揭示出线性历史叙事的陷阱。在现代人们的印象中，社会主义战胜资本主义是极为自然的事情，但在历史的纵深点，比如本节关注的1934年11月，两种意识形态的冲突是十分激烈的。仅仅强调新事物对旧事物的战胜，而不深度挖掘二者激烈交锋时期的历史线索，实际上是用单一性代替历史发展过程中本应具有的多样性，对旧事物顽强抵抗和新事物遭遇挫折的回避(何况这里斯大林展现出的雄辩并不逊于威尔斯)，也正是对新事物生命力的讳言。这样的历史观要求研究者在书写方式上"不仅要有分章式的纵向结构，还要有分篇式的横向结构"[27]。此时再来看威尔斯和斯大林的对话，就能够明白它不是斯大林对威尔斯的胜利，也不是社会主义对资本主义的胜利，而是"资本主义与社会主义之对话"。彼时各类报刊译介传播二人谈话的动力是为国内两种主要的意识形态、两大阵营的知识分子的交锋提供新颖的、权威的思想资源，而这一译介热潮本身，则是对30年代中国文化界意识形态斗争的一次抽象表达。

威尔斯关于世界局势的评论贯穿整个30年代及40年代前半期。甚至早在20年代末，就有威尔斯讨论墨索里尼和法西斯主义的文章出现在国内报刊(《新路半月刊》1928年第1卷第9期：《英国韦尔斯氏评墨索里尼》)，他认为法西斯主义并非由墨索里尼始创，而是"意大利之不健全之产物"[28]，并且明确指出意大利法西斯党和苏联共产党的根本区别，这对于当时国内对法西斯主义的看法无疑有着指导作用；30年代初，威尔斯对1929—1933年资本主义世界经济危机的探讨引起了国内关注(《时事月报》1933年第8卷第2期：《威尔斯论最近世界经济之衰退》)；在二战全面爆发前，威尔斯对日本侵略中国的抨击及对中日的战争进程及结局的预测得到大量转载[《大公报(上海)》1937年8月18日第5版：《英作家韦尔斯预言中日战争》；《青年知识画报》1937年第1卷第1期：《世界历史家韦尔斯预言：中日引起之世界大战》]；二战爆发后，威尔斯又对英国的"祸水东引"政策进行批评[《大公报(香港)》1940年10月5日第4版：《英著名作家威尔斯抵美　纵谈英国联苏必要　痛斥歧视苏联政策》]，主张轰炸柏林(《神州日报》1940年1月27日第3版)；战争后期，威尔斯指责同盟国频繁召开巨头会议是"不负责任"(《杂志》1944年第13卷第3期)；战争行将结束时，各类报刊又开始登载威尔斯对将来的国际局势的预测(《时与潮》1944年第20卷第6期：《威尔斯：论英美联合及未来世界》)；甚至直到威尔斯生命终结的前夕，国内报刊还在转载他质询和抨击英国法西斯主义组织领导人莫斯利的时评(《民国日报》1946年7月7日第2版：《墨索里尼曾以巨款贿赂英法西斯领袖　名作家威尔斯撰文抨击王室》)。

总体上讲，民国报刊对威尔斯的各种评论和预言展示出赞许或者至少是中立的态度，这也是它们选择译介刊登这些作品的最基本理由。唯有威尔斯关于中日战争的预言遭到了批评。《时代公论》1933年第79期登载的《怪哉所谓威尔斯预言》一文，认为威尔斯之预言"骤视之，其谓日本终必败退，一若抑日而扬华者，然细味一过，其污蔑中国麻醉华人之处，实有不可忍者"[29]，并从"中国政治日渐上轨道""今后外交绝不应作事齐事楚之事"等不同方面分别剖析威尔斯观点的错误之处，这正可见民国报刊译介威尔斯作品时的客观态度。

作为社会活动家，人们将威尔斯视为反法西斯的斗士，在他身上观察到了社会主义与资本主义的观念碰撞。威尔斯一直活跃在国际大事的舆论前线，其所撰时评总是随着国际形势和战争进程的演进而不断出新，民国报刊的译介亦时时跟随他的动态，赴美赴苏，为争取和平、反对法西斯奔走呼号，其社会活动家的形象跃然纸上。

结语

1946 年 8 月 13 日，威尔斯在伦敦逝世，国内许多报刊报道了这则消息，其中不乏《民国日报》《申报》等影响力极大的官私报纸[30]。袁可嘉、赵景深、罗家伦等曾深入研究威尔斯的学者，纷纷发表译介的威尔斯传记或撰写悼念文章以寄哀思[31]。直到他逝世前的一个月，他还是一个痛诋英国法西斯领袖莫斯利的反法西斯斗士形象，而仅仅过了一个月，人们回望他的一生时，才发现这位陪伴了中国知识界大半个世纪的文化名人，同时也是文学家、历史学家、教育家、百科全书派学者、社会理论家以及社会活动家，他终于集这些身份于一身了。从民国初年的小说家、20 年代的历史学家，到三四十年代的社会活动家，再到他去世后，人们对他所作的系统的总结评价，威尔斯在中国的身份构建是在他逝世以后完成的。

在近现代中国，威尔斯在不同时期有着不同的标签，这是一个关乎翻译选材的问题，也是一个关乎文学译介对作者形象重构的问题。“过去和现在一样，改写者塑造了一个作家，一个作品，一段时期，一个流派，甚至整个文学的形象。这些形象与他们相互竞争的现实并存，却比这些现实更引人瞩目，如今也必是如此。但过去很少有人研究这些形象的塑造及其造成的影响，如今也依然不会。”[32] 勒菲弗尔的这段话，放到民国报刊对威尔斯及其作品的译介中尤为合适，译介者们塑造了威尔斯，他的所有形象与同它们“相互竞争的现实”并存。

总的来看，威尔斯在民国报刊译介传播中具有三重形象：首先，威尔斯是小说家，人们在他的身上看到了一位超前于时代的科幻作家的卓越远见与前瞻眼光，并以他的作品来推动启蒙中的中国科学救国和新文学启迪民智的进程；其次，威尔斯是历史学家，与其并存的现实是中国知识分子对“欧战”后的西方文明将信将疑的纠结心态，但威尔斯的学术研究客观上对中国学者研究世界历史与西方文明起到了一定程度的帮助作用；最后，威尔斯是社会活动家，在三四十年代，威尔斯是活跃在国际视野的社会活动家，与其并存的现实是席卷整个资本主义世界经济体系的经济危机、资本主义和社会主义两种意识形态的对抗、法西斯主义和战争的危险以及可预见的战后世界的安排，人们从威尔斯身上看到了他反法西斯的斗志与反抗精神。这些“现实”在历史学领域同样引人瞩目，只是在文学研究领域，鲜有人发现威尔斯在不同时期的不同形象，直接牵涉着这样宏大的历史线索。

威尔斯在民国时期的多元形象，反映了中国文化传播语境的不断变化。在不同的历史时期和文化背景下，译介者对威尔斯的评价和认知也不尽相同。威尔斯在民国的多元形象，是中国社会需求和文化传播方向发生变化的一个重要体现。民国时期的知识分子，一直被变化的国际国内形势牵动着思绪，在对威尔斯作品的译介中，他们从来没有停下脚步，但也似乎从来没想过站在一个更高的位置来审视威尔斯的作品和思想。这仿佛是当时中国人学习西方文化的一种通病。唯有罗家伦在威尔斯去世后发表的悼念文章中沉重地说道："文学家、历史家、社会理论家，还有种种名称，都只能形容他心灵表现出来的一部分，而不能形容他心灵的深处。"[33]

注释：

[1] 鲍晓英：《莫言小说译介研究》，上海：上海交通大学出版社，2016 年，第 151 页。

[2] 转引自陆永昌：《俄汉文学翻译概论》，上海：上海外语教育出版社出版，2007 年，第 293 页。

[3] A. Lefevere, *Translation, Rewriting and the Manipulation of Literary Fame*, Shanghai: Shanghai Foreign Language Education Press, 2004.

[4] 陈娟：《威尔斯在现代中国的译介》，《文艺理论与批评》2011 年第 2 期，第 93～96 页。

[5] 马克垚：《威尔斯〈世界史纲〉评介》，《读书》1982 年第 12 期，第 45～52 页。

[6] 参见陈向红：《晚清科学小说译介热潮探析》，《北京第二外国语学院学报》2013 年第 4 期，第 37～41 页。

[7] 参见陈少娟：《赫·乔·威尔斯在中国的译介与影响》，河北师范大学硕士学位论文，2010 年。

[8] 罗家伦：《今日中国之小说界：中国人之中国人做中国小说观，外国人之中国人译外国小说观》，《新潮》1919 年第 1 期，第 113 页。

[9] [英]威尔斯：《制造金刚石的人》，配岳译：《妇女杂志》1921 年第 1 期，第 58 页。

[10] 陈向红：《晚清科学小说译介热潮探析》，《北京第二外国语学院学报》2013 年第 4 期，第 37～41 页。

[11] 鲁迅：《译文序跋集》，北京：人民文学出版社，1977 年，第 3 页。

[12] [英]威尔斯：《制造金刚石的人》，配岳译，《妇女杂志》1921 年第 1 期，第 58 页。

[13] 滕固：《威尔士的文化救济论》，《东方杂志》1923 年第 11 期，第 69 页。

[14] 慈心：《传记：现代预言的作家威尔斯》，《学生》1921 年第 1 期，第 88 页。

[15] 马克垚：《威尔斯〈世界史纲〉评介》，《读书》1982 年第 12 期，第 45～52 页。

[16] 朱经：《世界史大纲》，《新潮》1922 年第 2 期，第 41 页。

[17] 《汉译韦尔斯著世界史纲》，《中华基督教教育季刊》1927 年第 2 期，第 87～88 页。

[18] [英]威尔士：《名著研究：历史大纲》，愈之译，《东方杂志》1921 年第 13 期，第 73 页。

[19] 关于此类批评作品的情况，参见朱慈恩：《略论韦尔斯及其〈世界史纲〉在中国的影响》，《廊坊师范学院学报》（社会科学版）2013 年第 5 期，第 60～64 页。

[20] 参见《时事新报（上海）》，1927 年 11 月 20 日，第 8 版。其所述三点不足，原文如下：一、果欲为严格历史之著作，曾因历史本身之性质，不能摒绝主观，然终当抱极慎重之客观态度：直叙事实，不可参加已见。是书则发抒己见之处，几占其十分之二三，即叙述史事时，亦夹叙夹议，有似史论。故统全书而观之，实为发表一己理想及主张之书，而特以历史事实供其调遣。二、是书既叙述世界史，而其态度又极欲打破旧世界史之观念，则史材当为平均分配，不应详于此而略于彼。但其全书仍以欧洲史为骨干，特稍加中国印度之数章，而又语焉不详。虽彼自谓"爱尔兰之在本史纲范围，渺乎其小，与日本无异，其理由亦正相同，盖此邦为一急湍之岛国，所求于外者颇多，而此前之所献于世界者甚微"云云，然其叙日本史，自皇古至今不过八页，而其叙爱尔兰则多至二十页。即所谓日本与爱尔兰对于世界之贡献甚微，故在其书中范围亦小，固矣，然则中国印度对于世界贡献固甚大者，又何语焉而不详？三、历史者，记载整个人类或整个民族生活及活动之发展者，非一二英雄伟人之轶事所得而关入者也。如因传播希腊文明于西亚北非而叙亚历山大，可也，因亚历山大之成此事业，有赖于其父洲立，

因叙洲立亦可也。然亚历山大及其母之妒洲立成功，以至亚历山大廷辱其父，其弟阿里刁请于波斯总督，于希腊文化之传播，究有何关系，乃叙其事几达二千言。其他如对于凯撒查理曼拿破仑，亦颇有类此之叙述。此等好奇处殊，仍不脱文学家习气。

[21] 雷海宗：《世界史纲》，《时事新报（上海）》1928 年 3 月 4 日，第 13 版。

[22] 马克垚：《威尔斯〈世界史纲〉评介》，《读书》1982 年第 12 期，第 45～52 页。

[23] 马克垚：《威尔斯〈世界史纲〉评介》，《读书》1982 年第 12 期，第 45～52 页。

[24] 马克垚：《威尔斯〈世界史纲〉评介》，《读书》1982 年第 12 期，第 45～52 页。

[25] 马克垚：《威尔斯〈世界史纲〉评介》，《读书》1982 年第 12 期，第 45～52 页。

[26] 吴耀宗：《威尔斯与史太林论革命》，《华年》1934 年第 46 期，第 4 页。

[27] 何萍：《我们需要什么样的马克思主义哲学史观：线性的，还是非线性的？》，《理论视野》2014 年第 9 期，第 32～34 页。

[28] [英]韦尔斯：《英国韦尔斯氏评墨索里尼》，力人译，《新路半月刊》1928 年第 9 期，第 50 页。

[29]《怪哉所谓威尔斯预言》，《时代公论》1933 年第 79 期，第 5 页。

[30] 刊载威尔斯逝世消息的民国报刊，记有《大公报（重庆）》1946 年 8 月 14 日第 3 版，《国光英语》1946 年第 2 卷第 2 期，《民国日报》1946 年 8 月 15 日第 2 版，《前线日报（1945.9～1949.4）》1946 年 8 月 15 日第 3 版，《神州日报》1946 年 8 月 15 日第 2 版，《时事新报（上海）》1946 年 8 月 15 日第 2 版，《图书展望》1946 年复刊第 1 期，《文艺时代》1946 年第 1 卷第 3 期，《现代周刊（台北）》1946 年第 2 卷第 10 期，《益世报（上海）》1946 年 8 月 15 日第 4 版，《益世报（天津版）》1946 年 8 月 15 日第 4 版，《中央日报》1946 年 8 月 15 日第 3 版，《新旗》1946 年第 7 期，《教育通讯（汉口）》1946 年复刊第 3 期，等等。

[31] 参见袁可嘉：《威尔斯逝世》，《中央日报》1946 年 8 月 18 日第 5 版；赵景深：《威尔斯论》，《申报》1946 年 8 月 21 日第 11 版；罗家伦：《访问一个哲人——威尔斯》，《中央日报》1946 年 8 月 25 日第 3 版，亦见于《自由文摘》1946 年第 5 期及《女青年（南京）》1946 年第 4 卷第 2 期。

[32] 申梦琪：《〈翻译、改写以及对文学名声的制控〉（1—3 章）翻译实践报告》，河南师范大学硕士学位论文，2018 年。

[33] 罗家伦：《访问一个哲人威尔斯》，《中央日报》1946 年 8 月 25 日第 3 版。

共享与认同：提升新主流电影国际传播效能的策略思考

陈文静

（湖北大学新闻传播学院，湖北武汉，430062）

内容摘要：近年来，新主流电影日益成为中国电影市场的蓝股，显示出强大的生命力。但其国际传播之路却依旧坎坷，频繁遭遇“文化折扣”，国际传播效能有待提升。原因之一在于部分新主流电影存在本位主义叙事观，以一种封闭式的态度建构自己与世界的关系，引发海外观众的文化误读。想要切实提升中国电影的国际影响力，本文提出必须在人类命运共同体的宏大视阈下，以共享性价值观作为引领，推动叙述主体从“我”到“我们”的转变，构建中国与世界文化共生的新图景，强化价值认同与情感认同，推动中华文化更好走向世界。

关键词：新主流电影；本位主义叙事；共享价值观叙事；认同修辞

进入新时代，党和国家密切关注电影在保障意识形态安全、展现国家形象方面的重要作用。2022年，习近平总书记在中国共产党第二十次代表大会上做重要讲话，他指出要增强中华文明传播力影响力，加快建构中国话语和中国叙事体系，讲好中国故事、传播好中国声音，展现可信、可爱、可敬的中国形象[1]。作为最能够体现中国时代气息、彰显中国主流价值和文化自信的文化产品之一，新主流电影更需要一马当先，在立足国际传播规律的基础上，着重提升传播艺术和国际传播效能，助力形成同我国综合国力和国际地位相匹配的国际话语权。

基于此，本文着眼于新主流电影面临的国际传播困境，尤其是由于不当的价值观叙事所引发的跨文化认同危机，探究将共享价值观叙事作为一种叙事话语策略的可能性，力求突破文化壁垒和意识形态障碍，以柔性而深远的共情力和感召力，切实增强新主流电影的国际传播力，推进中国故事和中国声音的全球化表达。

一、共享价值观叙事的概念溯源与理念演进

共享价值观叙事话语的提出和使用，是基于一种与美国主导的价值观话语“普遍

价值观”作出区分的有意尝试，也是随着苏联东欧解体，上世纪 90 年代世界范围内出现的关于全球伦理和人类普遍价值争论所取得的重要成果之一。

（一）单一主体价值观：“普遍价值(universal values)”

上世纪 90 年代，《全球伦理宣言》(1993)得以发表，《人类普遍价值宣言》(UNESCO，联合国教科文组织)却遗憾流产，时至今日，各国学者们依旧不遗余力地探寻不同国家和民族间文化和价值观念的共性，相继提出“普遍价值观(universal values)”“共同价值观(common values)”“共享美德(shared virtue)”和“共享价值观(shared values)”等诸多概念。其中，美国在全球范围内大力推行和倡导的“普遍价值观”无疑是上世纪中后期具有一定国际影响力和代表性的概念。

对于是否存在“普遍价值”以及“人权”“自由”“民主”等是否属于普世价值，国内学界有不同立场。一种观点认为不存在“普遍价值”。因为价值是客体对主体的意义，而这种价值观共同的、统一的主体并不存在，因此当今世界不可能奉行同一种价值观[2]。另一种观点认为虽然存在“普遍价值”，但不是美国式的“普遍价值观”，不应该由少数人认定后再推广而来，而应该是“由下而上”自发形成的[3]。

从辩证唯物主义和历史唯物主义的观点来看，随着社会生产力和生产关系的发展，一切社会关系的总和——人必然发生变化。那么，客体对于主体的意义——价值也会随之改变。也就是说，恒定不变、适用于所有认知主体的普遍价值不可能存在。同时，随着美式全球化时代落下帷幕，西方中心主义的普遍价值观叙事遭遇了多元赋权传播主体的冲击以及平台世界主义式媒介生态变革的全面挑战，正在被更平等包容、多元共享的新形态价值观所取代。

（二）多元共享的新型价值观：“共享价值(shared values)”

在新全球化时代，强调多元传播主体、平等对话视角的共享性价值观能够促进一定范围内对特定问题达成文明间对话。例如，为打造我国与相关国家间的利益共同体、命运共同体和责任共同体，2013 年习近平总书记发出了共建“一带一路”的合作倡议，这一倡议聚焦国家间政治互信、经济互利和文化包容，得到了多个国家的支持和拥护，目前已与 150 个国家签署了共建合作文件。这证明，“一带一路”倡议符合国际社会的根本利益，彰显人类社会共同理想和美好追求，作为一种区别于普遍价值观的新时代价值观，受到了国际社会的广泛拥护。

作为学术话语，关于“shared values”较早可查的文献见于美国学者大卫·阿波利在 1950 年发表的论文《复杂社会中的共享价值观》(Shared Values in Complex Societies)，他从社会学视角使用了该词，论述了共享价值观在弥合社会种族、阶层矛盾中起到的重要作用。随后，国内外学者还多从企业经营管理、教育管理、社会学、伦理学和国际关系等多学科视角对此概念的内涵和外延进行了热烈的讨论和拓展。

（三）新时代多方赋权的国际传播叙事观

在文化传播领域，2010 年代，学者关世杰从中国核心价值观国际传播维度重新审视了“共享价值观”的意义和功能。他在2012年发表的论文《中国文化软实力：在美国的现状与思考》及《对外传播中的共享性中华核心价值观》中重拾“共享价值观”概念并延展出“共享性中华核心价值观(shared Chinese core values)”概念，进一步通过实证研究论证了其在跨文化传播中的可行性和重要价值[4]。共享价值观指的是在当今两种或多种文化中或两国或多国民众间都接受或追求的价值观。

与普世价值观相比，共享价值观是去西方中心主义的，它的意义内核是从多个国家和文化中通过交流对话通约出来的，它的提出与推行主体是多元的、平等的。例如习近平总书记提出的“人类命运共同体”观念，尽管遭遇以美国为代表的一些西方国家的恶意阻挠，但仍旧以其和平共荣的精神内核受到全球多数国家的支持和拥护，数次被写入联合国决议，成为21世纪代表性的国际通行价值观。

共享价值观具有开放、多元的特质，各国、各民族都可以为共享价值观的提出和形成做出积极贡献，也能够在共享价值的基础上更好地开展文化交流和经济合作，实现互利互惠。在此意义上，本文引用“共享价值观”概念，借以思考旨在推进新主流电影国际传播效能的新叙事话语策略。

二、叙事错位与认同危机：新主流电影的自我中心主义叙事倾向

（一）“讲好中国故事”的新载体：新主流电影

“新主流电影”作为一种概括中国主旋律电影创新探索新特征的术语，在21世纪前后被提出，并随着近些年来中国电影的繁荣发展而备受关注，主要指既具有主旋律电影的主流话语表达，也兼顾商业电影的市场性和艺术电影的审美性的一类电影[5]。新主流电影在本质上以“主旋律电影为体”，以“商业电影为用”[6]，与主旋律电影、主流(商业)电影不同，它是中国电影在新时代由国家意志、市场力量和观众需求三方牵引作用的结果。党的十八大以来，《战狼》系列、《红海行动》、《我和我的祖国》、《长津湖》、《流浪地球》、《满江红》等优秀电影稳定输出、持续发力，在弘扬民族精神、激活电影市场活力方面彰显出巨大能量。

作为一种具有中国特色的主流电影新形态，当今的新主流电影不仅在与进口大片的角逐中拔得头筹，成为我国电影市场的引领者，更重要的是承载着电影强国、文化强国的重要使命。对内，新主流电影是聚合国人民族国家想象和文化认同的黏合剂。对外，是建构并传播立体、真实、可爱的国家形象的先遣军，扮演着向世界人民展现中华文化风貌和中国社会新发展的重要角色。

（二）新主流电影“内热外冷”的接受差异

在新主流电影成为中国电影市场“顶流”和票房保障的2017至2022年，六部问鼎中国大陆地区票房榜首的电影中有五部属于新主流电影，分别是《战狼Ⅱ》(2017)、《红海行动》(2018)、《八佰》(2020)、《长津湖》(2021)和《长津湖之水门桥》(2022)。而在例外的2019年，票房亚军依旧被新主流电影收入囊中，即开创中国科幻电影新纪元的《流浪地球》。上述六部新主流电影的内地票房成绩均突破30亿元，其中抗美援

朝题材影片《长津湖》更是创下高达 57.7 亿元的历史佳绩。

与内地市场的高接受度形成反差，新主流电影的海外市场竞争力差强人意。根据 Box Office Mojo 统计数据，对比以上六部新主流电影的内地市场票房和海外市场票房，其海外市场票房收益只占全球市场票房的 0.09%—1.84%，可谓微不足道。以 2017 年上映的新主流电影“旗手”《战狼Ⅱ》为例，根据猫眼票房数据，在内地市场上《战狼Ⅱ》最终以 56.8 亿元票房收官，并以累计 1.59 亿的观影人次，成为全球影史单一市场观影人次冠军。而放眼海外，尽管影片陆续在美国、英国、阿联酋、澳大利亚、新西兰、泰国、韩国等多个国家上映，但其海外地区总票房仅占其全球总盘的 1.84%。相差如此悬殊的票房成绩，充分说明了《战狼Ⅱ》在海内外泾渭分明的市场接受。

造成这一现象的原因有很多，除去海外市场排片少、语言不通、文化差异等客观因素外，电影叙事层面的价值观不通问题也是导致《战狼Ⅱ》等部分新主流电影难以走红海外市场的关键性障碍。

（三）新主流电影叙事中的本位主义编码及引发的文化误读

仍以《战狼Ⅱ》为例，整体而言，对于国内电影观众来说，该影片很好地将爱国主义精神与中国梦的表达欲望结合起来，高度凝聚起国家社会的国族情怀和文化认同，进而点燃观众的观影热情。但对于国外电影观众来说，鲜明的民族主义主题和外显的意识形态表达催生出较高的文化折扣和文化误读，尤其是导演在信息编码过程中，将本国与别国对立起来，并有意放大这种差异，导致海外观众在信息解读时以一种排斥性的主观视角，选择性地忽视了电影歌颂“和平”，讴歌“勇敢”“牺牲”和“家国情怀”的精神内核。

图 1 《战狼Ⅱ》海报

如图 1 所示，《战狼Ⅱ》宣传海报摘取了影片的核心台词——“犯我中华者 虽远必诛”，作为对电影主题的提炼和点燃中国观众观影热情的火引。当影片后半段主人公高喊这句援引自《汉书》的经典口号时，新时代日益强盛的当代中国与历史上万国来朝的大汉王朝产生了互文和交叠，瞬间激发了观众对国家和制度的认同，使亿万观众融为一体。强烈情感冲击力和凝聚力，促使《战狼》系列电影在国内市场口碑和票房双丰收。

作为在影片上映前推出的用于推介电影的一种招贴形式，电影海报是电影观众直观地了解电影内容的快捷方式，也是出品方营销电影内容的有效手段。将“犯我中华者 虽远必诛”显著标识于海报的右下方，表达了出品方的主要营销概念和核心价值立场。从语言学的角度进行解读，这句宣传语的主语是“我”，宾语为“犯我中华者”，通过动词“诛”的连接，建构出“中华”和“犯我中华者”这样一组对立的主体关系。同时，“犯我中华者”虽然没有具体言明指哪个国家，但也没有排除任何国家的可能性，而是将其整体性地捆绑为“(有可能)侵犯中国者”。

如上，宣传海报将影片的核心价值观高度凝练地概括出来，电影里也随处弥漫着类似的狼性荷尔蒙。值得注意的是，在国际传播的场域里，这种对立型主体关系构建在不自觉中将我国从全球共同体中孤立出来，与党和国家一贯主张的和平共处外交理念不符，也与党的二十大报告中再次明确的“推动构建人类命运共同体”战略理念相背离。

如果说中国电影观众对《战狼》系列电影的解码主要以主导立场(dominant decoding)为主，那么外国观众在面对电影传达的“犯我中华者 虽远必诛”式的主题时，则更容易产生对抗式解码行为(oppositional decoding)，导致解码结果与编码者所欲传达的意义背道而驰，甚至产生完全相反的接受效果。

例如，印度《经济时报》刊文评论《战狼Ⅱ》称：“在美国想放弃世界警察这个角色的时候，中国创作了‘中国式兰博’的形象，展现了对世界主导权的欲望。”[7]韩国媒体也宣称这部电影宣扬了一种“中国第一主义”[8]。英国文化批评学者斯图亚特·霍尔(Stuart Hall)在考察大众对媒介话语的解码方式时发现，观众完全明白话语中给出的字面意义和内涵意义，但却偏偏选取与之截然相反的方式进行译码，并以自己偏好的代码分解讯息，将讯息在另一种参照体系中重新组合，从而形成对信息的对抗式解码[9]。正是因为跨文化接受者在接受他域文化时，先在地立足于本民族国家的自有文化立场，且携带着以往各种媒介话语生成的刻板印象和期待视野，因此，观众在接受他域文化信息时采取对抗式解码立场的行为极易发生，政治话语和意识形态传达层面的危机也由此生成。故而，在新主流电影的跨文化传播过程中，如果过度强调本民族国家的特殊性和个体性，则可能会导致文化价值观念的区隔和割裂，进而催生认同危机和情感鸿沟。

对于《战狼Ⅱ》在韩国的传播接受，韩国学者林大根(임대근)做了较为中肯的评价，他指出无论从票房成绩还是从作品的完成度看，《战狼Ⅱ》都当仁不让地成为中国电影史的重要拐点。但面对该电影在韩国的失利，他提出中国电影可以尝试创造不仅受本国人民或非洲民众欢迎，同时也被任何一个国家、民族都接受、认同的英雄形象[10]。

虽然导演吴京在谈到《战狼》系列电影的创作初衷时曾表示，一开始就没有以海外市场为主要目标。但是在构建人类命运共同体和推动中国电影“走出去”的时代号角下，本位主义、自我中心主义的价值观叙事显然具有局限性，既不能顺应全球化、一体化的时代趋势，也不利于面向世界讲好中国故事、提升中国国家话语权和文化软实力。

三、价值缝合与情感共振：指向认同的共享价值观叙事修辞

（一）基于人类命运共同体全球理念的共享价值观叙事实践

同属军旅动作类型的电影《红海行动》(2018)，与《战狼》系列电影有着相似又显然不同的叙事策略。在撤侨、反恐题材、军旅动作类型和爱国主义主旨层面，二者一脉相承，皆建立在爱国主义基础之上，通过隐喻中国梦、“和平崛起”，有效扩大了中国社会的共识。但是，从国际传播的视角看，两部电影对外传递的价值观又有着明确的差异，特别是前者通过将“我”表述为“我们”，建构了中国与外部世界的关联性和从属性，是新主流电影中以开放性、共享性价值观进行命运共同体叙事的典型案例。我们仍旧以《红海行动》的电影宣传海报为例进行说明。

图 2 《红海行动》海报

在《红海行动》发布的多版宣传海报上，主旨鲜明地向观众宣告“反恐是全世界共同的责任”。通过将“中国”纳入“全世界”的话语策略，建立起一种认知框架，即中国连同世界各个国家一起构成人类命运共同体，共同承担着与恐怖势力作斗争的行为主体责任。反对恐怖势力和恐怖袭击，是世界大多数国家和人民的共识，因而也可以看作一种低语境文化(low context culture)价值观，依附在此基础上的意识形态传达更易突破文化壁垒，进而抵达跨文化传播场域间的共情。

此外，在影片的片尾，导演还以“勇者无惧，强者无敌”的字幕形式提炼了全片的主旨。与《战狼Ⅱ》不同的是，这句话强调的主体——“勇者”和“强者”并没有指定国籍，也就是说，任何国家的人民都可以成为被褒赞和崇敬的对象，只要其具备“勇者”和“强者”的品质。这就将中国和其他国家平等地置于被肯定的主体位置，而电影中坚强无畏的中国军人，不仅仅是具有中国性的“我”，还被拓展为世界范围的“我们”，强调了一种兼收并蓄的共同体精神。与此同时，对“勇敢”和“坚强”的向往又是大多数人认可的价值观，具有开放性和共通性。

正如英国思想家以赛亚·柏林(Isaiah Berlin)虽然不认同主观主义的价值多元论，但他仍旧坚定地相信，人类具有某种最低限度的“共通性”，而这种共通性能够促使不

同文化间形成相互理解和包容[11]。从这个角度来说，电影《红海行动》在传统的爱国主义议题下，智慧地采取“我们”叙事话语，利用共享性价值观“勇敢”“坚强”建构故事精神内核，寻求不同民族、国家和文化间的契合点，弥合文化和意识形态鸿沟，成功搭建起海内外电影观众可以相互理解、共同体认的情感桥梁。

开启中国科幻电影新纪元的电影《流浪地球》，以899万美元的收益取得了近些年来我国新主流电影在海外电影市场上最好的票房成绩(Box Office Mojo)。影片虽然采用了好莱坞经典类型科幻片＋灾难片的重工业影像风格，但其故事内核却又是东方式、中国式的。在面临全球灾难时，电影提出了中国方案“带着地球去流浪”，各国航天工作者携手并肩，为了人类共同的家园前仆后继、奉献牺牲。这一设想不仅表达出中国特有的家园故土情怀，也很好地彰显了“人类命运共同体”理念，获得了海内外电影观众的认可和好评。

新修辞学代表肯尼斯·博克(Kenenth Burke)以“认同”(identification)的修辞观对古典修辞学代表亚里士多德的“劝服”(persuasion)修辞观进行了延伸，提出修辞的最终目的是促成不同主体间的协商与对话，进而达到相互间的“共同理解”，而“认同”既是修辞的目的，也是实践策略和手段。他将修辞实践中的“认同”修辞划分为“同情认同”“对立认同”和“误同”。其中，“对立认同”是一种“通过分裂而达成凝聚的最迫切的形式”[12]，往往通过制造共同的敌人来实现思想的团结。反恐主题的《红海行动》和“逃离太阳系”主线的《流浪地球》，皆通过建构共同的敌人(恐怖势力)或世界性危机(地球危机)将世界各个国家统一起来，以全球公共安全利益的共享价值叙事有效地推动了多元主体间的交流对话和共同理解。

在“对立认同”策略外，近几年来新主流电影也多次使用“同情认同”叙事来实现高效的跨文化传播。在博克看来，“同情认同”强调以共同的情感来与观众建立亲情关系，借助共通性的情绪实现情感共振[13]。以2021年上映的抗美援朝题材电影《狙击手》为例，故事以五班战士前仆后继舍身营救侦察兵亮亮为叙事主线，对个体生命的尊重是电影的底层精神内核。影片对美军狙击手的描写也没有走向简单化、脸谱化，在对待闯入狙击阵地的朝鲜小男孩“柱元”时，美军同志愿军一样显示出人性的良善。融合悬疑、谍战、动作等类型元素的电影《悬崖之上》(2021)也充分地描绘出谍报人员的战友情、夫妻情和父子情。张宪臣在即将成功逃离敌人围捕圈时意外看到失散多年的幼子，因此不顾危险折返回来最终壮烈牺牲。作为一个具有坚定革命信仰的共产党人，张宪臣对子女的舐犊之爱，体现出他身上闪耀着的父性和人性。既有信仰的伟大，又饱含着崇高的人性和人情。这部影片不仅在国内市场获得了傲人的票房成绩，同时也获得了第94届奥斯卡最佳国际影片奖提名，向世界充分展示了中国新主流电影的艺术魅力和价值深度。

（二）以共享价值和认同叙事提升中国电影的国际传播力的可能性

习近平总书记在党的二十大报告中强调，要加强国际传播能力建设，全面提升国际传播效能，形成同我国综合国力和国际地位相匹配的国际话语权[14]。想要中国声音被世界听见、听清，需要着力提高国际传播影响力、中华文化感召力、中国形象亲和力、中国话语说服力、国际舆论引导力。

对于电影叙事实践而言，避免自我中心主义的叙事倾向，以共享性价值观来阐释中国主张、中国智慧和中国方案，用全球视野开展跨文化叙事，无疑是打造融通中外的中国话语体系的有机组成部分和有益探索。寻求国际社会能共同理解的世界共享话语，是增强我国核心价值观国际传播信度与效度的关键推手，是评估传播效果的重要指标[15]。而共享价值叙事，不是在东方价值观和西方价值观中做取舍，而是求同存异，追求能够融通东西方，实现跨文化对话的人类共享价值来传达中国故事和中国价值。

以全球视野进行本土叙事的成功案例早已有之。好莱坞作为美国国家意识形态对外输出的重要基地，一直刻意回避其美国电影身份，反而利用自由、平等、正义等普适性价值观对其国家意识形态进行掩饰包装，达到美国国家意志全球共享的目的[16]。在东亚地区，2019 年以来，以《寄生虫》《分手的决心》《鱿鱼游戏》《柏青哥》等为代表的韩国影视剧，在坚守后民族电影主体性的基础上，积极融合好莱坞类型片、艺术电影创作经验，积极“探寻自我表达与观影认同的深度建构，以本民族乃至人类共同的价值观表达，赢得本土及国际影展、观影市场的高度认可”[17]，充分证明了“语言不是文化沟通的障碍”[18]，而价值共通、情感认同才是民族电影与世界市场接轨的合理路径。

作为承载国家主流价值，兼具类型电影特征、商业和产业价值的新时代电影类型，新主流电影有着广阔的发展空间和美好的发展前景。中国优秀的传统文化、中国社会的新发展和新面貌为中国话语的国际表达提供了取之不尽的丰厚土壤，只要能够立足共同价值，诉诸共享、共情和认同传播理念，就一定能够讲好中国故事，在国际传播的道路上阔步前进。

结语

如前所述，当前新主流电影的国际传播之路，依旧任重道远。由于近年来新主流电影的兴盛受益于中国综合国力的提升、人民文化自信显著提高的特殊历史语境，致使部分电影在策划之初将目标受众市场锁定在了国内，而选择性地忽略了影片在国际传播过程中可能遭遇的水土不服，从而导致“本位主义”“自我中心主义”叙事话语频发。

当今的中国电影，已经在技术和资本层面逐渐接近世界标准，但由于价值观冲突而导致其不能在世界舞台上充分释放能量，令人十分遗憾。在世界日益全球化、一体化的时代洪流中，我们的电影从业者应深刻反思，警惕自我中心主义、本位主义，以大国胸襟和国际视野，以更加柔性和包容的叙事话语，积极寻找海外受众的易感联结点。在国际传播的场域里，只有超越文化认同壁垒的电影叙事，才是有效的叙事，才能够真正推动文化的交流与观念的传播。

基于此，本文认为将“中国性”与“共享性”结合，将中国观念内化于国际电影文化的通用体系中，是提升中国电影国际传播力的有效策略。这里，具有中国文化独特性的“中国性”与世界共享价值观的“共享性”构成互为表里、相互补充的有机关系。前者属意展现中国精神、中国价值和中国力量，后者则强调运用融通中外的表述方式，寻求与海外电影观众达成价值上的共识、情感上的共鸣。换言之，提升新主流电影的国际传播效能，首先要正视存在的价值观偏狭问题，以共享性、开放性、包容性的价值观作为电影叙事引领，在人类命运共同体的宏大视阈下，将中国的利益纳入世界共同体之中考察，将中国精神和中国文化与不同国家间的价值叙事深度融合，真正达到与全球观众分享中国发展故事、向世界传递中国声音的美好愿景。

*本文系教育部人文社会科学研究一般项目“韩国电视媒体对中国形象的多模态话语建构研究(1992—2022)”【23YJC760014】的阶段性成果；湖北大学教学研究项目“‘双主体参与式传播’在传媒类课程思政教学实践中的创新应用研究”【2023085】的阶段性成果。

注释：

[1] 习近平:《高举中国特色社会主义伟大旗帜 为全面建设社会主义现代化国家而团结奋斗》,《光明日报》2022 年 10 月 17 日,第 1 版。

[2] 冯虞章:《怎样认识所谓“普适价值”》,《马克思主义研究》2008 年第 7 期,第 104～109 页。

[3] 万俊人:《寻求普世伦理》,北京:商务印书馆,2001 年,第 41 页。

[4] 关世杰:《中国文化软实力:在美国的现状与思考》,《国外社会科学》2012 年第 5 期,第 72～80 页。关世杰:《对外传播中的共享性中华核心价值观》,《人民论坛 · 学术前沿》2012 年第 15 期,第 66～77 页。

[5] 张卫、陈旭光、赵卫防,等:《界定 · 流变 · 策略——关于新主流大片的研讨》,《当代电影》2017 年第 1 期,第 4～18 页。

[6] 王真、张海超:《从“主旋律”到“新主流”:新主流电影的修辞取向研究》,《当代电影》2021 年第 9 期,第 155～160 页。

[7] D.Kumar,Here Comes the Chinese Rambo: Watch This Movie to Know What All China is Up To. The Economic Times[2017-08-05]https://economictimes.indiatimes.com/news/international/world-news/here-comes-the-chinese-rambo-watch-this-movie-to-know-what-all-is-china-up-to/articleshow/59929413.cms? from=mdr.

[8] 김중호, 中극장가 강타한 인민해방군...자국주의 급부상에 우려 시선도. 노컷뉴스[2017-08-05]https://www.nocutnews.co.kr/news/4826723.

[9] [美]斯图亚特霍尔:《编码/解码》,朱晨译,张国良编:《20 世纪传播学经典文本》,上海:复旦大学出版社,2003 年,第 436 页。

[10] 임대근,中 영화‘전랑 2’ 한국선 실패할 수밖에 없었다. 아주경제[2017-12-07] https://www.ajunews.com/view/20171206154837320.

[11] 刘擎:《西方现代思想讲义》,北京:新星出版社,2021 年,第 171 页。

[12] [美]肯尼斯 · 博克:《“修辞情景”》,肯尼斯 · 博克,等编:《当代西方修辞学:演讲与话语批

评》,常昌富、顾宝桐译,北京:中国社会科学出版社,1998 年,第 162 页。

[13] [美]肯尼斯·博克:《“修辞情景”》,肯尼斯·博克,等编:《当代西方修辞学:演讲与话语批评》,常昌富、顾宝桐译,北京:中国社会科学出版社,1998 年,第 161 页。

[14] 习近平:《高举中国特色社会主义伟大旗帜 为全面建设社会主义现代化国家而团结奋斗》,《光明日报》2022 年 10 月 17 日,第 1 版。

[15] 陈先红、宋发枝:《“讲好中国故事”:国家立场、话语策略与传播战略》,《现代传播》2020 年第 1 期,第 46～52 页。

[16] 尹鸿、梁君健:《新主流电影论:主流价值与主流市场的合流》,《现代传播》2018 年第 7 期,第 82～87 页。

[17] 峻冰、温艳:《韩国“新新电影”的语义命名、创作现状、人文倾向及启示》,《艺术百家》2022 年第 1 期,第 118～127 页。

[18] 郭信爱、洪宇辰:《语言不是文化沟通的障碍——〈寄生虫〉总制片人郭信爱访谈》,《当代电影》2020 年第 5 期,第 19～24 页。

游荡·异质·虚无：电影中城市身体的“后游牧”体验

肖艳华

（贵州师范学院文学与传媒学院，贵州贵阳，550018）

内容摘要：在社会后工业化特征持续发展的时代背景下，城市身体在电影中呈现出游荡性、异质性、差异性等多维的特性，并以一种集体无意识的心理在电影叙事中愈加弥散，这一身体影像的意义指涉着典型的“后游牧”思想诠释。以蔡明亮的电影文本为例，对其作品中的“后游牧”意味进行溯源与质询，可以发现在蔡明亮的“后游牧”影像表达中，城市身体通过感觉式的游荡行为与异质事物之间的欲望游戏，以获得情感的临时慰藉。但随着身体对所处游牧空间的解域，身体却不可避免地处于短暂的虚无境遇。而如何走出“后游牧”身体实践的虚无状态，本文以影像中孤独情状的形成为关键观照，试图从寻根意识对所围困的城市身体寻求新的生命契机。

关键词：“后游牧”体验；城市身体；孤独

在电影的影像空间中，居于银幕中心维度的身体符号与社会文化的各种表征力量有着极其明显的互文关系。随着后工业化时代特征深度的趋势化，城市身体在电影中呈现出游荡性、异质性、虚无性等多维的特性，这一身体影像的意义指涉着“后游牧”思想特性的表达。早在二十世纪六十年代，德勒兹就已经敏锐地观察到“游牧”是作为一种新思维方式“块茎”（另一译法为“根茎”）的出现，并指出游牧民不再是四处迁徙漂泊的草原牧民，而是对权力组织、体制话语的回应、抵抗、解域与重新编码，“游牧民可以被称为最卓越的解域者”[1]。1986 年，法国学者雅克·阿塔利在其著作《游牧人》中提出新的游牧者已经到来。“随着科技的升级，科技消费产品将改变人们与社会、家庭之间的传统关系，新的游牧生活将在现代社会降临，有可能带来深刻的变革。”[2]“新”游牧生活有别于传统游牧的历史特征，是一种“后游牧”生活的降临，它裹挟着后工业化的时代氛围，随着现代性身体在城市空间的游荡，“后游牧”行为对社会生活与精神进行全面解域与渗透，同时其所携带而来的淡漠、厌倦、伤感以一种社会无意识的心理在电影叙事中愈加沉溺，以反方法、无目标似的抗争姿态作为对城市化的拒绝。蔡明亮导演站在后工业时代下的台湾城市景观中，将身体作为其影像叙事的中心意识，“身体作为一个事件，要么为疾病所累，要么为性感所累”[3]，他以小康“病态”“非职业”为主视觉的身体装置，将各种私密的、叛逆的行为框进与现代城市疏离的影像中，城市身体在充满矛盾的社会现实中孤寂游走、居无定所，确定感的匮乏与欲望的寻求成为“后游牧”意象与精神的重要指涉，这种“后游牧”调性无疑是蔡明亮电影最明显的现代主义特征。

一、城市空间里的身体游荡——“后游牧”行走的背离姿态

传统游牧的身体作为一种生产方式与生活方式，非固定式是其生活习性的特征，他们在确定的目标中寻找生活的持续之源。“游牧民有一个领域；他遵循习惯的路线；他从一点走向另一点；他并非无知于点(水点，居住点，聚会点，等等)。但问题是，游牧生活的本质是一条原则，不过是一个结果。”[4]传统的游牧生活以生存的满足作为身体游走的初衷，在点与点之间的行程中形成与社会环境相适应的方式与原则。“后游牧”群体则不同，他们身体的不固定式游牧不再是为了衣食住行的生存满足，而是在自我迷失与寻找自我的双重意蕴中为身体的现代性赋形，形成了一种与时代错位、无所归依的游荡者形象。游荡者在后游牧社会中超脱于它的原初语境，他们的游荡是一种不断寻求新的游荡空间与游荡风格的感觉式游荡，并将“游荡性”的行走实践扩大为一种普遍的城市文化特征。在城市影像中的身体游荡是生理身体与交往身体的双重指涉，蔡明亮电影中反复出现的李康生身体是先于电影情节叙事的临床身体，他在大量的长镜头、固定镜头中将各种缄默、迟缓的身体装置成为游牧漂泊的谜样状态。身体的典型人物的个性化与非职业化演员的自然符码化分解、重构了蔡式电影的影像美学图景。

“后游牧”行为中的身体游荡，无疑是对定居式的家的反叛与逃离。《青少年哪吒》中拥有家的小康明明不需要去游牧，但是家的死气沉沉以及与父亲之间的重重隔阂令他不断地选择离家出走，父亲作为家庭的主体并未给予家庭成员情感庇护，从而导致了家庭成员产生出逃心理。《洞》在与世隔绝的孤岛公寓中形成，楼上与楼下的相邻关系在彼此窥视中，将他们生活中无父无母与内心绝望的存在状态不断撕裂开来，使得被禁闭的家成为无法正常生存的寓所，裂变为渴求逃离的遗弃之地。在《郊游》中，“后游牧”的身体游荡表现在无所归的家以及对公共领域转化为家的私有化行为中，举着买卖房屋牌的小康带着两个年幼的孩子以城市工地废墟破落的一角为家。这个家并不能满足生活所需，于是他们在夜幕降临时，将家应具有的吃穿住行功能逐渐迁移至公共领域的公共厕所、大型超市中，他们在厕所里洗漱，在超市通过免费试吃来填饱肚子。他们一家三口在偌大的城市里不断穿梭与寻找，却未寻到可以栖身满足生活所需的场所——家。

后游牧者往往成为他者空间的入侵者与传统社会秩序的破坏者。《爱情万岁》中没有获得许可就被进入的房间，被售卖的房屋对于售房者林小姐、摆地摊的老板小荣、卖骨灰盒的小康都没有被允许进入的权利，他们将公私领域的界限弄得完全模糊不清，在无家之家的空间中家的概念与意义完全崩离与瓦解。被禁止进入的固定的家，

是他人的家，却成为他们临时寄居的休息场所，而房屋的拥有者却在影像中隐身不见，他的缺席放纵了小康等闯入者肆无忌惮的身体行径。小康偷偷潜入他者家中进行着一系列的私人化行动：自杀、洗澡、偷窥、变装、性欲释放等，放肆地在被入侵的空间中进行自我想象与欲望实现。《郊游》中的小康在某天清晨窗外阳光的照拂下从空无一人的豪宅大白床中惺忪地醒来，这静寂的豪宅必然不是他可随意进入的场域，却无人驱赶，任由他酣睡。《青少年哪吒》则是将空间的入侵转变为对社会秩序规则的破坏，小康在尾随阿泽的过程中，将他的摩托车进行毁坏与损害。这些入侵者与破坏者的行为在电影中均没有获得惩戒后果，当身体以背离法理的姿态在城市空间中游荡时，一种极度的迷失焦虑感加剧了游荡者与城市的裂隙。

“后游牧”是后工业化时代的产物，它与城市之间的决绝意识不仅仅是身体逃离的行为，还有着身体对带着工业气息废墟的流连与回返。《郊游》是典型的墟形魅景，充斥着各种杂乱无章、破败、肮脏的废墟借景。“当代艺术中，‘废墟’时常与作品材质产生美学牵连，表现‘碎片’‘废弃’‘再利用’等概念。”[5]镜头定格于城区中各种工业废墟里的身影，其中的象征意味唯有时间与历史才能解释以及此种面貌缘何被赋予，恰如《小城之春》的历史叙事情境是建筑废墟的形式与内涵主宰。在城市的各种拆迁与重建中，身体在废墟空间的游牧体现了一种特殊的现代敏感性，“它们所传达的是常规时空结构破裂而产生的一种被悬置的、短暂的当下”[6]。废墟中的不同身体抵达与重逢，让“后游牧”的意义无限地被扩展与加重，当李康生与陈湘琪、陆奕静在两组近似的镜头中，随着碎石的重复声响，在黑暗中对废墟中巨型壁画久久凝视，直至泪流不止，这绝对性的废墟时间在此未知时空中完成了某种身体意义的造访。

二、身体的异质情感游戏——“后游牧”精神的漂浮与恋物

“后游牧”并非仅仅是一个身体移动的概念，更是一个精神的概念。他们在厌恶城市工业化的焦灼情绪中，沉浸于生活的偶然事件，并通过身体夸张的姿态、个性的生活方式来试图抵抗，从而赋予日常生活实践新的独特意义。德勒兹与加塔利在《资本主义与精神分裂：千高原》中认为游牧艺术是一种“根茎式”的思维，这种思维是对中心化、统一性等决定论思维的怀疑与拒斥，因此现代游牧经验是一种自由连接、异质性、多元体、含混的断裂感。这一论述将游牧与后现代都市的生活与精神交往形态真实地揭露了出来。“看起来，游牧科学更直接适合于思索内容自身和表达自身之间的连接——而这两项又具有各自的形式和物质。因此，对于游牧科学来说，物质决不是一种准备好了的(因而是同质性)的物质，而是本质上就带有特异性(这些特异性构成了一种内容的形式)。”[7]“根茎式”的自由连接与异质特征互文了后游牧精神状态中的漂浮与恋物。

蔡明亮有意识地在影片中加入大量的物像线索与画面隐喻，让观者在影片的叙事情境中去领会与探究其真正的意图所在。拉康认为能指意义在无穷的移动中不断衍化新的意义生成。蔡明亮的影像中“后游牧”的精神意义在看似狂乱的逻辑中有着双重的交织互涉：一是以身体表象为叙事，通过性话语的主题方式在城市的时空交织中，形

成互文意表的能指链条；二是突破时空与身体的界限位置，将性能指视角进行多样变形，从而提供新的能指与所指意义关联。由于性话语关涉着强烈的主客观伦理道德问题，所以“后游牧”在此有了从自我隔绝到异质性他者的漂浮意味。在《青少年哪吒》中阿泽因意气打碎了阿康父亲出租车的后视镜，当后视镜斑驳的碎片中折射出两人相互叠映的身影时，自我隔绝到趋于异化就从身体影像中重复上演，两人对情感与欲望的无休止纠葛与迷恋成为能指链条中最明显的情结。身体镜像的支离破碎，成为一个自我误认的时刻，“如果我们信从自身躯体的意象在幻觉和在梦境中表现的镜面形态的话，不管这是关系到自己的特征甚至缺陷或者客观反映也好，还是假若我们注意到镜子在替身再现中的作用的话也好，而在这样的重现中异质的心理现实就呈现了出来”[8]。这种拉康意味的主体“自我”异化，在《爱情万岁》的小康穿上女装进行性别表演时，进一步表现为对另一个自我的身份拉扯。如果说直白的性形式是单一能指的多角度漂浮，那么《郊游》则将“母亲”的能指在三个女性上不停流转。三个女人所扮演的身份是相同的，但是感受却极具差异性。三个女性的同一身份饰演在叙事上毫无逻辑且神秘感繁复，从而将所指意义的内在击碎并摧毁，最终导致母亲角色在能指链条中的意义渐化为聚合与飘散的游戏。

身体能指在游牧行为中的异质、散乱与随意，以疯狂与感性的方式去渴求对异质性情感的短暂获得。异质性还体现在情感对象由人转换为无生命的物体，小康在待售的屋里抱着西瓜忘情地狂吻，在床上抱着被涂画了女性脸面的高丽菜疯狂地啃噬。此类行为已突破日常生活和传统戏剧的设置，让生活物件作为介入物质转化为身体的情感化叙事，借由颠覆的、私密的行为表演令身体呈现出强烈的风格化，这是一种因恐惧与无能而引起的“恋物”意识在作祟。恋物在假象与错觉的虚伪社会中关涉着人的脆弱心理机制，并用信仰与悬置来替换现实的情感意识。“自我经常发现自己处于避挡令其感到压抑的外部世界的某个要求的情势之中，这是通过对感知的否认这一手段实现的，感知把这个现实的要求带到意识层面。”[9]这种对现实分离的试图尝试，是自我分裂情绪的酝酿与实践。实际上这种看似对异己的拟人事物迷恋，只是因为刚好吻合了某个恋物者内心熟悉且早已确立的事物，是长久的压抑无法宣泄才不得已借由物来呈现。

后游牧者将本私密化的性冲动与实践，变得怪异、透明与乏味，性在人类的进化意识中，要不就是在某个隐蔽角落的行为，要不就是在以家为中心的夫妻情感互动中，但传统的秘密式与家庭伦理式在蔡明亮的影像中都无一例外走向了解构，形成了传统的另一面——异质的性游牧，即性话语的四处飘荡与流窜。《青少年哪吒》中，阿泽与阿桂的浪荡生活开启于阿桂与阿泽哥哥一夜情后，《爱情万岁》在同性与异性的性形式纠葛中，演绎为两男一女在一个房间的情欲躲藏游戏。《爱情万岁》与《河流》在性形式的狂暴与震颤中，照亮了性的深渊，将身体的人性部分逐渐掠去。游牧化的情欲游戏是蔡明亮最为频繁书写的身体状态，情欲的行为纾解更是在《河流》中以惊世骇俗的形式达到了一个异质的沸点。在李康生与陈昭荣扮演的角色影像中，他们互为彼此的“异质”成为一种典型的经典意象，脸庞与身体的不同是能指的异质，而精神上的异质是两个身体在无法完形中互为补缺。他们以主动或被动的方式成为彼此身体与精神的介入者、侵占者。身体的纯粹与意义本应是经由历史与社会的因素而不断演变生成的，但在“后游牧”的身体交往中，身体意义渐化为工业科技持续压迫下的挣扎与沦没，并将性实践变为了庸碌的行动。

三、身体虚无处境的暂时性——“后游牧”的逆完形归结

“后游牧”的身体行为与精神游戏重置了身体处境空间，这种处境是身体与世界维度同构共存的处境，是自觉能力感知的身体意识。传统的游牧生活通过辗转的形式协调，获得了自我的取向满足。但在后现代气息的城市中，游牧民早已丧失了自我给予的意义，他们虽然在表面上拥有了所谓的生存区域空间抵达，但是他们成了解域者。解域是对自身所处的原有界限空间的思维突破与想象，“唯有与众不同的思维才能创造我们自身，不再接受业已创立的、公认的价值或者设想。我们摧毁常识以便自身的生成”[10]。随着电影身体在“后游牧”行为与精神游戏的各种图解中，解域逐渐发生，身体的变换方式以及对所处空间的扭转、断裂，都形成了一种新的思维显现，而这种解域却成了短暂虚无的注脚，“他们只不过在用外来的，由陌生人引发的构想来填补这种空虚，这只是在表面消除了它”[11]。同时，这一身体的虚无处境也揭示了格式塔意识上的逆向理解，即部分的、少数人的形状与性质是对社会整体真实气氛的表达，且在完形趋向的心理意识中不断抽离渐远。

《爱情万岁》以一套没有家的气息的待售房屋和荒凉泥泞的公园为场景，将游荡在房间中三人的空虚与寂寥凸显得荒诞却真实。《河流》中开篇的一幕，许鞍华以导演的身份对正在拍摄的浮尸场景进行场面调度，因假塑料人形模特在肮脏河流中不够真实，而寻求到小康来扮演浮尸，并获得了逼真的影像效果。而吊诡的是，从脏河中死而复生，回归现实生活后的小康却病了，歪脖子病带来的身体扭曲感让小康恍惚附着上了一种人体模特似的僵硬、机械与滑稽感。身体在真实与模型的双重状态中虚幻交织，小康病态的身体扰乱了他日常生活中的所有秩序，他搭乘不同的交通工具去到各种场所寻求解药，可游牧状态的结果却并未获得身体痊愈的满足，最终匮缺的身体成为小康日常生活状态别扭的呈现。这种病态的身体经验扭转了身体的人性，继而在行为上出现了“三温暖”里难以启齿的身体宣泄，随着父亲的离世，最终都成了虚无的身体演绎。歪脖子的病态到《洞》里则成了极致的身体扭曲变异，林美美被“蟑螂化”的病症感染，半人半蟑螂似的如怪物状，在地上匍匐爬行，透过电视新闻声音中传递出来的讯息，暗示了城市中怪病对人身体的恐怖入侵以及人在失常的社会处境中挣扎求生的可怕状态。这些影像里处境荒谬的人确实印证着台湾空虚的生活脸谱，“90年代台湾荒谬得让人哭笑不得的虚空生活世界”[12]。

身体与生活世界的行为关联，令不可见的事物成为另一种在场的显现，特殊的身体体验使得异质的、陌生的感觉以曲折隐晦式而进行寄寓。“身体图式不再是在体验过程中建立的联合的单纯结果，而是感觉间的世界中对我的身体姿态的整体觉悟，是格式塔心理学意义上的一种‘完形’。”[13]心理上逆完形指示着空间身体的不确定性，

《青少年哪吒》中小康在无休止的交友热线电话铃声中起身离开，镜头倏地变为霓虹灯闪烁的台北街道；《爱情万岁》中女主林小姐穿过正在修建的城市公园，在冷清的公园长凳上难以抑制地啜泣；《河流》中小康在昏暗的旅馆房间中推开一侧的门，门外是不断在兴建的高楼；《郊游》中小康与第三个妻子在废墟的壁画前久久不语，最后无语地拥抱。三部影片中的结尾场景，以一种等待的方式走向开放的界域，“它体现出了一种同时指向断裂与重新展开、过渡与悬宕、抽象与非真实的特殊时刻，也就是超越叙事功能与结构，生成出悬疑时刻的停顿、无目的的日常事件以及极富悬念和空白无意义状态的影像能量——感性时刻的影像性”[14]。未完成式的结尾表明在城市的愈加资本化下，生命愈显颓废不堪的现实命题将人境况中的无所适从进行了极致演示。

“后游牧”的虚无体验抵达同时也象征着语言的沉默与死亡。蔡明亮的电影以大量的无声段落来呈现语言的沉默，并通过语言失效揭示了城市社会中语言本质意义渐趋消亡的生存困境。语言死亡表征着语言作为台词的出现却不是为驱散孤独的交往而服务的，而是作为功能性的生存工具被机械地运用。《爱情万岁》的林小姐在大段的台词表述中，不是为了情感的交流，更不是为了自我内心孤寂的释放，而是为了卖房工作的需求而已。《郊游》同样将语言失效进行到底，在陈康生举牌、吃饭、啃高丽菜、凝视画作等一系列中，完成了对语言的彻底逃离。“后游牧”所裹挟的后现代气质，表明语言意义的消减，“当语言从道德生活和感情生活的根部斩断，当语言随着陈词滥调、未经省察的定义和残余的语词而僵化……这个共同体的语言已经陷于危机”[15]。语言生命力的不断下降，是城市的工业化节奏令人产生的无力感，语言被囚禁在工具的生活空间中，将游牧者们分隔为各自的沉默孤岛。这种对语言传统中心坚固地位的摧毁，将绝对的孤独为语言的缺席开辟了空间。同时，语言的不在场，令人与其他生物之间界限感趋于模糊，亦是人性化力量的危机出现。

之所以将它归结为是短暂的时态，是因为蔡明亮电影中“后游牧”并未最终走向彻底的四处流浪、谎言与谵妄。解域作为一种对生命自由解放的力量，积极意义在于消弭生命本质的幻觉，但是过度的解域或绝对的解域，将导致生命在游牧的过程中产生激烈的再结域，从而使得生命成为漂浮黑洞中不可救赎的俘虏。所以，蔡明亮并未将身体游牧的虚无状态归为人的终极状态，而是在影片的结局处给予了身体的留白，并将孤独作为“后游牧”驱使的明指，而这也为“后游牧”者们如何去重建与维持后现代空间给予了一种冥冥中的神圣指引，也为未来时空中走出暂时的虚无处境提供了明确的可能性。

四、孤独作为对“后游牧”原罪的质询

“人失去了一切的支撑点，一切理性的知识和信仰都崩溃了，所熟悉的亲近之物也移向缥缈的远方；留下的只是绝对的孤独之中的自我。”[16]齐美尔在《大都市与精神生活》中指明理性主义成为二十世纪以来人们防卫自我的重要工具。蔡明亮城市电影中“后游牧”的形成是将孤独标识为明显的答案注解，对台北的失望是孤独感的最直接来源，台北在城市化的特殊时期中，带来了物质丰富与感官刺激的现代生活形式，但

在与他人的交往中，却是功能主义的，浅尝辄止的、肤浅而短暂的，随着阶层的差异剧化、个性被无情地吞噬，共同情感的匮乏，病态与荒诞都在城市中上演，如《爱情万岁》却浑然不见爱情，只有三个与城市世界形成孤绝处境的游民。蔡明亮的城市电影将孤独作为“后游牧”主题的持续呈现，表明孤独与“后游牧”的生成不是单一的真实与因果关系。孤独的出现是诸多不同社会因素构成的相互关系生成的，块茎思维将事物的生成指涉为多元的根茎状态，换言之，孤独不是单独的存在，是多元事物的生成。但不同于块茎的思维对根意识的拒绝，独特的中国社会文化语境将寻根的情怀在“后游牧”孤独意识的泛滥中有了积极意义的追寻。

孤独产生的条件是导演无法自拔的乡愁情绪，《河流》中父母语言的对比，父亲带着大陆乡音的普通话，母亲地道的闽南语，不同地域的家庭组合，是传统父系意识的寻根，与父亲的疏远、母亲的溺爱成为小康叛逆的合理缘由。《郊游》中父亲的不变与母亲角色的模糊，成为蔡明亮影像中台湾家庭形态的社会性现象，这其中的伦常情感被撕裂成各种碎片。当小康在台风暴雨中，一边努力维持着自己摇晃不稳的身体，一边噙着眼泪以决绝的状态将《满江红》从念到唱，似乎要将诗词中的激烈悲愤倾泻而出。这一影像是超越诗词的意义表态，将因山河破碎、民生未安的萧索景象而怒发冲冠的激慨心境转化为与电影所属时代的精神与风俗，这是对彼时社会的不安与愤懑。而对烧毁房屋历史滞留感的拖延，更是将对过去之物不可抑制的缅怀抽取了出来，通过遥远时空的事物触发怀旧情感，这种怀旧的姿态是乡愁无法逝去、被取代的外在化身。

影片将后工业化的台北城市以一种无地基的浮动状态拖拽出久久的焦躁不安情绪。“不安是无根由的，但同时它又具有严密的整体性。因为在这里受到威胁的不是人的方面或对世界的一定关系，而是人的整个存在连同他对世界的全部关系都从根本上成为可能的了。”[17]这意味着当生命意识的自我出现时，生命作为主体性与现实性存在状态时，孤独的体验感就随之而来。《爱情万岁》中的对都市资本社会的孤独写生，与近20年后《郊游》中铺天盖地的房地产广告、工业废墟的人为景观形成了跨越时空的互文。水是蔡明亮的电影中一个反复而被强化的意象，水以液体的流动在弥合不同边界的同时，不仅隐喻了城市病毒在歪脖子与蟑螂病中的传染，还将水泛滥下人与城市如随波逐流的无望感涌出。“水的作用在定义这几部影片的都市场景(亦即台北)之余，更构成了另一种特性的空间所在：此乃一种能松动上述那类特定的空间型态的另类所在。”[18]被水淹没的城市空间一角使得带来了一种未知的时空悬浮体验，这种悬浮感所带来的“后游牧”感受是确定空间的失去，是对台北作为存在空间的不可言语的否定，是后现代游牧经验中对不确定与彷徨意识的表露。

真正的牧游者是那些拒绝从一种不变的身份变成另一种不变的身份的人，因为身体的移动并非就意味着决绝于所依附的场域。例如身体对废墟景观的专注凝视，“自主景观所对抗的社会实践，同时也是包含了景观在内的现实总体”[19]。废墟作为真实景观的存在，是城市社会中本质的彼此异化，是城市文化另一种“精髓”的表现。工业化虽然让城市罩上了一层神秘的面纱装饰出了迷人的色彩，但是在身体抵达废墟的游牧中，城市图景被遮掩的真实与可怕从悬置变为了可见的此在。蔡明亮似乎也从来没有打算略过废墟影像的问题，他在“未来过去时”的视角里将作品中的记忆去观照于当下，在《郊游》将被烧毁的满是泪痕的旧屋这一废墟景观，应用为现代家庭的情境布置——崭新的现代家具、其乐融融的家庭生活，这种极不相称的错位，是身体无法彻底在当下感同身受的表现，是对所在病态城市空间的一种警醒与试图疗愈。

蔡明亮电影的“后游牧”状态虽然与德勒兹、加塔利的“后游牧”试验有着极其惊人的相似，但同时又有自我经验加持的超越，即对静止事物状态的迷恋与重释。李康生的沉默、木讷与寡言，再加之缓慢的身体行走状态、慢动作的姿势，区别于热闹、喧嚣的城市闹景。长镜头的静止美学更是成为蔡明亮诠释身体“后游牧”的状态的常用技法，无论是林小姐在公园中长久地哭泣，还是李康生与第三任妻子在废墟景观前的漫长凝视，都是昭示一种时间与空间感的不确定性。对静止情状的沉浸在尊重时空的真实上也体现了一种对时间的绵延意识，“绵延是过去的进续进展，它逐步地吞噬着未来，而当它前进时，其自身也在膨胀。过去在不断地成长，因此其持续的时间也是没有限制的”[20]。绵延的时间里牵扯与携带着过去，并且影响着未来。绵延时间观在过去、现在、未来中被图解式地消解在《你那边几点》中的“7 小时”，但实质蕴含的是对过去家园的缅怀以及对未来难以握住的无力感，而这些最终都渗透进无尽的寻根愁绪。

电影对城市身体的“后游牧”关注是源自生命观照的驱动力，是对现代都市生活本质的深刻洞悉，是在为被围困、被囚牢的城市身体寻求新的生命契机。以后现代城市作为空间镜像的身体游牧实践，是试图将逐渐逃逸的生命质感引入真实的确定感之中。以孤独作为后现代身体游牧的原罪质询，可以发现它并非一种西方式游牧革命的激进体验，因为在德勒兹的游牧政治革命中，无休止的游牧革命无法实现彻底的后现代社会意义性，甚至还有可能将后现代身体主体引入四处流浪、癫狂的虚无境遇。而与此不同的是，蔡明亮的“后游牧”境遇里始终有着中国文化历史语境中的情感基因携带，即乡愁归宿的保留，这也最终避免了城市身体走向不可救赎的碎片与虚无。

注释：

[1] [法]德勒兹、加塔利：《资本主义与精神分析(卷 2)：千高原》，姜宇辉译，上海：上海书店出版社，2011 年，第 549 页。

[2] 赵一凡、张中载、李德恩：《西方文论关键词》第一卷，北京：外语教学与研究出版社，2017 年，第 785 页。

[3] 汪民安：《身体、空间与后现代性》，南京：江苏人民出版社，2015 年，第 43 页。

[4] 陈永国：《游牧思想：吉尔·德勒兹　费利克斯·瓜塔里读本》，长春：吉林人民出版社，2011 年，第 274 页。

[5] 李奇：《“废墟”与“影像”的“相遇”——“二战”后欧洲电影中破败景象的思考》，《当代电影》2022 年第 2 期，第 111～117 页。

[6] [美]巫鸿：《废墟的故事：中国美术和视觉文化中的“在场”与“缺席”》，肖铁译，上海：上海人民出版社，2012 年，第 224 页。

[7] [法]德勒兹、加塔利:《资本主义与精神分析(卷2):千高原》,姜宇辉译,上海:上海书店出版社,2011年,第530页。

[8] [法]雅克・拉康:《拉康选集》,褚孝泉译,上海:华东师范大学出版社,2019年,第85页。

[9] [英]劳拉・穆尔维:《恋物与好奇》,钟仁译,上海:上海人民出版社:2007年,第19页。

[10] 张能:《创造与生产——论德勒兹思想中的解辖域化思维》,《中南大学学报》(社会科学版)2018年第3期,第23～29页。

[11] [德]瓦尔特・本雅明:《波德莱尔:发达资本主义时代的抒情诗人》,王涌译,南京:译林出版社,2014年,第56页。

[12] 陈飞宝:《台湾电影史话》,北京:中国电影出版社,2008年,第492页。

[13] [法]莫里斯・梅洛－庞蒂:《知觉现象学》,姜志辉译,北京:商务印书馆,2005年,第137页。

[14] [马]孙松荣:《蔡明亮:从电影到当代艺术》,北京:金城出版社,2013年,第62页。

[15] [美]乔治・斯坦纳:《语言与沉默》,李小均译,上海:上海人民出版社,2013年,第34页。

[16] [德]施太格缪勒:《当代哲学主流》,王炳文、王路、燕宏远,等译,北京:商务印书馆,1986年,第183页。

[17] [德]施太格缪勒:《当代哲学主流》,王炳文、王路、燕宏远,等译,北京:商务印书馆,1986年,第182页。

[18] 孙松荣、曾炫淳:《蔡明亮的十三张脸》,蔡文晟译,台北:交通大学出版社,2021年,第27页。

[19] [法]居伊・德波:《景观社会》,王昭风译,南京:南京大学出版社,2006年,第4页。

[20] [法]亨利・柏格森:《创造进化论》,肖聿译,北京:华夏出版社,2003年,第11页。

学术史视野中的影刊研究

李燕群

（黄冈师范学院传媒与影视学院，湖北黄冈，438000）

内容摘要：影刊是电影研究的三个具体范围和对象——电影史、电影理论、电影批评的集散地，对影刊的研究是电影学术史研究中不可忽视的要素。我国的影刊研究大致经历了四个阶段，早期研究中影刊仅作为史料来源，新中国成立后十七年及“文革”十年的影刊研究以政治性评价为标准，改革开放至世纪末的影刊研究渐成电影史研究重要领域，新世纪的影刊研究则在现代电影理论和新电影史学的影响下研究领域渐深渐广，研究对象、主题、视角和方法等渐趋多元。本文通过对影刊研究的历时性梳理，丰富我国电影学术史的研究，并探索我国影刊研究的未来。

关键词：影刊研究；学术史；重写电影史；影刊发展史

一、研究缘起：影刊研究作为电影学术史研究一翼

20世纪60年代，电影研究逐步确立自身的学术研究身份，走向宏大理论的建构。然而，兴起于20世纪中期美国和法国的后现代主义思潮，在后工业消费社会和现代传媒所引发的大众文化泛滥的背景下，于20世纪80年代成为普遍的文化态势，其对宏大理论的解构引发了史学研究领域的重大理论转型——由分析的历史哲学转向了叙事主义的历史哲学，由此成为电影研究史学转向的直接推动力和最终方向：史学领域的叙事转向“对文本的关注一方面引发了史学领域对学术史的思考，使得学术史研究作为一个特定的视角从史学研究领域中凸显出来；另一方面则促使史家在研究过程中从文本出发，走向了跨学科的求索”[1]。受后现代主义思潮影响的历史研究为学术史研究提供了新的思路和视角，如美国著名历史学家杜赞奇的“复线的历史”观（“一种试图把握过去的散失，又把握其传播的历史”观）[2]，试图改变单一的线性民族历史建构话语，尝试还原隐藏于线性历史话语之下的历史真相。多元的历史研究视角拓宽了学术史研究路径，而在这一影响下电影研究的史学转向使重写电影史成为电影研究思维拓展的必然趋势。

20世纪90年代初，我国“学术史”研究逐渐繁荣。“学术史就是学术对自身的发展历程进行反思、分析和研究，从而寻找出学术发展的规律性的东西来。”[3]电影学术史研究就是对电影研究发展历程的反思、分析，它包括了对电影研究的三个具体范围

和对象——电影史、电影理论和电影批评的研究历史、研究方法、历史观念、发展转向等的研究。而影刊正是电影史、电影理论、电影批评的集散地，影刊研究因此成为“重写电影史”的必要环节和电影学术史研究尤其是电影史研究中不可忽视的重要部分。

本文所论“影刊”即电影期刊，既指单独发行的电影期刊，包括以登载电影评论等电影研究为主的专业影刊，如《电影艺术》《世界电影》《当代电影》《抗战电影》等；以登载影片消息、明星新闻为主的娱乐性影刊，如《艺星》《大众电影》等，以及两者兼具的电影特刊、附属性影刊或其他影刊(电影特刊和附属性影刊一般指早期影刊中的两种类型，前者指不定期根据重要的影坛事件发行的专辑，如《新新特刊》《神州特刊》等；后者则是电影公司发行的主要功能为宣传自己的影刊，如《电通半月画报》《南海银星》等；其他兼具电影专业评论和娱乐消息的影刊，如《看电影》《青青电影》等)，也指报纸电影副刊，如《时报》的《电影时报》等。

影刊作为电影学术发展历程中的重要媒介，从1921年2月创刊的石刻版《影戏杂志》发展至今，已有近百年历史，经历了以下发展过程：从早期发展中作为电影的衍生品或附属品，见证和记录了我国电影业的发展足迹(包括电影宣传海报、电影人活动轨迹、电影创作相关信息等)、电影理论及批评的成长等电影文化信息，是电影史、电影理论和电影批评等电影研究的重要史料来源和载体，到逐渐被电影学术史纳入研究范围，拥有自己的独立地位，成为电影学术研究的重要阵地和学术史发展中的重要一翼。

对影刊的研究几乎与电影研究同步，从程树仁的《中华影业年鉴》(1927)、徐耻痕《中华影戏大观》(1927)、谷剑尘的《中国电影发达史》(1934)、郑君里的《现代中国电影史略》(1936)到程季华的《中国电影发展史》(1963)、郦苏元和胡菊彬的《中国无声电影史》(1996)、钟大丰和舒晓鸣的《中国电影史》(2014)及丁亚平的《中国电影通史》两卷本(2016)等等，这些电影史著述都将影刊尤其是早期影刊作为电影史研究的重要资料宝库。而真正将影刊作为具体研究对象和主体，并将其作为电影史(包括电影学术史)研究的重要一翼，已到了21世纪初期。这一趋势是电影学术研究史学转向的体现。总体而言，对影刊的研究刚刚起步，许多研究领域涉足不深或仍然空白，学术梳理相对零散而不够系统，尚有广阔的研究空间。

基于此，本文试图在学术史发展背景下简要勾勒我国影刊研究史，为影刊发展史的系统性研究进行前期的学术梳理，从而丰富我国电影史的研究。

二、20世纪影刊研究：从以影刊为史料到以影刊为主体的研究

目前所知最早的专业影刊是1921年2月创刊的石刻版《影戏杂志》，而同年4月由陆洁、顾肯夫主编的铅印版《影戏杂志》则影响更大，因此常被视为我国影刊的肇始。20世纪的影刊研究大致经历了以下三个阶段：

(一) 1921年—1948年：影刊作为史料来源

影刊始创至建国伊始是影刊研究的第一阶段。本阶段对影刊的研究滞后于影刊的发行与繁荣，且较为少见。主要表现在两个方面：一方面是作为电影史著述的重要史料，如程树仁编纂的我国第一部电影史著作《民国十六年中华影业年鉴》(1927)，在第

41 条目“影业出版物”中收录了影刊简要信息，并将之分为年鉴、月报、半月刊、周报、三日刊、专刊等类别；郑君里的《现代中国电影史略》(1936)，则利用现代影刊的大量资料对我国早期电影的发展进行评析。另一方面，对影刊的直接评论或分类、历史、功能等简略研究，数量不多且散落于各大报刊，以 30 年代之后居多。如有研究者认为：

> 电影刊物与国产影商，辅导而行，看似各个独立，岂知很收合作之效，吾国电影事业，比较欧美苏日，虽属落后；但论过去蓬勃现象，目下若干收获，各公司当局的努力奋战，应居首功，各刊物的悉心介绍，竭力宣扬，公正批评……从旁策进，不无微劳足录呢？[4]

该文发表于 1939 年，在上海孤岛时期大胆发声，且该文总结了影刊历史及其为国产电影发展所起的积极作用，从影刊于时代与社会之功能的角度论述，可谓深悟时代精神的精髓。

可见，早期的影刊研究较少，且囿于时代局限和发展浅近，研究者只做简要的事实性叙述或者粗浅的评论，但对影刊价值的认识渐深，有意识地进行归纳总结，并已开始将其作为电影史研究的重要史料来源。同时，近代中国内忧外患的社会现状，及受 30 年代左翼文化思潮影响，使得影刊研究从一开始便较重视其社会功能，这是第一阶段影刊研究的主要特点。

（二）1949 年—1978 年：政治性为主要评价标准

1949 年至 1978 年，国家百废待兴，文艺阵地也不例外。我国电影事业有了长足发展，第三、四代导演相继创作出一批优秀的电影作品。同时，随着《大众电影》(1950)、《电影艺术》(1956)、《上影画报》(1957)、《上海电影》(1960)等通俗类影刊和学术类影刊相继创刊，影刊研究也有了进一步发展。由于时代特征，这一阶段，除了将影刊作为电影史研究的重要史料来源外，对影刊的研究主要以政治性评价为标准，研究对象、领域和视角受到一定的局限。

1963 年出版的《中国电影发展史》是其中的典型代表。作为第一部新中国电影史著作，不可避免地打上了强烈的时代烙印，坚持毛泽东提出的“以政治标准放在第一位，以艺术标准放在第二位”[5]，“在评价艺术作品时必须坚持阶级斗争的观点和阶级分析的方法”[6]。根据中国电影历史发展特点和中国(新文化)革命的发展情况，将我国电影史分为四个时期，并对新中国成立前三个时期进行了编年史的详细介绍，未涉及新中国成立后电影史。《中国电影发展史》基本奠定了此后中国电影史的史学范式和结构框架：以革命历史编年为纲，以电影思潮或电影事件、电影类型、导演及其代表作、电影公司等为纬，以政治性为主要价值评判标准和阐释原则也深刻地影响了其后中国电影史研究。该书中所涉多为进步影刊，影刊主要作为史料来源出现在注释中，或作为论据出现在电影理论发展的介绍中，并未成为其研究主体。还有少量回忆性文章，涉及影刊时多为引用，研究对象也并非影刊。如蔡楚生曾忆及上海影坛的《新女性》事件，评述当时黄色报刊记者“因他们丑恶的面目被《新女性》一作在银幕上揭露出来了，就倾其全力，肆意造谣诬蔑，恶毒攻击《新女性》的编导和主要演员”[7]。鲁思在《影评忆旧》中记录了 1930 年代的重要电影评论报刊，如姚苏凤主编的《晨报》副刊《每日电影》、鲁思主编的《民报》副刊《影谭》等[8]。这些零星的回忆性文章尚难以称得上真正意义上的影刊研究，且所涉影刊也多为左翼或进步影刊，为影刊研究提供了宝贵史料。

由于新中国成立后“十七年”及“文革”等时代、政治和历史因素，本阶段的影刊研究延续了早期将影刊作为史料的价值。同时，因其对“革命性”“无产阶级意识形态”的强调，影刊的选择以政治性评价为基本标准，对“非进步”或非“左翼”的影刊几乎很少涉及。因此，本阶段的影刊研究具有鲜明的政治性特色，尚未出现真正意义上以影刊为主体的研究。

（三）1979 年—1999 年：以影刊为主体的研究趋势

1979 年 10 月，邓小平在第四次中华全国文学艺术工作者代表大会上发表重要讲话，要求继续坚持“百花齐放”“推陈出新”等方针。第五代导演崛起，电影教育和电影研究机构也有较大发展……各方力量推动了我国电影创作及研究的繁荣。其中与论题关联最紧密的是学术影刊的复刊和创刊，如《电影艺术》于 1979 年复刊，《当代电影》于 1984 年创刊，《北京电影学院学报》于 1985 年创刊……不仅意味着电影学术研究的繁荣，还表现出学界强烈介入电影实践和理论研究的热情。同时，20 世纪 80 年代后期，新电影史学被引入中国，英国学者托马斯·艾尔萨埃瑟的《新电影史》一文被 1988 年第 2 期的《当代电影》杂志转载，文中介绍了《电影史：理论与实践》等 4 部新电影史著作。新电影史学的整体史观对我国电影史的叙述、研究方法等产生了极大影响，拓展了我国电影史的研究思路和领域，影刊研究也开始成为电影史研究的重要领域之一。

本阶段影刊研究者的主体性渐显，以影刊为主体的研究逐渐增多。主要体现为以下两方面：一方面，影刊研究随着电影史著作的丰富而逐渐拓展深入。新电影史学给研究者带来的创新思维在电影史研究中渐深渐广，电影史的研究不再局限于此前的电影政治史，断代史、综合史、专题史逐渐进入研究者的视野。影刊研究在电影史研究中开始占有一席之地。如郦苏元、胡菊彬著《中国无声电影史》，在介绍我国早期电影理论及思潮的发展时，对影刊的发展多有论及。值得注意的还有海外学者对我国早期影刊的关注，如李欧梵在《上海摩登——一种新都市文化在中国(1930—1945)》一书中对“电影杂志和电影指南”进行了专门论述[9]，体现了海外学者将我国影刊作为主体进行研究的学术自觉。另一方面，随着《电影艺术》《当代电影》等学术影刊的发展，影刊研究论文也初露头角。如以《影戏生活》杂志在九一八事变后收到的六百多封观众来信作为论据，论证中国电影的“转变年”(1932 年)[10]。王素萍的《从电影期刊演变中探讨四十年代电影》是较早真正以影刊为研究对象的论文，通过对 20 世纪 40 年代影刊的分析，该文较为全面地介绍了孤岛时期上海电影、国统区电影、新闻片与纪录片的贡献及抗战胜利后进步电影的大丰收，并探讨了电影发展与影刊变化的密切关系，还通过对影刊变化的分析对当时电影界的变化趋势进行总结[11]。

20 世纪末，我国电影创作日渐繁荣，电影研究的史学转向，以及新电影史学和影刊自身的发展，使影刊逐渐进入了电影史研究视野。本阶段影刊研究在电影史研究中的比重得以提高，逐渐摆脱前两个阶段仅将其作为史料来源的状况，出现了影刊中的电影理论和思潮、影刊中影人尤其是重要导演和编剧的生活史和电影观念、影刊变化与电影发展等以影刊为主体的具体研究对象，论及电影创作时影刊也开始被视为重要研究要素。可见，本阶段影刊研究的主体性地位日益明显，推动了影刊研究的长足发展。

三、新世纪影刊研究：多元化“在场”与“重写电影史”

新世纪以来的中国电影呈现出更为复杂多元的发展态势。同时，电影研究也随着新的现代电影理论与新电影史学的发展而发生了巨大变化。2005 年 6 月召开的全球化语境中的中国电影与亚洲电影暨中国电影百年纪念国际学术研讨会上，郦苏元、陈犀禾、李道新等学者各自从自己的视角出发提出了“重写电影史”的口号，随后在新世纪掀起了“重写电影史”的热潮。这股热潮推动了我国电影史研究的学术话语建构，使其努力走向话语自洽，并于 21 世纪初形成电影史研究成果的井喷，电影史著作与论文频出。与此同时，影刊研究逐渐深入。具体来说，主要表现在以下两个方面：

(一) 史学研究为主，发展多样化

受新电影史学的影响，影刊的史学研究仍是主流。与前几阶段相比，本阶段的影刊史学研究可谓“百花齐放”“百家争鸣”。

一方面，各类影刊成为研究对象和主体。真正将报刊与我国电影史研究紧密关联的是李道新教授，他的《民国报纸与中国早期电影的历史叙述》(2005)一文，鲜明提出民国报纸是“重写中国早期电影史的重要依据”，呼吁研究者“重返现场”“重写中国电影史”[12]。随着上海图书馆编写的工具书《中国现代电影期刊全目书志》(2009)的出版，以及国家图书馆、各地图书馆和各高校图书馆收藏的数字版早期影刊的渐趋完善和上架，再加上部分早期影刊影印本的出版，影刊研究资料更易获取，影刊研究进入各学科研究视域。学术影刊《当代电影》甚至于新世纪初专辟“重写电影史”“经典重读”等专栏，以新史学观念展开了中国电影史研究。新世纪以来的影刊研究进入了快速发展期，影刊研究在电影史著作中终于占有一席之地。如《上海电影 100 年》《中国电影历史图志(1896—2015)》都单辟篇目论及影刊，前者简要介绍了 1921—1949 年间主要的电影期刊和报纸电影副刊，后者则在其理论框架内专论部分早期影刊如《电影月报》《电声》和新中国成立后的影刊如《大众电影》《人民电影》，以史带论，影刊被置于开放的电影史体系中综合思辨，见微知著地呈现复杂的历史时空。丁珊珊的《中国电影刊物史稿：1921—1949》(中国电影出版社 2017 年版)是迄今唯一一部系统地评述我国早期影刊的著作，对“同人电影刊物”“电影特刊”“附属性电影刊物”“公共性电影刊物”等进行了历时性考察，其对史料的梳理较严谨，具有青年学者的敏锐度，学理性地宏观把握不同时期的影刊类型及其特征，微观观照典型影刊个案，是影刊研究的重要成果。当然，由于该书理论框架的局限，以及对重要影刊的主观判断及筛选，早期影刊的详细评析仍然有限，作为影刊的断代史研究，新中国成立后的影刊并未进入其研究视野。影刊研究真正遍地开花，主要在学术期刊的论文和相关专业的硕、博士论文中，早期影刊如《影戏杂志》《电声》《电通半月画报》《电影杂志》《明星半月刊》《现代电

影》等成为具体的研究对象，新中国成立后创办的影刊如《大众电影》《电影艺术》《当代电影》也逐渐进入学者的研究视野，影刊作为研究对象的范围不断被拓宽，甚至抗战时期伪满洲国“满映”电影杂志也成为研究对象。可以说，我国影刊近百年的历史发展为影刊研究及电影史研究提供了极为丰富的素材，而真正意识到影刊可以作为具体研究对象却是20世纪末至21世纪初。面对几乎很少被挖掘的影刊资料宝库，研究者在新世纪初的主要工作是发现不同影刊对于重写我国电影史的重要价值，而不再只关注其幕后史料的单一功能。因此，本阶段的影刊研究为电影史研究提供了更为多样的视角。

另一方面，影刊史学研究的主题和角度渐趋多样。张伟的《都市·电影·传媒——民国电影笔记》一书，理论视角涉及电影史学、传播学等多学科，是一部史料翔实且研究深入的电影史研究著作，该书不仅有六篇专论影刊的论文，还详细列举了上海地区1949年前出版的电影杂志，其他论文也都以早期影刊为主要史料来源，还有八篇论文对早期影刊中刊载的国外电影及影人进行研究[13]。相关论文的研究主题和角度则更为多元：或从宏观上梳理了早期影刊的发展历史或1949年以来影刊的发展历程和特点，对某一类型影刊如电影特刊、附属性影刊的特性、演变轨迹等进行较为深入的研究，通过对影刊的研究探寻私营电影业的兴起和中国早期影刊的互动关系等；或从中观上对某一断代史如“光复”五年的影刊进行深入研究，对某一时期的电影运动如“国片复兴”与影刊的关系进行研究；还有从较为微观的角度对某一影刊进行专题研究。近几年来，对当代影刊的研究渐增，如对《大众电影》的审美范式、话语立场的研究，对学术影刊《电影艺术》的断代史研究，等等。可见，本阶段无论是从史学角度对影刊的宏观、中观研究还是微观研究，学者们评价标准和视角各异，研究主题多样化倾向愈益明显，体现了新电影史学的整体历史观念、多元开放共时的研究方法和对影刊史料的重新挖掘和阐释。

（二）相关研究渐增，研究领域渐深渐广

本阶段影刊研究还出现了众多硕博论文和期刊论文，其多元化体现在以下三个方面：

其一，影刊的电影理论与电影批评研究愈深。除了电影史著作中对影刊中电影理论与电影批评的研究外，本阶段还出现了不少直接以影刊为对象的电影理论与电影批评研究，从宏观角度对影刊之于电影理论和电影批评的重要价值或意义进行阐述；从微观角度考察某一影刊如《电影杂志》在影像语言、产业协助、文化批判等方面的成果；或以某一影刊为核心分析某一电影理论。可见，本阶段以影刊为核心的电影理论和电影批评的角度已逐渐丰富和多元，与其他学科和理论结合的态势也渐趋明显。

其二，与新闻编辑学、传播学、出版学、文学等多学科研究交叉融合。影刊面向受众，以传播和宣传电影作品和影人活动及思想、评价影片等为主要目标，因此，甫一出世，便与新闻编辑学、传播学、出版学、文学等其他学科有密切关系。多学科交融的论文多发表于学术期刊，对影刊的编辑思想如办刊理念、办刊特色，或对影刊的形态特色、专栏特色、封面特点、编辑传播、出版分期等进行研究；把影刊研究置于我国报刊发展史、新闻事业发展史中，如《中国期刊发展史》《中国近代小报史》《晚清、民国时期上海小报研究》《中国报刊图史》《近代上海小报与市民文化研究(1897—1937)》等。以上研究开始关注影刊作为期刊存在的本体价值，强调其社会政治功能之余，也开始注重其传播新闻信息的重要功能。应该说，这只是影刊本体研究及多学科交叉融合研究的开始。

其三，影刊的文化研究及其他研究渐增。影刊传播文化，自身也是文化传播的一部分。随着90年代以来西方文化研究学派对社会科学各领域的深入影响，以及现代电影理论研究对象趋向电影文化、观众心理等，影刊的文化研究也成为新世纪影刊研究的一大趋势。一方面，由于影刊与电影这一兼具艺术性、娱乐性和商业性的特殊艺术门类的紧密关联，影刊的文化研究主要集中于大众文化、娱乐文化、消费文化、都市文化、视觉文化、地域文化等方面；另一方面，因为"文化"内涵的广泛，电影史著述多从大文化角度入手，主要将影刊作为研究资料来源，如丁亚平的《电影的踪迹：中国电影文化史评》和李道新的《中国电影文化史(1905—2004)》等，而以大众文化、消费文化、视觉文化等角度入手、以影刊为主体的研究，则多散见于单篇论文。本世纪以来，影刊的文化研究已成为影刊研究的重要领域，是对新电影史学研究的呼应，也体现了影刊研究领域和视角的不断拓展。

可见，新世纪的影刊研究以史学研究为主，电影理论和电影批评研究渐丰，体现出学科交融、研究角度与方法各异的特色，相关电影史学著作颇多，学术论文激增，已呈现"百花齐放""百家争鸣"之态势。21世纪初掀起的影刊研究高潮，是"新电影史学"影响的"重写电影史"热潮之下学术研究范式变迁的产物，也是我国电影主体性重建的重要体现。而电影学与其他学科如历史学、新闻学、传播学、出版学、文学等的交叉互动，还有我国国际地位的提升，以及随之而来的文化自信、电影作为文化输出及跨文化传播重要媒介等理念的提出，让我国电影史研究进入了前所未有的繁荣阶段。影刊研究也随之真正进入了多样性和多元化阶段，彰显其"多元化"在场。当然，影刊研究的领域、视角和方法仍有待拓展，在理论研究的系统性、自洽性上还有待挖掘和深入。

结语：影刊研究的未来

综上，影刊研究经历了作为史料来源—以政治性为主要评价标准—主体性渐显—多元化"在场"的阶段性变化，日益多元的研究方法、视角和渐趋多样的研究主题和领域，使影刊研究在现代电影理论和新电影史学的推动下愈显繁荣。然而，梳理影刊研究史，不难发现，多元化、多样性研究繁荣的背后，单一的研究对象、零散的研究主题、局限的研究视角等问题同样存在。大多研究还停留在从某一理论框架或某一视角入手对某一影刊进行史料梳理的阶段，新中国成立后影刊的系统研究仍然欠缺，对中国影刊的研究几乎空白，也较少将影刊置于全球史视野进行跨国或跨地域互动关系的横向考察，由于电影研究的"史学转向"以及电影批评研究的式微，电影学术史视野下影刊研究中的电影理论和电影批评研究也显得分量不足。因此，当下看似热闹的影刊研究仍不免流于琐碎，其最大的问题便是对影刊发展史系统性研究不够深入。

梳理影刊研究历史，作为电影学术史的重要媒介和载体，影刊研究深受新电影史学的影响。新电影史学曾把“电影史看成一个开放系统的历史”，认为“‘解释’一桩电影史事件就意味着具体说明电影各方面(经济的、美学的、技术的和文化的)之间的关系以及电影与其它系统(政治、国家经济、其他大众传播媒介、其他艺术形式)之间的关系”[14]。电影史事件中的错综复杂性给电影史家的工作带来了巨大的挑战。影刊是大众传播媒介之一，其传播的信息既是新闻信息，也与电影艺术及技术相关，其存在还是当时社会、政治、经济、文化等的反映。因此，以影刊为主体研究我国电影发展史，以“复线的历史”观研究电影本体、电影理论和批评、电影导演和编剧、电影明星、电影经营、电影体制、电影公司等等，视我国电影发展史为多线并进、宏大民族国家与微观历史细节相结合、既有内在文化统一性和历史延续性又不乏差异性的历史场域，不失为一个重要的切入点和契机；与其他学科内容交叉融合，与多种研究方法包括数据统计分析等大数据时代的新方法相结合，也不失为拓展影刊研究及电影研究的新路径；全球史视野中的跨国或跨地域横向考察尤其是对中国影刊研究的宏观性、整体性考察，也是需要关注的研究方向；早期影刊的梳理和理论体系建构、新中国成立后的影刊史、作为学术史研究重要环节的学术影刊的研究等等，都将是影刊研究的多元视野。这些开放性研究路径是未来影刊研究的可能走向。

注释：

[1] 丁亚平：《中国电影史学》，北京：中国广播电视出版社，2018年，第106页。

[2] [美]杜赞奇：《从民族国家拯救历史：民族话语与中国现代史研究》，王宪明、高继美、李海燕，等译，南京：江苏人民出版社，2009年，第50页。

[3] 余三定：《当代学术史研究：新兴的学科》，《中山大学学报》(社会科学版)2011年第2期，第138页。

[4] 荻茜：《银幕外史·影刊沧桑录(下)》，《正报》1939年8月16日第1版。

[5] 程季华：《中国电影发展史》(第一卷)，第2版，北京：中国电影出版社，1980年，第12页。

[6] 毛泽东：《在延安文艺座谈会上的讲话》，《毛泽东选集》(第3卷)，第2版，北京：人民出版社，1991年，第869页。

[7] 蔡楚生：《三八节中忆“新女性”》，《电影艺术》1960年第3期，第77页。

[8] 鲁思：《影评忆旧》，《中国电影》1957年第11、12合集，第136～138页。

[9] [美]李欧梵：《上海摩登——一种新都市文化在中国(1930—1945)》，毛尖译，北京：北京大学出版社，2001年，第100～106页。

[10] 李亦中：《蔡楚生与抗战电影》，《上海交通大学学报》(社会科学版)1999年第1期，第123页。

[11] 王素萍：《从电影期刊演变中探讨四十年代电影》，《当代电影》1996年第2期，第35～40页。

[12] 李道新：《民国报纸与中国早期电影的历史叙述》，《当代电影》2005年第6期，第32页。

[13] 张伟：《都市·电影·传媒——民国电影笔记》，上海：同济大学出版社，2010年，第202～207页。

[14] [美]罗伯特·C.艾伦、[美]道格拉斯·戈梅里：《电影史：理论与实践》，李迅译，北京：中国电影出版社，1997年，第280页。

《华中学术》来稿注意事项

《华中学术》为华中师范大学文学院发表学术论文的园地以及开展学科建设和学术交流的平台，由文学研究所主持，欢迎学界同仁赐稿。有关事项说明如下：

一、所有来稿请遵守学术规范和学术道德，请勿一稿两投。因编辑人员全为兼职，人手有限，所有来稿均不退稿，请自留底稿。来稿若两个月内未接到用稿通知，可自行处理。

二、一般稿件篇幅以一万五千字以内为宜，特别约稿可在两万字左右。请将稿件直接发至本刊投稿邮箱：huazhongxueshu@163.com，不必再另寄纸质文本。如果有特殊字符（古文字、国际音标等），请同时附上 PDF 格式文件。

三、稿件首页包括题目、作者、作者单位、论文摘要、关键词；结尾处写明作者通讯处（包括邮编、作者地址、电话号码、电子邮箱等）。

四、来稿采用尾注，具体引文注释格式举例如下：

甲、中文非连续出版物

（一）普通图书

（1）专著

标注顺序：责任者/书名/出版地/出版者/出版年/页码（连续页码之间用波浪线连接）。注意：注释中的中文字体一般使用宋体，下同，例如：

[1] 张舜徽：《中国古代史籍校读法》，武汉：华中师范大学出版社，2004 年，第 52 页。

[2] 张三夕主编：《中国古典文献学》，武汉：华中师范大学出版社，2003 年，第 25～26 页。

外国人的中译本著作标注顺序：[国籍] /责任者/书名/译者/出版地/出版者/出版年/页码，例如：

[3] [德] 黑格尔：《逻辑学》上卷，杨一之译，北京：商务印书馆，1976 年，第 30～35 页。

[4] 参见 [德] 恩格斯：《自然辩证法》，北京：人民出版社，1971 年，第 21 页。

（2）专著中析出文献

标注顺序：析出责任者/析出文献题名（或篇名）/原文献责任者（与析出责任者同为一人的，可不写）/原文献题名/出版地/出版者/出版年/页码，例如：

[1] [荷] 杜威·佛克马：《走向新世界主义》，王宁、薛晓源编：《全球化与后殖民批评》，北京：中央编译出版社，1998 年，第 247～266 页。

[2] 范文澜：《论中国封建社会长期延续的原因》，《范文澜历史论文选集》，北京：中国社会科学出版社，1979 年，第 41 页。

［3］章太炎：《俱分进化论》，《章太炎全集》四，上海：上海人民出版社，1985年，第391页。

（二）古籍

（1）古代出版的古籍

一般应标注朝代名/责任者/书名/卷次/版本，或责任者/篇名/书名/卷次/版本，例如：

［1］（晋）慧远：《沙门不敬王者论》，《弘明集》卷五，碛砂藏本。

［2］（宋）杨时：《陆少卿墓志铭》，《龟山集》卷三十四，《四库全书》本。

［3］（宋）王应麟：《考史》，《困学纪闻》卷十一，清嘉庆十八年扫叶山房刊本。

（2）现代出版的标点本或校注本古籍

应标注责任者/篇名/书名/全集名/卷次/出版地/出版者/出版年/页码，例如：

［1］（清）钱大昕：《汉书王子侯误字》，《十驾斋养新余录》卷中，《钱大昕全集》第7册，南京：江苏古籍出版社，1997年，第574页。

［2］（清）张廷玉，等：《明史·艺文志序》，《明史》卷九十六，北京：中华书局，1974年，第2344页。

（3）地方志

地方志前一般应标明编修或刊刻年代，例如：

［1］（明）正德《建昌府志》卷十五，上海：上海古籍书店，据天一阁明正德刻本影印，1964年。

乙、中文连续出版物

（一）期刊

标注顺序：责任者/篇名/期刊名/年期/页码，例如：

［1］李炳海：《〈离骚〉抒情主人公的配饰意象》，《华中师范大学学报》2008年第5期，第94～99页。

（二）报纸

标注顺序：责任者/篇名/报纸名/出版年月日/版面数，例如：

［1］邢宇浩：《文津阁〈四库全书〉刊行》，《光明日报》2005年12月23日，第1版。

［2］孙钦善：《魏建功先生与古典文献学专业》，《中华读书报》2001年6月20日，第11版。

丙、外文文献

（一）专著

标注顺序：责任者/书名（斜体，实词首字母大写）/出版地/出版者/出版年/页码（单页码标注如：p. 6；连续页码标注如：pp. 123-126）。注意：注释中的外文一般使用Times New Roman字体，下同，例如：

［1］ J. J. Phillips，*Handbook of Training Evaluation and Measurement Methods*，Houston，TX：Gulf Publishing，1991，p. 10.

［2］R. J. Montgomery，*Examinations：An Account of Their Evolution as Administrative Devices in England*，London：Longmans Press，1965，pp. 17-43.

（二）期刊

标注顺序：责任者/篇名（加引号，正体，实词首字母大写）/期刊名（斜体，实词首字母大写）/年期（期在前，年在后），例如：

［1］J. H. Greehaus，"Sources of Conflict between Work and Family Roles"，*Academy of Management Review*，10，1985.

（三）专著中析出文献

标注顺序：析出责任者/析出文献题名（或篇名，加引号，正体，实词首字母大写）/in/原文献责任者/原文献题名（斜体，实词首字母大写）/出版地/出版者/出版年/页码，例如：

［1］L. Weinstein，M. N. Swertz，"Pathogenic Properties of Invading Microorganism"，in W. A. Sodeman，Jr. W. A. Sodeman，*Pathologic Physiology：Mechanisms of Disease*，Philadelphia：Saunders，1974，pp. 745-772.

丁、参考文献及带有说明意思的注释体例

例如：

［1］参见《上海总商会概况》，上海总商会1928年编印本。

［2］参见陈晋：《文人毛泽东》，上海：上海人民出版社，2005年。这些"读报诗"主要是有感而发的政论，如："遍找全球侵略者，仅余此地一孤家。""人人尽说西方好，独惜神州出蠢虫。""新闻多多寻常出，独有今年出得殊。"主题与同时期写作且公开发表的《七律·和郭沫若同志》《卜算子·咏梅》《七律·冬云》等一致，但情露意粗，毛本人不愿正式公开发表。

戊、电子文献

除注明上述要求的各项内容外，还应加引用日期、获取和访问路径，例如：

［1］聂震宁：《文化软实力与文化硬实力》。［2008年10月14日］http://www.sinobook.com.cn/press/newsdetail.cfm?iCntno=6967。

己、专利文献

有通过纸质文本获取和通过其他路径获取两种。应写明专利申请者或所有者、专利题名、专利号、公告日期或公开日期、引用日期、获取和访问路径，例如：

［1］姜锡洲：《一种温热外敷药制备方案》，中国，88105607.3，1989年7月26日。

［2］西安电子科技大学：《光折变自适应光外差探测方法》，中国，01128777.2，2002年3月6日。［2002年5月28日］http://211.152.9.47/sipoasp/zljs/hyjs-ys-new.asp?recid=01128777.2&leixin=0。

庚、转引文献及其他注意事项

凡引文不是出自原文献，或找不到原文献而是通过他人论著转引，均须注明转引出处，不能把转引文献当作原始文献来引用，例如：

［1］《中国古籍善本书总目》收录善本标准，转引自程千帆、徐有富：《校雠广义》（版本编）第2版，济南：齐鲁书社，1998年，第289～290页。

凡只通过中文译文来引用的外文文献，须注明中文译文的出处，不得直接注明引自外文文献。

[2] 丁韪良：《古代中国的外交》，转引自汪晖：《现代中国思想的兴起》上卷第二部《帝国与国家》，北京：生活·读书·新知三联书店，2015 年，第 711～712 页。

凡同一文献在一篇文章中不同地方引用，不采用合注，例如：

[1]、[5] 张舜徽：《中国古代史籍校读法》，武汉：华中师范大学出版社，2004 年，第 52 页；第 43 页；

应采用分注，以便校对，例如：

[1] 张舜徽：《中国古代史籍校读法》，武汉：华中师范大学出版社，2004 年，第 52 页。

…………

[5] 张舜徽：《中国古代史籍校读法》，武汉：华中师范大学出版社，2004 年，第 43 页。

《华中学术》编辑部

2024 年 3 月